史学理论方法躬耕录

何汝泉 著

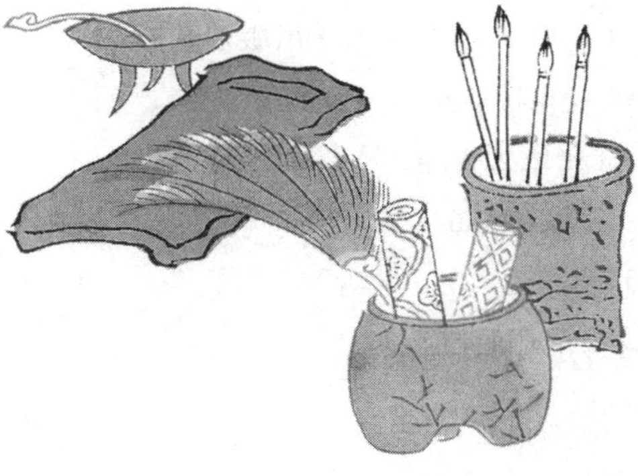

SWUP
西南大學出版社
国家一级出版社 全国百佳图书出版单位

图书在版编目(CIP)数据

史学理论方法躬耕录 / 何汝泉著. — 重庆 : 西南大学出版社, 2021.11

ISBN 978-7-5697-1005-2

Ⅰ. ①史… Ⅱ. ①何… Ⅲ. ①史学理论－文集②史学－研究方法－文集 Ⅳ. ①K0-53

中国版本图书馆CIP数据核字(2021)第135741号

史学理论方法躬耕录

SHIXUE LILUN FANGFA GONGGENG LU

何汝泉　著

责任编辑：段小佳

责任校对：黄丽玉

装帧设计：观止堂_未　氓

排　　版：瞿　勤

出版发行：西南大学出版社(原西南师范大学出版社)

网址：http://www.xdcbs.com

地址：重庆市北碚区天生路2号

市场营销部：023-68868624

邮编：400715

印　　刷：重庆市国丰印务有限责任公司

幅面尺寸：170mm×240mm

印　　张：19.75

字　　数：332千字

版　　次：2021年11月第1版

印　　次：2021年11月第1次印刷

书　　号：ISBN 978-7-5697-1005-2

定　　价：88.00元

序 言

马克思说："哲学家们只是用不同的方式解释世界，而问题在于改造世界"。[1]改变世界，就是改造世界。2016年5月17日，习近平同志在哲学社会科学工作座谈会上的讲话中指出："哲学社会科学是人们认识世界、改造世界的重要工具，是推动历史发展和社会进步的重要力量，其发展水平反映了一个民族的思维能力、精神品格、文明素质，体现了一个国家的综合国力和国际竞争力。一个国家的发展水平，既取决于自然科学发展水平，也取决于哲学社会科学发展水平。……坚持和发展中国特色社会主义，需要不断在实践和理论上进行探索，用发展着的理论指导发展着的实践。"[2]这为我们史学工作者指明了方向，那就是，我们要说明历史，更要创造历史，改造世界。

何汝泉同志的《史学理论方法躬耕录》告诉我们怎样说明历史，也告诉我们如何创造历史。在《历史价值的研究方法》这一专章中指出："历史研究是人类的一种有目的活动，其根本任务是为社会实践服务。弄清历史事实是起点，揭示历史本质和规律是关键，指导社会实践是终点。"目前，我们国家正在开展建设中国特色社会主义和"人类命运共同体"的实践。史学工作者有责任有义务用历史的本质和规律武装青年学生，让他们到经济、政治、思想文化战线中去，参与这场改天换地创造历史的伟大战斗。

---

① 马克思：《关于费尔巴哈的提纲》，《马克思恩格斯选集》第1卷，北京：人民出版社，1972年，第19页。

② 习近平：《在哲学社会科学工作座谈会上的讲话》（2016年5月17日），北京：人民出版社，2016年，单行本，第2页。

在《从历史认识看论史关系》一文中,作者写道:"至于作为指导思想的论,历史唯物主义原理,最根本的是要融化在研究者的世界观、历史观和方法论之中,掌握其精神实质,运用其立场、观点和方法,以指导自己的研究方向、研究途径和研究方法,使自己更好地从史实中得出正确的结论。"历史观同世界观融合的见解是非常深刻的,它使研究者在是非对错面前不能无动于衷。因此,作者满怀革命义愤撰写了一系列批判"四人帮"的文章,批驳他们颠倒历史、搞乱人心的谬论,直接参与了思想战线"拨乱反正"的斗争。

1985年,作者撰写了《谈我国历史资源的开发》,论述了历史资源在两个文明建设、中外文化交流中的重大意义。当时我国的旅游事业刚刚兴起,作者就提出把历史资源开发和旅游业结合起来,"能够为经济繁荣和四化资金的积累,为人民物质文化水平的提高,作出很大的贡献"。这是史学为现实社会建设服务的宝贵建议。此文产生了相当大的影响,被几家杂志转载和摘载。

《中国古代史课培养学生科研能力刍议》《历史专业学生怎样撰写毕业论文——以中国古代史为例》,这是为教学需要而写的,也是他对自己和教研室同事们的教学科研经验的总结,论述深入细致,其方法可操作性强,对学生和青年教师都有实际意义。

汝泉同志参与创造历史斗争的众多事例,为青年史学工作者树立了榜样。

本书根据历史唯物主义原理,将历史学理论和方法紧密结合,对历史研究中探求历史真理的方法,如历史的思维方法与逻辑的思维方法、历史联系的研究方法和历史价值的研究方法,做了相当出色的论述,并具体分析论述古今中外众多史学家的不同史观和治史方法,评价其是非得失,弘扬其精华,批评其谬误。此书资料丰富,论证充分,逻辑严密,文字流畅,充分反映了作者的深厚学术功底。

汝泉同志是新中国培养的第一批史学工作者,出版专著数部,发表学术论文数十篇,在唐史研究上有一定建树,是同辈人中的佼佼者。他能有如此成就,绝非偶然。大学毕业留校工作后,夫妻长期分居两地,家贫子幼,生活清苦。但他"穷且益坚,不改向学之志",利用少家事之累,获得了更多的读书时间。和同龄人一样,他的国学基础并不深厚,但"书山有路勤为径,学海无涯苦作舟",通过刻苦自学,博览群书,勤奋写作,笔耕不辍,终于弥补了知识的不足。

20世纪80年代,学校任命汝泉同志为主管文科科研的副处长,繁重的行政事务，使他无法潜心治学。他“不畏浮云遮望眼，不图虚名误此生”，做满一届之后，便主动辞去科研处的工作，回到原单位，从事他热爱的教学科研工作。

本书是汝泉二十多年在史学理论方法领域辛勤耕耘的结晶，内容丰富，能给人众多启迪，出版面世，甚有意义。

杨群章

2017年6月22日

前　言

这个本子的内容分两个部分：一部分是我1979—2006年间发表的关于历史学理论方法的15篇文章；另一部分是根据我为本科高年级学生上“史学方法”课的讲稿，以及为研究生讲“历史研究方法”的提纲整理成的《史学方法讲授纲要》。在这里，我想把这些东西的由来说明一下。

我主要从事以唐史为重点的中国古代史教学和科研，史学理论不是我的主业。不过，从读大学时候开始，我便从前辈那里接受了一个观念：学历史的人，要特别重视马列主义理论修养，理论功力要强。我始终信守不渝。哲学课、政治经济学课以及四年级时秦朝亨老师专门为我们班开的历史唯物主义课，我是认真花过力气的。在以后的工作中，我也很注意学术界的有关理论动态，注意购置这类新书。有一篇文章对我影响很深，那就是范文澜的《中国通史简编（修订本）》的绪言。先是在《历史研究》上读到，后在买来的《中国通史简编（修订本）》（1957年出版）中读过多遍。那时最推崇他善于运用马列主义理论分析解释中国历史问题。20世纪五六十年代重视史学理论，主要目的是想用它来指导自己从事的历史教学工作，对学术界热烈讨论的历史理论问题，自己只是一个热心的观望者；到70年代末80年代初，在端正思想路线大潮的推动下，才开始涉足其中。那时写的关于“历史动力”“让步政策”“历史人物评价”“农民战争”几篇文章，虽然出于当时“拨乱反正”的需要，但也和自己养成的理论兴趣不无关系。80年代中期以后写的那些文章，则和我担任史学理论课教学有关系。

1984年，有一天历史系主任杨光彦给我讲，我们系按要求应开设"史学概论"课，但是我们没有这样的专业教师，问我是否可以上这个课。我想可能是他见到我发表过几篇有关史学理论文章，才来征求意见的。当时，学校甚为强调老教师上本科基础课，我因为带研究生，又有校科研处的行政工作，已把中国古代史课交给青年教师上，没有担任本科课程，于是我答应可以试一下。这样，第二年我便给毕业班学生开了这个选修课。这一"试"，便延续20来年，成了我的副业。史学理论课虽然只算是副业，但也倾注过相当大的精力。在教学过程中，一些史学理论方法问题引起了我的反复思考，也颇有所心得。收在这个本子里的关于论史关系、中国近代史学方法、三篇探讨郭沫若历史人物研究和培养学生科研能力、撰写毕业论文等几篇文章，应该说都是史学理论课教学的副产品。

关于邓子琴和季平这两篇文章要特地多说几句。

邓子琴教授，是一位文史哲兼通，学识渊博的前辈学者。我读本科时，他给我们上过中国古代史课。1962年，我进学校办的青年教师进修班脱产学习时，他又是我一个人的专业指导老师。1964年，进修班毕业时指导我做的论文《试论唐代的寺院经济》，给我打了95分。我在历史系从事中国古代史教学时，他又是领导我们工作的中国古代及中世纪史教研室主任。我从内心里真切地感觉到，我的教学科研之路都是在邓老师指引下走过来的，对于他，我怀有深深的敬爱之情。2000年，西南师范大学举行建校五十周年校庆，领导给我一个任务，要我写一篇彰显邓老师业绩的文章，正好契合了自己心里多年的愿望。于是，想尽一切办法搜集资料，写成《邓子琴史学成就述略》一文，由学报刊登在校庆纪念专刊上。邓子琴教授在佛教哲学、先秦和唐宋史学、礼俗史学，以及羌藏彝族社会历史调查研究诸多领域都有高深成就，他的著作是西南大学的宝贵财富，也是我国史学的可贵遗产。

季平编审，是我上大学时历史系党组织的领导人，是我们的老师。我毕业留校工作第一天，就是他找我谈话，进行上岗教育，其情景至今犹历历在目。在历史系相当长一段时间里，他任党总支书记，我们的工作都在他的领导之下开展的，直到他调院部工作。"文革"快要结束的时候，我爱人调来西南师大工作，学校分给我的住房和季平家成了邻居，我们相处得很好，来往密切。季平和我常常坐在房前花圃边清谈，谈得最多的是他研读《资治通鉴》和我研读唐史的问题，我们又成了学术挚友。“四人帮”倒台后,季平受命学报复刊工作。我们又围绕学报这个平台增进了学术关系。1984年,我接手科研处文科科研管理工作,他已是文科学报负责人,我们又多了一层行政工作关系。尽管如此,我们仍然经常切磋学术,他治宋史,我治唐史,我们的关系,可以说比唐朝和宋朝的关系还要密切。季平不仅对西南师范大学文科学报的复刊和发展做出过大贡献,而且在宋史,特别是对司马光的研究,达到相当高深的程度,在20世纪80年代的宋史学界产生过重大影响。他是改革开放后国内较早评为编审高级职称的学报编辑工作者。季平生病,我到医院去看望过他。他较早离世,是我校以至史学界的损失。季平的去世,我是很悲痛的。2001年,季平逝世10周年,我和一位在学报工作的同志合作写了一篇纪念他的文章,彰显他在学报工作和宋史研究两方面的业绩。这个本子里仅录用了司马光研究这一部分。

撰写邓子琴和季平这两篇文章,不仅是对老师对挚友、业绩的彰显和怀念,还在于他们都是当今有贡献的史学家,也是我对身边史学家的探究。

《谈历史资源的开发》这篇文章,是我1984年暑假参加中国唐史学会组织的“唐宋运河考察”有感而写的。当时有一股子强烈的冲动,想告诉人们历史学也可以为物质文明建设作出贡献。此文发表后,曾产生过一定社会影响。

1992年,我即将退休,多年来担任的“史学概论”课由谁来接替的问题,曾和当时的系主任陈紫华商谈过,我提到青年教师郑家福可作为人选。不久,陈主任告诉我,系上决定让郑家福接“史学概论”课,希望我带他一程。于是,从1993年开始,郑家福便一边听我讲课,一边进行备课。我还把自己的讲稿全部给他作备课参考。经过两年,郑家福就登上讲台,开始给1993级学生上课。此后,我虽然不再上本科的“史学概论”,但作为退休教师,还被拉去教过多届成教学生的“史学概论”,被派去支援绵阳师范学院历史系,为他们的三届学生讲过“史学概论”。

20世纪八九十年代,我在讲授“史学概论”时,常常接触到并且思考过一些该课教材较少涉及的史学方法问题。曾经和部分学生讨论过,他们认为应该多讲点史学方法。1992年,经系上同意,我开始给1989级学生讲“史学方法”选修课。那时,开选修课是相当严格的,教师讲选修课也是比较规范的。记得我开始上“史学方法”课时,按规定先要把教学大纲和讲课内容交给系上审核,同意之后才正式开课。现在还保留着我1992年编写的十章《史学方法》讲授提纲①。这个提纲的绪论中写道:"'史学概论'课主要是从历史本体论、认识论展开的,方法论的内容涉及很少。本课主要从方法论展开,着重讲述历史研究方法,与'史学概论'相辅相成。"这就是开这个课的初衷。1995年,"史学方法"改为必选课,我又在讲课中不断充实提纲的基础上,经过修改补充精简提炼,重新写了比较详细的讲稿。现在还可以看见在这个讲稿首页上记有:1992级学生51人,上课19周,每周3学时;第5周检查学生学习笔记,第11或12周进行半期考试,课堂开卷,1学时,题目是:试以王国维"二重证据法"为例,说明中国近代史学方法与古代史学方法相比有哪些进步?与马克思主义史学方法相比有哪些不足?第15周做作业,写小论文,3000字以内,出若干题目(这里从略),由学生选择。当时我们大体上都是这样教学的。

1996年开始,我又给历史地理研究所的1995级、1996级、1997级、1998级研究生相继讲"历史研究方法",主要讲:"历史学方法的历史和现状"、"历史考证方法"、"历史的方法与逻辑的方法"、"历史联系的研究方法"、"历史价值的研究方法"和"当代西方史学方法评介"。教学方式与本科有所不同,针对不同的内容,或讲述为主,结合自学;或自学为主,提出问题,教师答疑,师生共同讨论。现在还保留有1995级两个研究生提的问题和我写的解答内容。

本书里的《史学方法讲授纲要》,就是根据1992年和1995年两次编写、讲课时不断补充的讲课稿,以及给研究生讲"历史研究方法"的提纲整理而成的。

讲授"史学方法",当时最想要参考的资料却很少,我主要是根据讲授"史学概论"中积累的知识和感受,结合自己进行教学和研究的体会来进行讲述。特别是构成《纲要》核心内容的"历史的思维方法和逻辑的思维方法"、"历史联系的研究方法"和"历史价值的研究方法"。这些部分的内容,可以说,既是别出心裁,但又勉为其难。

二十多年岁月里,在史学理论方法这个领域中,我犹如一个脸朝黄土背朝天的农夫,一锄一耧地耕耘着。如今留下这点东西,不求有大益,但愿无大害,如此而已。

---

① 此十章题目依次是:史学方法论的对象、任务和作用;我国史学方法的历史和现状;历史研究的准备;马恩著作中的历史研究方法;历史考证方法;历史的方法与逻辑的方法;历史联系的研究方法;历史价值的研究方法;现代欧美史学的研究方法;史学论文的撰写与评审。

我要特别说一下，这本《史学理论方法躬耕录》，承蒙我素来敬重的学长杨群章教授写了序言。他对我说的那些过誉的话，我仅仅当作对自己的鼓励和鞭策，表示衷心的感谢。

最后，还要感谢西南师范大学出版社（西南大学出版社），感谢段小佳编辑。

何汝泉

2020年11月

目　录

下篇 史学方法讲授纲要

附录

上篇

史学理论方法论文

从历史认识看论史关系

论史关系问题,50年代开始讨论,至今仍有人发表议论。理论上好像已经解决,实践中又时而偏颇。究其原因,恐怕还是理论上有疑惑之处。于此,试从历史认识再做考察,希望有所裨益。

一、两个口号之争的反思

20世纪五六十年代论史关系的讨论,突出表现在两个口号之争。

1958年,史学界出现一个"以论带史"的口号,其本意是针对"唯史料论",是要批判史料挂帅和烦琐考证,强调重视马克思主义、毛泽东思想,运用唯物史观。究其初衷也并非无的放矢,因为,近代德国兰克[1]学派的史料高于一切的观点,经傅斯年在中国传播,倡导"史料即史学",宣扬"近代的历史学只是史料学"[2],在旧中国史学界影响很大,以致新中国成立后还有人奉为信条。对这种观点进行科学批评,不能说没有一点儿必要。但是,"以论带史"口号风行的结果,出现严重弊端。有些人把马克思主义理论当作随意张贴的标签,史料成为现成理论的注脚,甚至以引用经典著作相崇尚,似乎马列文句引用愈多,理论性就愈强,理论水平就愈高,而史料似同于资产阶级思想,研究历史的人讳言史料,史料学课程被

① 兰克(Leopold von Ranke,1795—1886年)德国历史学家,柏林大学教授,普鲁士王家史官,兰克学派创始人。他重视历史资料的分析和批判,提倡"如实叙述"的历史方法。他培养了一大批崇奉其理论的学生,在19世纪欧洲形成一股强大的势力,在史学领域有着巨大的影响。

② 傅斯年:《历史语言所研究旨趣》,《历史语言所研究集刊》第1本,第1分册,1928年刊印。

取缔,历史系学生不看史料书。"以论带史"实际上变成了"以论代史"。

60年代初,为了纠正上述现象,又有人提出"论从史出"的口号。其意思是说,研究历史应当从史料出发,从史料中得出观点,引出结论,而不是用一般理论代替研究结论。当时就有人指出,这个口号对纠正"以论代史"观象是有益的,但作为治史方针也不恰当,主要弊病是容易使人忽略、轻视马克思主义科学理论的作用。至今,仍有人全面肯定这个口号①。

实际情况表明,后一个口号并没有达到纠正错误的目的,而"以论代史"倾向到了"文革"期间更加恶性发展,以致出现以语录代史的极端情况,使历史科学蒙受巨大的损害。两个口号的动机与效果严重背离,其原因除了"左"倾思潮泛滥这个大气候之外,还和这两个口号本身没有科学解决论史关系问题是分不开的。

前一个口号,把论与史的关系简单化为带与被带的关系,还有人形象地比喻为军队的统帅与士兵的关系,似乎只要作为统帅的马列主义理论一带,史料便可像唯命是从的士兵一样随之而动,历史研究就可大功告成。后一个口号说的论,显然和前一个口号的论有所不同,前者是指用来统帅史的现成的马克思主义一般理论,后者说的是从史料中得出的关于历史问题的具体结论。严格说,后一个口号没有正视前一个口号提出的论史关系,对历史研究中历史唯物主义一般理论与史料、史实的关系并没有作出正面的说明。这个缺陷是不可能用不言而喻来原谅的。

这两个口号及其相互之间的辩诘,不仅把不同的"论"混淆了,而且也缺乏对研究方法与说明方法(或称叙述方法)中不同的论史关系加以必要的区别。马克思曾经指出:"在形式上,叙述的方法必须与研究的方法不同。"②研究是从未知到已知的认识过程,必须搜集丰富的材料,在马克思主义一般原理指导下,经过分析和探讨,得出正确结论。而说明方法,是得到研究结论之后,说明、表述其研究成果的方法,把结论撰写成论著的方法。说明方法,可以先说出结论,然后以史料阐明其结论的正确性——如果把这叫作"以论带史",那是无可非议的;也可以先叙述史实,从史实中概括出结论——如果把这称之为"论从史出",也无疑是正确的;当然还可以把结论穿插在史实叙述过程中,可以寓论于史、夹叙夹议;等

① 李新:《史与论》,《历史研究》1984年第4期。

② 马克思:《资本论》第1卷,《马克思恩格斯全集》第23卷,北京:人民出版社,1972年,第23页。

等。这些说明方法都见诸史学论著,而且在一部著作中常常交替使用,使行文变化多端,以显示文章的技巧,作者的妙笔。至于作为指导思想的论,历史唯物主义原理,最根本的是要融化在研究者的世界观、历史观和方法论之中,掌握其精神实质,运用其立场、观点和方法,以指导自己的研究方向、研究途径和研究方法,使自己更好地从史实中得出正确的结论。在说明其研究结论的著作中,要不要把作为指导理论的马列原文摘引在行文中,那是另一回事。如果是在马克思主义原理指导下得到的正确结论,在说明时,即使不引一句马列原文,也不会因此否认其马克思主义性质和水平。毫无疑问,马列原文是可以引用的,引用得恰到好处,也是一种表述技巧。当然不应以引用相尚,不是引用得愈多理论水平就愈高。"以论带史"口号无疑是作为研究方法提出来的,所以,尽管它在说明方法上具有可行性,但不能开脱其作为研究方法的弊病。从研究方法来看,把作为指导思想的一般理论代替历史事实研究的具体结论,勾销了对史料、历史事实的分析和探讨这个必不可少的研究过程,显然是不符合历史认识规律的。"论从史出"的口号在表述研究成果方法上的适用性,也不能掩盖其作为研究方法的缺陷。它不仅回避了指导理论与史料的关系,而且也不能解释为什么从相同的史料中,有人得出正确的结论,有人却得出错误的结论,也没有指示人们怎样才能从史料中得出科学的结论。可见这个口号也没有完整表达历史认识的客观规律。

总而言之,反思两个口号之争,使我们感到有必要从历史认识来重新审视论和史的关系,以寻求正确理解这个问题的启示。

二、历史资料与历史认识

从历史认识来考察论史关系,有必要先看看历史资料在历史认识中的地位和作用。

历史研究实际上是一种历史认识活动,是研究者对客观存在的人类社会历史进行认识,认识其本质和形态,揭示其特征和规律,总结其经验和教训。这种认识,也和其他认识一样,是认识主体对认识客体的能动反映。

历史认识和其他认识最大的不同之处在于,认识客体即认识对象已经消逝,不可能重现,因而认识主体无法通过亲眼观察、亲身接触、实地调查来认识,唯一的途径就是根据历史遗存——文献、遗物、遗址、口碑等历史资料进行认识。如我们要研究唐朝的历史，要对我国历史上曾经存在近三百年的社会经济、政治、文化进行认识，可是唐朝在千年前已经灭亡；现在只能根据两《唐书》、《唐会要》、《资治通鉴》、《通典》、《元和郡县志》、《册府元龟》以及《全唐文》、《全唐诗》、唐人小说等几百种现有的文献资料和各种相关的考古资料来进行研究，除此之外别无他途。所以，历史资料成为认识客观历史必不可少的中介，因此也使历史认识带有间接性质。由此可知，历史资料在历史认识中是非常重要的，那种轻视历史资料，以为史料只配充当先验理论的附带品的看法，无疑是不正确的，以这种观点去指导历史认识必然陷入主观唯心主义的错误。

可是，历史资料并不等同于客观历史。历史资料与客观历史有契合之处，有对历史事实的真实记录，但也不可避免地存在差误。遗物、遗址是真实的历史资料，可是和历史上人类生活的丰富内容相比，毕竟是残缺不全，非常零星的；文献资料记载系统、内容丰富，但是不免受记录、编纂者的局限，带有他们的主观烙印，或不尽真实；口碑资料的主观色彩则更为浓厚。因此，根据历史资料来认识历史，并不是一蹴而就的事情，不能简单地认为，从史料中就一定可以得出正确的结论，获得科学的认识。如果资料本身不尽真实，就很难从中引出正确的结论。所谓失之毫厘，差之千里，正是这个意思。

由于历史资料与客观历史存在差误，所以在历史认识过程中，必须有一个使资料符合历史事实的环节，要做去伪存真、去粗取精的工作。以中国古代历史文献资料来说，致误的情况是多种多样的，有以记录、编纂者阶级立场致误的，如视农民起义为“盗”“贼”；有以思想观念致误的，如官修史书中的讳饰；有以党争而伪托书事的，如唐朝李党门人写《周秦行纪》伪题牛僧孺撰以打击牛党；更多的是由见闻所限致误的。这些都需要研究者找到致误原因和情况，逐个进行纠正，以消弭其差误。

消除历史资料与客观历史的误差，理论并非没有用武之地。在历史认识的这个环节上，认识主体也需要以一定的历史观和方法论为指导，去辨识和纠正历史资料中诸如诬妄讳饰等各种各样的不实之处。如封建史书中，对农民反剥削反压迫斗争的诬蔑和歪曲，对最高统治者的讳忌和粉饰，都需要以阶级斗争理论为指导，运用阶级分析方法，才能加以纠正。除此之外，这项工作还需要凭借研究者的经验和某些专门技术,如错乱资料的订正,片断资料的缀合,疑难资料的诠释等,都离不开研究者的丰富知识和聪明智慧;有些考古资料的年代测定还要依靠现代科学技术。所以,历史认识在这个环节上的工作,既不是不要理论指导,结论便会从史料中油然而出,也不是只要理论一带就可以自然而成的。

三、指导理论与历史认识

从历史认识来看论史关系,还需要把历史研究的指导理论放在历史认识过程中做一番考察。

任何历史认识都离不开理论指导,无论是古代简单的低级认识,还是近现代复杂的高级认识,都是在一种史学理论指导下进行的,只不过有的是自觉的,有的则是不自觉的。在近代中国唯物主义史学理论与唯心主义史学理论的斗争中,曾经有人宣称自己不要任何一种理论作指导,企图以此表明自己的"公允"态度。实际上,这本身就体现一种指导理论,是唯心主义史学理论受到时代批判的情况下乔装打扮的一种表现,他不要的只是唯物主义史学理论而已。

为什么历史认识离不开理论指导呢?历史认识主体对认识客体的反映,并不是像照相机摄取外界景物那样简单、机械的映照,而是能动反映,是经过人的反映器官——大脑,凭着自己意识中的历史观和方法论进行描绘和映写,同时还要受自身所处认知环境、自己的知识结构和气质等因素的影响。历史观和方法论是认识主体反映客体必不可少的最重要的因素。指导理论在历史认识过程中的作用,就是从认识主体的历史观和方法论对历史认识的制约和影响上表现出来。

在历史认识中,认识主体的历史观是各种主观因素中起决定作用的因素。人们认识历史的分歧,归根到底,是由于不同历史观作指导而导致的。从宏观划分,历史观不外唯心史观和唯物史观两类。以唯心史观作认识的指导思想,则往往把历史活动的原因归结为人的思想动机,把帝王将相等统治阶级个别人物作为历史的主人,因此,必然歪曲、颠倒历史,不能正确反映历史。以唯物史观作认识的指导思想,就能透过人的思想动机,在社会经济关系中找到历史的根本动因,就能恢复人民群众的历史主人地位,从而克服唯心史观的缺点,把歪曲的历史纠正过来,把颠倒的历史颠倒过来。所以,唯物史观与唯心史观形成两个对立的理论体系,人们的历史认识凡属根本性质的分歧,都可以在这里找到症结点。当然,人们的历史认识还会有许多非根本性的分歧,以同一历史观作指导的研究者中,也会对某些历史问题产生不同的看法,这种分歧往往同其他主观因素相联系,但和历史观也不是毫不相干的。如中国马克思主义史学家中,对中国奴隶社会和封建社会的分期问题,有以范文澜为代表的西周封建论和以郭沫若为代表的战国封建论的不同主张。这种分歧除了与他们各自走过的治学道路和学识特点有联系外,还和他们对马克思主义社会形态学说的理解有关系,对奴隶制与封建制划分标准的理解有关系。由于他们对这些属于历史观的理论问题理解不同,很大程度上导致他们产生不同的分期主张。

指导理论与历史认识的关系,还表现为史学方法论对历史认识的影响。史学方法论,是在历史观指导下,关于达到一定认识目的的途径和方式的理论和方法。如阶级分析法,是唯物史观指导下的一种方法论,本身既包含达到认识阶级社会一定时空范围内的阶级状况和阶级斗争的具体方法,又包括对采取这种方法的理论根据的论证,即关于生产力发展到一定水平社会必然划分为阶级,阶级之间必然存在矛盾和斗争,以及认识阶级社会的本质和规律必须进行阶级分析的论证。因此,史学方法论比一种具体的历史研究方法更富于理论色彩。

在历史认识过程中,史学方法论所起的作用,好比是登山的阶梯,过河的桥梁,是达到目的必不可少的条件。不仅如此,史学方法论还要对认识结果产生影响。方法论是否科学,方法的选择和运用是否得当,和认识结论的正确与否,认识是否具有相当的深度和广度,都会有一定的关系。如马克思主义产生以后,历史学在唯物史观的指导下,采取把社会区分为不同经济形态进行研究的方法,运用社会基本矛盾分析方法——阶级社会归结为阶级分析方法,以及基于正确认识个人与人民群众历史作用的历史人物评价方法等,才真正开始认识历史的本质,揭示历史发展的规律,人类社会历史才开始被科学地认识。又如认识一个历史事件或历史人物,众所周知,采取把它与同类事件或人物进行比较的研究方法,一定要比只做单独考察的方法,其认识结果会全面深刻得多。

以上说明,历史观和方法论是历史认识主体本身具有的主观因素,认识主体总是按照一定的历史观和方法论进行历史认识,任何历史认识都是在一定史学理论指导下进行的;只有自觉运用科学的史学理论——历史唯物主义作为历史认识的指导思想,才可望获得正确的历史认识。

四、论史关系与历史认识过程

在第一节里提到有两种论史关系,一种是作为历史研究方法的论史关系,另一种是作为说明或表述历史研究成果的论史关系,这里要讨论的是前一种论史关系。既然论史关系属于研究方法,其关系必然发生在历史认识的过程之中,那么,要正确认识论史关系就应该在历史认识过程中去考察。

历史认识过程和人类其他认识过程是基本相同的,总是由特殊到一般,再由一般到特殊这样两个过程循环往复地进行的。历史认识的第一个过程即由特殊到一般这个过程,是认识主体由认识个别的、特殊的历史事物(历史事件、人物、制度、意识形态等),逐步扩大到认识一般的历史事物。也就是首先认识许多不同历史事物的特殊本质,再进行抽象概括,从而认识诸种历史事物的共同本质和规律。这个过程也就是一般认识论讲的由感性认识到理性认识的过程。历史认识运动不能停顿在这里,还要继续发展,进入第二个认识过程,这就是以前个过程得到的一般认识即历史的共同本质和规律作为指导,向着尚未研究过的或未深入研究的各种具体历史事物进行研究,找出其特殊的本质和规律,这既可检验、补充上一过程的认识,又可丰富和发展对历史共同本质和规律的认识。人们对历史的认识就是这样由低级到高级的不断深化的过程。在历史认识过程中,论和史的关系在两个过程的交叉和衔接处表现得最为明显。在这里,论就是前个过程得出的关于历史共同本质和规律的认识,史就是后个过程的认识对象。由第一个认识过程转入第二个认识过程,就是以论为指导去认识尚未研究或未深入研究的史。这个理论指导是第二个认识过程不可缺少的。如果没有这种理论的指导,那么第二个认识过程就成为第一个过程的简单重复,只能在同一个水平上重演由特殊到一般的过程,那样,人们的历史认识就只能原地踏步,永远不会进步。马克思、恩格斯在人类历史认识运动史上的伟大贡献就在于,他们通过对有代表性的历史事物和过程的研究,天才地概括出社会历史的共同本质和规律,这就是历史唯物主义,使后人进行历史认识时,可以不再一切从头开始,人人都去重复第一个认识过程,而能够用历史唯物主义作为指导进行深入认识,从而有可能推进对历史的认识。当然也不应该停留在第一个认识过程的结论上,如果只是固守一般理论,不继续对许多前个过程尚未接触或接触不多的历史事物进行研究,或者把一般理论作为不变教条,拿来到处套用,把艰苦的研究工作变成为教条挑选注脚,那也就实际上取消了第二个认识过程,使第一个过程的认识变成僵死的东西,人们的历史认识也无从继续发展。所以,既不能忽视用第一个认识过程概括出来的,关于社会历史的一般理论,作为继续认识的指导,也不可把第一个认识过程得出的一般理论凝固起来,拒绝进行深入认识;正确做法应该以一般理论为指导,使理论与新的历史事实相结合,使历史认识运动得以深入开展。

当我们说到第二个认识过程,是在第一个认识过程得到的一般理论指导下进行的时候,便产生了一个问题,那就是:第一个认识过程有没有理论指导呢?论史关系是否只发生在第二个认识过程呢?其实已经有人涉及这个问题,比如说:马克思主义经典作家对各国历史发展规律的本质概括是论从史出,而论从史出口号是只就从特殊到一般认识过程说的,没有包括一般性理论产生以后,可以作为从一般到特殊这个认识过程的指导线索,所以这个口号有可能被误解为排挤马克思主义理论、唯物史观的指导作用①。这就是说,论指导史只存在于第二个认识过程,而第一个认识过程则是论从史出,不包括论指导史,马克思主义经典作家创立历史唯物主义就是这样概括出来的。我认为这个看法值得商榷。第一,马克思主义经典作家创立历史唯物主义,是不是没有理论指导的论从史出呢?回答是否定的。列宁讲的马克思主义三个来源,是人所共知的。他说到马克思主义哲学的来源时曾指出:“马克思加深和发展了哲学唯物主义,使它成为完备的唯物主义哲学,把唯物主义对自然界的认识推广到对人类社会的认识。”②这是说马克思把费尔巴哈的“半截子”唯物主义(自然观是唯物主义,社会历史观是唯心主义)加以改造,把唯物主义贯彻到底,推广到人类社会历史,创立了历史唯物主义。马克思的这种“推广”工作,不是简单的逻辑推导,而是通过对社会历

---

① 葛懋春:《历史科学概论》,济南:山东教育出版社,1988年,第277页

② 列宁:《马克思主义的三个来源和三个组成部分》,《列宁选集》第2卷,北京:人民出版社,1972年,第443页。

史进行具体研究，是在革命斗争实践和科学研究实践中完成的。可是，他并不是从一张白纸上开始实践，是在充分理解旧唯物主义自然观的基础上，以唯物主义自然观为向导而进行的。所以，把历史唯物主义看作是马克思在没有理论指导下，纯粹是从史中概括出来的，显然是不符合实际的。第二，历史认识的第一个过程是不是没有理论指导、不存在论史关系呢？回答也是否定的。历史认识的两个过程和其他认识一样，是从复杂的认识实际中抽象、概括出来的。其实，人类社会产生伊始，人们便在实践中认识世界、改造世界，便积累着对自然和社会的经验和认识，也就开始把对自然和社会的认识一代一代地往下传递，后代人总是在接受前人认识成果的基础上开始自己的认识活动。从认识发展史来看，人类开始认识世界，便开始了两个认识过程的循环往复的认识运动。两个认识过程在认识实际中是很难截然划分的，因为，两个过程总是互为前提、互为条件、互为因果的，如像无数环节连接起来的链条一样，只看其中两个环节，可以分辨出谁是第一，谁是第二，但作为无限延长的链条来看，总是后一环节紧扣前一环节，没有前一环节则后一环节就不能存在。所以，在两个过程循环往复绵延不断的历史认识运动中，不能说只有某一个过程才以前个过程的认识结果作为指导，而另一个认识过程就是从零开始，没有任何指导思想，只是论从史出。当然，人类的认识运动也会随着社会历史条件变化的阶段性而呈现出不同的发展阶段，在一个阶段开始的时候，总是有许多新的社会历史事物成为认识对象，所以，这时人的认识更多地带着认识第一个过程的特点。尽管如此，它和前人认识的联系还是客观存在的，仍然是在前人认识的基础上进行的，仍然要借助前人认识成果作为自己出发的向导。在近代社会历史条件下创立的历史唯物主义，被人看成是历史认识的第一个过程，被认为是在没有理论指导，只是从史中概括出来的，虽然这不是不可以理解的，但是这种看法忽视了它和18世纪唯物主义的联系，是不符合历史实际的，并不是科学的看法。

五、结束语

从历史认识及其过程来看，史是认识对象、认识客体，由于客观存在的历史已经消逝，只能以历史资料作为认识客观历史的中介，所以有时说的史往往指的又是历史资料；论是指导认识主体对客体进行认识的理论，主要是历史观和方法论，是认识主体本身必然具有的最重要的主观因素。作为研究方法的论史关系必然表现在历史认识主体对认识客体的能动反映过程中，不仅从一般到特殊的认识过程有理论指导，而且从特殊到一般的认识过程也是在一定理论指导下进行的，论史关系贯穿历史认识的全过程。所以，无论是“以论带史”，还是“论从史出”，都不符合历史认识的规律，都没有科学地反映论史关系。

论史关系应该怎样概括、怎样表达才恰当呢？我认为还是提论史结合比较好些。作为研究方法的论史结合，其内涵应是马克思主义理论与历史事实相结合，或者说历史唯物主义与反映历史事实的史料相统一。这样表述论史结合，是符合马克思在《资本论》的跋语中说的“研究必须充分地占有材料，分析它的各种发展形势，探寻这些形式的内在联系”[①]和毛泽东在《改造我们的学习》中说的“不凭主观想象，不凭一时热情，不凭死的书本，而凭客观存在的事实，详细地占有材料，在马克思列宁主义一般原理的指导下，从这些材料中引出正确的结论”[②]。这样的论史结合，才符合历史认识过程中的论史关系，比简单地提个口号有益处些。

原文载《西南师范大学学报》(哲学社会科学版)，1991年第3期；中国人民大学书报资料社(中心)复印报刊资料(以后简称人大复印资料)K1《历史学》，1991年第9期，全文转载。

---

① 马克思：《资本论》第1卷，《马克思恩格斯全集》第23卷，北京：人民出版社，1972年，第23页。

② 毛泽东：《改造我们的学习》，《毛泽东选集》第3卷，北京：人民出版社，1953年，第2版，第801页。

按照马克思主义的基本观点认识“动力”问题

怎样认识历史发展的动力问题呢？我们认为，应该按照马克思主义的基本观点，把它归结为生产力和生产关系的矛盾运动。

马克思主义认为，任何事物的发展和变化，主要来自事物内部的矛盾运动，来自事物内部诸矛盾以及矛盾双方的斗争和统一。人类社会的发展，当然不会例外。因此，研究社会历史的发展动力，就只能从社会内部的矛盾运动中去探寻。

毛泽东同志曾经指出：“社会的变化，主要地是由于社会内部矛盾的发展，即生产力和生产关系的矛盾，阶级之间的矛盾，新旧之间的矛盾，由于这些矛盾的发展，推动了社会的前进，推动了新旧社会的代谢。”[①]这里举出了三对矛盾，实际上还不只此，比如经济基础和上层建筑的矛盾，社会存在和社会意识的矛盾等等，都能在一定条件下，对社会发展起推动作用。但是，这些矛盾的地位有主次的分别，所起作用也不尽相同。

那么，在人类社会内部的各种矛盾中，哪一种是规定或影响其他矛盾的存在和发展的主要矛盾，因而承担社会发展的根本动力呢？很显然，生产力和生产关系这对矛盾，是人类社会居主导地位，起决定作用的矛盾，其他社会矛盾则不同情况地要受这对矛盾的制约，处于次要和服从的地位。经济基础和上层建筑的矛盾是社会基本矛盾之一，但它的存在和发展是要受生产力和生产关系这对矛盾制约的。阶级矛盾，虽然对社会的各种矛盾能产生重大的影响，但它是生产关

① 毛泽东：《矛盾论》，《毛泽东选集》第1卷，北京：人民出版社，1952年，第2版，第290页。

系不适应生产力的一种表现;它既不能解释无阶级社会的发展,也不能代替生产力和生产关系这对矛盾的地位和作用。生产力和生产关系所构成的生产方式是最根本的社会存在,所以,社会存在和社会意识这对矛盾也无疑的是为生产力和生产关系的矛盾所制约。至于新和旧的矛盾,只是对各种具体矛盾的一般属性的概括,它不可能离开具体矛盾而独立存在。因此,尽管许多社会矛盾对历史发展都具有一定的促进作用,可是,社会历史发展的根本动力,不能不归结为生产力和生产关系的矛盾运动。

马克思主义又认为,任何矛盾的两个方面,其发展势态是不平衡的,所以,矛盾两个方面的地位和作用也是随着一定条件而变动的。因此,认识生产力和生产关系的矛盾运动如何推动社会历史前进时,就要注意考察这对矛盾的两个方面的变化。

生产力和生产关系在矛盾运动过程中,有基本适应的阶段,也有激烈冲突的阶段。生产关系基本适合生产力的时候,生产力居主导地位、起支配作用,进行生产斗争,发展生产,是社会的主要任务。这时,虽然生产关系不免有某些不适合的因素和环节,因此,社会上仍然存在阶级斗争(在阶级社会),但是,生产力能不能有所发展和提高,却是社会历史能否进步的关键。在另一种情况下,当生产力发展到一定水平,生产关系已经变成生产力的桎梏的时候,生产关系的变革就起着主要的决定的作用,改变落后的生产关系,解放生产力,便成为当务之急,成为社会的主要任务。这时,虽然生产斗争仍在继续进行,但阶级斗争却显著地凸出来了,通过阶级斗争来解决生产关系的障碍,社会才有可能继续向前发展。

由此可见,只应该把生产斗争或阶级斗争对社会历史发展所起的动力作用,看成生产力和生产关系矛盾运动的表现,而不必把它们单独地看作社会历史发展的动力。

历史发展动力的讨论,存在一个对马克思主义经典作家有关论述的理解问题。我们认为,对马克思主义经典作家关于社会历史动力的一些具体论述,应该考察其具体情况,结合马克思主义的基本思想进行理解,防止孤立片面地引以为据。

据我们不完全的接触,马克思主义经典作家关于历史发展动力的提法,常见的有以下几种:

第一,提为生产方式,如:

"根据唯物史观,历史过程中的决定性因素归根到底是现实生活的生产和再生产。"①

"物质生活的生产方式制约着整个社会生活、政治生活和精神生活的过程。"②

"……在社会物质生活条件体系中,究竟什么是决定社会面貌、决定社会制度性质、决定社会从这一制度发展到另一制度的主要力量呢?历史唯物主义认为,这种力量就是人们生存所必需的生活资料的谋得方式,就是社会生存和发展所必需的食品、衣服、住房、燃料和生产工具等等物质资料的生产方式。"③

第二,生产力的发展和阶级斗争并提,如:

"辩证法要求从发展中去全面研究某个社会现象,要求把外部的表面的东西归结于基本的动力,归结于生产力的发展和阶级斗争。"④

第三,单提阶级斗争,如:

"所有这些机会主义的议论的基本错误在哪里呢?在于它们实际上是用资产阶级'共同'的'社会'进步的理论来代替阶级斗争是历史唯一的实际动力这个社会主义的理论。"⑤

第四,单提生产力的发展,如:

"手推磨产生的是封建主为首的社会,蒸汽磨产生的是工业资本家为首的社会。"⑥

"由于生产力的发展,从一种社会生活结构中会发展出另一种更高级的结构,例如农奴制度中生长出资本主义。"⑦

---

① 恩格斯:《致约·布洛赫》,《马克思恩格斯选集》第4卷,北京:人民出版社,1972年,第477页。

② 马克思:《〈政治经济学批判〉序言》,《马克思恩格斯选集》第2卷,北京:人民出版社,1972年,第82页。

③ 斯大林:《列宁主义问题》,北京:人民出版社,1964年,第665页。

④ 列宁:《第二国际的破产》,《列宁选集》第2卷,北京:人民出版社,1972年,第624页。

⑤ 列宁:《再论杜马内阁》,《列宁全集》第11卷,北京:人民出版社,1972年,第57页。

⑥ 马克思:《政治经济学的形而上学》,《马克思恩格斯选集》第1卷,北京:人民出版社,1972年,第108页。

⑦ 列宁:《马克思主义的三个来源和三个组成部分》,《列宁选集》第2卷,北京:人民出版社,1972年,第443页。

我们认为,第一种提法可以说是经典作家对历史发展动力问题全面的高度的概括。因为这个提法完全符合马克思主义关于由生产力和生产关系构成的生产方式是一切社会发展和变革的决定力量这个基本原理,而这个原理则是对历史发展客观规律的正确表述,是历史唯物主义借以建立的基石。第二种提法,可以看作是第一种提法的具体化,即把它具体地用来解释阶级社会历史发展的动力问题。在阶级社会里,人们在社会生产中的关系就是阶级关系。生产力的发展和阶级斗争并提,实质上指的就是生产力和生产关系的矛盾运动。第三种和第四种提法是马克思主义经典作家在具体条件下,针对不同情况,对生产力或阶级斗争的作用加以强调;这里既有时间、地点的不同,也存在问题性质的区别。我们决不能抛开具体条件把具体结论一般化。

马克思关于手推磨和蒸汽磨那段话,是他在批判蒲鲁东时说的。蒲鲁东只知道"人们在一定的生产关系的范围内制造呢绒、麻布和丝织品",却不知道"一定的社会关系同麻布、亚麻等一样,也是人们生产出来的"。于是,马克思针对这种离开生产力的发展来谈社会关系的唯心主义观点,做出以上的论述。可是,我们有的同志却离开了这一前提来引用马克思那段话,作为"生产力是历史发展动力"说的依据。难道人类社会真有离开生产关系而独立存在的生产力吗?或者相反,会有离开生产力而独立存在的生产关系吗?肯定是没有的。因为"生产在任何时候和任何条件下都是社会的生产"。[①]生产力的发展,需要通过生产关系的变革来表现出社会的进步,一种社会形态为更高一级的社会形态所代替,只能是生产力和生产关系矛盾运动的结果。

列宁关于"阶级斗争是唯一的实际动力"那段论述,还有"历史的真正动力是阶级之间的革命斗争"[②]这句话,有的同志把它单独地抽出来,当作"阶级斗争动力"说的根据,也是不够恰当的。列宁提出"唯一的实际动力",是针对十月革命前夕机会主义分子用阶级合作来代替阶级斗争的理论而说的,因此着重强调了阶级斗争。列宁关于"历史的真正动力"这句话,是批判改良主义时发出的,他在这句话的后面还接着指出"改良是这种斗争的副产品",从前后文来看,在这里,列宁是针对改良而强调阶级之间的革命斗争。如果,我们忽视列宁这些言论的

① 斯大林:《列宁主义问题》,北京:人民出版社,1964年,第646页。

② 列宁:《再论杜马内阁》,《列宁全集》第11卷,北京:人民出版社,1972年,第57页。

具体历史条件，不从马克思主义的基本观点出发，而孤立片面地引用“唯一”“真正”之类的词句，显然是无助于深入探讨问题的。

这里，我们还想说一说对恩格斯另一段话的理解问题。恩格斯曾指出：“用‘历史唯物主义’这个名词来表达一种关于历史过程的观点，这种观点认为一切重要历史事件的终极原因和伟大动力是社会的经济发展，生产方式和交换方式的改变，由此产生的社会划分为不同的阶级，以及这些阶级彼此之间的斗争。”①持“生产力是历史发展动力说”的同志，往往把这段话中的“经济发展”理解为仅指生产力的发展，用来作为自己论点的依据。我们认为，这种解释是不能令人满意的。经济发展当然是跟生产力的发展紧密相连。但是，经济发展并不等于生产力的发展，因为，生产力发展只是表明了人在同自然的斗争中有了进步，而经济发展，既表明了生产力的发展，也表明这种发展是在一定的社会关系中实现的。事实上，任何社会的经济发展决不会与生产关系不相联系。即使把“经济发展”只理解为生产力的发展，恩格斯这段论述也很难成为“生产力是历史发展动力说”的依据，因为恩格斯同时讲到了生产方式和交换方式的改变，无论如何不能说这也不包含生产关系。实际上，在恩格斯看来，历史事件的终极原因和伟大动力，不仅包括生产力的发展，而且包括生产关系的变化，也就是说是生产力和生产关系的矛盾运动。

总之，我们认为，探讨历史发展的动力问题，要运用马克思主义的基本观点作指导；对经典作家的一些具体论述，要分析其具体条件，联系马克思主义思想体系来进行理解。我们就是本着这种精神，认为可以把历史发展动力归结为生产力和生产关系的矛盾运动。

此文与杜绍顺、齐陈骏、唐启淮合作，原文载《西南师范学院学报》(哲学社会科学版)1980年第2期；人大复印资料B1《哲学研究》1980年第15期全文转载；《新华文摘》1981年第2期摘载。

① 恩格斯：《社会主义从空想到科学的发展·英文版导言》，《马克思恩格斯选集》第3卷，北京：人民出版社，1972年，第389页。

学习毛泽东关于中国古代农民战争的论述

毛泽东同志关于中国古代农民战争的论述，集中在《中国革命和中国共产党》一书的第一章《中国社会》中。把毛泽东的论述和马克思主义经典作家有关封建社会农民战争的论述结合起来学习，便可清楚地看出，毛泽东同志的论述是马克思主义农民战争理论的运用和发展。

无产阶级革命导师马克思、恩格斯、列宁以及斯大林都论述过封建社会的农民战争，尤其是恩格斯所著《德国农民战争》，是马列主义宝库中关于封建社会农民战争的一部专著。这部书主要论述1524—1525年德国的农民战争，是恩格斯在1850年，为了用德意志民族“自己的革命传统”、历史上“最优秀的革命人物”“表现过坚韧不拔的精神”[①]教育遭受革命挫折的德国人民而写的。它不仅是研究古代农民战争史的典范，也是历史研究为现实斗争服务的表率。

马、恩、列、斯关于封建社会农民战争的论述，大体上可以分析为这样两个部分：一是对德国、俄国等欧洲中世纪农民战争的具体论述，对这些地区的农民战争是适用的；一是关于封建社会农民战争的基本理论原则的论述，具有普遍意义，不仅适用于德国、俄国，以及其他欧洲国家，也适用于亚洲，适用于中国。当然这两部分并不是截然分开的，前者也体现了后者的精神，后者往往是前者的概括。其基本理论则可归结为以下四点：

① 恩格斯：《德国农民战争·前言》，《马克思恩格斯全集》第7卷，北京：人民出版社，1959年，第385-483页。后引《德国农民战争》之文皆见于此，不再加注。

(1)封建社会的农民战争是阶级斗争,具有反封建的革命性质;①

(2)封建社会的农民战争是封建统治阶级残酷剥削和压迫引起的;②

(3)封建社会的农民战争打击了封建统治,推动了社会的前进;③

(4)封建社会的农民战争都终归于失败。④

这四点之所以具有普遍适用性,是它反映了封建社会农民战争的本质和规律,是马克思主义农民战争理论的基石,因而成为认识封建社会农民战争的基本原则。毛泽东同志在《中国革命和中国共产党》中,对我国古代农民战争的论述,就是运用了这些基本原则,结合中国历史的具体实际,对中国封建社会农民战争所做的理论概括。

毛泽东同志是怎样运用马克思主义关于农民战争的基本原理来论述我国古代农民战争的呢?

第一,毛泽东同志指出:中国历史上的农民起义、农民战争,是“反抗地主和贵族的黑暗统治”的斗争,是农民阶级“反抗地主阶级统治”的斗争,是“农民的阶级斗争”。还指出:这种农民战争“是当时的农民革命”“农民的革命战争”,是农民“革命的手段”⑤。毛泽东同志还把农民战争的领袖包括在中华民族历史上产生的革命领袖之中。这些论述,完全体现了农民战争的反封建的革命性质,和经典作家论述的精神完全一致。

第二,关于中国古代农民战争的起因问题,毛泽东同志首先概括了中国封建时代的经济制度和政治制度的主要特点,然后指出:正是这种“地主阶级对于农民的残酷的经济剥削和政治压迫,迫使农民多次地举行起义”,迫使农民起来进

① 恩格斯在《德国农民战争》一书中,多次指出农民战争是阶级斗争,并说:“反封建的革命反对派活跃于整个中世纪。”列宁在《俄国革命的长处和弱点》中指出:农民运动提出的平等思想是“最革命的思想”。(载《列宁全集》第12卷,北京:人民出版社,1959年,第431页)。

② 《德国农民战争》第1章分析德国的阶级关系时,列举了农民所受残酷的经济剥削和政治压迫。

③ 《德国农民战争》第7章阐述德国农民战争的历史意义时,指出了教会僧侣和贵族、骑士都受到这次农民战争的打击。列宁在《社会主义与战争》中,指出“农奴反对地主”的战争,是具有合理性、进步性的战争,“它们促进了人类的发展”(《列宁全集》第2卷,北京:人民出版社,1959年,第279页)。

④ 《德国农民战争》指出:“农民们在1525年也到处战胜了地方性的统治者,但却被诸侯们有组织的大军击败。”斯大林指出:普加乔夫、拉辛等领导的农民起义“没有能够把地主赶走”,他们都“不能得到任何重大的结果”。(《斯大林全集》第8卷、第13卷,北京:人民出版社,1954年、1956年,第129页、第100页)。

⑤ 毛泽东:《中国革命和中国共产党》第1章《中国社会》,《毛泽东选集》第2卷,北京:人民出版社,1952年,第2版,第615-626页。以下所引毛泽东同志的话皆出此篇,其注从略。

行革命战争。这和马克思主义揭示的封建社会发生农民阶级反抗斗争的根源、和恩格斯列宁所表述的论点相同。

第三，毛泽东同志根据马克思主义关于农民战争作用的理论，肯定了中国古代"农民起义和农民战争的结果，都打击了当时的封建统治，因而也就多少推动了社会生产力的发展"，"这种农民的阶级斗争、农民的起义和农民战争，才是历史发展的真正动力"。毛泽东同志还曾经说到过，中国历史上农民起义、农民战争所传播的革命思想，积累的革命经验和教训，这些无疑是构成中华民族的光荣革命传统和优秀历史遗产的重要内容，对中华民族起着深远的影响。

第四，毛泽东同志根据马克思主义关于封建社会农民战争必然失败的理论，阐明中国封建社会的农民战争，"只是由于当时还没有新的生产力和新的生产关系，没有新的阶级力量，没有先进的政党，因而这种农民起义和农民战争得不到如同现在所有的无产阶级和共产党的正确领导，这样，就使当时的农民革命总是陷于失败，总是在革命中和革命后被地主和贵族利用了去，当作他们改朝换代的工具"。

此外，毛泽东同志还指出了中国古代的农民战争具有次数多、规模大的特点，他说："从秦朝的陈胜、吴广、项羽、刘邦起，中经汉朝的新市、平林、赤眉、铜马和黄巾，隋朝的李密、窦建德，唐朝的王仙芝、黄巢，宋朝的宋江、方腊，元朝的朱元璋，明朝的李自成，直至清朝的太平天国，总计大小数百次的起义，都是农民的反抗运动，都是农民的革命战争。中国历史上农民起义和农民战争的规模之大，是世界历史上所仅见的。"

毛泽东同志又是在哪些地方发展了马克思主义关于农民战争的理论呢？

第一，毛泽东同志全面深刻地揭示了农民战争的根源。恩格斯和列宁论述过农民战争的起因。恩格斯在《德国农民战争》里，从16世纪初德国经济发展的不平衡性和分散性，政治上的分裂割据状态和复杂的阶级关系等诸方面，探讨了德国农民战争的起因。列宁指出："农民战争是土地引起的"，"土地是(农民)追求的目的"①。毛泽东同志则从封建制度上揭示了中国古代农民战争的根源，他阐明：正是因为封建的经济制度所决定的对农民的残酷经济剥削，使农民极端穷苦，封建的政治制度所决定的对农民的残酷压迫和黑暗统治，使农民过着奴隶式

① 列宁：《关于我们的土地纲领》，《列宁全集》第8卷，北京：人民出版社，1972年，第223页。

的悲惨生活，才迫使农民不得不举行起义，用革命战争的手段进行反抗。这就说明，只要封建制度存在，农民起义、农民战争就一定会发生，封建制度是农民战争最深刻的根源。这就是说，恩格斯从当时的经济政治状况说明德国农民战争爆发的原因，列宁进一步指出了引起农民战争的一个根本因素——土地问题，而毛泽东同志则从社会制度上高屋建瓴地阐明封建社会农民战争的不可避免性，因而对农民战争起因的认识就更全面更深刻了。

第二，毛泽东同志进一步阐明了农民战争的历史作用。马克思在《哲学的贫困》中所说封建主义"坏的方面引起斗争，产生形成历史的运动"[①]，概括地指出了封建社会农民战争是历史运动的推动力量。恩格斯在《德国农民战争》中谈到了农民战争对封建统治的打击，"遭受农民战争的打击最大的是僧侣"，贵族和骑士也受到打击。毛泽东同志在论述中国古代农民战争的作用时，进一步把农民战争和封建社会生产力的发展、封建社会的进步联系起来。指出农民战争通过"打击封建统治"这个环节而推动社会生产力的发展，所以，每次大规模的农民战争之后，"社会多少有些进步"。这就说明，阶级斗争不仅是阶级社会中社会形态突变时期的历史发展动力，也是封建社会这种社会形态渐变时期的历史发展动力。

第三，毛泽东同志深入地分析了农民战争的失败。马克思、恩格斯在《德意志意识形态》中说："由于农民的分散性以及由此而来的极端落后性，这些起义（指中世纪的农民起义——引者）也毫无结果。"[②]恩格斯在《德国农民战争》的有关部分，谈到一些农民战争失败的因素，如轻信"和谈"、"协议"、"市民不坚定"、"良将稀少"、战术有缺陷，以及"地方和各省的分裂割据状态以及由此必然产生的地方狭隘性和省区狭隘性如何破坏了整个运动"等等。斯大林说过："因为他们（指普加乔夫和拉辛领导的农民起义——笔者注）没有而且当时也不可能有像工人阶级这样的革命领导者。"[③]毛泽东同志则着重指出了封建社会农民战争失败的根本原因，在于"当时还没有新的生产力和新的生产关系"。正是这一时代局限性而导致两方面的问题：一方面，农民既然不是新的生产力和生产关系的代

---

① 马克思：《政治经济学的形而上学》（《哲学的贫困》第2章），《马克思恩格斯选集》第1卷，北京：人民出版社，1972年，第118页。

② 马克思恩格斯：《费尔巴哈》，《马克思恩格斯选集》第1卷，北京：人民出版社，1972年，第58页。

③ 斯大林：《关于苏联经济状况和党的政策》，《斯大林全集》第8卷，北京：人民出版社，1954年，第129页。

表，因而也就找不到能代替封建主义生产方式的社会方案，也不能克服自身存在的小生产者的弱点；另一方面，没有新的生产方式，也就没有新的阶级、政党来领导农民取得消灭封建制度的胜利。毛泽东同志还在论述农民战争的失败情况时，实际上指出了农民战争的两种失败类型：一种是大多数农民起义，总是在封建统治阶级武装镇压下陷于失败，另一种是在革命过程中或革命后做了地主和贵族改朝换代的工具。简单地说，一种是被剿杀，一种是蜕变。不管哪种类型，结局都是"封建的经济关系和封建的政治制度，基本上依然继续下来"，这是农民战争失败的根本标志。

总之，毛泽东同志把马克思主义关于封建社会农民战争的理论运用于中国的历史实际，同时也就丰富和发展了这方面的马克思主义理论。

毛泽东同志关于中国古代农民战争的论述是我们研究农民战争问题的指导思想。研究农民战争史，和研究其他分科历史一样，总是有一定指导思想的，不管是自觉还是不自觉，指导思想都是客观存在，都是要在研究历史的过程中起作用的。历史事实表明，封建史家必然以地主阶级思想作指导；资产阶级史家，总是以形形色色的资本主义思想作指导；无产阶级史学家、马克思主义史学家则自觉地以历史唯物主义作为研究历史的指导思想。

正是马克思主义史学家把马克思、恩格斯创立的历史唯物主义用来作为研究历史的指导思想，历史学这门古老的学科，才摆脱列宁所指出的"至多是搜集了片断的未加分析的事实，描述了历史过程的个别方面"的状况，而"把历史当做一个十分复杂并充满矛盾但毕竟是有规律的统一过程来研究"[①]，这样，历史研究才发生了根本变化，才成为科学。农民战争史的研究也毫不例外。

我国农民战争史的研究之 所以成为科学，也是在马克思主义传入以后，特别是在20世纪30年代的社会史大论战中逐渐发展起来的。1931年，恩格斯的《德国农民战争》一书翻译为中文出版，1939年毛泽东同志在《中国革命和中国共产党》中，对中国古代农民战争做了精辟的论述，从此，中国农民战争史的研究发生了根本的变化。在这以前，封建史家和资产阶级史家们的笔下，起义的农民被诬蔑为"盗贼""流寇"，对农民战争充斥着诅咒的词句；这以后，在用历史唯物主义作为指导思想、用马克思主义关于农民战争的理论作为指导来研究农民战争的

① 列宁:《卡尔·马克思》,《列宁全集》第2卷，北京:人民出版社，1959年，第38页。

史家们笔下，才恢复了历史的本来面貌，农民起义、农民战争才被看作是历史上的正义事业，才承认农民的革命斗争是推进历史的动力。1941年，范文澜同志在延安完成的《中国通史简编》和同年吕振羽同志在重庆开始写作的《简明中国通史》，是40年代运用历史唯物主义作指导思想研究中国通史的两部代表著作。在这两部书中，就是以毛泽东同志关于古代农民战争的论述作为指导思想来叙述农民战争的。这两部书，经过修订，至今仍然保有旺盛的生命力，归根结底，在于它们的指导思想的正确性。

新中国成立以来研究农民战争史的历史经验，有助于进一步认识指导思想对研究历史的重要性。

50年代至60年代初，广大的史学工作者自觉地运用毛泽东同志关于农民战争论述作为指导思想，研究我国古代的农民战争，展开了热烈的争鸣，至1961年，据不完全统计，已发表论文和报导四百多篇，专著几十种，并且整理了大量的农民战争史料，取得了很大的成绩。

此后，农民战争史的研究受到"左"的思潮的影响以及林彪、"四人帮"的严重破坏。他们把毛泽东同志关于农民战争的论述当作教条，千篇一律地到处套用，把农民战争史抬高到几乎要代替全部中国历史的地步，并且把农民战争史问题作为打击人的政治棍子。这一切，实际上是歪曲、糟蹋毛泽东同志的论述，破坏农民战争史的研究。

粉碎"四人帮"、纠正"左"的思潮以后，广大史学工作者又恢复了活力，继承和发扬科学研究农民战争史的传统，努力掌握毛泽东思想体系，深入开展对农民战争史的研究，在不长的时间内，便取得了相当可观的成绩。但是出现了另一种偏向，即企图否定毛泽东思想的指导作用，否定农民战争的革命性质和对历史所起的推动作用，重弹农民战争破坏论的陈词老调。虽然这种偏向只是支流，但也有必要展开讨论，明辨是非，特别应该告诉青年史学工作者什么是正确研究方向和方法，使他们明确，坚持运用毛泽东思想作为指导思想，坚持理论联系实际的方法，才是科学的研究，才能取得有益于社会主义物质文明和精神文明建设的研究成果。用不用马克思主义、毛泽东思想作指导，其结果是大不一样的。像近年来在农民战史研究上看到的，有个别同志，他使用的材料和别人大体相同，但却得出了一些不符合历史实际的错误结论。如说农民战争是封建制度的"修理工”，这就从根本上否定了农民战争的革命性质；又如把农民战争作为中国封建社会长期延续、停滞不前的一个原因，这就否定了农民战争推动历史的作用；[①]等等。之所以如此，归根到底，在于脱离了正确的指导思想。

当然，在解决坚持用毛泽东思想作指导的同时，还有研究方法的问题。那么，应该怎样运用毛泽东同志关于中国古代农民战争的论述作为研究农民战争史的指导思想呢？简单地说，要像毛泽东同志运用马克思主义关于农民战争的基本原理那样，运用其立场、观点和方法，把农民战争的基本理论和农民战争的历史实际紧密地联系起来，进行创造性的研究。比如研究中国历史上某一次农民战争，就应该详细占有这次农民战争的历史材料，在毛泽东同志关于中国农民战争的一般原理的指导下，对历史材料进行去粗取精、去伪存真、由此及彼、由表及里地钻研，对这次农民战争的史实进行科学的分析和综合，然后引出关于这次农民战争的起因、性质、过程、作用、意义和影响等等问题的结论。如果对中国历史上的每次农民战争，或主要的有代表性的农民战争进行了这样的认真研究，那就有可能得到对中国古代农民战争发展规律的认识，就有可能对中国古代农民战争史的研究作出贡献。

原文以“汝泉”笔名发表于《重庆社会科学》1984年第1期。

① 史绍宾:《关于中国封建社会农民革命战争问题的讨论》，载《中国封建社会农民战争问题讨论集》，北京:生活·读书·新知三联书店，1982年。

谈谈让步政策的研究问题

让步政策问题，曾经被林彪、“四人帮”作为推行文化专制主义的一根大棒。那时，只能人云亦云，不准发表一点儿不同意见，因此，让步政策问题也成了禁忌地区。

现在，随着“百花齐放，百家争鸣”政策的真正贯彻落实，我们有条件而且有必要打破禁区，对让步政策问题进行深入的研究。

应该怎样研究让步政策问题呢？看来，还需要认真思索一番。这里，仅就中国封建社会让步政策的研究问题，谈谈自己不成熟的意见。

一、让步政策的客观性

让步政策是客观存在呢，还是主观虚构的？这是研究让步政策首先要解决的前提，也是过去争论最大的问题。弄清让步政策的客观实在性，我们就能把它放在适当的范畴内，准确地有效地进行探讨。

让步政策无疑是客观存在的。

中国封建统治阶级通过其政权实行过种种政策，我们可以从不同的范畴进行分类概括。从政策的实施领域方面，可以分为政治政策、经济政策和文化政策，或者分为对外政策和对内政策等。从政策的社会性质上，可以分为革命的和反革命的政策，革新的和守旧的政策，进步的和倒退的政策等。让步政策是和进攻政策相对应的概念，是从另一个方面对统治阶级政策的概括。

从阶级斗争观点来看，封建统治阶级的政策，作用对象主要是农民阶级，归根结底，在于对农民阶级进行统治、进行剥削和压迫。这里指的是政策的政治趋向性。从政策的政治趋向性来看，封建统治阶级的政策可以分为：一种是加强控制加重剥削和压迫的政策，如横征暴敛、严刑峻法等等，可以称为强化政策或叫进攻政策；另一种是相对弱化减轻剥削和压迫的政策，如轻徭薄赋，奖励垦殖，安抚流亡，约法省刑等等，这就是我们说的让步政策。

否认存在让步政策的人，认为封建统治阶级只有加重剥削和压迫的进攻政策。可是，这种看法，既经不起逻辑的检验，也不符合历史事实。进攻和让步是一对相互对立、相互依存、相互转化的矛盾，为什么表现在封建统治阶级的政策上，却只能有进攻政策，而没有让步政策呢？封建社会的阶级斗争既然是高低起伏、进退曲折的，为什么表现在统治阶级的政策上，只有进攻而没有退却呢？难道在这里只有形而上学起作用而辩证法不灵了吗？从史籍记载来看，所谓轻徭薄赋、约法省刑，固然有封建史家溢美之嫌，但是能够说那样做的统治者比实行横征暴敛、严刑峻法的统治者对人民的剥削和压迫更严重吗？从历史事实来看，能够否认唐代初年对人民的剥削和压迫比隋炀帝统治时期有所减轻吗？

其实，马克思主义经典作家早就使用“让步”一词来表述封建统治阶级那种减轻剥削和压迫的行为。马克思把1853年清王朝慑于太平天国的革命压力而下令减缓税捐并不许额外征收称之为曾在奥地利也“看到过同样的让步”①。列宁把1861年沙皇签发废除农奴制，解放农奴的法令叫作让步，说沙皇“政府终于因为害怕全体农民的总起义，而让了步”②。可见，让步政策的提法并不是违经背典的异端邪说。

明确了让步政策的内涵，我们探讨它的时候，就可以和其他范畴的问题区别开来。比如，有人指责主张让步政策的同志是在宣扬封建统治阶级的本性可以自行改变。其实是他没有弄清楚，让步政策讨论的并不是封建统治阶级的剥削和压迫本性是否改变问题，而是在肯定统治阶级具有这个本性的前提下，研究在一定历史条件下，其剥削和压迫是否有过减轻的情况、减轻的原因，以及具有什么历史意义等问题。所以，那种指责是文不对题的。

---

① 马克思：《中国革命和欧洲革命》，《马克思恩格斯选集》第2卷，北京：人民出版社，1972年，第3页。

② 列宁：《给农村贫民》，《列宁全集》第6卷，北京：人民出版社，1972年，第383页。

二、怎样研究让步政策

让步政策和社会生活的各个方面都有不同情况的联系，是一个比较复杂的社会现象，因此，我们研究它的时候，就应该从各种联系中去把握其本质，不能简单从事。过去有的同志由于表述得过于简单，出现了一些弊病，需要总结经验教训。

这里，就让步政策关系到的几个重要方面谈一些看法。

第一，让步政策作为封建统治阶级的一种阶级政策，和阶级斗争有着十分密切的关系。因此，一定要把它放在一定时期的阶级斗争历史中进行研究。

在封建社会，地主阶级和农民阶级既是相互对立的，又统一于一个社会制度内，这对矛盾有斗争性也有同一性。地主阶级既要剥削农民阶级，又要使农民能够存在，不致失去剥削对象；农民阶级既反对地主阶级的剥削和压迫，又不能单靠自己的力量消灭地主阶级，不能自己创造一种社会制度来代替封建制度。这就是说，封建社会农民阶级和地主阶级的阶级斗争，是这两个阶级谁也不可能消灭谁的斗争，因而在斗争过程中，来潮与退势，进攻与退却，高低起伏，迂回曲折，形势变化就显得特别复杂。这是封建社会的让步政策表现得比较频繁、复杂的原因之一。

让步政策的制定和推行，不管封建统治阶级是否意识得到，总是要受阶级斗争形势、阶级力量对比关系制约的。这就是让步政策出现的时间，为什么常常不是在大规模农民起义的前夕，在“山雨欲来风满楼”的时候，而是在农民起义、农民战争停息之后的原因。

大规模农民起义的前夕，农民被封建统治阶级的残酷剥削和压迫逼得走投无路，反抗情绪普遍高涨，革命力量逐渐集聚，小规模的反抗斗争此起彼伏，统治者很难照旧统治下去了。这时，统治阶级中往往有人出来倡导或实行让步政策。如赤眉绿林起义前师丹、何武、孔光等人的限田、限奴婢的建议。唐末农民大起义前夕，翰林学士卢携上书，建议停征赋税，赈济饥民等。从实际历史情况来看，这种让步政策，大体是倡议的多，实行的少，封建社会前期较多，后期较少，一般成效不大，没有引起人们太多的注意。

农民起义后出现的让步政策，又有两种情况：一种是出现在一个王朝统治期中爆发的农民起义之后。这种农民起义，一般规模不大，波及的地区不广，持续的时间不长。虽然也给当时的封建统治以一定打击，但是没有推翻封建王朝，没有造成改朝换代的形势。农民起义停息以后，统治者虽然也被迫采取过一些让步措施，但是一般作为不大。如汉武帝末年农民起义后，昭宣时期实行一些放宽剥削的措施，王小波李顺起义后北宋政府被迫取消四川的茶叶专卖制度等。也有个别作为较大的，如北宋中期农民起义后出现的王安石变法，明中叶农民起义后出现的张居正改革，但多以失败而告终。另一种是出现在一个王朝末期的大规模农民战争之后。由于这种农民战争沉重地打击了封建统治，推翻了旧王朝，使新王朝的建立者亲眼看到农民阶级的革命威力，所以，农民战争停息以后，在社会经济残破，封建统治削弱，农民余怒未消的情况下，新王朝的统治者为了巩固其统治地位而不得不推行的让步政策，无论其广度和深度都要大一些，效果也来得显著一些，如汉初、唐初、明初、清初推行的让步政策就是如此。

把让步政策放在农民阶级反对地主阶级的斗争中进行研究，我们就可以清楚地看到，让步政策的实行与否，实行的程度如何，都以农民阶级的斗争为转移。所以，肯定让步政策，其真正意义在于肯定农民起义和农民战争。

第二，让步政策作为封建政权实行的一种政策措施，是属于上层建筑领域的现象，因此，它必然和经济基础发生联系，并且通过生产关系对生产力发生作用。所以，研究让步政策必须联系生产力与生产关系、经济基础与上层建筑这两对社会基本矛盾进行考察。

从社会基本矛盾的辩证关系来看，让步政策是适应当时的经济关系而产生的，是生产关系有所变化的反映，因此，要受社会生产力的制约。让步政策的实行，无疑是为经济基础服务，是维护封建地主阶级的经济和政治利益的，但是由于它和社会经济是沿着同一方向前进的，因此它能够促使社会经济的发展进行得比较快。①

有的同志一听别人说让步政策反映了农民的某些要求，茫然不解，而发出种种责难，其实是他们对社会基本矛盾的辩证关系未做认真分析的缘故。马克思主义从来就如实地把生产力看作社会历史发展的最后决定条件。作为生产力首

① 恩格斯：《致康·施米特》（1890年10月27日），《马克思恩格斯选集》第4卷，北京：人民出版社，1972年，第483页。

要要素的劳动者,他们的要求在封建政权的某些政策中有所反映是正常的。如果说让步政策代表劳动者的要求,那当然是错误的。而认为让步政策反映了劳动者的某些要求,就是说封建统治者在制定让步政策时,不能不受劳动者负荷限度的制约,不能不考虑劳动者的可接受性,这有什么不可以呢?这正是生产力决定生产关系、经济基础决定上层建筑的一种表现。

第三,让步政策是由封建统治阶级中某些代表人物制定推行的,其施行对象主要是广大的人民群众,有些必须通过农民的辛勤劳动才能实现,因此,研究让步政策又必然涉及人民群众和个人的历史作用问题。

让步政策在社会历史发展中所起的积极作用,应该归结为人民群众推动历史发展的作用。因为,让步政策产生和实行的条件,都是人民群众创造的,离开了农民阶级的阶级斗争和生产斗争,任何让步政策都等于一张废纸。但是,并不是说制定和推行让步政策的封建治阶级代表人物就没有任何作用。我们只要把实行让步政策的统治者与实行加重剥削和压迫的统治者比较一下,例如把唐太宗和隋炀帝比较一下,就不难看出,隋朝末年的社会大破坏和唐朝初期的历史进步是很不相同的,这无论如何不能说和杨广、李世民个人没有关系,无论如何不能用"天下乌鸦一般黑"的简单概念,统统加以否定。应该肯定封建统治阶级中杰出的人物,在让步政策的制定和推行中,是有一定积极作用的。

既要坚持人民群众是历史的主人,是推动历史发展的真正动力,又必须承认统治阶级中杰出人物的作用,这是不是二元论,是不是没有和"英雄与奴隶共同创造历史"的谬论划清界限呢?马克思主义在肯定人民群众是历史创造者的前提下,承认杰出人物对推动历史进程具有重大作用,并不认为人民群众的作用和个别杰出人物的作用是绝对对立的或平行的。只有人民群众才是历史发展的决定力量,才是原动力,而个别杰出人物不能决定历史发展的基本趋势,只能对历史进程起推动作用,起加速作用,而且这种推动、加速的作用,归根结底,必须通过人民群众才能实现。所以,这和二元论、"共创"论毫无共同之处。这也是我们对让步政策积极作用的归属问题,对人民群众和封建统治者在推行让步政策中的关系问题应有的基本观点。

第四,让步政策的推行,有时又伴随着封建统治阶级内部的矛盾和斗争,加上"四人帮"及其御用文人肆意歪曲地主阶级内部斗争,这无疑增加了我们研究让步政策的复杂性。

“四人帮”及其御用文人们，先是打起“左”的旗号，对“让步政策”大兴挞伐，随后又把地主阶级内部斗争，几乎都贴上路线斗争的标签，把让步政策歪曲为所谓一贯正确的法家路线，大肆宣扬。这充分暴露了他们实用主义的卑劣伎俩。当前研究让步政策，就需要排除“四人帮”制造的这些障碍，实事求是地分析地主阶级内部斗争与让步政策推行的关系，才能正常开展顺利进行。

让步政策的实行之所以常常引起统治阶级内部一部分人的非难和反对，是因为推行让步政策的人，一般是统治阶级中善于总结历史经验、能够顺应历史潮流、眼光比较远大的进步势力。他们从封建统治的长远利益出发，采取措施，暂时减轻一些对人民的剥削和压迫，以维护地主阶级的统治。这样，就可能限制和损害一些腐朽势力的既得利益。而统治阶级中那些代表生产关系腐朽因素的势力，既看不见长远利益，也从来不愿损失一点儿眼前利益，因此，常常以各种借口反对让步政策。

封建统治阶级中，让步政策的推行者和反对者之间的矛盾，往往带有革新和守旧的意义，但他们的根本利益是共同的，并不具有什么你死我活、水火不容的所谓路线斗争的性质。这个斗争对让步政策的推行会产生一定的影响。让步政策是否能够顺利推行，往往和这一斗争有一定关系。有的让步政策，如王安石变法，就是被守旧势力扼杀了的。

让步政策推行者和反对者斗争的结局，又和农民起义有一定关系。在一个王朝中期小规模农民起义后推行让步政策时，守旧势力的阻力较大，斗争比较尖锐；王朝末期大规模农民战争之后，由于农民战争对腐朽势力的打击特别沉重，因而实行让步政策的阻力较小，推行比较顺利，成效就比较显著。所以，让步政策和统治阶级内部矛盾的关系，实际上体现着农民战争制约让步政策的一种关系。

三、研究让步政策的意义

当前，研究让步政策最突出的意义，就是清除“四人帮”在史学领域里散布的流毒，为遭到“四人帮”的“让步政策”大棒打击迫害的史学工作者平反昭雪，恢复被“四人帮”破坏了的“双百”方针和学术民主，使许多为“四人帮”歪曲、篡改了的史学理论和实际问题还归本来面目，这是拨乱反正，是繁荣史学研究的重要任务之一。

研究让步政策的根本意义，在于求得全面解决历史研究中一个重大课题——农民起义、农民战争如何推动封建社会发展的问题。这是一个阐明封建社会发展规律的重要理论问题和实际问题。

那种认为农民战争的作用只有通过让步政策体现出来的观点，因为“只有”二字说得太绝对了，理所当然地不为大多数人赞同。但是，不能因此就否认：让步政策确实反映了农民战争伟大作用的某些方面。例如，隋炀帝大兴徭役，使人民遭到空前的灾难。王薄首义于长白山，提出了“无向辽东浪死”的号召，“避征役者多归之”①。隋王朝在农民铁拳打击下灭亡了。新建立起来的唐王朝所推行的让步政策中，有一条就是普遍实行“以庸代役”的措施。难道我们不应当把输庸代役的实行，看作隋末农民战争反徭役斗争成果的表现吗？当然，隋末农民战争的伟大历史作用不仅于此。但是，我们如果不注意到这一点，能够说是全面理解了隋末农民战争的历史作用吗？显然是不行的。毛泽东同志指出：“在中国封建社会里，只有这种农民的阶级斗争、农民的起义和农民战争，才是历史发展的真正动力。因为每一次较大的农民起义和农民战争的结果，打击了当时的封建统治，因而就多少推动了社会生产力的发展。”②由此看来，探寻农民战争推动社会生产力发展的问题，“打击了当时的封建统治”是关键环节，打击的轻重与社会生产力发展多少成正比例。打击封建统治，包含着生动丰富的内容，如农民军捣毁官府和地主庄园，镇压官僚和地主，夺回了一些土地和财物，打乱了原来的封建统治秩序，使封建政权和政治经济制度陷入瘫痪，无法照常行使职能，封建的族权、神权也受到冲击，等等。这种种打击封建统治的结果，一方面使农民直接得到了一些发展社会生产的必要条件，如土地、农具、牲畜、财物等；另一方面使新王朝的统治者，慑于农民战争的威力，不得不放弃或改变某些最残酷最野蛮的剥削和压迫的政策措施，代之以较为缓和的、剥削和压迫程度较轻的政策措施。

① [宋]司马光编著，[元]胡三省音注：《资治通鉴》卷181，隋炀帝大业七年二月条，北京：中华书局，1956年。

② 毛泽东：《中国革命和中国共产党》《毛泽东选集》第2卷，北京：人民出版社，1952年，第2版，第588页。

这就是让步政策。这样,生产关系得到一定的调整,有利于生产力的继续发展。

由此可见,让步政策是农民战争作用的一种表现形式。否认让步政策,不认真研究让步政策,很难对农民战争的伟大历史作用获得全面的了解。

原文以“白水”笔名载《西南师范学院学报》(哲学社会科学版)1979年第1期;人大复印资料K2《中国古代史》1979年第4期全文转载。

评价历史人物的禁区必须打破

评价历史人物，是新中国成立后，历史学界讨论得相当热烈的一个问题。许多同志曾经对武训、岳飞、孔子、曹操、武则天、李秀成等历史人物的评价问题，各抒己见，展开争论，在史学领域开展了"百家争鸣"，推动了历史科学的发展。可是，在林彪、"四人帮"横行的时候，史学界的两位马克思主义史学家翦伯赞、吴晗的著作却被他们采取掐头去尾的恶劣手法，摘取一些关于评价历史人物的言论，蛮横地加上"美化、歌颂帝王将相"和"影射攻击现实"等罪名，大肆进行批判。从此，评价历史人物问题，便成为史学领域的一个禁区。现在应该是彻底打破这个这个禁区，解除林彪、"四人帮"强加给人们的精神枷锁，用历史唯物主义观点，认真地研究和评价历史人物的时候了。

正确评价历史人物，是发展马克思主义历史科学的一个重大课题，它关系着历史科学怎样为四个现代化服务。列宁指出："发现唯物主义历史观，或更确切地说，彻底发挥唯物主义，把唯物主义运用于社会现象，就消除了以往一切历史理论的两个主要缺点。第一，以往一切历史理论，至多是考察了人们历史活动的思想动机，而没有考究产生这些动机的原因，没有发现社会关系体系发展的客观规律性。……第二，过去的历史理论恰恰没有说明人民群众的活动。"[①]只有马克思主义者，才把唯物主义运用来说明人类的社会历史，指出了不是人们的社会意识决定社会存在，而是社会存在决定人们的社会意识，指出了人民群众是历史的主人，是创造世界历史的动力。有了马克思主义的历史唯物主义，才使历史研究

① 列宁：《卡尔·马克思》，《列宁全集》第21卷，北京：人民出版社，1959年，第38页。

真正成为科学。

“四人帮”歪曲对历史人物的评价，实际是对历史唯物主义的扼杀。“四人帮”利用历史疯狂进行反党篡权活动，他们既用否定或歪曲周公、孔子、海瑞、李秀成等历史人物，来为他们打倒以周总理为代表的老一辈无产阶级革命家制造反革命舆论；又用美化或夸大吕后、武则天、慈禧太后等历史人物，来为他们进行篡党夺权的阴谋服务。从“四人帮”这些反革命活动中，使我们清楚地看到正确评价历史人物问题的重要性。

值得我们深思的是，“四人帮”以实用主义伎俩妄评历史人物，疯狂践踏历史科学的时候，一些人，其中包括我们一些从事历史科学研究和教学工作的同志也受了蒙骗。这说明，我们还应当认真地学习历史唯物主义关于评价历史人物的基本理论，联系实际，进行历史人物的研究和评价工作，清除“四人帮”的余毒。我们一定要坚决贯彻“百家争鸣”方针，坚持无产阶级党性和科学性一致的原则，把被“四人帮”搞乱了的一些评价历史人物的基本观点纠正过来。

这里仅举两例。

“英雄和奴隶共同创造历史”，这是林彪的谬论。我们且不说这些论调背后的政治阴谋，就是这个提法本身，也完全是违背马克思主义的。历史唯物主义在肯定人民群众是历史的创造者的前提下，承认领袖人物、英雄人物、杰出人物对推动历史进程具有重大作用，并不认为人民群众的作用和领袖、英雄、杰出人物的作用是对立的，或者是半斤八两、平行的。只有人民群众才是历史发展的决定力量，才是原动力，而领袖、英雄、杰出人物则不能决定历史发展的基本趋势，只能对历史进程起推动作用，起加速作用，而且这种作用，归根到底，必须通过人民群众才能实现。这和林彪的“共创”论毫无共通之处。

“四人帮”先是以极“左”的面孔，把翦伯赞同志在肯定“筑长城、治黄河都是劳动人民的劳动完成的”前提下，指出秦始皇、汉武帝也起过发动者、组织者的作用，斥之为“美化和歌颂帝王将相”。后来在所谓“评法批儒”中，却又把一些封建统治者，加上“法家”的桂冠，大肆吹捧，无限拔高。那时，他们的“法家”成了历史的主宰者，劳动人民因为参与“反孔斗争”才当了“法家”的“清道夫”。历史唯物主义关于历史上统治阶级的代表人物和劳动人民对历史发展作用的理论，被他们弄得混乱不堪。“四人帮”诬蔑翦伯赞同志的，其实正是翦伯赞同志根据历史唯物主义关于评价历史上统治阶级代表人物的基本观点，即统治阶级中那些在一定程度上代表历史发展趋势的杰出人物，能够利用手中的权力，对历史起一定的推动作用，以这个观点对秦始皇在筑长城中的作用，汉武帝在治黄河中的作用，所做的恰当的评价。“四人帮”拿出来代替这个正确观点的所谓“天下乌鸦一般黑”的理论，即一切统治阶级的人物都应全盘否定。这种“理论”实际上是历史虚无主义。“四人帮”宣扬的“法家”主宰历史，把劳动人民降低到“法家”的仆从地位，是帝王将相决定历史，否定人民群众是历史主人，是货真价实的唯心史观。

“政治是唯一的标准。”历史上凡是政治保守、反动的人物，不管他在其他社会活动方面有什么成就和贡献，“四人帮”都一律加以否定。这完全违背了历史的、实事求是的评价历史人物。评价历史人物，当然要重视政治立场，看他对社会变革、对政治改良的态度，看他对民族斗争的态度，尤其是要看他对人民革命的态度，这是评价历史人物的一个重要的依据。但是，不能把政治表现作为对一个历史人物肯定与否定的唯一标准。因为人们的社会活动是多方面的。在历史上，剥削阶级的政治人物中，往往有一些人在政治上保守，甚至反动，但在其他社会活动方面却有这样那样的成就，或对中华民族经济文化的发展繁荣做过有益的事情。评价这类历史人物时，我们不能因为他的政治表现不好，而把他的其他方面的成就也完全抹煞。

例如孔子。即使把他看作奴隶社会末期顽固站在没落奴隶主贵族反动立场的人物，也不应该完全抹煞他在文化教育上的贡献。特别是他从教育实践中提出的一些合乎教学规律的主张。如曹操，他是镇压黄巾起义的刽子手，应当受到谴责。但是，他在打击豪强，削平割据势力，统一北方，安定社会秩序，恢复和发展北方社会经济方面，无疑是有贡献的。撇开他在文学上、军事学上的成就不谈，仅就政治上那两个方面来衡量一下，也可以看出，曹操一生的主要活动，总的说来，是功大于过，应该做肯定的评价。

总之，历史上这类人物比较多。在评价这些人物时，固然不能因为他的某方面有成就，就忽视其政治立场，也不能因为他政治上不好，就把他全盘否定。应该把这类人物，放在当时的历史条件下，做全面的分析和衡量，然后做出合乎历史实际的科学的评价。

原文载《重庆日报》1979年5月26日第3版《学习》专栏

关于评价历史人物的几点意见

最近一个时期，在中国古代史的教学中，常常接触到评价历史人物问题，因此想到了一些意见。关于打破“禁区”问题、处理人民群众与杰出人物的关系问题、处理政治与其他社会活动的关系问题，在《重庆日报》5月26日刊登的那篇短文中，我已经简单地谈到了。这里，讲另外三点肤浅的意见：第一，评价历史上统治阶级的杰出人物，要注意个人和集团的关系；第二，要重视评价对中外经济文化交流有贡献的历史人物；第三，要充分肯定在科学技术上有成就的历史人物。

一

一个阶级的领袖，是由“最有威信、最有影响、最有经验、被选出担任最重要职务”的人们组成，是一个集团。[①]这是马克思列宁主义关于群众、阶级、政党、领袖学说的一个基本观点。这个观点不但阐明了无产阶级领袖的集体原则，而且对我们研究和评价历史上统治阶级的杰出人物也有一定指导意义。

许多历史事实证明，我国古代历史上，统治阶级中一些杰出的人物，他们的思想和主张，他们做出的决定和实行的措施，特别是那些卓有成效、起过积极作用的东西，一般说来，都不是某个人心血来潮、灵机一动做出来的，也不是什么一个人闭门造车、冥思苦想想出来的，而常常是围绕他的那个集团的人相互磋商的产物。当然，这个集团中的成员，因为智慧、才能、知识、经验以及地位的差别，

① 列宁：《共产主义运动中的“左派”幼稚病》，《列宁全集》第31卷，北京：人民出版社，1972年，第23页。

所起作用也必然有所不同,这里有个体和整体的关系问题。

披上神秘色彩的皇权至上主义,是我国封建社会中统治阶级提倡和信奉的最高思想原则。一切都归结在皇帝、天子一人身上。皇帝称寡人;臣子向皇帝提建议叫作疏,似乎臣子只不过是疏通皇帝固有的意见。过去一般的史家,无论是封建史家还是资产阶级史家,也总是把一个时代的成就统统归功在当时杰出的帝王身上,不仅人民群众不在他们考虑之列,就是以皇帝为首的那个统治集团的其他成员,皇帝周围那些大臣们的作用,也常常记在皇帝的账上。

因此,我们现在研究和评价历史上统治阶级杰出人物时,就有一个正确阐明这些杰出人物个人和该集团的关系,恢复历史的真实面目的问题。

其实这个历史事实,我国南宋著名的进步思想家陈亮已经多少察觉到了。他在《王珪确论如何》这篇论文中,在"人君尽其用""同列知其心"的论题下,认为"唐室之兴"有赖于唐太宗、房玄龄、李靖、温彦博、戴胄、魏徵、王珪等人之间的很好合作,他指出:"太宗固已无所不尽其用矣,而诸公亦奋然并见其才,而无相媢之意。"陈亮还提到汉高祖刘邦和萧何、韩信、张良的关系,说:"汉高帝所藉以取天下者,固非一人之力,而萧何、韩信、张良盖杰然于其间。"[①]可见他不认为汉高祖唐太宗是孤家寡人打天下,而且他还强调这个集团的成员之间也要和衷共济、相互知心。

事实确是如此。唐朝贞观时期的成就,归根结底当然是人民群众的力量。就以当时统治者所起一定的促进作用来说,也不能完全算在唐太宗一个人的身上。只要我们翻一翻《贞观政要》这部书,就可以清楚地看到,唐太宗的思想和一些重要的政策措施,都是他和大臣们在总结历史经验、研究现实情况中,在相互商讨的基础上形成的。"凌烟阁图画二十四功臣"[②]可以说就是当时最高统治集团的主要成员。他们对"贞观之治"都有程度不同的贡献。也可以说,没有这些人物,就不可能出现唐太宗的"贞观之治"。但是,也不能因此低估唐太宗的个人的作用。唐太宗时,所以能组成这个尚能代表进步趋势的统治集团,这个集团中的

① [南宋]陈亮:《王珪确论如何》,陈亮著,邓广铭点校:《陈亮集》增订本卷9,北京:中华书局,1987年,第96-97页。

② 据《资治通鉴》卷196,这二十四人是:长孙无忌、李孝恭、杜如晦、魏徵、房玄龄、高士廉、尉迟敬德,李靖、萧瑀、段志玄、刘弘基、屈突通、殷峤、柴绍、长孙顺德、张亮、侯君集、张公谨、程知节、虞世南、刘政会、唐俭、李世勣、秦叔宝。

人物之所以能够发挥积极作用,这又是和唐太宗“知人善任”“虚己纳谏”分不开的。比如唐太宗即位后制定的那个著名的“偃武修文,中国既安,四夷自服”的总方针,就是著名宰相魏徵提出而被他采纳的,而魏徵则是他从自己的政敌李建成那里争取过来加以重用的。到贞观四年(630年)底,实行这个方针取得了很好的效果。一天,唐太宗对大臣长孙无忌说:“贞观之初,上书者皆云,人主当独运威权,不可委以下臣,又云‘宜震耀威武,征讨四夷’,唯魏徵劝朕‘偃武修文,中国既安,四夷自服’,朕用其言。今颉利成擒,其酋长并带刀宿卫,部落皆袭衣冠,征之力也。但恨不使封德彝见之耳!”魏徵拜谢说:“突厥破灭,海内康宁,皆陛下威德,臣何力焉!”唐太宗最后说了几句合乎实际情况的话:“朕能任公,公能称所任,则其功岂独在朕乎!”①唐太宗和其他一些总是把功劳归于自己,把错误推给臣下的皇帝不一样,能如实地肯定臣下的功绩,在封建帝王中可以说是难能可贵的。

二

我国和亚、非、欧国家,特别是和亚洲各国的友好关系,是源远流长的。从汉代开始,我国和亚洲各国的交往就频繁起来。到唐代,中外交往进一步扩大,和亚洲各国的关系空前密切。往后,随着社会生产力的继续发展,科学文化的进一步发达,人们克服自然阻碍本领的提高,我国和亚、非、欧国家的关系更是与日俱增。

两千多年来,我国和亚、非、欧国家之间,通过使节聘答、货物相通、学者交流、客游来往、僧侣互访等方式,广泛地进行经济文化交流。这对我国和其他各国社会生产的发展,对各民族文化艺术生活的丰富,以及对各国政治制度的进步,都是很有益处的。

我们纵观古今,放眼未来,便可以发现,总是人类社会历史越向高级阶段发展,各地区、各国家、各民族之间的交往就越渐频繁,经济文化交流就愈加发达,地球上各地区的人们联系就日益密切,最终必然融为一体,进入大同世界——人类最美好最理想的共产主义社会。这就是说,经济文化交流在人类社会发展史中,具有深远而重大的意义。

---

① [宋]司马光编著,[元]胡三省音注:《资治通鉴》卷193,唐太宗贞观四年十二月条,北京:中华书局,1956年。

在古代亚洲、非洲、欧洲的经济文化交流中，中国所作的重要贡献，所起的重要作用，所占的重要地位，是举世公认的。唐代中国是亚洲经济文化交流的中心，长安是各国人民向往和荟萃的地方，当时已有“大道通往长安”的话流行。至今世界上很多地方还把中国人称为“唐人”，把中国人聚居的市区叫作“唐人街”。这些，确实是有历史渊源的。

在悠久的中外关系史上，我国有许多做过重大贡献的人物。但是，在“四人帮”横行的日子里，在他们散布的故步自封、闭关自守、夜郎自大的封建狭隘民族主义思想影响下，在他们用“崇洋媚外”“洋奴哲学”的大棒到处打人的时候，中外关系史受到严重歪曲和削弱，对中外经济文化交流有贡献的历史人物，也常常遭到厄运。

现在，粉碎了“四人帮”，党中央领导全国人民进行社会主义现代化的新长征。我们历史科学和历史教学工作者，可以在我们从事的这项业务工作中，为社会主义现代化的伟大事业做许多有益的工作。我觉得其中一项，就是积极开展对中外关系史的研究，对中外经济文化交流有贡献的历史人物给予充分的肯定，对他们做出正确的评价，宣传那些为中外经济文化交流英勇献身人物的动人事迹。

我国古代历史上，对中外经济文化交流有贡献的人物很多，这里我分类列举一些，并对其中几个人的事迹略加叙述，目的在于说明我们应当重视这些历史人物，说明研究这类历史人物，正确评价这些历史人物，是很有意义的。

第一类，如汉朝出使西域的张骞、班超、班勇，唐朝出使印度的王玄策，明朝出使西洋的郑和、王景弘，出使印度的侯显等。他们奉国命出使，出色地执行国家交付的任务，和所到的亚非各国建立了友好关系。他们的事迹有些是十分感人而有教益的。

西汉武帝建元三年（公元前138年），我国第一位奉命出使西域（汉朝时把玉门关、阳关以西，包括中亚，乃至欧洲的广大领域泛称西域）的张骞，在往途中被匈奴拘禁了十年，单于为他娶妻，生子，想把他终身留在匈奴。但是，张骞“持汉节不失”[①]，就是说他始终不忘记祖国的使命。他终于找到了机会，逃出匈奴，去执行他的任务。张骞越过葱岭，经过大宛（今吉尔吉斯斯坦的费尔干纳），和大宛

① 《汉书》卷61《张骞传》，北京：中华书局，1962年，第2687页。

国王建立了很好的关系。大宛国王派翻译为他带路到康居(今阿姆河上游以北,咸海与巴尔喀什湖之间)。再由康居到达大月氏(阿姆河以北),还到了大夏(阿姆河以南)。他出使的主要目的是联络大月氏以牵制匈奴,因为当时大月氏情况发生了变化,目的未能实现。他又克服许多困难回到长安。出发时带领一百多人,经过十三年,回来时只剩下堂邑父(随身奴隶)一人。张骞详尽地向汉武帝报告了西域的新情况,为汉朝开拓西域,为促成东西方经济文化交流,有着重大影响。范文澜指出:这不仅是中国历史上一件极有意义的事情,也是人类历史上一件值得纪念的大喜事①。这个评价是很恰当的。

后来,汉武帝又派张骞率领一个300人的使团到西域,并派遣其他使臣到安息(波斯)、身毒(印度)、奄蔡(在今咸海与里海之间)、条支(在今波斯湾西北岸,底格里斯河和幼发拉底河会合处)、黎轩(即大秦,中国史书对罗马帝国的称呼)。中国的文化随着这些使者,广泛地传播到遥远的西方。

《张骞传》说,“骞为人强力,宽大信人,蛮夷爱之”,在西域有崇高威望,因为他被封为博望侯,所以“诸后使往者皆称博望侯,以为质于外国,外国由是信之”②。可见一个外交使节的优良品质,对增进友好关系并不是无关紧要的。

东汉那个“投笔从戎”、立志效法张骞、决心“立功异域”的班超,为恢复、发展汉朝和西域的关系做出了光辉的贡献。班超在西域联合弱小诸邦,抗击横暴的匈奴,深受当地人民的信任和爱戴。一次班超奉诏将要回国,疏勒的大臣怕班超走后又受强邻欺压而拔刀自杀,于阗的王侯大臣抱住班超的马脚哭泣,不让他走。班超留下了。直到和帝永元十四年(102年),班超已经七十一岁高龄,经他妹妹班昭向皇帝请求,才回洛阳。班超在到达洛阳的第二个月就去世了。班超在西域三十一年,把自己毕生精力完全献给了汉朝在西域的事业。二十年后,班超的儿子班勇又奉命经营西域,也取得了一定的成绩。

张骞、班超等在西域的业绩,不仅使我国同中亚各国建立了密切的关系,而且奠定了现在新疆地区的各族人民和祖国的不可分割关系的基础。往后一千多年的历史中,外国侵略者,特别是17世纪以后沙俄侵略者,千方百计地妄图把新疆从我国分裂出去,据为己有,然而都受到了新疆各族人民和我国政府的坚决反

① 范文澜:《中国通史简编》修订本第2编第2章,北京:人民出版社,1958年,第86页。

② 《汉书》卷61《张骞传》,第2689、2693页。

对，侵略者的阴谋都无法得逞。原因固然很多，而历史关系太久远太深厚，这一点无论如何是不可轻视的。就这点来说，张骞、班超对我们统一的多民族国家的贡献是不可磨灭的。

张骞、班超能够成功，建立业绩，原因是多方面的。有强大的汉朝作后盾，西域人民有向往汉朝的愿望，这是最基本的两条。忠实于祖国的使命，富有才智和勇气，这些为他们共有的品质，也是一个重要因素。另外，和汉朝皇帝对他们信任，放手让他们开展工作，也有一定关系。比如汉章帝建初八年(83年)派卫侯李邑护送乌孙使者回国，李邑走到于阗正碰上龟兹和疏勒发生战争，他害怕了，不敢再往前走了。这个胆小鬼企图用否定班超在西域的功业，对班超进行人身攻击来掩饰自己的怯懦，他向皇帝上书，“陈西域之功不可成，又盛毁超拥爱妻，抱爱子，安乐外国，无内顾心”。班超知道后，立即把妻子送回。好在章帝深信班超忠诚，没有听信谗言，而且责备李邑说：“纵超拥爱妻，抱爱子，思归之士千余人，何能尽与超同心乎？”[①]还叫李邑到班超那里去听从班超安排工作。这样，班超能够安心于西域专心致意地从事工作，而没有后顾之忧。

第二类，如唐朝的鉴真，清初的隐元、戴曼公等人。他们被邀请到日本去传播宗教文化。他们把我国的科学文化带到日本，把自己的学识才智全部贡献给日本人民，受到日本人民的尊敬，为中日人民之间的友谊，为中日经济文化交流作出了重要贡献。

鉴真(688—763年)是唐朝扬州大明寺著名僧人。来唐学法的日本僧人荣睿和普照，于唐玄宗天宝元年(742年)邀请鉴真去日本。鉴真高兴地答应了，并立即造船备粮，准备起程。但是，因为各种人为的干扰和破坏未能成行。天宝二年(743年)，鉴真再次率子弟和画师、工匠等百余人东渡，由于遭到大风袭击，船只被打破而没有成功。鉴真并不灰心，又继续准备。第三、四次东渡，也没有成功。第五次东渡时，又遇到大风浪，据记载“风急波峻，水黑如墨。沸浪一透，如上高山；怒涛再至，似入深谷”，“舟上无水，嚼米喉干，咽不入，吐不出，饮咸水，腹即胀”[②]。在大海中漂流了十四个昼夜，历尽千辛万苦，结果，漂到了海南岛的南部。

---

① 《后汉书》卷47《班超传》，北京：中华书局，1965年，第1578-1579页。

② 转引自天津市历史研究所日本研究室编：《中日两国人民的友谊源远流长》，北京：人民出版社，1976年，第46页。

由于海上艰苦生活的影响，日僧荣睿回到大陆后病死了，鉴真也因为受暑热患眼病而双目失明。在以上五次渡海中，先后有三十六位中国人和日本人献出了生命。狂风巨浪，同伴牺牲，双目失明，都丝毫没有动摇这位已经六十五岁老人的意志，唐玄宗天宝十二年(753年)他毅然进行第六次东渡。这次获得成功，胜利到达日本。鉴真一行二十多人，其中还有南亚和西亚的僧人。他们受到日本人民的热烈欢迎，被安置在首都奈良最著名的东大寺。

鉴真把佛教的律宗传入日本。他凭记忆为日本校勘佛教经典，改正了写本《大藏经》中的许多错讹。他凭嗅觉鉴定药物，并为日本人民治病，治愈许多疑难病症。至今日本还流传着据说是鉴真的处方。鉴真还对日本的建筑和雕塑做出重要贡献。他根据唐代建筑的结构和样式参加规划唐招提寺的修建，对日本建筑有深远影响。唐招提寺的佛像，在鉴真指导下，用干漆法塑造而成，造型厚实、稳重，被称为唐招提寺派，对以后日本的木雕佛像也有直接影响。唐招提寺至今仍屹立在日本古都奈良，寺内还有一尊鉴真的干漆坐像，相传是鉴真弟子塑造的，被日本政府定为“国宝”，受到特别保护。这是鉴真对中日经济文化交流所做重大贡献的历史见证。

清顺治十一年(1654年)，福建省福清县(今福清市)黄檗山万福寺的著名僧人隐元，被邀请东渡日本传法。隐元所住京都近郊宇治新建的佛寺，今仍称黄檗山万福寺。隐元在日本开创了禅宗的黄檗宗。相传隐元把扁豆种子带入日本，至今日本人民称豆角为“隐元豆”，或简称“隐元”。随隐元去日本的还有许多工匠。黄檗宗修建寺院，均由中国僧侣主持，中国工匠设计，采取中国样式；各寺塑造的佛像，也多出自中国雕塑工匠之手。黄檗宗寺院的中国僧侣，常常带去中国的书画名作，许多僧侣本人就长于书画，因此，黄檗宗寺院实际上成了中国明清珍贵书画的陈列馆。黄檗宗寺院的中国僧侣，有的兼通医术，他们热心为日本人民治病，并把医术传授给日本人民。1653年，渡日的戴曼公，后随隐元学佛，不仅擅长诗文，尤其以医术闻名，特精于痘科。戴曼公把医学知识和技术传授给日本朋友池田正直。池田因此以痘科著名，并且子孙相传，他的后代还因此担任了幕府的医官。戴曼公旅居日本19年，于1672年逝世，葬于京都宇治的黄檗山万福寺，长期受到日本医药学界的纪念。

第三类，如晋朝的法显、唐朝玄奘和义净等人，不畏艰险，长途跋涉，远到南亚的印度等地访师求法，并为祖国带回大量的佛教文化典籍，同时，也把我国的文化艺术成就介绍给印度人民。他们对发展中国和南亚各国的友好关系，为中国和南亚的经济文化交流作出了贡献。

玄奘（俗名陈祎，602—664年）于贞观元年（627年）从长安出发，经过现在我国的新疆，经过中亚地区，历尽千辛万苦，克服重重困难，最后到达今巴基斯坦和印度地区。他进入当时印度佛教的最高学府那烂陀寺，随从著名的戒贤法师学习了五年。以后，他遍访了印、巴各地的古寺名僧，并到过释迦牟尼诞生地尼泊尔。当他再回到那烂陀寺时，已经积累了丰富精湛的学识。他在那烂陀寺为印度僧侣讲学，主讲《摄大乘论》，并从事著作，发表了重要论文《会宗》。642年，玄奘应东印度迦摩缕波国拘摩罗王和中印度羯若鞠者国戒日王的邀请，前去会见。戒日王为玄奘在曲女城（印度卡诺吉城）举行盛大的佛教经学辩论会，以玄奘为论主，参加的有印度十八国的国王和各派僧侣数千人。在会上，玄奘获得了很高的荣誉。次年，戒日王又在钵罗耶迦为玄奘举行七十五日无遮大会。会后，玄奘便起程回国。贞观十九年（645年）当唐太宗接到玄奘在半路呈送的上书时，便亲自下令迎接。玄奘到达长安，“空城出观”，受到热烈欢迎，出现非常壮观的场面。玄奘游学印度，历时十九年，行程五万余里，不仅是一次闻名世界的伟大旅行，更重要的在于为中印关系的发展和中印文化交流做出了重大贡献。玄奘在印度，以无限自豪的感情，向印度戒日王赞颂了自己的祖国和大唐国君唐太宗，戒日王听了之后十分羡慕和感慨地说：“盛矣哉！彼土群生，福感圣主”①。玄奘回国不久，戒日王便派使节来到长安，唐朝也派使节到印度，中印两国正式建立了邦交。玄奘从印度带回佛经657部，又经过二十年的辛勤工作，翻译出75部，1335卷。这些佛经，后来在印度大部分失传，因此中国保存的佛经成为研究古代印度的重要文献。玄奘把《秦王破阵乐》介绍给印度，又把老子《道德经》译成梵文，送往印度，使中国文化在印度传播。

唐太宗并不佞佛，然而他对从印度归来的僧人玄奘却非常重视。他曾亲自动员玄奘还俗做官，玄奘谢绝了。他又向玄奘提出：“佛国遐远，灵迹法教，前史

① [唐]玄奘撰，章巽校点：《大唐西域记》卷5，上海：上海人民出版社，1977年，第109页。

不能委详,师既亲睹,宜修一传,以示未闻”[①],玄奘答应了。于是在贞观二十年(646年)写成了《大唐西域记》一书。在这部不朽的著作中,玄奘叙述了他亲身经历的110个和传闻得知的28个国家、城邦或地区的情况,凡是山川地形,城邑关防,交通道路,风土习俗,物产气候,文化政治,等等,都有或详或略的记载。这是现在研究中亚南亚古代历史和地理,研究中西交通的珍贵资料,早已被译成日文和欧洲的多种文字,在世界上流传。

第四类,我国历史上有一些学者、专门家,记录了自己在国外的见闻,有些虽未到过外国,但精心收集有关外国的情况,整理成文成书,如司马迁的《大宛传》,法显的《佛国记》,玄奘的《大唐西域记》,义净的《南海寄归内法传》和《大唐西域求法高僧传》,杜环的《经行记》,耶律楚材的《西游录》,长春真人的《西游记》,汪大渊的《岛夷志略》,郑和的《航海图经》,费信的《星槎胜览》,马欢的《瀛涯胜览》,巩珍的《西洋番国志》,程百二的《方舆胜略》,潘光祖的《舆图备考》,魏源的《海国图志》,等等。这些著作,为当时的政府提供了发展对外关系的资料,也启发了人民和外国发展联系的兴趣,在中外经济文化交流发展上起过一定的积极作用。

第五类,我国历代都有不少的商人、手工业工人和其他劳动人民,他们或者把祖国出产的货物运销到国外,换回外国的土特产品;或者寓居外国,把我国的生产技术传播到亚非各地,我国创造发明的许多重要科学技术就是由他们传播出去的;有些外国的生产技术,也是他们带回祖国的。他们在中外经济文化交流中有着重要的贡献。如8世纪中叶,唐与大食在怛罗斯城(今吉尔吉斯斯坦境内)发生一次战争,被大食俘虏的唐军中有造纸工匠,于是中国的造纸术便传播到中亚,以致进一步传到欧洲。14世纪时,一批中国工匠五十多人,东渡日本。他们在日本从事雕版印书。他们雕印出售中国的医书、佛经、文学作品,既发展了日本的印刷业,又传播了中国的科学文化。16世纪末至17世纪初,中国的活字印刷术开始传入日本。日本第一部铜活字印刷品,印的就是中国的《群书治要》,而且是由中国、朝鲜、日本三国工匠合作完成的。

第六类,我国历代曾有不少亚洲、欧洲各国的宗教徒、商人、艺术家、学者、技师、军事家和政治家来到我国。有的作短期访问和进行经济文化交流;有的在我国长期居住,从事文化艺术事业,或者经营工商业,购买田产,娶妻生子,安家落

① [唐]慧立,彦悰著:《大慈恩寺三藏法师传》卷6,北京:中华书局,1983年,第129页。

户；有的还参加科举考试，在中央和地方政府中担任文武官职。比如唐朝时在长安供职的就有大食（阿拉伯）人、波斯（伊朗）人、天竺（印度）人、婆罗门人、高丽人、新罗人、百济人、日本人、安国人、康国人、西突厥人，他们有的是音乐舞蹈家（如康国的胡旋舞女，曹国人曹保是琵琶专家），有的成为著名学者专家（如新罗人崔致远，著《桂苑笔耕录》；印度人瞿昙罗是天文历法专家）；有的成为唐朝著名的大将（如百济人黑齿常之，高丽人高仙芝，安国人李抱玉、李抱真兄弟，婆罗门人罗好心等）；有的中了进士（如大食人李彦升）；有的终生在中国担任官职（如日本人晁衡）。这些到中国来的外国人，不少已经成为外国血统的中国人。他们把各个国家、民族的科学技术和文化艺术带到中国，把他们的才能智慧贡献给中国，对我国经济文化的丰富和发展做出了贡献。我们讲历史，评价历史人物，不应该把这类人物漏掉了。

三

正如毛主席指出的，在中华民族的开化史上，有素称发达的农业和手工业，有许多伟大的科学家，四大发明是我们中华民族对世界人类的伟大贡献。除了四大发明外，我国历史上还有许多科学技术的创造发明，远远早于世界其他国家，其他国家发展起来的科学技术不少就是由我国传出去的。

在历史上，我国是科学技术最发达的国家之一。既然有许多科学技术成就，就必然有许多科学家和技术专家。事实正是如此。

比如农学。我国古代有世界上最发达的农业，因而有无与伦比的农学遗产。据全国图书联合目录编辑组1959年调查全国25个主要图书馆收藏的中国古代农书，编印成《中国古代农书联合目录》，共收录了643种，包括农业技术和农业经济两大类。北京大学王毓瑚教授在1957年编成的《中国农学书录》专门著录农业技术古籍，包括现存和已佚的书，共收录了509种，其中现存和有辑本的约占二分之一。这两个数字，就可以看到我国古代农学著作的概貌。我国古代最著名的有专门著作的农学家和有成就的农业技术专家也很多，如汉朝的赵过、汜胜之；北魏的贾思勰；唐朝陆羽、陆龟蒙、韩鄂；宋朝的蔡襄、秦观、陈勇、韩彦直、王灼；元朝的王桢、鲁明善；明朝的马一龙、耿荫楼、宋应星、黄代曾、徐光启、沈氏；清代的张履祥等。其中,贾思勰的《齐民要术》是世界农业科学史上有重要地位的一部农学著作。陆羽的《茶经》是世界上第一部关于茶的种植和制作的专著。我国种茶技术是9世纪传入日本,欧洲种茶到19世纪才从我国传入。蔡襄的《荔枝谱》是世界上果树栽培学的最早名著。秦观的《蚕书》是世界最早的养蚕缫丝专著。韩彦直的《橘录》是世界第一部柑橘专著。

比如医药学。我国古代在医药学上有专著和专门医疗技术的著名人物更多,如战国的秦越人(扁鹊);汉朝的涪翁、华佗、张仲景;魏晋的王叔和、皇甫谧、葛洪;南北朝的雷敩、龚庆宣;隋唐的巢元方、苏敬、孙思邈、王焘、蔺道人;宋金的王惟一、唐慎微、杨子建、陈自明、钱乙、窦材、刘完素、张元素、张从正、李杲、宋慈;元朝的危亦林、朱震亨、忽思慧;明朝的朱橚、李时珍、杨继生、卓尔济(蒙古族)、陈功实、吴有性;清朝的叶桂、吴塘、赵学敏、赵柏云、王清任等。其中王叔和的《脉经》是世界最早的脉学专著。皇甫谧的《黄帝三部针灸甲乙经》是世界上重要的针灸学专著。巢元方的《诸病源候总论》是世界第一部详论疾病病源症状的专著。唐高宗显庆四年(659年)苏敬等编成而由唐朝政府颁布的《新修本草》,是世界上第一部由国家颁布的药典,比欧洲佛罗伦萨药典早800多年。宋慈的《洗冤录》是世界第一部法医学专著,早被译为外文在世界上流传,比1602年意大利菲德里著的同类书早350多年。危亦林的《世医得效方》,对伤科理论和技术有科学论述,并在世界上首创悬吊复位法技术。李时珍的《本草纲目》是我国医药学的经典著作,也是世界科技史上重要典籍,被译为多种外文在世界各地流传。

又如数学。我国古代在数学上有重要成就的数学家有:三国魏人刘徽,魏晋间的赵爽,南朝的祖冲之、祖暅之父子,隋朝的刘焯,唐朝的王孝通、李淳风、张遂,北宋的贾宪,南宋的秦九韶、李治、杨辉;元朝的朱四杰、陶宗仪、吴敬、程大位。明清时在介绍西方数学和整理我国古代数学上有贡献的人有徐光启、李之藻,清代的梅毂成、戴震,等等。这些数学家中,有的人在世界数学发展史占有重要地位。正是他们的卓越成就,中国才被誉名为"数学的故乡"。

又比如在工农业生产工具、生产技术和兵器制造上有创造有贡献的发明家和技术专家,最著名的有:西汉赵过推广播种机具耧车和代田法;陈玉光妻改进提花织机;东汉杜诗发明水排(水力鼓风设备),欧洲在十一二世纪才发明水力鼓风炉;蔡伦革新造纸法;三国马钧改进绫织机和翻车,并创造连续抛石机;晋刘景宣发明连转磨（齿轮带动的八磨连转）；北齐信都芳著《器准图》为我国第一部科学仪器图谱；唐朝李皋造车船，欧洲到15世纪才有类似船只出现；北宋冯继升向政府进献火箭法，唐福进献他创造的火箭、火球、火蒺藜等火药武器，曾公亮主编《武经总要》最早记载了我国火药武器的制造；南宋陈规等发明管状火器，是兵器史上的重大事件；北宋毕昇发明活字印刷术。苏颂所创水运仪象台是世界第一座活动天文台和大型天文钟；元代的黄道婆为棉纺织技术的推广和改进作出了重要贡献；明初詹希元创造的“五轮沙漏”，结构已和近代时钟相似。郑和下西洋的“宝船”长150.5米，可容千人，是当时世界上最大的船舶。明世宗嘉靖四十一年（1562年）胡宗宪编著的《筹海图编》载有地雷、子母炮和以火药喷气推进的火箭。明熹宗天启元年（1621年），茅元仪著成的《武备志》载有手榴弹（火弹）、水雷（水底龙王炮）和各种火铳，特别是以火药喷气推进并载送火药至敌方爆炸的火箭（飞空砂筒），两级火箭（火龙出水）等，都是现代火箭武器的前身；清初兵士出身的戴梓发明“连株铳”，一次可以连续发射铅弹二十八发，与近代机关枪相似。

此外，在天文学、地学、气象学、生物学、化学、建筑工程和水利等方面，我国古代都有许多专著或创造发明的科学家和技术专家。

我国古代有这样璀璨的科学技术成就和这样多的科学家、技术专家，是我们中华民族的骄傲，也是激励和鼓舞我们沿着社会主义道路实现四个现代化的一种力量。可是，在“四人帮”横行的日子里，在他们散布的极“左”思潮的影响下，在他们大搞所谓评法批儒的时候，许多历史上有成就的科学家和技术专家，不是遭到严重歪曲，就是被一笔抹杀。“四人帮”及其舆论工具，还在科学技术发展史中，在劳动人民与科学家、技术专家的关系上制造混乱，以致讲科学技术史也常常不提许多科学家、技术专家和有贡献人物的名字，更不宣传他们的事迹，往往用“劳动人民创造的”一句话带过。这是违背历史唯物主义基本观点的，也是完全不符合历史实际的。

历史唯物主义对于在科学技术发展上劳动群众和科学家的关系的观点，本来是很清楚的。历史唯物主义认为，自然科学是人类改造自然的实践即生产实践的总结。劳动群众的生产实践是自然科学的源泉。科学家的创造发明，常常是吸取劳动群众创造的素材，总结人民群众的生产经验，在前人研究的基础上进行的。所以，没有人民群众的生产实践，就很难有科学家的创造发明。但是，科学家的创造发明,又不是简单地把生产实践中的素材收集起来,把生产经验记录下来就可以完成的,而是要经过他们创造性的劳动。这种劳动主要是脑力劳动。这种劳动的艰苦性,甚至远远超过简单的体力劳动。没有这种创造性的脑力劳动,科学技术的创造发明也是不可能实现的,或者说是不可能达到系统的完善的高级程度,因而也就不可能很好应用和推广。当一项新的科学技术创造发明出来以后,或迟或早会在生产上发挥作用,使劳动群众的生产率得到提高,生产条件得到改善。所以,在科学技术发展上,既要看到劳动群众的作用,又要重视科学家和技术专家的作用,决不能把二者对立起来,而应该结合起来。这样才符合历史的真实情况。比如农学,毫无疑问它的素材是广大农民的生产实践经验,但是一部有价值的农学著作,没有农学家的创造性劳动,是不可能完成的。贾思勰在《齐民要术》的序文中,用"采捃经传,爰及歌谣,询之老成,验之行事"这四句话概括他的研究和著述。"采捃经传"就是参考前人积累的资料和研究成果;"爰及歌谣"是指吸收经劳动群众初步总结而流传在口头上的生产经验;"询之老成",是说他虚心向有丰富生产经验农民请教;"验之行事",就是通过自己实践对获得的资料加以检验,进行去粗取精,去伪存真,由表及里,由此及彼的研究过程,没有这个过程他的《齐民要术》就写不出来,即使写成了也不会有那样大的价值。从贾思勰这四句有普遍意义的话中,我们可以清楚地看到了古代科学成就中劳动群众和科学家的密切关系,看到了科学家创造性劳动的重要性。

在研究和评价科学技术史上的历史人物时,我们应当阐明劳动群众与科学家的辩证关系,充分肯定科学家、技术专家的作用。

在我国历史上,众多的科学家和技术专家中,为大家熟知的还不多,他们为创造发明,为改革旧技术推广新技术而勤奋学习、刻苦钻研、勇于实践的事迹,还宣传得很不够,有的还没有得到应有的评价,还有很多有贡献的人物尚待发掘。我们从事历史研究和历史教学的同志负有义不容辞的责任。

在历史研究和历史教学中经常碰到历史人物评价问题,这并不奇怪,因为正如列宁同志指出的:"全部历史正是由那些无疑是活动家个人的行动构成的"①。所以,进行历史人物及其评价问题的研究,是发展历史科学本身的需要,同时也

---

① 列宁:《什么是"人民之友"以及他们如何攻击社会民主主义者?》,《列宁全集》第1卷,北京:人民出版社,1972年,第139页。

是现实斗争的需要。进行这项工作是有意义的。在“四人帮”横行的时候，很多同志不愿或者不敢从事这项工作。现在，真正贯彻落实了“双百”方针，再也不担心挨棍子、戴帽子，可以心情舒畅地开展研究了。让我们大家共勉，拿出更多的成果，为社会主义现代化的宏伟事业尽微薄的力量。

1979年在一次地区中学历史教师参加的学术报告会上发言稿

略论郭沫若的历史人物评价标准

郭沫若(1892—1978年)的史学成就博大精深,是众口一词的。可是,他提出的历史人物评价标准,至今仍有不同看法。本文就此略呈鄙见。

一

众所周知,研究历史人物,首先要根据确实可靠的资料,把人物的时代背景、生平事迹、性格特征弄清楚,而最重要的还在于给这个人物以正确的评价。评价正确与否,关键又在是否有一个科学的评价标准。一切以唯心史观作指导的历史学家,是提不出这种科学标准的,只有树立了辩证唯物主义和历史唯物主义世界观的史学家,才可能提出评价历史人物的科学标准。郭沫若就是我国史学史上首先提出历史人物科学评价标准的史学家。

1945年5月,郭沫若在所写《十批判书·后记》中说:

批评古人,我想一定要同法官断狱一样,须得十分周详,然后才不致有所冤屈。法官是依据法律来判决是非曲直的,我呢是依据道理。道理是什么呢?便是以人民为本位的这种思想。合乎这种道理的便是善,反之便是恶。[①]

1947年7月在《历史人物·序》里又说:

关于秦前后的一些历史人物,我倒作过一些零星的研究。主要凭自己的好恶,更简单地说,主要凭自己的好。因为出于恶,而加以研究的人物,在我的工作

① 郭沫若:《十批判书·后记》,《郭沫若全集·历史编》第2卷,北京:人民出版社,1982年,第482页。

里面究竟比较少。我的好恶标准是什么呢？一句话归宗：人民本位。[①]

在这里，郭沫若明确地提出了评价历史人物的标准，他把这个标准归结为“人民本位”。

什么是“人民本位”呢？从郭沫若对历史人物的评述中可以看出，“人民本位”有人民立场、人民利益、人民拥护、人民思想等多方面的含意。在他的笔下，凡是站在人民立场，站在代表人民利益方面，站在人民一边；凡是为人民谋利益，所作所为对人民有利，从人民利益着想，体念民间疾苦，对人民有贡献，人民受其实惠；凡是得到人民拥护、人民支持、人民爱戴、人民同情；凡是代表人民意识，怀抱人民思想，体现人民思想，实践人民思想，同情人民，愿意亲近人民，向人民学习等等的历史人物，都给予肯定的评价。换句话说，他所肯定的历史人物，或历史人物的言行，都是从这些观点出发的。试看下列例子：

郭沫若在评价孔子、孟子时说：“我之所以比较推崇孔子和孟轲，是因为他们的思想在各家中是比较富于人民本位的色彩”。[②]又说：“孔子的基本立场既是顺应当时的社会变革的潮流的，因而他的思想和言论也就可以获得清算的标准。大体上他是站在代表人民利益的方面的，他很想积极地利用文化的力量来增进人民的幸福。”[③]

在评价屈原时指出：“象（屈原）这样太息掩涕念念不忘民生的思想，和他念念不忘君国的思想实在是分不开的。他之所以要念念不忘君国，就是想使得民生怎样可以减少艰苦，怎样可以免掉离散。特别是《抽思》的那两句，[④]表明了他的爱民的心切。……一向的人只看到屈原高唱忠君爱国的调子，差不多都忽略了他是位民本思想者，所以对于屈原的态度每每不能了解。”[⑤]郭沫若还从屈原采用民歌体裁来打破、推翻雅颂诗体的贵族性，能以贵族身份而接受奴隶解放的时代潮流，能感受着民众的气势而呼号等各方面，说明屈原的“诗意识是人民意识，

① 郭沫若：《历史人物·序》，《郭沫若全集·历史编》第4卷，第3页。

② 郭沫若：《十批判书·后记》，《郭沫若全集·历史编》第2卷，第482页。

③ 郭沫若：《十批判书·孔墨的批判》，《郭沫若全集·历史编》第2卷，第87页。

④ 屈原辞《抽思》中“愿摇起而横奔兮，览民尤以自镇”两句。意思是：本来是打算放下一切朝别处跑去，但一想到老百姓受苦受难，便只好自己镇定下来。屈原：《九章·抽思》，赵敏俐、尹小林主编：《国学备览》11《集部·楚辞》. 北京：首都师范大学出版社，2007年，第30页。

⑤ 郭沫若：《 历史人物·屈原研究》，《郭沫若全集·历史编》第4卷，第91-92页。

他的诗形式是民间形式，他是彻内彻外的一个人民诗人”[①]，从而肯定屈原是“中国有史以来的第一个伟大的诗人”[②]。

在评价王安石时指出：“他有政见，有魄力，而最难得的是他是比较以人民为本位的人”。“代表人民意识”[③]，“他的政见，主要是由人民的立场出发”。因此他认定，“王安石不仅是一位政治家、文学家，而且是一位经学家、文字学家”，是“一位伟大的人物”[④]。

郭沫若对李岩的高度评价，在于他坚决相信李岩“是一位怀抱人民思想的人”，他主张均田，“所以他能够与李自成合伙，他的参加农民革命是有他自己的在思想上的必然性，不是单纯的‘官激民变’”[⑤]。

郭沫若对曹操的评价是众所周知的。他认为：“曹操尽管打过了黄巾军，不能否认他也受到农民起义的影响，逼着他不能不走上比较为人民所喜悦的道路。”[⑥]

对于武则天，郭沫若认为：“武后的政权确实是得到人民拥护的”，“获得人心”的，“要说她完全站在人民的立场，当然是不合理的。但她是出身寒微的一位女性，这就使她能够比较体念民间的疾苦，同情人民。她同情人民，故人民也同情她”[⑦]。

由上可见，郭沫若以“人民本位”来评价历史人物是一贯的，从40年代写《十批判书》，研究先秦历史人物，直到新中国成立后对曹操、武则天的评价，都坚持这个标准，体现这一精神。

二

对郭沫若这个评价历史人物的标准怎样看，至今仍然偶见微词。[⑧]持批评态

① 郭沫若：《从诗人节说到屈原是否弄臣》，原载《新华日报》1946年6月7日第4版，后收入《沫若文集》第13卷。

② 郭沫若：《历史人物·屈原研究》，《郭沫若全集·历史编》第4卷，第7页。

③ 郭沫若：《历史人物·序》，《郭沫若全集·历史编》第4卷，第4页。

④ 郭沫若：《历史人物·王安石》，《郭沫若全集·历史编》第4卷，第168、166、174页。

⑤ 郭沫若：《历史人物·序》，《郭沫若全集·历史编》第4卷，第4页。

⑥ 郭沫若：《蔡文姬（剧本）·序》，《郭沫若全集·文学编》第8卷，北京：人民出版社，1987年，第7页。

⑦ 郭沫若：《武则天（剧本）·附录》，《郭沫若全集·文学编》第8卷，第232-235页。

⑧ 陈清泉等：《中国史学家评传》下册，郑州：中州古籍出版社，1983年，第1435页。

度的人，虽然不好直接说“人民本位”标准不对，指责的却是“凭自己的好恶”。可是，在郭沫若那里，二者是不能分开的，因为，他的好恶标准就是“人民本位”。考究讥评者的本意，不外乎是说郭沫若不该带有自己的好恶。在他们看来，好恶是主观的东西，是要不得的，应该完全客观地评价历史人物。这实际上提出了两个问题：第一评价历史人物该不该有自己的好恶？第二“人民本位”是不是正确的评价历史人物的标准？现在，就此表示一点个人的不成熟的看法。为了方便起见，先说后一个问题，再及前者。

唯物史观的基本原理告诉我们，评价历史人物，是看他对社会历史发展所起的作用，是加速社会历史的发展，还是延缓社会历史的发展，是对社会历史起推动作用，还是起阻碍作用，这是科学的标准。对社会历史的作用，归根到底，是对社会生产力的作用。所以，列宁曾经指出：生产力的发展是“社会进步的最高标准”[①]。毛泽东也说过：“中国一切政党的政策及其实践在中国人民中所表现的作用的好坏、大小，归根到底，看它对于中国人民的生产力的发展是否有帮助及其帮助之大小，看它是束缚生产力的，还是解放生产力的。”[②]这无疑是适用于评价历史人物的。从这点来看，郭沫若的“人民本位”标准是不是符合这个科学标准呢？凡是有唯物史观常识的人都会作肯定的回答。因为，社会历史的发展，根本上是社会生产力的发展。以生产劳动者为主体的人民群众[③]，是生产力的主要因素。所以，以人民为本位去评价历史人物，正是体现了唯物史观的科学标准，而且把这个标准具体化了，也就是把历史人物对社会历史发展的作用，具体化为对人民的态度、贡献以及是否得到人民的拥护、是否反映人民的思想和要求，从而使科学标准落到实处，便于具体操作。不过，郭沫若开始表述这个标准时用语过于简单，使人有点难以捉摸之感。后来，特别是在评价曹操时，做了很好的补充。他在《替曹操翻案》中指出：

我们评价一位历史人物，应该从全面来看问题，应该从他的大节上来权其轻重，特别要看对于当时的人民有无贡献，对于我们整个民族的发展、文化的发展

① 列宁：《社会民主党在1905—1907年俄国第一次革命中的土地纲领》，《列宁全集》第13卷，北京：人民出版社，1972年，第223页。

② 毛泽东：《论联合政府》，《毛泽东选集》第3卷，北京：人民出版社，1953年，第2版，第1079页。

③ 唯物史观说的人民群众，当包括在一定历史时期内的某些尚具进步性的剥削阶级及其代表人物。

有无贡献。[①]

在这里,他仍然强调要把对人民有无贡献作为根本标准,至于对民族的发展,对文化的发展有无贡献,不过是对人民有无贡献的延伸。这里虽然没有出现,“人民本位”的用语,实际上仍然是“人民本位”标准的一脉相承。在这里,他提出了评价的方法原则,即应从全面看问题,从大节上权衡轻重;在另一处还提到“历史就是发展,当从发展中去处理历史人物和事件”[②]。如果问一下,从全面看历史人物的什么问题?用什么来从历史人物的大节上权衡轻重?从发展上去处理历史人物的什么问题?说到底,还是要以对人民的态度、贡献为标准。从发展看、全面处理、大节权衡等等,只不过是运用标准进行评价操作的方法原则,关键还在标准。可是,把标准和方法联系起来表述,无疑是比以前简单地说“人民本位”更完满了。郭沫若对历史人物评价作完整论述,那是在1959年《关于目前历史研究中的几个问题》专门讲历史人物评价问题一节中,他说:

对历史人物的评价,如同其他方面的历史研究一样,应该根据辩证唯物主义和历史唯物主义的原理来进行研究。当然,我们要坚守我们的阶级立场,从事批判。但同时要注意到:历史是发展的,我们评定一个历史人物,应该以他所处的历史时代为背景,以他对历史发展所起的作用为标准,来加以全面的分析。这样就比较易于正确地看清他们在历史上所应处的地位。[③]

在这里,他除了针对当时情况强调要注意历史人物的时代背景,要全面分析等方法原则外,所说“对历史发展所起的作用为标准”,仍然包含着“人民本位”的内容。当然,“人民本位”标准的科学性,不能保证用这个标准对每一个历史人物的评价都会绝对正确。标准的科学性固然是正确评价的关键,可是,从有科学标准到得出正确结论之间,还有许多制约因素,比如依据的历史资料是否可靠,是否完备,操作方法是否适当,等等,也会影响到评价结论的正确性。所以,郭沫若提出的“人民本位”标准虽然是科学的,而他具体评价一些历史人物的意见,则是可以讨论的。这不影响评价标准本身的科学性。

---

① 郭沫若:《替曹操翻案》,《郭沫若全集·历史编》第3卷,北京:人民出版社,1984年,第470页。

② 郭沫若:《几封讨论古代研究的信》二,《沫若文集》第17卷,北京:人民文学出版社,1963年,第167页。

③ 郭沫若:《关于目前历史研究中的几个问题》,《郭沫若全集·历史编》第3卷,第486页。

三

“人民本位”固然符合唯物史观评价历史人物的科学标准，可是掺入评价者的好恶还是不是科学的呢？这就引出评价者该不该有好恶的问题。这是涉及历史认识的大问题。

称雄于19世纪西方史坛的兰克史学，即所谓“科学的”历史学，便是主张作为历史认识主体的历史学家，不应带有个人特征，应超脱个人情感和成见去批判史料，从而获得完全符合过去真正发生过的历史事件。对历史认识主体的要求，正如兰克说的，要“消灭自我”以达到“完全的客观性”。这种史学理论在我国有广泛而深刻的影响。毫无疑问，按照这种理论，作为历史人物评价者的认识主体，就不应该带有自己的情感，不应该凭借自己情感表现的好恶去评价历史人物。

可是，到19世纪末20世纪初，兰克史学理论开始受到反传统史学的猛烈抨击。反传统史学流派众多，或自称“新史学”，或被概称为相对主义史学。反传统史学的共识和兰克史学相反，他们否认历史的客观性，否认历史是独立于人们意识之外的客观事实，认为一切历史都是认识主体在自己的思想中“领悟”出来的。意大利哲学家历史学家贝奈戴托·克罗齐（Benedetto Croce，1866—1952年）宣称：“一切真历史都是当代史。”[①]美国史学家卡尔·贝克尔（Carl Becker，1873—1945年）说：“历史事实在任何历史家创造它以前是不存在的”，“人人都是他自己的历史学家”。[②]英国史学家柯林武德（Robin George Collingwood，1889—1943年）说：“一切历史都是思想史”，“都是在历史学家的心灵中重演过去的思想”。[③]在他们看来，历史认识只具有相对性质。如果按照这种理论，历史人物评价者掺入自己的好恶情感，不仅是必然的，应该的，而且是非常重要的，有决定性的。

显然，上述两种历史认识理论各执一个极端，兰克强调历史认识客体，否定认识主体的作用，而相对主义史学家则只承认认识主体的作用，抹煞认识客体的客观性。它们都是属于唯心史观的范畴。实际上，它们各自都触及历史认识的部分真理，只不过把它片面地夸大了。“真理多走出半步便成谬误”，确实如此！

---

① [意]贝奈戴托·克罗齐著：《历史学的理论与实际》，傅任敢，译，北京：商务印书馆，1992年，第2页。

② [美]卡尔·贝克尔著：《人人都是他自己的历史学家：论历史与政治》，马万利，译，北京：北京大学出版社，2013年。

③ [英]柯林武德著：《历史的观念》，何兆武、张文杰，译，北京：商务印书馆，1997年，第303页。

根据辩证唯物主义阐明的科学的认识论，既肯定认识客体的客观性，又承认认识主体的能动性，认为人们的一切认识都是认识主体对认识客体的能动反映。历史认识当然不会例外。那么，作为历史认识的一种具体表现的历史人物评价，历史价值认识，就决不应该排除评价者的主观能动性。产生这种主观能动性的因素，一个是由特殊物质细胞构成的评价者的大脑，另一个便是评价者的认知结构。认识主体的认知结构是由主体所处认知环境，主体的世界观和政治立场，主体的知识结构，以及主体的情感和气质等要素结合而成的。情感、气质属于非理性要素，它和上述理性要素相互渗透，相互影响，在认识过程中也起着不可忽视的作用。情感与取决于神经系统的气质不同之处在于，它是受主体的社会生活地位所支配。鲁迅说得好，"'喜怒哀乐，人之情也'，然而穷人决无开交易所折本的懊恼，煤油大王哪会知道北京捡煤渣老婆子身受的酸辛，饥区的灾民，大约总不去种兰花，象阔人的老太爷一样，贾府上的焦大，也不爱林妹妹的。"[①]这就十分生动地说明了情感与主体社会条件的关系。情感对主体的影响，表现在干预主体对认识对象、认识方式、认识角度的选择，并在认识结果上打下深深的个性印记，显示出独到的妙处。

由此可见，在评价历史人物的历史认识过程中，好恶等非理性的情感，不是该不该有的问题，而是必然要参与的，是无法排除的，绝对没有不带任何情感的纯客观的历史认识。不同的历史认识者，只有情感强弱、厚薄的差异，不存在有无的区别。情感掺入历史认识并非一定就是坏事。带着一定情感等个性因素的历史认识者，往往会形成相应的认识特色，揭示认识对象中别人无从接近的奥区。众多不同情感特征的历史认识者向历史奥区进军，无疑会大大推进对历史整体认识的深度和广度，难道这不是非常有益而值得肯定的事吗！

郭沫若是个诗人气质很浓厚的人，情感特别丰富、强烈而鲜明，在历史人物的研究中，也表现得甚为突出。首先是研究对象的选择，正如他自己说的，"主要凭自己的好。因为出于恶，而加以研究的人物，在我们工作中究竟比较少"[②]。他研究过的历史人物中，如孔丘、老聃、墨子、庄周、吴起、荀子、韩非、屈原、信陵君、如姬、高渐离、聂政、聂荌、吕不韦、秦始皇、项羽、贾谊、桑弘羊、司马迁、卓文君、

① 鲁迅:《"硬译"与"文学的阶级性"》,《鲁迅全集》第4卷,北京:人民文学出版社,1981年,第204页。
② 郭沫若:《历史人物·序》,《郭沫若全集·历史编》第4卷,第3页。

王昭君、曹操、曹丕、曹植、蔡文姬、万宝常、武则天、李白、杜甫、李德裕、王安石、王阳明、段功、阿盖、夏完淳、郑成功、袁枚、王国维、闻一多、鲁迅等数十人，绝大多数是他同情的、喜爱的、崇敬的杰出历史人物。第二，郭沫若研究的历史人物，总是能够发掘出一些别人未曾触及的问题，阐发一些别人没有说出的看法，他的研究总是有新意，能启发人的思想。第三，郭沫若历史人物研究的特色，不仅表现在选题、研究方式、研究角度上，而且表现在语言表述上。他的研究论著，考证严密，论述深刻，并且常能使读者感到有一个生动的人物形象在眼前跳动，常使读者从情感浓郁的语言中受到感染。这些都是别人难于企及的。

当然，情感需要和理智相互调剂、相互制约，对于科学研究尤其不可或缺。在历史人物研究中，如果放任情感，让其奔腾驰骋，以致淹没理智而不可收拾，那无疑是有害的。郭沫若有没有对他喜好的历史人物瞩意拔高，过分美言的地方呢？在以历史人物为题材的文学创作中，在历史剧中，是毋庸讳言的，可那是文学艺术创作所必需的。而他的历史人物研究则是严谨的，是言之成理，持之有据的。他记述自己怎样研究先秦诸子时说："我的方法是把古代社会的发展清算了，探得各家学术的立场和根源，以及各家之间的相互关系，然后再定他们的评价。我并没有把他们孤立起来，用主观的见解去任意加以解释。"[①]我们读了他记述自己怎样写《青铜时代》和《十批判书》那篇文章[②]，便可知道他确是如此。有的人把郭沫若历史剧的人物与历史研究的人物搅在一起，根据从历史剧中获得的印象，拿来比附历史人物研究而妄加指责，显然是不对的。郭沫若在历史人物研究中，既有鲜明、丰富的情感，又有严谨、科学的态度，没有因为自己的情感而影响对历史人物的正确评价，考其原因，主要在于他的好恶是建立在"人民本位"的基础上，把情感制约在科学评价标准这个理智的尺度上。他对历史人物的好恶，不是随情任意的，而以人民为准则，好人民之所好，恶人民之所恶。推而广之，凡是对整个民族的发展，文化的发展有益的，对社会进步有利的，他都给以肯定的评价。即使某些自己情感所不喜好而又有进步性的人物，也能以理智战胜情感，最后仍能给以正确的评价。以人民为本位，使他的情感发挥保持在正确方向上。所以，郭沫若为之肯定的历史人物，都是对社会历史起过推动作用的，对人民，对

① 郭沫若：《十批判书·后记》，《郭沫若全集·历史编》第2卷，北京：人民出版社，1982年，第470页。

② 指《十批判书·后记》一文。

民族,对文化确有一定贡献的人物。

四

郭沫若的一生,正如周恩来指出的,是学术家和革命行动家兼而为之的[①]。这在他的学术研究上也充分体现出来。他对许多学术问题的研究,既是严格的科学探讨,又具有现实的革命意义,提出“人民本位”这条历史人物评价标准,就是一个有力的证明。那时,全世界处于反法西斯战争最后胜利的前夜,打倒日本帝国主义的战争也接近胜利,而在中国人民面前,却摆着光明和黑暗两条道路,两种命运。中国共产党经过整风运动,思想路线已空前统一。又学习了毛泽东同志《在延安文艺座谈会上的讲话》,文学艺术界以及学术理论战线的同志,都做好了争取中国光明前途的思想准备。当年4月,中国共产党召开了第七次全国代表大会,毛泽东同志在会上做了《论联合政府》的政治报告。报告从中国人民的基本要求——成立联合政府、建设新中国出发,通过对国际国内形势的分析,说明人民已经具备实现其要求的条件,并阐述中国共产党的政策,详细指出了人民应该怎样为完成其要求而奋斗。毛泽东同志号召全中国的人民大众,一齐起来,和中国共产党一道,挖平压在头上的帝国主义和封建主义这两座大山;要全国人民建立信心,中国是中国人民的,不是反动派的。郭沫若评价历史人物的“人民本位”标准,就是在这个时候提出来的。

本来,郭沫若在20年代初就开始使用“人民本位”这个提法[②],那只是用来说明中国传统思想。后来也有时使用“人民本位”来评说历史人物。但是,明确地把“人民本位”作为裁判历史人物善恶的标准,是1945年5月写《〈十批判书〉后记》时。到1947年写《〈历史人物〉·序》时,又进一步做了阐述。

这时,郭沫若明确提出“人民本位”作为评价历史人物的标准,不仅在学术上有开创的价值,而且在政治上有重要的现实意义。历史是现实的一面镜子。“人民本位”既是评价历史人物的标准,也可作为评价现实人物的标准;用“人民本

---

① 周恩来:《我要说的话》,《新华日报》1941年11月16日。

② 郭沫若:《我国思想史上之澎湃城》:“我国传统政治思想,可知素以人民为本位,而以博爱博利为标准”,上海《学艺》月刊3卷1号,1921年5月30日,北京农业工程大学《社会科学学报》,1989年总第6期重新发表。

位”判断历史上的好人和恶人，可以教人们怎样识别现实中的好人和恶人；以“人民本位”肯定历史上的好人，可以鼓舞、激励现实中的好人；否定历史上的恶人，可以警戒、鞭挞现实中的恶人。竖起“人民本位”这个评价历史人物的标准，实际上也就告诉现实的人们，历史是以人民为本位的，现实更应该以人民为本位，人民应该成为中国的主人，人民也能够主宰当今的中国！不难设想，这对正在面临两种命运斗争中的中国，正在争夺光明前途，挖平头上大山的中国人民，该是多么有意义啊!

原文载《史学理论研究》1994年第3期

郭沫若是我国最早用唯物史观研究历史人物的史学家

在我国悠久的史学传统中，历史人物是备受重视的。可是，封建史家和资产阶级史家都是以唯心史观看待历史人物，把帝王将相、圣贤豪杰当作历史主人，劳动人民群众被视为奴仆、群氓，完全颠倒了历史，根本不能正确评价历史人物。只有用唯物史观武装起来的马克思主义史学家，才破天荒地把颠倒了的历史颠倒过来，给历史人物以应有的科学地位。在我国近代史学史上，最早用唯物史观研究历史人物的史学家便是郭沫若。

郭沫若很早就涉足历史人物研究。最初“是作为创作的准备而出发的”，他“很喜欢把历史人物作为题材而从事创作的，或写成剧本，或者写成小说”[①]。1920年写历史剧《棠棣之花》时，研究过战国游侠聂政及其有关的历史人物；作诗剧《湘累》，研究屈原。1921年准备写历史剧《苏武与李陵》而研究过西汉这两个历史人物。1923年作历史剧《卓文君》，研究过司马相如、卓文君；作历史小说《鹓雏》而研究过庄周和惠施；作历史剧《王昭君》而研究过西汉元帝、毛延寿、王昭君；作历史小说《函谷关》而研究过李聃、关尹等历史人物。也曾写过关于王阳明、老子、孔子、惠施等历史人物的研究论文。如1921年写的《伟大的精神生活者王阳明》，1923年写的《中国文化之传统精神》《惠施的性格与思想》。不过，1923年以前，郭沫若的历史人物研究，还不是在唯物史观指导下进行的，尽管那时他对马克思主义已有一些了解。

---

① 郭沫若：《历史人物·序》，《郭沫若全集·历史编》第4卷，北京：人民出版社，1982年，第3页。

1917年俄国十月革命爆发，当时在日本留学的郭沫若，“虽然没有见到太阳，但对太阳的热和光已经感受到了”[①]，从此开始接受马克思主义的影响。在以后几年的著作中，他曾热烈赞颂社会革命，宣称他相信“至高的理想只在劳农”[②]，表示接受马克思和列宁的感召，“信仰社会主义”[③]，呼吁我们“反抗资本主义的毒龙”[④]，以至认为“马克思与列宁终竟是我辈青年所当钦崇的导师”[⑤]。从这些言论中看得出来，郭沫若对马克思主义的了解在日益增进，对社会历史的认识也逐渐深入。可是，从总体上看，那时他还只是把马克思主义作为众多近代西方新思潮之一而同时吸收，还分不清无政府主义与社会主义、个人主义与集体主义的界限。郭沫若对马克思主义比较系统的了解，在自己思想上基本建立唯物史观，应是在1924年译完日本马克思主义先驱河上肇（1879—1946年）著《社会组织与社会革命》之后。也就是说，郭沫若运用唯物史观研究历史人物，只能是在这时之后。

在20世纪一二十年代，无论是在国内还是日本，马克思主义知识，在报刊上可以随处读到。但是，要使马克思主义成为自己的信仰，成为自己观察宇宙人生、社会历史的世界观，那不是零星片断地晓得一些知识所能达到的，非得对马克思主义的基本理论有深入钻研，并有社会实践的体验不可。郭沫若1924年翻译《社会组织与社会革命》一书，正是一次远比一般阅读深入得多的理解马克思主义的机会，成为他世界观的转机。他译完此书后，写信给友人说：“我现在成了个彻底的马克思主义信徒了，马克思主义在我们所处的这个时代是唯一的宝符筏”，“科学的社会主义所告诉我们的‘各尽所能，各取所需’的时代，我相信终究能够到来……这种时代的到来，这种社会的成立，在我们一生之中即使不能看见，我们努力促进它的实现，使我们的同胞得以均沾自然的恩惠，使我们的后代

---

① 《郭沫若同志答青年问》，《文学知识》1959年5月号。

② 郭沫若：《女神·巨炮的教训》，《郭沫若全集·文学编》第1卷，北京：人民文学出版社，1982年，第111页。

③ 郭沫若：《王阳明赞礼》附论一《精神文明与物质文明》，《郭沫若全集·历史编》第3卷，北京：人民出版社，1984年，第299页。

④ 郭沫若：《我们的文学新运动》，《沫若文集》第10卷《文艺论集续集》，北京：人民文学出版社，1959年，第258页。

⑤ 郭沫若：《论中德文化书——致宗白华兄》，《创造周报》1923年，收入《沫若文集》第10卷《文艺论集》，第8页。

得以早日解除物质生活的束缚而得遂其个性的自由完全的发展，——这正是我们……所当走的唯一的路径”[①]。此事在他人生道路上的深刻意义，以至几十年后他还一再说到，从那以后，“初步转向马克思主义方面来”[②]。可是，全面来看，郭沫若世界观转变的契机，还应包括伟大的“五卅”运动。

1925年5月30日，上海发生英帝国主义的巡捕开枪打死游行的工人、学生的惨案，发展成伟大的反帝爱国运动，标志着中国人民反帝反封建革命新高潮的到来。惨案发生那天，郭沫若在南京路目睹现场，激起了无比的愤恨，而人民群众的英勇斗争，又给了他极大鼓舞。他立即以实际行动投入了这场轰轰烈烈的革命斗争。这使他“不仅在思想上生出了一个转机，就在生活上也生出了一个转机”，也就是“由文艺界跳进革命运动的浪潮里去了”[③]。从此，开始在革命运动中用马克思主义思想武器进行战斗，使他的思想观点和政治立场发生了根本转变。这个转变立即在历史人物的研究上反映出来。

1925年6月，郭沫若作历史剧《聂荌》，写聂政的姐姐聂荌女扮男装追踪兄弟，来到濮阳桥，被酒家母女引进店里歇脚。聂荌从酒家母女和由濮阳城来的盲叟父女口中，知道了聂政刺杀韩相侠累和韩哀侯后，毁容自杀而被暴尸韩市十字街头的消息。为了传播弟弟的英名，聂荌便和爱慕聂政而自愿相随的酒家女一道，挺身前去韩市，临尸痛哭，把聂政的声名传播出来，然后二人壮烈自杀于聂政尸旁。守护卫士为他们的英雄行为所感召，杀死长官，抬着英雄们的尸体，迎着朝阳，上山造反去了。聂政、聂荌的故事，在1920年所作《棠棣之花》中写过，那只是歌颂“铲除恶人”的侠义行为，尽管有揭露当时军阀混战的意义，但正如作者，自己所说，是“带着一种无政府主义的色彩”。这次同样是写聂荌姐弟，却是受了“五卅”反帝爱国运动中目睹耳闻的现实“棠棣之花”的感动而写的，是这次革命运动的“一个血淋淋的纪念品”。正如作者说的，“没有五卅惨剧的时候，我的《聂荌》的悲剧不会产生”[④]。显然，作者已经和五年前看待聂荌姐弟的思想境界有了

① 郭沫若：《孤鸿——致成仿吾的一封信》（1924年8月9日），《沫若文集》第10卷《文学论集续集》，第288页。

② 《郭沫若同志答青年问》，《文学知识》1959年5月号。

③ 郭沫若：《〈盲肠炎〉题记》，《沫若文集》第10卷，北京：人民文学出版社，1959年，第397页。

④ 郭沫若：《写在〈三个叛逆的女性〉后面》，《郭沫若全集·文学编》第6卷，北京：人民文学出版社，1986年，第146页。

很大不同。写历史剧当然不是写历史，但是，创作历史剧，“要求作者对待历史有准确的评价”[①]，历史剧作家必须把握历史的精神。从历史学角度看，《棠棣之花》与《聂荌》的重要区别，正是在作者对聂政聂荌历史人物事迹的历史精神把握上。前者体现作者注重的是该历史人物的个人侠义精神，并赋予这种精神以反对军阀混战的现实意义；后者体现作者注重的是该历史人物为唤醒民众反抗统治者而壮烈献身的精神，并赋予这种精神以反帝反封建的现实意义。所以出现这种区别，正是由于郭沫若运用唯物史观来认识历史和现实的结果。如果说《聂荌》的创作，还是以文艺的形式反映郭沫若用唯物史观研究历史人物的成果，或者说只在文艺创作中包含着用唯物史观研究历史的成果的话，那么，第二年所作《写在〈三个叛逆的女性〉后面》，则是一篇以鲜明唯物史观研究历史人物的论文。

1926年4月，《卓文君》、《王昭君》和《聂荌》三个历史剧本集在一起，由上海光华书局以《三个叛逆的女性》为书名出版，郭沫若为此作《写在〈三个叛逆的女性〉后面》。此文根据历史事实论述了卓文君、王昭君、蔡文姬[②]三个女性历史人物在道德上的叛逆性质，更为重要的是，文章根据马克思主义关于妇女解放的理论，把女性的解放与社会主义运动以及人类彻底解放联系起来，指出：“女权主义只可以作为社会主义别动队，女性的彻底解放，须得在全人类解放之后才能办到”。文章就是从这样的认识高度来阐明这些叛逆女性的意义，从而显著提高了剧本的社会价值。尽管如此，处在思想发生转变前作的剧本与发生转变后写的论文毕竟有所区别。这个区别在于对“叛逆”的看法。资产阶级在向封建统治作斗争时，也反对过“三从四德”等封建道德，主张妇女从封建道德束缚中解放出来，一定限度内赞成妇女的叛逆行为。可是在资本主义社会，妇女仍然不会得到彻底解放，他们只不过从一种束缚进入另一种束缚而已。郭沫若原来通过剧本表彰叛逆女性的指导思想，恐怕没有突破这个范畴。到写这篇论文时，则有所不同了。现在是把妇女叛逆封建道德只作为争取彻底解放的一部分，而争取女权的妇女解放运动又只能和社会主义运动结合起来，作为全人类解放运动的一部分，才能达到真正的解放目的。总之，现在是站在无产阶级世界观的高度来看待

① 《郭沫若同志谈〈蔡文姬〉的创作》，《戏剧报》1959年第6期。

② 郭沫若本来打算把卓文君、王昭君、蔡文姬三个女性写成反抗“三从——在家从父，出嫁从夫，夫死从子”的典型，当时蔡文姬剧本还没有写出来，便收入《聂荌》，郭沫若认为：“聂荌也不失为一个叛逆的女性”（《写在〈三个叛逆的女性〉后面》）。

这些女性的叛逆行为。这个区别,实质上就是中国旧民主主义革命的反封建与新民主主义革命反封建的区别。把《聂荌》收入剧集,更在“叛逆”的内涵中增添了反对帝国主义的色彩,这也是中国旧民主主义革命不敢明确提出的。所以,《写在〈三个叛逆的女性〉后面》无疑是一篇用唯物史观作指导研究卓文君等几位女性历史人物的史学论文。

20世纪20年代的中国史坛,还是资产阶级史学占居主导地位。梁启超、王国维等资产阶级史学家们也研究过历史人物,但都是在唯心史观支配下进行的,至多不过弄清一些历史人物的事实,积累了一些研究资料,远未达到科学研究的要求。那时的中国马克思主义史学,还处在萌芽状态,对于历史人物的研究,先驱者李大钊虽然有些精辟的见解,做过一些理论阐述,可惜他过早地被敌人杀害了;其他一些有历史素养,又初具马克思主义世界观的文化人士,都奔忙于现实的革命斗争,分不出精力来从事历史研究。所以,1926年出版的《写在〈三个叛逆的女性〉后面》,是最早用唯物史观研究历史人物的论文,郭沫若则是我国史学史上最早运用唯物史观研究历史人物的史学家。

原文载《重庆史学》1993年第1期

郭沫若与历史人物翻案

注重为被歪曲了的历史人物翻案，是郭沫若研究历史人物重要特点之一。

郭沫若认为，以辩证唯物主义和历史唯物主义观点来追求历史的真实性，须得替一切受到歪曲的历史人物翻案[①]。他不仅在理论上加以阐述，而且在研究实践中身体力行。1926年4月发表的用唯物史观研究历史人物的论文《写在〈三个叛逆的女性〉后面》中已经表明，他研究卓文君、王昭君等历史人物，“完全是在做翻案文章”[②]。以后，他曾为许多历史人物翻过案。

殷纣王，历来被认为“暴虐无道”“荒淫无耻”，坏事做绝，而郭沫若则一再指出：殷纣王经略东南，开拓淮河流域和长江流域，对我们民族的贡献很大，[③]“中国的统一是殷纣王开其端，而秦始皇收其果”[④]。

孔子，自从“五四”新文化运动进行批孔，倡导打倒吃人的礼教，“打倒孔家店”，孔子的地位一落千丈。甚至在马克思主义史学家中，也有不少人把孔子看作是保守、反动的人物。可是，郭沫若认为：“孔子是奴隶社会变为封建社会的那个上行阶段中的前驱者”[⑤]，“孔子的基本立场既是顺应着当时的社会变革的潮流

---

① 郭沫若：《替曹操翻案》，《郭沫若全集·历史编》第3卷，北京：人民出版社，1984年，第476页。

② 郭沫若：《写在〈三个叛逆女性〉后面》，《郭沫若全集·文学编》第6卷，北京：人民文学出版社，1986年，第138页。

③ 郭沫若：《青铜时代·驳〈说儒〉》，《郭沫若全集·历史编》第1卷，北京：人民出版社，1982年，第451-456页。

④ 郭沫若：《关于目前历史研究中的几个问题》，《郭沫若全集·历史编》第3卷，北京：人民出版社，1984年，第487页。

⑤ 郭沫若：《十批判书·后记》，《郭沫若全集·历史编》第2卷，北京：人民出版社，1982年，第478页。

的……大体上他是站在代表人民利益的方面的，他很想积极地利用文化的力量来增进人民的幸福”[①]。

屈原，廖季平、胡适等都否认屈原的存在，其作品更是遭受种种歪曲。郭沫若则针锋相对，证明了“屈原不仅是存在，而幸运地连他的生卒年月日都是可考的”[②]，对其作品更是做了详尽的考释，并肯定屈原是“中国有史以来第一个伟大的诗人”[③]。

王安石，也是一位受到极大歪曲的历史人物。明朝以前不少人认为他的罪恶极大，几乎要把他放在奸臣传中，与蔡京、童贯并列，甚至把金人攻破宋朝的罪名也加在他的身上。郭沫若则指出：王安石“实际上是一位大政治家，在中国历史上很难得找到可以和他匹配的人。他有政见，有魄力，而最难得的是他比较以人民为本位的人”[④]。

曹操，冤枉地做了一千多年的反面教员，由于各种原因，使他身负多种罪名。郭沫若则从打黄巾、平定乌桓、杀人、民族政策、发展文化等各个方面进行考辨，认为：曹操能恢复生产秩序，把人民从流离失所的情况中扭回过来，当时是进步的事业；平定乌桓是反侵略性质的战争，得到人民的支持；史籍所载曹操杀人有些不实；曹操对民族的发展和文化的发展有大的贡献，所以，曹操不是反面历史人物。[⑤]

武则天，曾遭受历代封建正统人士的唾骂，她当皇帝被讥之为“牝鸡司晨”，而郭沫若认为：她的政权有比较开明的政治措施，得到人民拥护，其治绩可以和“贞观之治”比美；她能够体念民间疾苦，同情人民，故人民也同情她；她明敏果断，发挥了不少独创的作用；她爱好文艺，具有比较优异的情操。郭沫若不仅以确凿的史料对武则天做了充分的肯定，而且还用文艺的形式树立她的正面形象。[⑥]

---

① 郭沫若：《十批判书·孔墨的批判》，《郭沫若全集·历史编》第2卷，第87页。

② 郭沫若：《历史人物·屈原研究》，《郭沫若全集·历史编》第4卷，北京：人民出版社，1982年，第17页。

③ 郭沫若：《历史人物·屈原研究》，《郭沫若全集·历史编》第4卷，第7页。

④ 郭沫若：《历史人物·序》，《郭沫若全集·历史编》，北京：人民出版社，1984年，第4卷，第4页。

⑤ 郭沫若：《替曹操翻案》，《郭沫若全集·历史编》第3卷，第457-476页。

⑥ 郭沫若：《武则天（剧本）·附录》，《郭沫若全集·文学编》第8卷，北京：人民文学出版社，1987年，第232-236页。

秦良玉，很多人对她片面地加以否定，而郭沫若在承认她有消极方面的同时，指出她有民族意识和爱国热情，反抗侵略，死不投降，作为一个少数民族妇女，不仅会带兵打仗，而且还长于诗文，称她为“巾帼英雄”不算过分。[①]

此外，郭沫若对墨子的看法，也和前人以为代表平民的意见相反；对曹植与曹丕的评价，也和前人“扬植抑丕”大相径庭；甚至对李白与杜甫的研究，也带有对过去“千家注杜，太求甚解”，“一家注李，太不求甚解”的不满之意[②]，都可以说一定程度上具有翻案的性质。

在中国史学史上，像这样为众多历史人物翻案的史学家，郭沫若以外，很难找到第二人。

中国传统史学中的辨伪学，在揭穿历来被当作真书真事的假面目时，多少带有推翻成案的意味。清代阎若璩著《古文尚书疏证》，罗列一百多条证据，无可辩驳地证明东晋梅颐所献《古文尚书》及《孔安国尚书传》是伪书。戴震著《孟子字义疏证》，明辨理欲之异同，矛头直指程朱宋儒，说：“六经孔孟而下，有荀子矣，有老庄释氏矣，然六经孔孟之道犹在也。自宋儒杂荀子及老庄释氏以入六经孔孟之书，学者莫知其非，而六经孔孟之道亡矣。”[③]这都可以说是一种翻案。但是，这些封建学者的翻案，只是对典籍真伪、学派源流等具体事物的翻案，始终在辨伪学里转圈子，直到资产阶级史学兴起之后，才有所突破。

中国资产阶级史学的开山祖师梁启超在《中国历史研究法补编》中提出：“凡旧史对于古人价值认识错误者，我们都应该下番工夫去改正他”，“从前史家有时因为偏见，或者因为挟嫌，对一个人的记载，完全不是事实。我们对此种被诬的人，应该用辩护的性质，替他重新作传”[④]。这里，梁启超实际上提出了历史人物评价等义理是非的翻案，只是没有使用“翻案”一词而已。梁启超还列举清末陈澧（1810—1882年）著《申范》，为《后汉书》作者范晔“作律师”，替范晔翻了“谋反”的冤案；俞正燮（1775—1840年）在《癸巳存稿·易安居士辑》中，为宋代女大词家李清照翻案；蔡上翔（1717—1810年）著《王荆公年谱考略》，为王安石翻案。梁启

① 郭沫若：《关于秦良玉的问题》，《郭沫若全集·历史编》第3卷，第550-554页。

② 《郭沫若回复胡曾伟的信》，转引自王锦厚著：《郭沫若学术论辩》，成都：成都出版社，1990年，第233页。

③ [清]戴震著，何文光整理：《孟子字义疏证》卷上《理》，北京：中华书局，1982年，第19-20页。

④ 梁启超：《中国历史研究法补编》分论1第2章《人的专史的对相》，《中国历史研究法 中国历史研究法补编》，北京：中华书局，2015年，第276、273页。

操还提到,应该为李斯、曹操、刘裕等历史人物重作“公平”的评价。这是中国资产阶级史学家企图用自己的历史观重新审视历史,以别于封建史学的一种进步的表现。

可是,如果把梁启超有关历史人物翻案的言论拿来和郭沫若同类言论作一番比较,便可发现他们之间存在着巨大的区别。这里仅举一例说明。曹操是梁启超和郭沫若都加以肯定的历史人物,都提出要为曹操所受的歪曲翻案,但是二人的观点却不相同。梁启超说:“曹操代汉,在历史上看来,这是力征经营当然的结果,和汉高祖、唐太宗们之得天下实在没有什么分别。自从《三国演义》通行后,一般人都当他为奸臣,与王莽、司马懿同等厌恶。平心而论,曹操与王莽、司马懿决然不同。王莽靠外戚的关系,骗得政权,即位之后,百事皆废。司马懿为曹氏顾命大臣,欺人孤儿寡妇,狐媚以取天下。这两人心地的残酷,人格的卑污,那里够得上和曹孟德相提并论?当黄巾、董卓、李傕、郭汜多次大乱之后,汉室快要亡掉;曹孟德最初以忠义讨贼,削平群雄。假使爽爽快快做个开国之君,谁能议其后?只因玩一回挟天子以令诸侯的把戏,竟被后人搽上花脸,换个方面看待。同时的刘备、孙权,事业固然比不上曹操的伟大,人格又何尝能比曹操高尚?然而曹操竟会变成天下之恶皆归,岂非朱子《纲目》以后的史家任情褒贬,渐失其是吗?”①

郭沫若又是怎样为曹操翻案的呢?他说:“我们评价一位历史人物,应该从全面来看问题,应该从他的大节上来权其轻重,特别要看他对于当时人民有无贡献,对于我们整个民族的发展、文化的发展有无贡献。公平地说来,曹操对于当时人民是有贡献的,不仅有而且大;对于民族的发展和文化的发展是有贡献的,不仅有而且大。在我看来,曹操在这方面的贡献,比起他同时代的人物来是最大的。例如诸葛亮是应该肯定的人物,但他所凭借的西蜀,在当时没有遭到多大的破坏,而他所成就的规模比起曹操来要小得多。然而诸葛亮却被后人神化,而曹操被后人魔鬼化了。这是不公平的。其所以产生这种不公平或者使曹操特别遭受歪曲的最主要原因不能不归之于正统观念的统治。”②

① 梁启超:《中国历史研究法补编》分论1第2章《人的专史的对相》,《中国历史研究法 中国历史研究法补编》,第275-276页。

② 郭沫若:《替曹操翻案》,《郭沫若全集·历史编》第3卷,第470页。

从这两段议论中，我们不难看出梁启超和郭沫若在同一个历史人物的评价上，至少有以下四点不同：第一，立脚点和着眼点不同。梁启超站在曹操的立场，着眼于曹操代汉，说曹操代汉和汉高祖、唐太宗得天下没有分别，和王莽、司马懿决然不同；郭沫若则站在人民的立场，着眼于曹操对当时人民有无贡献，对整个民族和文化的发展有无贡献。第二，对曹操功业的看法不同。梁启超认为，曹操的功绩在“以忠义讨贼，削平群雄”，使东汉王朝免于很快灭亡；郭沫若则认为，曹操对当时人民、对整个民族的发展和文化的发展，不仅有贡献，而且贡献很大。第三，都和当时人物比较，但比较的内容迥然不同。梁启超把曹操同刘备、孙权相比，比“讨贼”“平雄”功业，比“忠义”人格；郭沫若拿曹操与诸葛亮相比，比治理所在地区的社会成就规模的大小。第四，对曹操被歪曲原因的认识不同。梁启超认为，曹操成为天下之恶皆归，是由于朱熹以后“史家任情褒贬”的结果，归之于史家的“任情”；郭沫若认为，曹操被后人魔鬼化，最主要原因在于封建“正统观念的统治”。此外，梁启超把黄巾起义与董卓、李傕、郭汜之乱这两种性质不同的事件相提并论，不分正义与否而视为一类，把镇压黄巾义军叫作“讨贼”等观点，在郭沫若那里当然是找不到的。

上述比较说明，梁启超与郭沫若为曹操翻案，显然是两种不同性质的翻案。前者是资产阶级唯心史观翻封建唯心史观的案，后者则是唯物史观翻一切唯心史观的案。梁启超和郭沫若的不同观点，反映了马克思主义史学与资产阶级史学的根本区别之所在。郭沫若看法的科学性、深刻性，说明了马克思主义史学的高明，是资产阶级史学不能望其项背的。

郭沫若自己确实说过，他从少年时代起，就养成了一种“好议论的脾气”，“好做翻案文章的脾气”[①]。有同志在探讨他爱做翻案文章的原因时，找出了“活跃的性格”“继承了我国史学的传统”“时代的感受”等因素[②]。这些当然都是不错的。可是，我觉得还有一个没有点明的，然而却是带根本性质的因素，那就是唯物史观。

大家都熟悉列宁讲过的那段唯物史观的发现消除了以往唯心史观的两个主

① 郭沫若：《少年时代》，北京：人民文学出版社，1979年，第40页。

② 刘茂林：《郭沫若治史的个性特色》，《历史研究》1992年第2期。

要缺点的话①,那完全可以换作这样表述:唯物史观的发现和运用,是人类思想领域内有史以来的第一大翻案,既翻了从思想动机解释人们历史活动、以社会意识说明社会存在的案,又翻了颠倒帝王将相与人民群众的历史地位的案,也就是以唯物史观翻唯心史观的案。经过这次翻案,社会的规律才可以为人们所认识,颠倒了的历史才得以颠倒过来。唯物史观所具有的这种品格,应该是郭沫若爱做翻案文章,能做出具有深远意义的翻案文章的根本原因。

前面提到过的一个例子是颇能说明问题的。郭沫若1923年写历史剧《卓文君》和《王昭君》,1925年写《聂嫈》。1926年,这三个剧本集为《三个叛逆的女性》出版时,写了一篇《写在〈三个叛逆的女性〉后面》的文章,说他是在做翻案文章。这些翻案"文章"是做在郭沫若1924年系统接受唯物史观前后,因而翻案的情况就有所不同。《卓文君》、《王昭君》以及原打算同时写的《蔡文姬》,是要翻妇女"三从"——在家从父、出嫁从夫、夫死从子的案,也就是翻封建伦理道德的案,这属于资产阶级民主主义革命的范畴。而作为"五卅"运动的"一个血淋淋的纪念品"的《聂嫈》所赋予的反帝爱国思想,以及《写在〈三个叛逆的女性〉后面》中把妇女解放与社会主义运动和全人类彻底解放联系起来的认识高度表明,这个翻案文章体现出来的博大精深,只有在唯物史观指导下方做得出来,也确实是在唯物史观指导下做出来的。郭沫若一生所以做出那么多惊世骇俗、产生重大影响的翻案文章(历史人物翻案文章是重要组成部分),这应该和他深刻掌握唯物史观以及唯物史观本身的革命性联系起来才能很好地理解。

郭沫若热心做翻案文章,当然同他的性格特征、他青少年时所受教育以及生活在新旧剧变时代有密切关系。但是,如果不把这些和掌握唯物史观这个重要因素联系起来,那就既不能把郭沫若的翻案文章与梁启超之类的翻案文章区别开来,也很难说清楚郭沫若自己所做翻案文章的前后差异,并且也只有和唯物史观联系起来,才能理解郭沫若所做翻案文章的重大意义。因为,郭沫若做翻案文

① 《卡尔·马克思》:"发现唯物主义历史观,或更确切地说,彻底发挥唯物主义,即把唯物主义运用于社会现象,就消除了以往的历史理论的两个主要缺点。第一,以往的历史理论,至多是考察了人们历史活动的思想动机,而没有考究产生这些动机的原因,没有摸到社会关系体系发展的客观规律性,没有看出物质生产发展程度是这种关系的根源;第二,过去的历史理论恰恰没有说明人民群众的活动,只有历史唯物主义才第一次使我们能以自然史的精确性去考察群众生活的社会条件以及这些条件的变更。"(《列宁全集》第21卷,北京:人民出版社1959年,第38页。)

章，是他创建和发展中国马克思主义史学活动的一项重要内容。如果说他二三十年代创建中国马克思主义史学，首先是从社会经济形态着手的话，那么，他四十年代发展马克思主义史学，五六十年代普及马克思主义史学的活动，则是把历史人物研究，特别是为被歪曲的历史人物翻案作为一种重要方式。他曾多次提出为被歪曲的历史人物翻案的意见，以及随之而掀起的学术讨论热潮，实际上是史学界以致整个学术界学习运用唯物史观的活动。这些活动对中国马克思主义史学的发展，对唯物史观的广泛传播，都起了巨大的推动作用。

郭沫若为被歪曲的历史人物翻案，和他别的许多史学方面的功绩一样，将在中国史学史上永远闪烁光辉。

原文载《社会科学研究》(四川)1993年第6期

邓子琴史学成就述略

邓子琴(1902—1984年),又名邓永龄,云南永善人。生长在文化氛围浓郁而经济境况困乏的家庭。伯父、父亲是前清秀才,自曾祖父以来均以教书为业,无有田产。半岁,父亲辞世,仅靠母亲佃种田地和做小生意维持家庭生活。尽管家庭经济困难,上学求进却能坚持不懈。高小毕业后,特选择有公费的师范学校就读。上大学,也是由省教育厅选送津贴以读成都高等师范学堂。

邓子琴在成都高师国文部学习时,致力于学术研究能力的培养,追求在学术上有一技之长,打下了扎实的语言文学的基础。同时,由于受一位同学的影响,读了许多佛教经典,也爱看先秦诸子和哲学书籍。1927年高师毕业时,因随学校组团去华东参观教育的机会,在南京参加第四中山大学(即后来的中央大学,解放后的南京大学)插班考试,被录取进入哲学系,受业于著名的佛教史学者汤用彤教授和佛家哲学学者熊十力教授。从此,便以佛学作为自己的深造领域,进一步坚定了走学术研究的道路。中大毕业后,曾短期在该校做助教,也曾回云南执教,至1935年再度北上,任教于乡村建设研究院山东菏泽分院,担任"中国文化要义"课,重点讲授中国历史上的典章制度。他后来回忆说:"我专力搞历史这门学问,也是这时才决定的。"此后,尽管辗转各地,在各种学校任教,担任诸多课程,同时致力于学术研究,但大体上都围绕中国文化历史进行。可见,邓子琴走的是一条文学—哲学—史学、文史哲贯通的治学道路。这既是他治学的特点,又是他进行历史教学和研究的优势所在。

如果从1928年中山大学毕业算起,邓子琴有50多年的学术研究生涯,其主要成就在史学，可分为佛家哲学和佛教史、礼俗风俗史、隋唐五代宋辽金元史和民族社会历史调查研究等四个方面，兹分别略述于后。

一

邓子琴在成都高师国文部学习时，对文字音韵学很有兴趣，用力甚勤。曾经写过一篇《模为元音说》的论文，在国文学会刊出，颇受师友的注意。这时打下的语言文学基础，和他后来“偶有吟咏，以抒心怀”，写有不少格律严谨的旧体诗[①]是有直接关系的。可是，就在这时，他已开始涉猎佛学。不过，使他真正走上研究佛学道路的，主要是中大的导师汤用彤和熊十力。

汤用彤和熊十力是邓子琴在中大读书时最亲近的老师，也是对他影响最大的人。当时汤用彤私自教他学习巴利文(印度文字的一种)，希望他将来翻译佛经[②]。和熊十力更是朝夕相处，常常一同外出散步，谈学术问题。抗日战争爆发后，他曾迎接熊先生来川，住在璧山自己家里，随时讲论，因此，对熊十力的学问体系的了解更为深澈[③]。1939年，熊十力应邀主持嘉定复性书院，邓子琴亦随之前往。1940年，由熊十力推荐，应当时国民政府教育部特约编写佛教史。这使邓子琴十多年来积累的佛教知识有了用武之地，并且成为他以后多年陆续从事的主要研究课题。可是，那时国事维艰，生活困迫，无法全力以赴，以致这部书稿没能完成。已成的稿件中，又因迁转流徙有所遗失。后来邓子琴病重，系上派人为他整理积稿时，发现有《隋唐佛教史》《佛家哲学基本问题》《佛家哲学要论》三种稿本。应该说这是邓子琴研究佛教史和佛家哲学仅存的成果。综观邓子琴对隋

---

① 关于邓子琴的诗作，有《师马鹤斋诗录》，系从1927—1976年间所作诗中选出的五十余首，由原勉仁文学院学生饶遂道等编印成册作为老师八十寿辰之庆祝；另有收入《四川省地方史研究资料丛刊》第二辑《民族社会历史调查报告集》的《民族社会考察纪行诗抄》五十四首。其余尚有不少，不知所存。

② 1933年邓子琴在云南省教育厅工作时，翻译了印度旁遮普大学渥勒教授梵文原著《印度阿输迦王石刻》一书，由昆明教育厅出版。这可以说实践汤先生希望的尝试，但后来没有继续下去。

③ 解放后，邓子琴曾说：“熊十力先生的哲学，是构成精严庞大体系的。他早年研究新法相宗唯识学，受法国柏格森影响，因而回转到古法相宗华严学，汇通于中国老庄大易，著成他的大著《新唯识论》，中间颇有辩证法倾向。抗战期间又稍稍采取黑格尔之说来做说明。熊先生治学过程，大概就是如此。……早年治旧唯识，可说是客观唯心论，到后来的新唯识论，变成绝对唯心论了。但他有一特点，即是以变动发展的观点，来说明‘永恒’，也等于说要用辩证法来改造形而上学。”这是对熊十力治学道路和学术思想最精到的评说。

唐佛教史和佛家哲学的研究，可以看到下述几个特点：第一，高屋建瓴的视角。邓子琴对中国文化有深厚的根底。这不仅是在成都高师国文部奠定了基础，而且从20世纪30年代在菏泽乡村建设研究分院主讲“中国文化要义”“国学概论”等课以后，历年的教学和研究，大都可以包括在中国文化的范围之内，所以积累有对中国思想文化的广博知识和深刻见解。因此，他论述中国佛家哲学思想，并非就事论事，而是站在中国思想文化的整体高度。他曾经说：“隋唐文化，是中国传统文化的继承发展，既综合南北朝各自发扬的特点，又吸取西方传播过来的文化精华，创造性地熔铸在中国独特的民族形式中，丰富了中国的文化内容。”“谈中国中世纪哲学思想，是离不开佛教的。所以佛教可以提到学术思想这一范围内讲，也可放一部分在宗教范围内讲。如果排斥佛教于学术思想范围以外，不特我们的思想史缺乏了丰富的内容，并且必然使许多思想的来历搞不清楚。”这里，不仅指出佛教可以提到中国学术思想范围内来研究，而且强调了佛教与中国中世纪哲学思想的密切关系。这是对整个中国思想史有全面把握和深刻理解而提出的精湛见解，也表明他对佛教的研究，正是以中国思想文化作为出发点，也是以中国思想文化作为归宿。

第二，刻意追求的重点选择。隋唐时期的佛教，宗派林立，一般说有八大宗，即律宗（又名南山律宗）、法相宗（又名唯识宗或慈恩宗）、三论宗、天台宗（又名法华宗）、密宗（又名真言宗）、净土宗、华严宗（又名贤首宗）和禅宗。有的大宗又有若干小宗。研究者总是根据自己的认识而有所侧重；对于重点的选择，往往又体现研究者的意向。邓子琴对隋唐佛教各宗派的经典学说和师徒传承如数家珍，但是他把研究重点放在天台宗和华严宗上。其用意可以说有这样两点：(1)此二宗的思想作为上层建筑来说，在当时有一定积极作用。如说：“陈隋间的法华经非常流行，天台宗据此成立宗派。法华经的二乘授记，龙女成佛，至少符合当时人民统一希望的。所以，法华经……到陈隋间才大行于世，这不能不说是有环境造成的因素”。又说：“到了隋唐统一后，政治向中央集权方向发展，有强大的集权机构。所以，唐代形成的华严宗，反映了统治者这种政治要求。华严宗谈法界缘起，真性常住，多少反映了君权的永恒性，所以华严宗成为唐朝皇帝喜欢提倡的对象之一，武则天更是显著的例子”。(2)此二宗的思想体现中国思想创造性的发展。邓子琴认为：“隋唐的哲学思想，如果就儒学来讲，是没有什么特殊东西的”，这时哲学思想的特点表现在佛教思想上。他指的当然不是那些天竺宗派，而是中国僧徒创立的向中国化发展的天台华严这些宗派，尤其是体现在这些宗派的思想中有“比较高的辩证法因素”上。所以，深入研究天台宗和华严宗，不仅可以厘清佛教中国化的脉络，而且能发掘当时中国哲学思想特色之所在。可见，选择天台宗和华严宗作重点，表现了邓子琴刻意追求的研究方向。

第三，独到的深入领域。讲隋唐佛教，一般都会涉及儒、佛、道之争，或称三教之争。这在邓子琴的研究中都谈到了。如他举出佛道几次争辩来加以论述①。除此之外，他还触及一个一般人很少涉及的领域，那就是佛教内部宗派的论争。他指出：佛教内部宗派的论争，不是大家开会论辩，也不是在一处争胜负，而是对学理上的问题著书争辩。其激烈的程度，在历史上是少有的。最著名的如天台宗的荆溪，著《法华五百问》来驳斥法相宗窥基著的《法华玄赞》；法相宗的慧沼，著《能显中边慧日论》来驳斥华严宗。他还进一步举出佛教宗派之间争论的问题，如：(1)天台宗与法相宗争论的一乘与三乘问题；(2)天台宗与华严宗争论的教观问题；(3)华严宗与法相宗争论的真心染净问题。他不仅对争论这些问题的复杂内容，能作出简明扼要评述，还把有些争论与儒家内部争论的问题做比较，说：“这个本是中国战国时候儒家争论的问题，现在变个形式，体现在佛教宗派中了。这个争论，在佛教衰落后，又变个形式出现在韩愈李翱的论证中。”②由此可见，邓子琴对隋唐佛教研究的深度，至今还是一些浅尝辄止的人望尘莫及的。

二

1943年至1948年，邓子琴在国立社会教育学院作教授，担任社会事业行政系礼俗行政组的课程，先后讲授过“礼俗通论”“礼俗考古学”“伦礼学史”“风俗史”等课。这些课都没有现成教材，完全要由教师自己编写讲义。邓子琴对中国礼学、风俗史的研究，就是结合这时教学进行的。其研究成果主要有：1947年由南京中国文化社出版的《中国礼俗学纲要》和1987年由巴蜀书社出版的《中国风

---

① 邓子琴举出的佛道几次争辨是：(1)法琳抗辨傅奕上疏；(2)法乘与李仲卿辨难；(3)慧净法琳辨驳辛谓齐物论；(4)慧立驳斥李荣立义；(5)灵辨与道士论驳。另外1931年撰有《晚明临济曹洞二家争辩之问题》，载于《责善半月刊》第20期。

② 以上引文皆见邓子琴《隋唐五代史讲稿》西南师范学院历史系中国古代中世纪史教研组1957年11月印。

俗史》(由西南师范学院历史系漆泽邦等整理),此外还有《东方杂志》和《中国文化》[①]上发表的论文。

《中国礼俗学纲要》第一编“绪”有九章,依次是:“释名”、“风俗与民俗”、“礼俗与伦理”、“礼俗在中国文化上之价值”、“中西礼俗之比较”、“礼俗变迁”和“研究礼俗之注重点及其方法”。此编是对礼俗学的理论阐述,包括名词诠释、关系分析、源流梳理、中西比较、文化定价、重点和方法等。在论述中,总是从历代儒家浩繁的论说中,提取出前人的论点,参照近代人文科学理论,加以评论,然后表示自己的看法。第二编“基本六礼大要”,是根据《礼记·王制》分六章叙述冠礼、婚礼、丧礼、祭礼、乡饮酒礼和相见礼。每一种礼,大体是首叙其意义、价值或特点,次叙其仪式及对仪式进行解释,次叙其变迁,最后叙其相关礼节或论述有关问题。其论述,总是把《仪礼》《礼记》以及历代礼学成果融会贯通,或择善而从,或自立新意,并且以图像辅助说明。中国古代,礼目繁多,为什么邓子琴只叙述这六种礼呢?这是由他对礼的总体看法而来的。他认为,中国的礼分为三部分,一是俗礼,即社会的礼;二是幼礼,即教育的礼;三是政礼,即政治的礼。他认为,现在研究礼应当注重俗礼。俗礼,就是《礼记·王制》所说的冠、婚、丧、祭、乡饮酒、相见六礼。这是礼的基本,故称之为“基本六礼”。这些礼之所以应当注重,是因为这些礼节通行于一般社会,本是融化民俗而成,又久而成为一般习惯,故称俗礼。俗礼是礼俗二字的易词。这些看法,至今仍不失其独到的意义。本编在叙述各种礼仪中,有的地方还对中国礼俗中某些特点及其相关问题,进行了深入的探讨和论述。如在丧礼中,对人的情感生活(喜怒哀乐)的作用作过探讨。在祭礼中,对中国的祭礼与宗教的关系,进行过深入的论述,他指出:由于祭礼盛行,使宗教无从成为主宰中国的力量,“知祭礼之多且繁,则无疑于中土宗教之不兴起矣”,“在中国,祭礼兴而宗教遂隐而不见矣”[②]。这是一个至今鲜为人觉的精辟见解。

《中国风俗史》本来有三编。第一编为“宗法时代”(先秦至西汉);第二编为“门阀中心时代”(东汉至唐末五代);第三编为“士气中心时代”,即“泛伦时代”

① 邓子琴著文《论现行礼服制度》刊载于《东方杂志》。《中国文化》是邓子琴和他的朋友钟芳铭办的刊物,钟出钱,邓出力,撰文、编辑、印刷诸事皆归邓,共出过二期。第一期载有邓子琴评论《北泉礼仪录》的婚丧礼之文。

② 邓子琴:《中国礼俗学纲要》,南京:中国文化社,1947年,第80-82页。

（北宋至民国）。但第一编的稿子早已丢失，故现在见到的1987年出版的书，只有两编。此书每编大体以朝代分章，每章分节叙述诸如政化（政治与教化）、品度（品性、风度）与伦际（人际关系）、民俗（包括节令、信仰、婚俗、丧俗、用具、生日、语言等）、礼俗、一般风气、特殊风气、地方风俗、少数民族风俗等各方面的风俗习惯。此书广泛征引了我国的正史、别史、杂史、时令、地理、笔记、游记、稗钞、民歌乐府、古诗词曲等各种资料，内容相当丰富，反映了东汉以来我国各个时代五彩缤纷的社会风貌，各族士民千姿百态的文化生活。邓子琴研究风俗史有自己独到的见解和方法。他曾经对风俗、民俗、礼俗三个概念进行过严格的界定，说："凡总括一地域或一时代民族一切生活现象，而以价值意义评判论定之者，谓之风俗"，"凡依赖感情生活而有之信仰、惯习及故事歌谣等，存在于未开化民族中，及文明民族之无智识阶级者，谓之民俗"，"凡依理智的指导形成之惯习，构成一定的仪式，而流行于一般社会中者，谓之礼俗"。并指出：风俗范围广，而礼俗范围狭，在古代，言风俗者，殆无不包括礼俗。民俗，在中国属于风俗一目之下①。这样，风俗既包括民俗，也包括礼俗。《中国风俗史》涉及的范围，就按照他这个认识确定的。邓子琴在《中国风俗史·结论》中写道："士人之道德与气节，全恃教化如何而有其升降。教化昌隆之日，即道德与气节发扬之时，则风俗必淳良；反之，则窳弊焉。中国历史传统，教化必恃良君、贤相与夫大儒硕学，朝野相与鼓铸，方为有效。"在他看来，一个时代，风俗之好坏，依靠于道德与气节是否发扬；道德与气节的升降，则依靠于教化；教化之昌隆，则依靠良君、贤相、大儒硕学朝野之鼓铸。还说："凡一种社会风气，倡之者为一二领袖人物，而形成社会习气后，常绵延至若干时期，逐渐演变，以迄于消歇。在旧有消歇中，新的风气，又逐渐生起成长，代之而起。复为循环，以迄于无穷。"《中国风俗史》就是按照这样的认识来论述风俗的形成和演变的。邓子琴研究风俗史的方法，注重纵横结合。"就一时代而言，谓之纵"，"就一地域而言，谓之横"。他尤其重视风俗与地域的关系，认为风俗与地域的关系最为巨大，考究风俗者，应以地理为主。如果将全国方志（五六千种）中关于风俗部分作系统整理归纳，必会多有发现，但他当时只充分使用了正史地理志的材料，由于条件的限制，还来不及作方志这方面的工作。他还指出，民族之迁徙，文化之含毓，亦有关于风俗。他还提到，研究风俗，应注意游记

① 邓子琴：《中国风俗史》，成都：巴蜀书社，1987年，第7-8页。

材料的搜集,注意民俗调查资料的使用等,这在他的书中已尽量这样做了。邓子琴还强调研究风俗的态度,说:"吾人于风俗所注意者,非仅知其演变迹象为足,要须知所以化民成俗,指导邪正之方,遮足为吾人指南也。"这就是说,研究风俗史,不是以仅知风俗演变迹象为满足,而是要知道化民成俗的原因和导致风俗邪恶或淳正的方法,总结经验教训,作为当今人们的指南。这也是他研究和讲授风俗史所追求的目标。

三

1950年邓子琴调到西南师范学院历史系作教授[①],讲授中国通史课。那时,他一方面如饥似渴地学习马列主义,读了《社会发展史》《资本论》《反杜林论》《唯物论与经验批判论》等许多马列书籍,一方面参加土地改革、"三反"、"五反"、思想改造等政治运动,认真批判自己的旧思想,逐渐地树立起辩证唯物主义与历史唯物主义的世界观,并在教学和科研中努力实践运用。50年代中期他运用唯物史观编写的《隋唐五代史讲稿》和《宋辽金元史讲稿》,便是结合教学进行中国中世纪史研究的主要成果。

《隋唐五代史讲稿》是邓子琴分工讲授这段历史,在课堂用稿基础上,加工整理而成的。讲稿约16万字,分三章叙述隋唐五代382年历史。[②]各章节的内容,是他网罗应有的资料,凭借深厚学识而独立撰写成的。文字虽然简明扼要,但内容十分丰富。比如隋朝这一章,据粗略统计,仅已表明的古今中外参考文献就达40多种。对于当时史学界讨论的隋唐五代史的问题,讲稿中都有涉及,并且表示了他的看法,不便在正文中阐述的,都在注释中加说明。注释中还记录了他对这段历史的许多研究成果,真知灼见在讲义中随处可以看到。所以,这虽然是一部

① 邓子琴在西南师范学院工作期间,先后任四川省政协委员、四川省民族研究会理事长、四川省史学会副理事长、重庆市历史学会顾问、西南师范学院学位评定委员会委员、西南师范学院文科学术委员会主任委员、历史系学术委员会主任委员、中国古代及中世纪史教研室主任、四川地方史研究室主任、工会部门委员会主席,多次评为市、院、系先进工作者,曾出席全国第一届先进工作者代表大会。

② 《隋唐五代史讲稿》第一章隋朝,分四节讲述:"隋之统一"、"隋朝中央集权制度和经济发展"、"隋朝对外关系"、"隋末农民起义";第二章唐朝,分七节讲述:"唐朝的建立与其伟大的规模"、"唐帝国的扩大"、"隋与盛唐时期的文化"、"唐朝统治的危机与安史之乱"、"唐朝后期的经济和政治"、"唐朝对几个民族的关系"、"唐末农民大起义";第三章五代十国,分三节讲述:"五代十国的大势及南方经济的发展"、"契丹的兴起及后周与契丹的斗争"、"唐中期以后到五代的文化"。

讲稿,但它的学术性也是相当强的。这部讲稿于1957年由历史系打印装订成册,参加中央人民政府高等教育部主办的高校教材讲义展览和交流,受到广泛赞赏,主办单位对这部讲义的评价是:"编者尽量提出了自己的见解和看法,没有客观主义态度,在很多问题上编者独具见解,论证透辟而有力,具有较高科学水平。"这个评价是符合实际的。50年代我国大陆出版的隋唐五代史,有南开大学杨志玖的和东北师大吴枫的[①]。这些都是由教学用稿加工整理而成的。现在把邓子琴的讲稿和上述两部出版的书比较来看,其分量相差不大,总体水平大致相当,具体而论则各有千秋。邓子琴讲稿在少数民族和文化特别是学术思想部分,有显著的特色,的确堪称"独具见解"。遗憾的是,由于种种原因,邓子琴的这部著作仅停留在交流讲义上,而没有能够正式出版。但是,许多听过邓子琴讲课和阅读过讲稿的学生,已感受到他的研究成果,并把他的观点广为传播,从这点上说,邓子琴这部著作虽然没有正式出版而仍然具有其相当的影响和价值。

《宋辽金元史讲稿》的情况,和《隋唐五代史讲稿》大体相似。遗憾的是我们现在还没有找到这部讲稿,无法具体述说。但是,邓子琴的宋辽金元史研究成就,可以从1940年发表的论文《南宋时代重庆在国防上之地位》[②]和1962年四川人民出版社出版的《钓鱼城史实考察》一书中见到一些。1937年卢沟桥事变,日本向中国大举进攻后,国民政府西迁重庆,1940年12月正式定重庆为陪都。邓子琴以一个爱国学者特有的敏感性,撰写了论文《南宋时代重庆在国防上之地位》。此文从"南宋时代中国之大势"、"四川在南宋军事政治上之地位"和重庆的地理位置,阐述了重庆在抗击元蒙战争中的重要性;再从重庆知府余玠任用冉琎、冉璞修筑合州钓鱼城,合州知州王坚在钓鱼城率军民英勇抵抗蒙古军的进攻,将大汗蒙哥击伤致死,使南宋国祚得以延长;还以专节叙述张珏坚守重庆,"以一隅而支撑危局","重庆以一隅而关系南宋全局"。认为,这是"吾国民族史上最为光荣之一页","确为人类最可宝贵之史料而不可磨灭者","余玠诸公,虽与日月争光可也",值得"吾人讴歌而赞颂"。最后指出:"今之重庆,值国家空前大难之时,已由边隅而建为陪都,在政治、经济、军事、文化,各方面已成为中心区

① 杨志玖的《隋唐五代史纲要》1955年新知识出版社出版,1957年上海人民出版社再版;吴枫的《隋唐五代史》1958年人民出版社出版。此外,1954年由高等教育部教材编审处出版的岑仲勉《隋唐史》是较高层次的研究生教材。

② 邓子琴:《南宋时代重庆在国防上之地位》,《责善半月刊》1940年第2期。

域，其重要殆过南宋时万倍。以现代形势而言，尤不能与南宋相提并论。”因此，他认为应该“充实军事，以尽拱卫之责；布置形胜，以雄上国之观”，是“不可延缓之图”。他说，这是“余述往事以乐告国人之微意”。尽管邓子琴言之谆谆，可那时听者藐藐。《钓鱼城史实考察》署名虽然是“西南师范学院历史系编”，但知道原委的人都明白，1957年至1959年间，西南师范学院历史系部分师生数次到钓鱼城考察的倡导人和指导者是当时任中国古代中世纪史教研室主任的邓子琴，考察后编写“史实考察”的执笔人虽然是当时的资料室主任李承祥，但是，从书的立论、提纲、资料搜集、史实考辨，到修改定稿，都是在邓子琴指导下进行的，完全体现他的观点。只要把他20多年前发表的论文《南宋时代重庆在国防上之地位》与《钓鱼城史实考察》比较一下，就不难看出，后者显然是前者的放大。如果要说两者有什么区别的话，除了分量大小之外，主要是学术性的增强，学术水平的提高。此书不仅网罗了有关钓鱼城抗击元蒙的一切古今中外的文献材料，一一进行考辨核实，而且结合对钓鱼城遗迹的实地勘察及其所发现鲜为人知的材料，使许多谬误得到纠正，许多疑团得到化解，许多混乱得到澄清，许多歧说、矛盾得到合理解释。因此，此书的出版，向世人展现了钓鱼城抗蒙战争的真实面貌。此书问世以来，许多讲这段历史的论文书籍，都征引以为据，证明了它的重要学术价值。此书在20世纪80年代由四川人民出版社再版发行。

四

从1958年开始，邓子琴的研究领域有一个大的转移，那就是基本上中断了唐宋历史的教学与研究，把主要精力放到了中国少数民族社会历史的调查研究上。

1956年，党中央提出对少数民族社会历史进行深入全面调查的要求，全国人民代表大会民族委员会调集大批专家和干部，组成多个调查组，分赴云、川、藏、黔等地进行工作。1958年，国家民委又扩大调查组，并提出编写“三套民族丛书”（即《自治地方概况》、《少数民族简史》和《少数民族简志》）的任务。由此，全国掀起少数民族社会历史调查研究的热潮。同时，国内许多学者利用少数民族社会历史调查材料，采取以今证古的方法，把现存民族的情况作为“社会化石”，用来印证历史上的原始社会、奴隶社会、初期封建社会，对原始公社、农村公社以及古史分期等问题进行研究。邓子琴所进行的民族社会历史调查和研究，就是在这样背景下开展的。

1958年至1964年间，西南师范学院历史系组织了由邓子琴主持、部分师生参加的民族社会历史考察，先后深入到茂汶羌族自治县、凉山彝族自治州、甘孜藏族自治州、阿坝藏族自治州和内蒙古自治区，进行民族社会历史考察，搜集了大量的材料，写出了一批调查报告，编写了一部《羌族史》。后因"文化大革命"，工作完全中断。80年代初，历史系派人整理了一小部分调查报告铅印成《民族社会历史调查报告集》三册，大部分调查报告仍存放在四川地方史研究室。

印出的调查报告计有关于土司制度的四篇，关于宗教寺庙的两篇，关于牧业部落的三篇，关于农业部落的三篇，关于农奴制度的四篇[①]。60年代初写成的《羌族史》上下册，约20余万字，运用大量的调查材料，结合历史文献材料，论述我国羌族从古代到现代的历史，其近现代部分尤为丰富。当时是我国民族史学界最早写出的一部全面反映羌族历史的专著。所有的调查报告和《羌族史》，虽然是集体初撰的，但都是由邓子琴担纲，并亲笔修改定稿，无不浸盈着他的心血，体现他的远见卓识。

在主持民族社会历史调查工作的同时，邓子琴和当时许多学者一样，进行了以今证古的研究。正如他后来回忆说的："我一直参加这一工作(指民族社会历史调查)。在调查中，发现的少数民族社会结构和历史状况，常常引导我们对于我国过去社会历史做比较思考，因此我于1960年写出了西周社会性质一文，登载于西南师范学院第二期学报上。此后又对这一问题续写了几篇，在学院科学报告会上印出。"这就是粉碎"四人帮"后集印成的《民族社会历史研究论丛》。《论丛》共收集了邓子琴的七篇论文。前三篇是论证西周社会性质的。《从少数民族社会的考察和研究来看西周社会性质问题》(曾发表于《西南师范学院学报》1960

① 关于土司制度的四篇是：《卓克基土司制度调查报告》《金川县绰斯甲地区土司制度调查报告》《巴塘土司制度调查报告》《梭末土司头人制度调查报告》。关于宗教寺庙的两篇是：《德格县八邦寺的科巴》(邓子琴撰有《德格八邦寺一瞥》一文，载于《西南民族研究》四川人民出版社1983年出版)和《理塘长春科尔寺考察》；关于牧业部落的三篇是：《阿坝墨尔玛部落考察报告》、《德格县玉龙牧区社会情况简述》和《墨溪乡调查报告》；关于农业部落的三篇是：《降札部落民改前的社会》、《阿坝县龙藏乡社会调查》和《甘孜县生康乡生康村考察报告》；关于农奴制度的四篇是：《德格土司制度下的农奴制》、《甘孜县区两种封建势力统治下的农奴制》、《康定地区的农奴制》和《阿坝县区的前期农奴制》。

年第二期)一文,根据自己亲身考察和其他民族调查材料所得到的对凉山彝族民主改革前之奴隶制和羌族、傣族、藏族农奴制的认识,来理解西周的乡遂、都鄙、沟洫、井田、贡法、助法、宗法、分封等制度,从而论证西周的社会性质,不是奴隶制,而是领主制或农奴制的初期封建社会。《西周农奴阶层的初步研究》和《西周地租制度——彻法的研究》这两篇文章,则是运用考古材料、文献材料和民族调查材料,对西周的生产劳动者——农奴的各种阶层作了细致的考辨,对西周的地租制度——彻法进行了和传统说法不同的新解释,从而进一步强化了他西周社会性质的主张。其次三篇文章论述的是游牧民族封建化问题。当时苏联史学界流行一种看法,认为游牧民族从原始公社解体,便不经过奴隶制而直接进入封建社会。他在这三篇文章中,用自己调查的资料和熟悉的文献资料,着重探讨了游牧部落封建化的过程,即游牧部落从原始公社解体到形成封建社会以前,中间经过的封建因素逐渐增长的过程。第一篇文章《游牧公社的封建化问题》先通过与一般封建制相比较而论述了游牧封建制的特点,接着便重点论证了促成游牧部落封建化的诸因素,认为诸因素中,牧场草山土地支配权是决定性的。第二篇《从有村社残余现象的部落到封建领主制即将形成的部落》(发表于《重庆日报》1962年8月21日),用自己民族考察所见若尔盖降札乡等实例,描述了游牧部落封建化程度高低不同的两种部落,从而认定其封建化时期分为两个阶段。第三篇文章《几种封建制问题并答某某同志》,是针对某某同志就前文所提异议的答辩。通过辩论,对前文的论点作了进一步的发挥,并且把游牧民族的封建化过程,归结为经过三种封建制,即原始公社解体后,向封建制转化的初期阶段的游牧宗法封建制;高级阶段即游牧封建制;从游牧封建制再到封建领主制即一般封建制。《论丛》的最后一篇论文《四川藏族地区民改前农奴制的成长和变化》,是以他亲自考察过的四川甘孜藏族自治州和阿坝藏族自治州民主改革前土司制度推行的地区为主要对象,尤其着重以德格土司、甘孜土司、嘉绒土司相比较,论述了这里农奴制的地租状况、阶级与等级状况和政权组织状况。这篇文章可以说是邓子琴通过调查来研究藏族农奴制的总汇,体现了他对农奴制的全面看法。总之,《论丛》七篇文章论述的都是当时中国史学界探讨的前沿问题,有的还是一个国际性的学术热点问题。如果没有民族社会历史调查知识的积累,没有深厚的文献资料的把握和史学理论的修养,一般的史学工作者是很难涉足这些领域的。

邓子琴在进行少数民族社会历史调查之后，曾打算按照自己的新认识，撰写一部有分量的中国少数民族史。60年代初，他拟过一个中国少数民族史的撰写纲要，并以其第一部分“历史上主要的民族”，作为讲授提纲而给高年级学生开过“中国少数民族史”课。1964年历史系把他的讲课提纲铅印成册，名为《中国少数民族史要略（初稿）》，发给听课学生。后来由于众所周知的原因，撰写中国少数民族史的愿望未能实现，现在能见到的就是这个七万多字的《要略》。

《要略》共五讲，第一讲“怎样叙述少数民族史”，第二至五讲，分先秦、秦汉到南北朝、隋唐到元、明清到近代，讲述了先秦汉族、赤狄、匈奴、鲜卑、突厥、回纥、吐蕃、南诏、蒙古、满等10个族的历史。最能反映他对少数民族史新认识的是第一讲，在这里他提出了当时条件下谈少数民族史的新要求和应达到的新水平，提出了一个民族的历史应包括的基本内容，以及研究少数民族史的困难和研究方法，等等。这可以说是他对撰写少数民族史的理论思考或指导思想。在对10个少数民族历史的简要叙述中，我们可以看到他懂得多种外国语文和少数民族语文、精通文字学，给他研究民族史提供的优越条件，看到他在浩瀚的历史文献中自由驰骋的姿态，确实是令人惊叹和折服的。

原文载《西南师范大学学报》（人文社会科学版）2000年第5期。黎小龙、张文主编：《南方民族史论集——邓子琴先生逝世20周年纪念文集》全文收入，西南师范大学出版社2005年2月出版。

论季平的司马光研究

季平(1928—1991年),四川省夹江县人。早年曾入该县著名学者干端生、干林森学馆读四书五经。在武汉大学附中和四川大学附中完成初高中学业后,直升四川大学历史系学习。名校严师为他夯筑了坚实的学业基础。1950—1952年在《川北日报》作记者、编辑时,广泛深入川北农村采访,亲身参加了当时的社会改革,这不仅使他的世界观发生了根本的转变,而且获得了对中国社会实际的深入了解。1955—1965年在西南师范学院历史系作总支书记期间,担任繁重的思想政治工作和教学行政领导工作的同时,深入钻研历史唯物主义理论,留心历史科学的学习和研究,积累了以后学业成就的优厚素质。

粉碎"四人帮"后,季平受命恢复学报工作。在季平主持下的西南师范大学文科学报,1980年由内部发行改为公开发行,1982年开始向国内外发行,以致成为拥有三千多经常订户的大型刊物。由他主编出版的学报共65期,刊发文章约1000篇,字数达1000多万,编发了一批思想性强、学术水平高、在国内外学术界产生了一定影响的好文章,为扩大西南师大的社会影响,繁荣我国新时期的学术文化,推进社会主义精神文明建设做出了应有的贡献。1987年晋升编审职称。1990年《西南师范大学学报》(哲学社会科学版)被全国高校文科学报研究会评为先进单位,季平被评为学报优秀工作者,这是他辛勤工作所应得的社会回报。季平同志还以学报为中心,把一批学术造诣高深的校内外哲学社会科学的教学科研人员团结在刊物周围,切磋学术,身体力行,为繁荣西南师范大学的科学研究,提高其学术地位,促进青年教师的学术水平,做了大量卓有成效的工作。

季平同志在总结编辑工作经验时曾经说过，一个好编辑，又应该是某方面的学术专家。这是他自己的切身体验，也是他用艰辛和勤奋树立的榜样。

一

季平走上学术研究的道路，是从研读《资治通鉴》开始的。粉碎“四人帮”，进行思想政治上拨乱反正的时候，季平把司马光写在《资治通鉴》中的116篇评论（另有95篇是司马光引用前人的），加以分析综合，并参阅司马光的其他著作，写成《评〈资治通鉴〉的“臣光曰”》一文，发表在《西南师范学院学报》1980年第1期上。这是一篇适应思想政治上拨乱反正，具有浓厚时代气息的文章。此文发表后，在史学界产生的影响主要有两点：一是关于对司马光这个历史人物的看法；一是关于史评“臣光曰”的研究。在“文革”中，人们听到的都是立场决定观点，站在反动立场的人，其观点必定是反动的，应当批判的。然而在季平此文中，站在改革家王安石对立面抨击革新运动的司马光，在“臣光曰”中竟然还有应当继承吸收的精华。这在当时，无疑是很有新鲜意味的。

以后，季平同志又写了《再评〈资治通鉴〉的“臣光曰”》（收入《司马光与资治通鉴》，吉林文史出版社1986年出版），除了从史学角度补充“臣光曰”的内容和特点以外，着重谈了“臣光曰”中“可以引以为鉴之处”，分“纳谏、拒谏的三种典型”“在用人问题上的卓越见解”“对少数民族要守信义的问题”“崇尚节操”等4个子目加以论述。《资治通鉴》成书900多年来，不知多少人读过其中的“臣光曰”，也不知有多少人从“臣光曰”中受到过这样那样的启示，但是却没有人就“臣光曰”著过专题论文。季平两篇关于“臣光曰”文章的发表，第一次向学术同仁展示了这个有研究价值的空间，自然会引来后继者和追踪者。此后，以“臣光曰”为题的论文，屡有所见[①]。受此文影响最大的，与其说是学术同仁，不如说是季平自己。因为，由此文产生的内在推动力，使季平成为学术界“独树一帜”的“治涑水司马氏学”的学者。

① 刁书仁：《试论“臣光曰”中可供借鉴的因素》，载《资治通鉴论丛》，郑州：河南人民出版社，1985年。

二

季平同志在撰写《评〈资治通鉴〉的“臣光曰”》两篇论文的过程中，对司马光这个历史人物有了浓厚兴趣，产生了好些疑团。接着他便尽可能地搜罗司马光的著作、记载司马光言行的书籍以及历代尤其是近代以来有关司马光的论著，把所有的业余时间都用到研读这些书籍上，进而写出了一篇3万多字的《论司马光》①和另一篇《司马光的知人善任评述》②的文章。

为什么季平会对司马光这个人物产生浓厚的研究兴趣呢？意大利历史哲学家克罗齐(Benedetto Croce 1866—1952年)曾经说过：“只有现实生活中的乐趣，方能使人去研究过去的事实。”③的确，引起季平研究司马光这个“过去”人物的兴趣，是来自“现实生活”。季平曾说：“在十年动乱中，‘四人帮’为了篡党夺权，采取歪曲史实、影古射今的手法以售其奸，把司马光描绘成为一个罪大恶极的历史罪人，给他扣上‘复辟派’、‘投降派’、‘卖国贼’等等罪名，说他奉行了一条妥协投降路线，‘大搞复辟倒退’等等。”批判“四人帮”利用司马光为篡党夺权制造舆论、糟蹋历史科学，无疑是季平研究司马光的动机之一。但是“四人帮”的谬论，到季平写此文时，确实“已被驳得体无完肤”，其“歪曲历史的险恶用心已昭然若揭”。所以季平没有对此用过多的笔墨。另一个“现实生活”中的现象，引起了季平的强烈不满，那就是宋史学界权威人士的论著，“有的称司马光为‘反动儒生’，有的斥之为‘顽固派首领’，有的说他是‘彻底的保守主义者’，有的论者对司马光主编的《资治通鉴》的功绩表示赞许，但对司马光该书中的政治观点则不加区别地一概否定；有的论者对正史、历史笔记中有关赞扬、肯定司马光的资料一字不提，而对那些否定、贬抑司马光的资料，则一概相信，并引以为证”。在季平看来，这样评价司马光太不公平了，无论如何不能令人接受。他认真分析了这种现象出现的原因，认为是“左”倾思想在史学中，尤其是在评价历史人物上的表现，“即把反对王安石变法作为评价司马光的一生功过是非的唯一标尺”，“在这样的‘政治划线’下，历史上的人物，都被贴上了政治标签，划分成了两大类别，即要么是革命

---

① 季平：《论司马光》，《西南师范学院学报》(哲学社会科学版)，1981年第2/3期。

② 季平：《司马光知人善任评述》，《北京师范学院学报》(哲学社会科学版)，1987年第3期。

③ [意]贝奈戴托·克罗齐著：《历史学的理论和实际》，傅任敢，译，北京：商务印书馆，1992年，第2页。

的、进步的，要么就是反动的、保守的，是前者就极力拔高，只褒不贬，是后者就罗织罪名，全盘否定。”[①]因此，季平在《论司马光》文中，不仅用大量事实说明真相，而且提高到评价历史人物标准这个史学理论问题上，做了精辟阐述，以清除“左”倾思想的流毒。

季平同志研究司马光，还有一点是不容忽视的，那就是司马光的为人和遭遇，引起了他的关注和同情。他全面研读了司马光著作，广泛涉猎宋代历史之后，深深地感到，“在唯唯诺诺尔虞我诈的北宋官场中，司马光历任四朝，表现了他作为一个封建统治阶级代表人物所罕见的斗争精神和正直作风。……他大胆直言，与支持新法的宋神宗和权要大臣们面折廷争。有时，独持一说，力排众议而毫无惧色。在反对王安石变法活动中，他不隐瞒自己的观点，以光明磊落的态度向王安石本人数次写信，明确提出自己反对新法和王安石本人的意见，劝告王安石放弃新法。他本人廉洁奉公，生活俭朴，不受遗赐；勤于著述，长期不懈；谦虚好学，常感不足。这些，都是封建官场中难能可贵的表现。”[②]可是，这样可尊可敬的人，当时却被排出朝廷，十多年只能编书寄怀；死后还有人企图“发冢斫棺”[③]，被称为“奸党”之首。如今，还遭到不公正的评价。这难道不应该有人起来为他鸣不平吗？总之，这种种“现实生活”，使季平感到愤慨，使他产生了一种不吐不快的强烈冲动，因此，他在短期内废寝忘食地写出了这篇长文。

《论司马光》发表后，在宋史学界产生了相当大的影响。1992年，有人概述10年来宋史研究情况时指出，司马光的评价是与王安石的变法相关的另一个研究的热点问题，“以往学者多因司马光反对王安石变法，而将其列入顽固派、保守派，大肆抨击。近年来一些论者因不满这种评价，为司马光写了大量的翻案文章，大有一种抑王（安石）扬马（司马光）之态势。”[④]举出的代表作便是季平的《论司马光》和在该文影响下1984年发表的另一位学者的文章。这些都是对季平文章影响的客观评价。

季平同志还用研读司马光著作所积累的资料，写有《从〈稽古录〉看司马光的

---

① 季平：《司马光新论·自序》，重庆：西南师范大学出版社，1987年，第2-3页。

② 季平：《论司马光》，《西南师范学院学报》（哲学社会科学版）1981年第2/3期。

③ 《宋史》卷336《司马光传》，北京：中华书局，1977年，第10769页。

④ 强胜：《近十年来宋史研究概述》，《中州学刊》（河南）1992年第6期。

史学观点》(发表于《光明日报》1982年8月5日史学版)、《〈涑水纪闻〉是否司马光所作》(收入西南师范大学出版社1986年出版的《古籍整理文集》)和《从〈涑水纪闻〉看北宋的封建专制》(载《社会科学研究》1984年第3期)。这3篇文章,可以说是他撰写《论司马光》的副产品。

三

执着的学术研究,往往会出现一个有趣的现象。当你从一点深入其中之后,便会因其内在联系而产生一种驱动力,促使你接着去研究另一个问题。在研究这个问题时,又会发现一些吸引你进一步探索的新问题。研究者常常就这样“身不由己”地走下去,而他身后的成果就像葡萄串一样,果实累累。季平发表《论司马光》之后撰写关于司马光反对王安石改革、司马光和王安石比较的一系列文章,就印证了这种学术研究现象。

季平在研究司马光时,不可避免要触及司马光反对王安石改革问题。当他认真查阅了司马光有关言论,又看到某些学术权威人士对司马光反对变法的评论,便产生了要彻底弄清司马光“反对改革”的是非问题。要弄清司马光反对王安石的是非,就必须弄清王安石变法的是非问题。于是,他经过慎重思考,撰写了《荆公温公同异论》(《西南师范学院学报》1984年增刊)、《论司马光对时局的认识》(《晋阳学刊》1985年第2期)、《王安石、司马光的政治思想探源》(《四川师范大学学报》1985年第3期)、《论司马光反对青苗法》(《西南师范大学学报》1985年第4期)、《评司马光在役法问题上的主张与实践》(《社会科学研究》1987年第1期)、《王安石的不恤人言与司马光的俯顺人心》(《北方论丛》1986年第1期)、《把司马光划为保守派的根据何在?》(《西南师范大学学报》1990年第4期)。这些文章就青苗法、役法、治军用兵、割地还地以及对待朝野意见诸问题,辨析了司马光与王安石的是非,并从对时局认识的差异和对传统思想采取不同的态度上,分析了司马光与王安石之间出现的政见分歧的原因。总的说来,季平认为,王安石变法从勇于改革的意义上说,确有一定的进步意义。他想通过新法的施行,加强宋王朝的经济、军事实力,以巩固封建统治。他主张必须用强硬的措施推行一套新法,从而解决宋王朝的穷困虚弱问题,达到富国强兵。但从新法实施的情况来看，从当时人民所受的实惠来衡量，问题是很多的。司马光并不是一个事事“维护现状，反对改革”的人，他在熙宁二年前，提出过改革主张，表现了兴利除弊锐意兴革的精神；在熙丰变法期间，则自始至终反对王安石新法，提出一整套对立观点，核心思想是说新法苛扰民众，害多利少；在元祐元年上台后，则以拨乱反正收拾乱局的姿态出现，对新法“划革略尽”，但也退中有改。他主张用比较缓和的办法革除弊政，首先是改革吏治、任贤使能，并在经济等方面，采取节用去冗、轻徭薄赋，恢复和发展赵匡胤开国时的一些好制度，达到民安国富，进而增强实力，以御外侮。司马光在反对王安石变法中所发表的言论，虽有许多是不对的，但有许多却是有道理的，有的在实践中得到了验证，说明他在某些问题上是有见解的，是较接近客观实际的。王安石变法派和司马光反变法派的两种主张，仅属于封建统治阶级内部的不同政见之争，不同政策之争，并不是两个阶级利益的冲突。他们二人并不是一个绝对的好，一个绝对的坏，也不是一个绝对正确，另一个绝对的错了，而是在许多方面和若干问题上，他们各有是非，互有高低，有同有异，长短交错。

季平在文章中表述的这些观点，得到宋史学界不少人的赞同。好些人写文章响应其说，并且加以引申、补充。因此，在20世纪80年代，形成了有相当声势的一派主张。不过，由于季平是在全盘否定司马光和过分拔高王安石变法的情况下，来辨析二人是非曲直，来为司马光辩诬，因此他着重发掘了司马光值得肯定的东西，指出王安石应当否定的东西，构成了他文章的倾向性，这是完全可以理解的。

四

季平同志从20世纪70年代后期开始研究司马光，1980年开始发表学术论文，至1987年共发表14篇论文，其中13篇是有关司马光的。他把13篇文章加以补充修订改组，编排为十二节的书稿，并把一篇有关赵匡胤的论文作为附录，题名《司马光新论》，于1987年由西南师范大学出版社出版[①]。1988年2月3日《光明日报》史学版刊文评价这部书说：“多年来，史学界对司马光的评价，多持

① 季平著《司马光新论》一书，1988年获四川省政府和重庆市政府优秀科研成果三等奖。

否定的观点。有的论著还给司马光加上种种罪名。新近出版的季平《司马光新论》,对此做了史实上的考辨和符合实际情况的论证,提出了一系列的不同看法。……全书贯穿了历史唯物主义的实事求是的观点,用充分的史实论证问题,明辨是非。不仅使我们从中了解司马光的真相,获得正确的评价,而且会使我们通过这一人物的研究,得到正确继承文化遗产的启示。"这里,对《司马光新论》的学术价值和现实意义所作简明扼要的评述,是完全合乎实际的,客观公正的,无须我们再作赘述。我们想要补充的,仅是在这部书中体现出来的季平研究学术的特点。

在这部专著中,尽管发掘了不少司马光鲜为人知的事迹和言论,也针对不同观点做过许多辨析,但全书的中心却是司马光的政治思想,主要是论述司马光的治国理论和实践,特别注重关于用人之道的阐发。加上贯穿全书的政治视角和政治价值取向,便构成了本书的明显特色。司马光本是一个多层面的历史人物。季平首先是把司马光作为一个"卓越的政治家"来看待。着重阐述他"任官以才""立政以礼""怀民以仁""交邻以信"的政治主张,"致中和"的政治原则和力主务实、反对虚夸的治国作风;指出他为民众说过许多好话,为当时的统治者和民众,做过一些好事,揭露过许多弊端和不法官吏,为宋王朝提出过许多好建议,为人诚直,大义凛然。认为司马光在政治思想和政治实践方面的表现,在我国封建社会的历史人物中,具有典型性和代表性,不愧是我国古代的一位杰出人物。

在司马光的政治思想中,季平特别关注用人问题。指出:用人问题,是司马光最重视的,最有研究的问题之一,是司马光政治思想的重要组成部分。这也是季平重点探讨阐发并寄深切寓意的问题。此书前4节都有专题论及,如:第一节有"任官以才";第二节有"知人善任是为政的根本";第三节中把"君权"归结为因人成事的"人为",强调"人为"的头等大事便是知人善任;第四节有"用人唯忠唯顺";第五节更是集中写"司马光用人之道",分别以"用人问题在夺取政权和治理国家中的重要作用"、"知人与用人"、"用人的根本目的,是任贤使能,进贤退不肖"和"用人必须严明赏罚"4个子目全面阐述司马光的用人理论。最后指出,司马光从历史经验和亲身体验中,总结出了一整套用人主张,在当时历史条件下,都是卓有见识的,即使在今天,也有一定的借鉴作用。从这里可以看到季平的良苦用心。

季平发表的学术论文共17篇,属于司马光研究的14篇(其中13篇编入《司马光新论》,未编入的1篇是1990年发表的《把司马光划为保守派的根据何在?》),此外有两篇是《略论赵匡胤对历史经验的学习与借鉴》(《西南师范学院学报》1983年第3期,《新华文摘》1984年第1期转载)和《论宋太宗的政治思想》(《社会科学研究》1990年第3期)[①]。这两篇文章,虽然不是研究司马光的,但也和司马光研究不无关系。当季平在司马光著作中多次读到对宋太祖太宗的赞颂,如说:"太祖太宗,拨乱反正,混一区夏,规模宏远,子孙承之,百有余年,四海治安,风尘无警。自生民以来,罕有其比,其法可谓善矣"[②]。而且看到司马光提出用以取代王安石新法的所谓"解生民之急,救国家之危"的主张又是"复祖宗之令典",即恢复太祖时期的法度。因此,要确实了解司马光就有必要对太祖太宗的政治情况作一番深入的考察。这两篇文章就是出于这种动机而写成的。这两篇文章的中心思想就是历史经验的借鉴。

季平指出,宋太祖太宗取得一般帝王罕有的历史功绩的一个主观原因,就是他重视历史经验的学习与借鉴。如赵匡胤喜欢读历史书籍,要求公卿士大夫文武臣僚也努力读书,并把读书的着眼点放在从前代封建统治实践中,总结成败得失的经验教训。他根据历史经验采取重视士大夫的政策,断言"宰相须用读书人"。又如赵匡胤始终以他的先驱柴荣、郭威为榜样,注意总结他们的历史经验教训,制定各种制度。季平指出:宋太宗赵光义的政治思想有不少与一般帝王相异之处,他的许多好的政治见解和主张,他实行的一些改革,不仅来源于他丰富的社会实践,而且来源于他对历史经验的学习与借鉴。因此,季平这两篇文章中都属意于阐发借鉴历史经验问题。他从人类历史发展的继承性,论证了历史经验是人们增长才干、提高认识的重要源泉,并且引述毛泽东的"历史的经验值得注意"、格言"前事之不忘,后事之师"、"明镜所以照形,古事所以知今",用来说明借鉴历史经验的普遍意义。

---

① 季平另一篇不属于上述两个主题的宋史论文《宋王朝集议国事考》,载《北京师范大学学报》1990年第4期,这也是他最后发表的论文。

② [宋]司马光:《请更张新法札子》,《司马温公文集》卷7,上海:商务印书馆,1937年,第186页。

季平把精力倾注于宋代政治史的研究，特别重视对用人和借鉴历史经验的阐发，这既是他浓重政治意识和敏锐政治眼光的展现，也是对现实社会的政治责任心的体现。他文章中的许多语言和思想，都洋溢着现实感，浸润着现实意义。

该文与张六莲合作撰写，这里主要节录季平宋史研究部分。原文载《西南师范大学学报》（人文社会科学版）2001年第3期。

中国近代史学方法述论

中国近代史学方法是近代中国史学的一个构成部分。它既滋生于近代史学沃土中，又是铸成近代史学不可或缺的手段。

1840年—1949年的中国史学领域，存在着三种不同质态的史学，即封建史学、资产阶级史学和马克思主义史学。封建史学是上一个历史时期史学之余绪，马克思主义史学是下个历史时期史学的萌生，而资产阶级史学则应是本时期的正统史学。本文仅对资产阶级史学方法略作叙述和评说。

一

中国资产阶级史学，是在中国资本主义产生发展的时代，为适应资产阶级与封建统治阶级作斗争、资本主义文化批判封建主义文化的需要而产生的。首先举起这面旗帜的，便是资产阶级改良派代表人物梁启超。

梁启超(1873—1929年)于1901年发表《中国史叙论》[①]，1902年在《新民丛报》上发表《新史学》[②]。他提出"史界革命"的口号，说："史界革命不起，则吾国遂不可救"[③]，对封建史学进行猛烈批判，初步构建"新史学"的理论框架。由此，资

---

① 梁启超:《中国史叙论》，发表于《清议报》(梁启超主编)1901年，第90、91册，后收入《饮冰室合集》第1册文集之6，北京:中华书局1989年。

② 梁启超:《新史学》，发表于1902年8月创办的《新民丛报》(梁启超主编)，第1号(期)起陆续刊载，后收入《饮冰室合集》第1册文集之9，北京:中华书局，1989年。

③ 梁启超在《新史学》中，批评中国旧史学有四蔽二病三恶果之后，提出"史界革命"的口号。《饮冰室合集》第1册文集之9，北京:中华书局，1989年，第7页。

产阶级史学或被称为“新史学”。1904年,夏曾佑(1863—1924年)运用“新史学”理论,编写出我国第一部按社会进化分期、用章节编纂的《最新中学中国历史教科书》(后重版改名《中国古代史》)。这些,就成为中国资产阶级史学初创告成的标志。

资产阶级史学主导中国史学领域期间,曾发掘过北京周口店等多处新旧石器时期遗址,对殷墟做过十多次科学发掘,发现有大量青铜器物、汉晋简牍、敦煌文书、明清档案、太平天国文书等珍贵历史资料,并进行过一定的整理研究,为中国史学积累了大量资料。同时,对中国历史做了广泛的研究,产生了一大批著名的史学家,撰写出相当数量的历史论著,并创造出许多有价值的史学方法,丰富发展了中国史学。

二

中国近代“新史学”史家创造出了些什么史学方法呢？已有著作做过一些概述[①]。这里仅择其有新意且成型的史学方法分别简介如下:

比较研究法

比较研究,是近代“新史学”史家们普遍采用的一种方法。1922年胡适(1890—1969年)在《国学季刊》发刊宣言中,提倡用“比较研究”的方法整理国故。傅斯年(1896—1950年)十分重视比较方法,他曾写道:“假如有人问我们整理史料的方法,我们要回答说:第一是比较不同的史料,第二是比较不同的史料,第三还是比较不同的史料。”[②]他提出八对不同史料的对勘互证,即:直接史料对间接史料;官家的记载对民间的记载;本国的记载对外国的记载;近人的记载对远人的记载;不经意的记载对经意的记载;本事对旁涉;直说对隐喻;口说的史料对著文的史料。这实际上就是提倡各种史料的比较研究。陈寅恪(1890—1969年)曾通过不同语言的比较来研究各种文本的佛教经典及其所体现的意义,还提倡用“比较分析”来研究文学史,说:“故今世之治文学史者,必就同一性质题目之作品,考定其作成之年代,于同中求异,异中见同,为一比较分析之研究,而后文学

① 张岂之主编:《中国近代史学学术史》第2编《近代史学方法》,北京:中国社会科学出版社,1996年。

② 傅斯年:《史料论略》,傅斯年著:《史学方法导论》,北京:中国人民大学出版社,2004年,第2页。

演化之迹象,与夫文人才学之高下,始得明了。"[①]汤用彤(1893—1964年)把比较方法用在中国佛教史的研究上,取得了重要的学术成就。

本来,乾嘉史学中已有比较方法的实际运用。那时的一些史家,在正误、辨伪、校雠时,常常把史籍的不同版本、不同行文、不同记事进行比较,从而得出真确的史料。近代"新史学"史家与乾嘉史家不同之处,首先是在当时尚属进步的社会进化史观指导下进行的;其次在于旨趣的区别。梁启超曾说:"天下古今从无同铸一型的史迹,读史者于同中观异,异中观同,则往往得新理解焉。"[②]可见,近代"新史学"的史家所倡行的比较方法,已不限于为求得史籍史事的真确,而且还要进一步求得对史料的"理解",从异同比较中把握其意义。同时,在近代史家那里,比较方法已不再是纯经验式地运用,已把它作为一种治史方法加以探讨,自觉程度显然有所增加。尽管如此,"任何比较都不会十全十美……任何比较只拿所比较的事物或概念的一个方面或几个方面来相比,而暂时地和有条件地撇开其他方面"[③],而且,比较所达到的确定其相同点和相异点,虽然有益于认识历史,但毕竟还不能揭示历史的本质和规律。

归纳研究法

归纳法,自从1902年严复翻译英国约翰·穆勒(John Shuart Mill,1806—1873年)的《逻辑学体系》,以《穆勒名学》译名出版,把归纳这种逻辑方法介绍到中国之后,为近代"新史学"史家广泛使用。这种方法,按梁启超的说法,是"归纳法最大的工作是求'共相',把许多事物相异的属性剔去,相同的属性抽出,各归各类,以规定该事物之内容及其行历如何。"[④]他主张把这种西方的方法与中国的考据、辨伪等方法结合起来运用。其实,中国古代史家中已有归纳的做法。顾炎武(1613—1682年)在历史研究中,常常通过对材料的排列归类,找出其中带普遍意义的结论。《日知录》中许多条目,就是这样做的。赵翼(1727—1814年)的《廿二史札记》中,有很多专题归纳的条目,如"六朝清谈之习""南朝寒人掌机要"等。

① 陈寅恪:《元白诗笺证》第2章,上海:上海古籍出版社,1978年,第45页。

② 梁启超:《中国历史研究法》第6章《史迹之论次》,《中国历史研究法 中国历史研究法补编》,北京:中华书局,2015年,第135页。

③ 列宁:《论政治同教育学的混淆》,《列宁全集》第8卷,北京:人民出版社,1959年,第423页。

④ 梁启超:《研究文化史的几个重要问题》,《饮冰室合集》第5册文集之40,北京:中华书局,1989年,第1页。

他们都是从研究实践中摸索出来的方法。而近代史家的归纳研究法则是西方逻辑方法在史学中的运用。归纳固然是一种重要的抽象思维方法,可是仅孤立地使用,不和演绎方法辩证地结合起来,则不可能不带有很大的局限性。

历史统计研究法

历史统计法也是梁启超提倡的,一种以归纳法为基础的研究方法。他在东南大学史地学会所作《历史统计学》的讲演[①]中说:"史家最大任务,是要研究人类社会的'共相'和'共业',而这种(通过统计)'观其大较'的工作,实为'求共'之绝妙法门。"他指出,这种方法是"用统计学的法则,拿数目字来整理史料,推论史迹",其具体做法是:把"同类的全搜集起来,分别部属,一一研究,便可以发现出极新奇的现象,而且发明极有价值的原则"。所以,他认为,"应该(把这种方法)名为'史学上之统计的研究法'"。他讲到了统计表的使用,说:根据统计表,可以"看出许多历史上'大较'的真相,然后究其所以然之故,岂非快事!"他举了丁文江(1887—1936年,地质学家)做的《历史人物之地理分配表》所统计的汉唐宋明几个朝代历史人物籍贯的地理分布的百分比,然后得出"四个原则"(即四点归纳性的认识)。又讲了他自己对二百来个中国留学印度的佛教人物所做的年代别、籍贯别、行迹别、留学期间别、经途别的统计。还提出可以做"历代战乱统计表""异族同化人物表""地方统治离合表""历代著述统计表""历代水旱统计表"等。他认为,这是研究史学的"好方法中之一种"。梁启超提倡的这种历史统计研究法,企图把统计学方法引入史学,是我国计量史学方法的较早尝试,是有一定意义的。可是,他运用这种方法所作《近代学风之地理的分布》[②],在研究其差异时,仅仅从地理环境和仁人心力上找原因,实际上并非真正科学的答案。这当然是和他并未掌握科学历史观分不开的。这也表明,历史计量方法的运用成效,不能离开正确历史观的指导。

二重证据法

二重证据法是王国维(1877—1927年)从历史研究实践中总结出来的方法。

---

① 梁启超:《历史统计学》,《饮冰室合集》第5册文集之39,此节引文皆出于此,北京:中华书局,1998年,第69-81页。

② 梁启超:《近代学风之地理的分布》,《饮冰室合集》第5册文集之41,北京:中华书局,1898年,第48-81页。

他在清华国学研究院[①]的教学讲义《古史新证》[②]第一章《总论》中说："吾辈生于今日，幸于纸上之材料外，更得地下之新材料。由此种材料，我辈固得据以补正纸上之材料，亦得证明古书之某部分全为实录，即百家不雅驯之言亦不无表示一面之事实。此二重证据法，惟在今日始得为之。"[③]所谓"纸上之材料"，指我国旧有的文献资料；"地下之材料"，当时主要指殷墟发现的甲骨卜辞、西北发现的汉晋简牍、敦煌莫高窟发现的石室藏书和传世、出土的殷周青铜器铭文等历史资料。二重证据法就是把这两方面的资料用来相互释证，"达观二者之际，不屈旧以就新，亦不屈新以从旧"[④]。如用甲骨文证《史记·殷本纪》等书所载商代帝王世系基本属实，用甲骨文与《山海经》《竹书纪年》《楚辞·天问》及《吕氏春秋》所载传说互证，证明古代"传说之中往往有事实之素地"，即包含有一定的真实性。王国维论述二重证据法时，只说到这种方法的原则，而他的研究实践中，却包含有十分丰富的内容。这在王国维死后7年，陈寅恪写的《王静安先生遗书序》中做了全面的概括。陈寅恪指出：王国维遗书的"学术内容及治学方法，殆可举三目以概括之者。一曰取地下之实物与纸上之遗文互相释证。凡属于考古学及上古史之作，如《殷卜辞中所见先公先王考》及《鬼方昆夷严狁考》等是也。二曰取异族之故书与吾国之旧籍互相补正。凡属于辽金元史事及边疆地理之作，如《萌古考》及《元朝秘史之主因亦儿坚考》等是也。三曰取外来之观念，与固有之材料互相参证。凡属于文艺批评及小说戏曲之作，如《红楼梦》评论及《宋元戏曲考》《唐宋大曲考》等是也。"[⑤]由此可见，二重证据法实际上是一种广泛利用文献、文物、考古资料和外族语文资料，吸取西方的思想观念，把文字训释与史事、制度考察结合起来，并融入近代"新史学"观点的综合比较考证方法。二重证据法的创立，突破了

① 清华国学研究院1925年8月成立，先后聘请王国维、梁启超、陈寅恪、赵元任为教授，李济为讲师。《研究院章程》规定："研究之法，注重个人自修，教授专任指导，其分组不以学科，而以教授个人为主"。研究院共招生四届，74人毕业，培养了一批后来享誉学术领域的名家。

② 王国维：《古史新证》，本是1925年9月至1926年春在清华国学研究院授课讲义，当时经誊写油印发给学生，并由研究院办公室以线装书形式装订成册保存。王国维去世后《古史新证》曾在《国学月报》和《燕大月刊》上刊载。1934年清华大学出版社出版，1935年北平来薰阁书店影印出版。

③ 王国维：《古史新证》，《王国维全集》第11卷，杭州：浙江教育出版社，广州：广东教育出版社，2010年，第241-232页。

④ 王国维：《古史新证》，《王国维全集》第11卷，杭州：浙江教育出版社，广州：广东教育出版社，2010年，第241-232页。

⑤ 陈寅恪：《王静安先生遗书序》，《金明馆丛稿》2编，上海：上海古籍出版社，1980年，第219页。

乾嘉囿于经史文献考证的圈子,成为古代考据学发展为近代考据学的转折点。从此以后,“新史学”史家的考史,大抵循着这种途径,确无远出其外的。近代史学的成就亦多得益于此。

语言文字比较研究法

语言文字比较研究法是傅斯年倡行的史学研究方法。我国传统经学中,有把小学即文字学(含音韵学、训诂学)作为研究经学入门途径的。戴震(1723—1777年)曾说:“经之至者,道也;所以明道者,其辞也;所以成辞者,字也。必由字以通其辞,由辞以通其道,乃可得之。”[①]张之洞(1837—1909年)的《书目答问》亦说:“由小学入经学者,其经学可信。”乾嘉治经兼治史的学者中,文字学成为治史的一途径。这对后世史学深有影响。王国维就曾以古文字学为手段考证古史,给古史研究开拓新途径。可见,我国史学有把语言文字之学作为历史研究手段的传统。不过,傅斯年倡导的语言文字比较研究的史学方法,虽然不能说绝无传统史学的影响,但究其主要渊源,则是近代西方史学。傅斯年曾在柏林大学留学,研读过比较语言学,并受到非常重视对文献、史料进行语文分析以鉴别其真实性和可靠性的兰克(Leopold von Ranke,1795—1886年)史学的影响。回国后便创办历史语言研究所,出版集刊,成为民国时期史学界的一面旗帜。傅斯年倡导的语言文字比较研究方法,是从他“近代的历史学只是史料学,利用自然科学供给我们的一切工具,整理一切可以逢着的史料”[②]主张出发的。就是说,语言文字比较研究方法是用来整理史料的。他曾搜集卜辞、金文等有关性、命二字的两万余条资料,通过比较,说明其原训及字义的演变,从而对先秦时期的哲学、伦理观念进行梳理,进而讨论其发展演变过程,涉及思想史的许多问题,于1936年写成《性命古训辩证》一书。这是他语言文字比较研究方法的身体力行,树立了“以语言学的观点解决思想之问题”的样板。陈寅恪亦善于运用语言比较的研究方法。他从佛经的同源异译的比较入手,探讨异译、比附以至误解的因由,从而揭示两种历史文化接触所产生的问题。

---

① [清]段玉裁:《戴东原先生年谱》,《四部丛刊初编》集部291《戴东原集·附录》,上海:上海书店,1989年,第2页。

② 傅斯年:《历史语言研究所工作之旨趣》,《历史语言研究所集刊》第1本,1928年刊印。

诗文证史研究法

诗文证史是陈寅恪倡行的史学方法。这种方法就是用诗歌提供的确切材料，校正史籍的讹误，增补史实的缺漏，考订史事的真相；以小说人物或情节的典型性，阐明所反映的历史真实。这样，诗歌和小说便纳入史料的范围，从而开拓了历史研究的新途径。陈寅恪曾指出，诗歌和小说作为史料来说，各有不同的特点。唐代及其以后的诗歌，咏事者多，常常能够提供关于时、地、人的确切材料，足以校正史籍的讹误。小说与此不同，其中的年代、人名、地名等多是不确切的，但其人物或情节的通性即典型性则往往能反映历史的真实[①]。他1947年著《元白诗笺证》，用元稹、白居易的诗歌，研究唐玄宗到唐宪宗这段唐王朝由盛转衰历史的政治动乱、官吏贪虐、经济变迁、社会风尚、外族影响诸多问题，考证了唐玄宗和杨贵妃的关系，元稹和崔莺莺的关系，白居易《琵琶行》中琵琶女的身世等等。他指出，《莺莺传》中的人物和情节是虚构的，但可以从中了解唐代后期的社会门第观念和道德观念。1964年著成的《柳如是别传》，以钱谦益、柳如是的诗文为线索，考释了明末清初士大夫阶层的心态和精神面貌。书中广泛引证了明末清初的诗文，考订了有关的重大政治事件，如钱谦益降清、几社和复社的活动、弘光朝的政争、顺治年间江南反清复明活动、郑成功北伐江南及其失败经过等。这可以说是陈寅恪诗文证史集大成之作。他还曾经以杜甫诗证唐史所谓杂种胡之意义，以元稹白居易诗探究唐代地方官的俸料钱问题[②]。《论再生缘》《韦庄〈秦妇吟〉校笺》也是他诗文证史的力作[③]。陈寅恪倡导并身体力行的诗文证史研究方法，对近现代一些史学家颇有一定影响。

碑志证史研究法

以碑志材料考证史实，开拓史源，是近代“新史学”史家使用的一种重要史学方法。通过碑志证史取得成就的史家中，岑仲勉（1886—1961年）可称得上佼佼者。他著有《金石证史》（1936年）、《贞石证史》（1937年）、《续贞石证史》（1942年）以及集30年代以来对唐郎官石柱题名研究之大成的《郎官石柱题名新考订》（1984年）等，是碑志证史经典之作。

---

① 金应熙：《陈寅恪》，陈清泉等编：《中国史学家评传》下册，郑州：中州古籍出版社，1985年，第1365页。

② 陈寅恪：《金明馆丛稿》2编，上海：上海古籍出版社，1980年。

③ 陈寅恪：《寒柳堂集》，上海：上海古籍出版社，1980年。

碑志证史，是传统金石学的继承和发展。明末清初，顾炎武已言及金石证史，他著有《金石文字记》。在此书序言中说："余自少时，即好访求古人金石之文，而犹不甚解。及读欧阳公《集古录》，乃知其事多与史书相证明，可以阐幽表微，补阙正误，不但词翰之工而已"①。这里记述了他对待金石之文，从看重"词翰之工"向"于史书相证明"转变的经过。这也恐怕是明清金石学风气的变化趋势。清代金石学特盛，著述颇多。但是，能像钱大昕那样，精史而兼金石，"以治金石而考史之精博"的人，并不多见。那时治金石者，仍多玩味于词翰。有的专金石而兼史者，又往往过于偏信金石，常据石而责史。岑仲勉对清代金石学家的态度是很严正认真的，对那些以碑证史先行者的卓识予以肯定、继承和发扬，而对他们过于信石刻而偏责史失的弊端则予以批判。他指出，碑志也存在信值问题，溢美之词，朝代、官谥、年龄之错误，并不少见，故对碑志应"持相对慎重之态度"②。岑仲勉利用碑志材料考证了许多历史人物的姓源、朝代、名字、世次、官历、年寿、乡里，把唐代传世名碑尚书省郎官石柱题名的考订整理推进到一个新水平，丰富发展了碑志证史的研究方法，对近现代史家有不小影响。

"大胆假设、小心求证"方法

"大胆假设，小心求证"，是胡适提倡的方法。他在《治学的方法和材料》一文中说："科学的方法，说来其实很简单，只不过'尊重事实，尊重证据'。在应用上，科学的方法只不过'大胆的假设，小心的求证'。"③在史学研究中，所谓大胆的假设，就是史学主体"大胆的"提出对某个历史问题的解决设想；所谓小心的求证，就是围绕这一设想去"小心的"搜求证据，以达到得出解决此历史问题的结论。胡适的这个方法，来源于他美国老师杜威（John Dewey，1859—1952年）的实验主义。胡适说："我治中国思想和中国历史的各种著作，都围绕'方法'这一方面打转的。'方法'实在主宰了我四十年来所有的著述。从基本上说，我这点实在得益

---

① [清]顾炎武：《金石文字记序》，顾炎武撰，华东师范大学古籍研究所整理，黄珅、严佐之、刘永翔主编，《顾炎武全集》，第5册，上海：上海世纪出版股份有限公司、上海古籍出版社，2011年，第213页。

② 岑仲勉：《贞石证史·总论碑文之价值》，《金石论丛》4，上海：上海古籍出版社，1982年，第79页。

③ 胡适：《治学的方法与材料》，《胡适文存》第3集卷2，《胡适全集》第3卷，合肥：安徽教育出版社，2003年，第132页。

于杜威的影响。”[①]假设和证明，或称假说方法，是自然科学常用的一种方法。恩格斯指出：“只要自然科学在思维着，它的发展形式就是假说。一个新的事实被观察到了，它使得过去用来说明和它同类的事实的方式不中用了。从这一瞬间起，就需要新的说明方式了——它最初仅仅以有限数量的事实和观察为基础。进一步的观察材料会使这些假说纯化，取消一些，修正一些，直到最后纯粹地构成定律。”[②]把这种方法引入史学，如果运用适当，无疑是有裨益的。不过，胡适在假设上片面强调“大胆”，说“假设不大胆，不能有新发明”[③]，“假说是愈大胆愈好”[④]。这会把人引入主观主义的歧途。在证明上，胡适仅归结为对假设的证实，会给诡辩留下余地。所以胡适的大胆假设、小心求证的史学方法，与科学地运用假说方法是有相当距离的。尽管如此，胡适大力推荐的这个方法，对中国近代史学还是颇有影响的。古史辨派领袖顾颉刚便是接受并传播这种方法的学者之一。他在《古史辨》第一册《自序》中说：“进了大学……又知道科学的基础完全建设于假设上，只要从假设去寻求证据，更从证据去修改假设，日益演进，自可日益近真。”[⑤]并在自己考辨古史中常用此法。

“历史演进”考辨法

“历史演进”考辨法是顾颉刚（1892—1980年）倡导的研究中国古史的方法。这个方法是以他的“古史是层累地造成的”[⑥]理论为基础，在考辨“三皇”“五帝”诸传说史籍的实践中创立的。顾颉刚认为，中国传说的历史时代和历史人物，时间愈后，传说的古史期越长，传说的人物越放大。如西周人心目中，最古的人只有禹；到孔子时，有尧、舜；到战国时，有黄帝、神农；到秦，有三皇；到汉以后，有盘古。“譬如积薪，后来居上。”那么，怎样才能弄清古代史事的真确状况呢？这就需要运用“历史演进的方法”。这就是通过对传说古史逐步演进而构成的情况进行考查，弄清古史结构的层次，从而知道史事的真确状况，或某史事的传说中的最

① 唐德刚：《胡适口述自传》第5章《哥伦比亚大学和杜威》，《胡适全集》第18卷，合肥：安徽教育出版社，2003年，第249页。

② 恩格斯：《自然辩证法》，《马克思恩格斯选集》第3卷，北京：人民出版社，1972年，第561页。

③ 胡适：《清代学者的治学方法》，《胡适文存》第1集卷2，《胡适全集》第1卷，第388页。

④ 胡适：《治学方法》，《胡适全集》第20卷，第658页。

⑤ 顾颉刚：《古史辨·自序》，顾颉刚编著：《古史辨》第1册，上海：上海古籍出版社，1982年影印版，第95页。

⑥ 顾颉刚：《古史辨·自序》，顾颉刚编著：《古史辨》第1册，第52页。

旱状况。如他通过禹的历史演进的考查，认为“禹是上帝派下的神，而不是人”，只是随着历史进展，禹才逐渐由神变成为人王[①]。并以此为例，说明上古史传说往往是由神话演化而成的。顾颉刚用这种方法研究上古传说史，打破了许多传统观念，掀起近代辨伪的新浪潮，形成一个“古史辨”学派。“历史演进”考辨方法，是中国古代有悠久历史的辨伪学的继承和发展，是一种史料考订的方法，“对于整理周秦两汉时代的记载古史的文献是有用的”[②]。郭沫若曾指出：“在旧史料中凡作伪之点，大体被他(指顾颉刚——引者)道破了。”[③]

史书章节编纂法

近代“新史学”在史书编纂方法上，与古代的纪传、编年、纪事本末诸种体裁不同，它是引进西方的章节体，分编、章、节叙述历史。1903年，曾鲲化所编《中国历史》[④]就“仿泰西文明史及开化史例，分编章项节……叙述中国大国民之社会如何起源，如何发达，如何变迁，如何进化，及盛衰隆替之因果、小退大进之关系”[⑤]。许之衡撰文对曾鲲化这种编著史书的方法加以肯定，并说：“后必有放大光明于我国史界者”[⑥]。1904—1906年，由商务印书馆陆续出版的夏曾佑所编《最新中学中国历史教科书》[⑦]，把中国历史按社会政治、经济、文化的变革情况分三世七期，以二篇、四章、一百七十节进行编写，属意阐明中国历史的进化。以后，近代“新史学”的史家所编史书，大体都沿袭这种编纂方法。那时，章节体是适应社会进

---

① 顾颉刚：《古史辨·自序》，顾颉刚编著：《古史辨》第1册，第64页。

② 胡绳：《枣下论丛》，北京：人民出版社，1978年，第45页。

③ 郭沫若：《中国古代社会研究》附录九《夏禹的问题》，北京：人民出版社，1954年，第337页。

④ 曾鲲化：《中国历史》，东新译社，1903年出版。该书上卷，是作者留日期间编成的历史教科书，署名“横阳翼天氏”。其内容分三编二十一章：首编四章，总论历史之要质、地势、人种和历代兴亡盛衰；甲编太古记七章，乙编上古记十章，叙述三皇五帝至春秋战国时期政治沿革、文化、经济及社会诸情状。该书旨在“调查历代国家全部运动进化之大势，撮录其原因结果之密切关系，以实国民发达史价值，而激发现在社会之国魂。”该书序言以《中国历史出世辞》为题，发表在《政艺通报》第9期。当时，《游学译编》、《浙江潮》和上海《中外日报》都有载文对该书赞许和介绍。

⑤ 湖南留日学生杨笃生、周家树、陈天华等创办的《游学译编》1903年4月12日介绍中国历史。参见王学典主编：《20世纪中国史学编年》(1900—1949)上册，北京：商务印书馆，2014年，第49-50页

⑥ 许之衡：《读〈国粹学报〉感言》，上海《国粹学报》1905年第6期。

⑦ 夏曾佑：《最新中学中国历史教科书》，共三册，第一册起上古至战国，第二册起秦始皇至三国，第三册起晋至五代。原计划编写五册，第四册起宋至明，第五册清朝。实际只编刊到第三册为止。1904年出版第一册，1905年出版第二册，1906年出版第三册。该书出版后，受到各方好评，不断再版。1933年改名《中国古代史》，列入商务印书馆“大学丛书”再版。

化史观史书的编纂方法，比起长于表现“知有朝廷而不知有国家”“知有个人而不知有群体”①的旧史编纂方法，无疑是一个大进步。

借助“引得”寻检史料方法

国际著名史学家洪业（字鹿芩，号煨莲，1893—1980年）执教于燕京大学时，始创“引得”（index，原意指点，假借作为学术工具之名，日人译为索引，中国人沿用日译，或作索隐。“引得”为音义相兼的中译）。他著《引得说》（1932年），主持哈佛燕京学社引得编纂处二十多年，编辑《汉学引得丛刊》，先后编印出《春秋经传引得》《史记及注释综合引得》《艺文志二十种综合引得》《食货志十五种综合引得》《太平御览引得》《礼记引得》《杜诗引得》《四库全书总目及未收书目引得》《全上古三代秦汉六朝文作者引得》《三十三种清代传记综合引得》等经史子集各种引得64种。洪业在《引得说》中指出：“引得是一种学术的工具，学者用之，可于最短时间中，寻检书籍内部之某辞或某文。”②引得这种工具书，是把一些古代书籍的重要字、词、文、人名、地名、官名、书名、事件、制度等等，根据一定版本，累计其出处，标明卷次、章节、页码。学人便可根据自己的需要，按卷次页码检索，不必通览全书，就能迅速找到资料。引得的创编，为史学研究提供了一种搜集历史资料的方法，运用这种方法，可以为研究者提供方便，节省时间，对史学研究工作大有裨益。

三

中国近代“新史学”的史学方法，是继承古代史学方法，特别是在乾嘉史学方法的基础上，吸取当时西方的史学方法，在史学研究的实践中形成的。它既有历史的进步性，又不可避免地带有时代的局限性。

近代史学方法，对古代史学方法来说，是一个历史性的进步。其进步表现归结起来有下列几个方面：

（1）扩大了考史领域。近代考史，从古代的考经传，考史籍，考诸子，扩大到考宗教，考语言，考诗文，考碑志，考地下遗文（甲骨文、金文、简牍、手写文书等），考社会文化风俗等等，比古代考史领域有很大的扩展。

---

① 梁启超：《新史学》，《饮冰室合集》第1册文集之9，北京：中华书局，1989年，第3页。

② 洪业：《引得说》，燕京大学引得编纂处特刊之四，1932年印行，第1页。

(2)创立了新的史学方法。近代史家不仅继续使用传统的一些史学方法,而且创立了一些新的史学方法。他们或在实践基础上概括出新的方法,或对西方史学方法加以扬弃,或对传统方法注入新意。有一些传统的方法,如辨伪、校勘等,通过实践和总结,使之系统化、条理化,形成一定的法则和程式,梁启超的"鉴别伪书之公例"十二条①,陈垣的"校法四例"(即对校法、本校法、他校法和理校法)②,就是这方面的代表。

(3)近代的史学方法的类型,如果按形态把史学方法分类为理论指导方法、科学思维方法和具体工作方法(指史料搜集、鉴别、整理方法、史学论著撰写方法以及理论指导方法和科学思维方法的某些后续工作方法)的话,主要仍属于具体工作方法,尤其着重在史料搜集、鉴别、整理方法。不过,近代史学方法,已经不完全停留在经验上,而是在社会进化史观指导下,有一定理论色彩,并从倡导比较、归纳、假说、统计诸方法,提出探求"公理""公例",主张"明变""求因""探索源流"来看,思维方法的成分已有增加。

(4)中国近代史学方法的进步,不仅有量的增加,而且也有质的变化。因为,近代史学方法已不是封建史学的工具,而是中国资产阶级史学的手段。中国资产阶级史学是适应资本主义文化建设而产生发展的。资产阶级活动的历史舞台,比封建统治阶级主宰的时代,其内容丰富复杂得多。所以,反映到史学上,作为资产阶级史学手段的近代史学方法,必然在量的增加中有质的飞跃。因此,我们说近代史学方法的进步是历史性的进步,中国近代史学的成就,是和史学方法的进步分不开的。

中国近代史学方法的局限性,主要表现在史家在认识上把史学方法仅归结为史料整理方法。傅斯年把史学界定为史料学,便是这种认识的代表。与这种认识相适应,史家们实践中的史学方法,则主要是考史证史,其目的在于弄清历史事实。至于揭示历史本质和规律,发掘历史价值,这些体现史学根本意义的任务,却不在他们视野之内。这就是说,中国近代史学方法仍囿于具体工作方法范围内,未能全面把握应有的史学方法。究其原因,一是旧传统影响太深。近代史

① 梁启超:《中国历史研究法》第5章《史料之搜集与鉴别》,《中国历史研究法 中国历史研究法补编》,北京:中华书局,2015年,第108-111页。

② 陈垣编:《校勘学释例》卷6《校例·校法四例》,上海:上海书店出版社,1997年,第118-122页。

家一般都承受过乾嘉史学方法的熏陶,留洋的某些人又受到与乾嘉史学有些类似的西方客观主义、实证主义史学的影响,钟情于考据的旧史学方法,在他们身上根深蒂固,实在难以完全摆脱。二是没有掌握科学的历史观。史学方法要受历史观制约。近代史家用来作为理论指导的社会进化史观,实质上是一种历史唯心史观,当然不可能使他们全面理解和把握科学的史学方法。近代史学方法局限性的另一个表现,是思维方法薄弱和幼稚。部分近代史家已触及思维方法,表示过探讨因果联系和历史规律的愿望。但是,在他们看来,历史规律就如像自然科学的“公理”“公例”,只要运用归纳的方法,把“共相”提取出来,便可以求得。在他们看来,历史联系似乎只有因果联系,只要找到“因子”,就可以完全弄清历史真相。可见,他们所能触及的思维方法,仅仅是形式逻辑的部分方法,属于初级阶段的思维方法,距人类成熟的高水平的思维方法即辩证逻辑的思维方法还相当遥远,因此,不能全面把握史学方法,无从揭示历史的本质、规律和价值。中国近代史学方法的局限性,从根本上说,乃是历史条件造成的。古代史学方法的畸形发展,近代中国资本主义文化只能步人后尘,在这样时空条件下出现的中国近代史学方法,其面貌也只能如此而已。

尽管如此,中国近代史学方法的地位和作用还是不容轻视的。从我国史学方法发展史来看,近代史学方法乃是一个历史时代即中国半殖民地半封建时代的史学方法,是一个史学形态即中国资产阶级史学的史学方法,是构成中国史学方法史的一个重要阶段,在中国史学发展史上起过一定的作用。

中国近代史学方法的历史作用,可归结为两个承启,即承上启下和承外启中。承上,是指近代史学方法继承中国古代优秀的史学方法,主要是乾嘉史学方法,而摒弃其过时落后的史学方法。启下,是指近代史学方法为中国马克思主义史学方法提供了孕育的土壤。中国第一代马克思主义史学家,都是在近代史学沃土中生长出来的,都受过近代史学方法的熏陶。如郭沫若、范文澜、吕振羽、翦伯赞、侯外庐等,他们考史证史的深厚功底,都是早年打下的。作为马克思主义史学方法的一个必要组成部分的历史考据方法,就是直接从近代史学方法继承来的。承外,是指中国近代史学第一次打开大门,引进外国史学,也是首次走出国门,接受外国史学。近代史学方法的进步发展,是与引进西方史学方法有密切关系的。启中,是说中国马克思主义史学及其基本史学方法正是沿着近代史家的足迹,继续引进西方史学而发展起来的。只不过引进的不再是西方资产阶级史学,而是马克思主义史学罢了。由于资产阶级史学家引进的东西已经过时,于是马克思主义史学家引进了另一种最为先进的史学即马克思主义史学。引进的内容虽然不同,但是所走向西方学习的路子则是一致的。开辟这条途径的中国近代史学家,应该是功不可没的。

原文载《西南师范大学学报》(哲学社会科学版)1999年第5期。

中国古代史课培养学生科研能力刍议

《中共中央国务院关于深化教育改革,全面推进素质教育的决定》(1999年)发布以来,全面推进素质教育已成为新世纪教育工作的战略重点,提高创新能力摆到了关系民族复兴和国家兴旺的重要位置。作为综合大学历史专业基础主干课的中国古代史,如何在教学中贯彻"决定"的精神,把培养学生创新能力落到实处,是该课教师需要认真思索,并身体力行的重要问题。为此,谈点个人不成熟的看法。

一、中国古代史教改的重要目标

素质教育的核心是学生的德智体全面发展,而培养创新能力成为重要任务。大学生需要培养的能力是多方面的,而最具实在意义的是创新能力。培养创新能力的任务,具体落实到中国古代史这门课程上,毫无疑问,主要就是培养科研能力。所以,应该把培养学生科研能力作为中国古代史教学改革的最重要目标。

中国古代史课培养学生科研能力有不利因素。首先是教学内容多,课时少,压力大。中国古代史从原始社会到鸦片战争前,时间跨度最长,内容极其丰富多彩。20世纪80年代授课三学期200多学时,而现在是二学期100多学时,课时相对较少。内容多,课时少,给教学带来很大压力,教师常常为完成教学进度而疲于奔命,尤其是教学经验尚不丰富的青年教师,总是会感到没有余力去实践培养学生科研能力。其次是学生初入大学,正处于由中学到大学的转换过程中,对大学学习生活尚不熟悉,一般还不知道科研为何物。所以,培养科研能力几乎是要从零开始,这必然给教师开展工作带来很多困难。第三是工作障碍多。在中国古代史教学中培养大一学生的科研能力,必然遇到较多的障碍。中国古代史籍都是古文,学生阅读障碍很大;开展科研需要使用的各种工具书,学生不熟悉,多不会使用;进行研究必需的史学方法,特别是历史思维方法,学生也是陌生的。如此等等,都是历史专业大学生开展科研的障碍,尤其是大一学生,障碍就更要大些。这说明,在中国古代史教学中培养学生科研能力的任务很艰巨,开展这项工作要特别精心的思索、计划和安排,要付出更多的心血,需要教师更加敬业的精神和毅力。

中国古代史课培养学生科研能力也存在有利因素。第一,是学生可导性强。新进入大学的一年级学生,大学学习的一切都是新鲜的,尤其对于历史研究,无疑会感到十分新奇。同时,这批学子由于年龄特征而具有强烈追新意向,容易接受教师关于历史研究的引导。因此,只要教师循循善诱,悉心指导,是可以带领他们在历史研究道路上起步的。第二,是中国古代史教学的成熟性。中国古代史是一门有悠久历史的传统学科,其教学代代相传,有无比丰富的积累,具有相当的成熟性,有许多资料可供利用,有许多经验可资借鉴,因此,为教师把心思用在培养学生科研能力,提供了有利条件。第三,中国古代史属于祖国传统文化范围,学生在基础教育阶段,耳濡目染,有较多的相关知识;进入大学后,接触到的各门学科,各种活动,也多有涉及。知识是能力的前提。中国古代史这门学科进行科研能力的培养,有较好的知识基础。这些有利因素说明,在中国古代史教学中培养学生科研能力是可行的。

中国古代史课培养学生科研能力,既有特定困难,又有有利条件,关键在于教师如何利用有利条件,克服不利因素,发挥教学技艺和人格魅力,引导学生迈出这一事关重大的步伐。

培养学生科研能力,对于我们这所由师范大学转变来的综合大学,更具有特别重要而现实的意义。西南大学建立之后,成为综合大学,以高水平研究型综合大学为发展的基本方向,因此,学科发展和布局,都有一个向综合性转换的任务。

对历史专业基础主干课中国古代史的教学来说,也有由师范性向综合性转换的过程,这是该课和其他许多课程一样,面临的重要而现实的任务。

师范大学学生与综合大学学生的差距主要在科研能力上,是一个不争的事实。这是由学校任务、学生培养目标不同而形成的。体现在各学科专业、各门课程上,主要就是是否把培养学生科研能力作为重要任务。尽管从20世纪80年代以来,师范院校对此逐步有所重视,但由于体制、办学指导思想上的限制,终不能和综合大学相提并论。

现在,西南大学确立了学术立校的发展战略,学科专业定位为综合性,明确提出科研与教学并重、教学与科研相结合的办学指导思想,学生培养目标定位为高素质创新型复合人才。这些都催促着各学科专业、各门课程,把培养学生科研能力提到应有的高度,并具体落实到作为主阵地的课堂教学及其他教学活动之中。

总之,无论是从实施素质教育,培养具有创新能力人才,还是从综合大学培养高素质创新型复合人才来看,作为历史专业的中国古代史这门课程,都应把培养学生科研能力作为教学改革的重要目标,并且采取切实可行、行之有效的措施加以贯彻,才不辜负时代赋予的光荣使命。

二、历史专业学生科研能力的构成要素

培养学生科研能力既然成为教学改革要达到的重要目标,因此,有必要分析一下,构成学生科研能力的要素,以便有针对性的采取措施。那么,历史专业学生的科研能力是由哪些要素构成的呢?我认为,构成历史专业学生科研能力的基本要素有:理论、资料、方法和表述,或称之为:理论功力、搜集史料能力、运用历史研究方法能力和表述历史认识能力。历史专业学生的科研能力就是由上述四种能力有机构成的。下面让我们对这些要素做一些说明。

历史研究和其他学科研究一样,必然是在一定理论指导下进行的,不管你自觉或不自觉,总是有一种理论指导着你的研究工作,指导着你对研究课题的选择,对研究途径和方法的取舍,对研究价值的取向,等等。因此,对历史专业学生科研能力的培养,首先要在指导理论方面下功夫,使学生具有从事历史研究所必需的理论基础及其应用能力。

历史研究的指导理论,现在又细分为历史理论和史学理论。历史理论,是指

研究客观历史发展过程中提出和总结出来的，又用来指导历史研究实践的理论，如社会形态理论、历史动力理论、历史统一性与多样性理论、地理环境作用理论、历史人物评价理论，等等。史学理论，是史学自身发展过程中提出的理论问题，是史学家对史学工作的理论认识、理论总结，又用来指导史学工作开展的理论，如史学的主体与客体、历史认识、史学方法、历史论著编撰，等等。历史研究指导理论的核心是历史观。无论是研究客观历史，还是研究史学自身，是用唯物史观的理论作指导，还是用唯心史观的理论作指导，是历史研究的根本，是无法回避的问题。唯物史观的基本理论是现代科学的历史研究指导理论。历史专业的学生应该掌握唯物史观的基本理论，并具有运用其理论指导历史研究和史学工作的能力。同时，还应该了解古今中外史学遗产中的各种理论，吸取其科学的合理的成分，以丰富现代科学历史观为核心的历史理论体系。

历史在时间上具有消逝的特性，研究者无从亲身体验。研究历史，只能凭借历史留下的痕迹。历史痕迹，表述于文字的是文字史料，实物形态的为实物史料，流传于口头的是口碑史料。没有史料是不可能进行历史研究的。研究历史最基础的一项工作就是搜集史料。因此，历史研究能力，不可缺少的要素便是搜集史料的能力。搜集史料，必须具有史料分布的知识和解读史料的能力。解读史料必须借助工具书，因此，又要有工具书知识和使用工具书的技能。史料并不等同于客观存在的历史，文字史料不可避免地包含文字记录者的主观造作，实物史料总是零星不全，口头史料更是往往随口改铸，因此，研究者要从史料中获得客观真实的历史，还需要有史料考辨的知识和能力。所以，搜集史料能力至少要包括具有一定的了解史料书籍状况的知识，解读史料、使用工具书的能力和史料考辨的能力。

运用历史研究方法能力，本应包括运用理论指导方法能力，进行科学思维方法能力和表述研究成果能力，但是，前者已在上文讲过，后者下文要讲，这里只讲科学思维方法能力。

历史研究首先必须弄清历史事实，但是不能停留在弄清事实的层面，还必须透过现象深入了解本质，通过联系分析原因、揭示规律，还要从客体与主体之间的特定联系而判断历史价值。这些都是在思维过程中实现的。因此，历史专业学生要培养的科研能力，必须具有科学的历史思维的知识和能力。历史思维，要用到形象思维和直觉思维，而主要的则是应用逻辑思维。历史思维能力，是要通过历史思维方法的运用才能表现出来。历史思维的基本方法，则是历史的方法和逻辑的方法。历史的方法，要求人们研究历史，应按照历史事物的自然过程，包括依照时间顺序的运动过程、内部要素的结构过程和外部条件的制约过程而进行研究。逻辑的方法，既应用形式逻辑的方法，又应用辩证逻辑的方法，而主要是辩证逻辑方法。如比较与联想、归纳与演绎、分析与综合、抽象与具体等。历史思维方法的实践性很强，要自觉地应用、训练，日积月累，逐渐提高，趋于成熟，不要以为可以一蹴而就。

从历史资料得到历史事实，经过历史思维获得历史认识。要把历史认识公之于众，成为同行和公众可以知晓的研究成果，就必须进行口头或文字的表述，主要是用文字撰写成论文或著作，因此，历史研究能力不能不包括表述历史认识的能力。这种能力，是把历年的文学积累，通过运用史学题材进行写作训练而形成的。有的大学为历史专业学生开设“史学论文写作”课，会有助于这种能力的增强和提高。

历史专业学生的科研能力，主要是历史研究能力，是由专业基本理论及其应用能力，运用历史研究方法尤其运用历史思维方法能力和表述历史认识主要是撰写论著能力这四个要素有机构成的。为什么说是有机构成呢？第一，四个要素并不是随便搭配的，而是各以其特定功能的结合。理论的功能在于导向，资料的功能在提供依据，方法的功能在造作，表述的功能在装饰。史学研究过程就是四个要素各就各位、各显其功而结合起来的。第二，四个要素不是各自孤立的简单相加，而是相互促进、相互制约的。科学的理论，指导研究工作循着正确方向前进，否则会走弯路或误入歧途。资料全面、真实、准确，为研究供给充分优质资料，奠定良好基础，如果资料存在缺失，就很难得出经得起检验的历史认识。新见解、新知识，都是创造性思维的结晶，缺乏创造性思维的人，只能人云亦云，跟在别人后面亦步亦趋，很难在日新月异发展着的史学上有所贡献。写作能力强，可以为研究成果添色增辉，否则很难形成有影响的研究成果。第三，四个要素构成的有机性，还在于有很强的实践性。四个要素的功能和相互关系都是在实践中实现的，没有认真的持之以恒的研究实践，一切都是空中楼阁。

四个要素构成的有机性表明，历史专业学生必须在四个方面都要具有一定基础，而且身体力行，勇于实践，持之以恒，才能形成一定的科研能力。

三、中国古代史课培养学生科研能力的一些教学方法

20世纪80年代以来，我们学院中国古代史课的教师们有一些具体的教学方法，对培养学生科研能力有一定积极作用，可以总结充实，继续发扬。这里试举以下几例：

1.以问题组织教学

最近，在《西南大学学报》2006年第4期上，看到我们学院杨光华老师教改笔谈文章《以问题为中心开展教与学》。这无疑是他近年教学经验的总结，使我很受启发。我结合自己过去教学中一些做法，对光华的意见，进行了认真的思考，感到这确是一个改革中国古代史教学，培养提高学生能力的可行方法。

我在阅读光华文章时，想起20世纪80年代初，我讲授宋金对峙时，曾提出一个问题，引起学生很大兴趣。我说：金统治者倾力南下，企图灭亡立脚未稳的南宋，而南宋军民也多次北伐，企图收复故土，结果都没有达到目的，形成宋金对峙局面。这是为什么呢？学生展开热烈讨论，然后我着重从应该如何思考这个问题的角度讲了自己的看法，学生感到很有收获。

2004年我给2003级学生讲课时，在唐代诗歌部分，我提出一个问题，让学生事先做准备，然后用一节课进行随堂讨论。问题是：为什么说唐诗是中国古典诗歌的黄金时代？中国古典诗歌在唐代出现高度繁荣的原因何在？课堂上学生发言很踊跃，并且展开争论。我只从思考此问题的方法上做了简要总结。我想这对学生学习用举证方法、比较方法探讨问题，对理解文化的继承性、文化与经济、政治的关系，是会有一定帮助的。这种方法以前也有教师使用过。

这两件事情在读光华文章时被联想起来，说明自己的感受和光华意见多少有点不谋而合之处。当前，在贯彻素质教育和向综合性转换的过程中，各学科培养学生科研能力任务凸显出来的情况下，为了推进中国古代史教学改革，进一步思考光华提出的以问题开展教学的理念，是有一定意义的。为此，我补充以下几点意见：

第一，以问题组织教学的最大好处，是最能培养学生发现问题、提出问题、分

析问题、解决问题的历史思维能力。历史思维能力是历史研究能力的核心,又是提高历史研究能力的关键。善于提出问题和解决问题,是一种创造性思维能力,在历史研究中得到培养和提高,可以普遍应用于其他领域和现实社会生活,是社会高能人才最精明之处。

第二,以问题组织教学,可以利用教材优点,弥补教材不足,可使教师超脱教材而不受其束缚。现在用的张岂之主编《中国历史》(高等教育出版社2001年版)教材。从我用过的"隋唐辽宋金卷"和"元明清卷"来看,它吸收了近几十年学术研究成果,基础知识扎实,是其优点,而面面俱到,分量过大,深透欠缺,是其不足。教师在有限教学时间内,如果一味跟着教材走,必然疲于奔命,而难于履行培养学生科研能力的要求。以问题组织教学,正好利用教材的优点,有计划地选择和设计问题,以问题为重点,展开深入讨论。这样可以由点带面,克服教材面面俱到、不深不透的缺点,教师可以超脱教材,从容应对,并通过重点问题的探讨,致力于培养学生科研能力。

第三,以问题组织教学,可以更好地调动教师和学生两个方面的积极性。教师以问题组织教学不受教材束缚,增加了"教"的自由度,可以更好地发挥自己的专长,特别是找到了一个培养学生科研能力的用武之地,无疑会大大调动教师内在的积极性。学生由被动地听老师按教材章节讲课,变成主动思考问题、讨论问题,也一定会激发起钻研的热情,增进其学习积极性。

第四,以问题组织教学的具体做法,应该是多种多样的。这里循着光华的理念,试作以下设想:

(1)问题设计与安排。以问题组织教学首先要把问题设计好。怎样设计问题呢?试举一种设计思路:社会历史的发展变化总是有阶段性的,教师则可按历史阶段设计问题。其问题可以是覆盖一个阶段的概括性问题,或者是可以透视该阶段的核心问题,或者是可以解析上下两阶段的关键问题,等等。不是要把教材的内容都设计成问题,而是有选择、有计划地设计问题。设想一个学期的课可以选择适当之处,设计三个问题,一个由教师按问题进行讲授,一个由学生有准备地进行随堂讨论,一个由学生写成小论文,进行课堂讨论。没有设计问题的地方,仍可由教师依章节进行讲授。

(2)问题讲授。教师以问题进行讲授,是示范性的。教师应讲清楚:①此问题是怎样提出的;②此问题涉及的历史理论和史学方法;③此问题涉及的基本史料;④此问题应怎样分析? 可分析为哪些部分,哪些方面,哪些要素来进行探讨;⑤怎样把分析中得到的认识综合起来,把个别认识归纳起来,形成整体性的规律性的认识。一般是教师进行问题讲授后,再进行随堂讨论和课堂讨论。

(3)随堂讨论。教师事先把讨论的问题和讨论的目的、方法、时间告诉学生,要求学生做准备(准备的具体方式不做要求),同时给学生一些参考资料的目录和索引。随堂讨论的问题要小一点,要思路比较清晰的。学生发言时,教师可以引导,同学可以插话和提问。教师总结着重在思维方法上。时间安排,最好在教师问题讲授之后,课堂讨论之前。

(4)课堂讨论。课堂讨论是传统的教学方法之一。这里用作培养学生科研能力的重要教学方法。课堂讨论的问题要较大点,给学生思考的空间较为宽阔,有充分驰骋余地。教师早点布置,告诉学生讨论目的和准备方法以及参考资料的目录索引,要着重讲一讲史学论文写作方法,要求每位学生都写成小论文,在规定时间交给老师。老师对小论文应尽可能全部过目,做些鼓励性批语。讨论可采取先小组进行,让每人都有发言机会,然后每组推荐一人全班发言。全班发言人,或综述小组讨论内容,或讲自己的观点。教师总结,着重在方法引导和分歧看法阐释,目的在于让学生学会分析问题和解决问题。教师可以在批阅小论文和听发言中,选出数篇有一定质量和发展前景的,在讨论之后帮助学生修改提高,争取达到一定水平,向有关刊物推荐。如能获得发表,那将对学生产生深远影响。我曾以这样的方式推荐发表论文的几位同学,后来学业发展都很好。

通过以问题为中心的示范讲授,随堂讨论和写小论文进行课堂讨论,学生对于在历史学习和研究中,应该如何提出问题,分析问题和解决问题的思维方法以及如何写历史论文,都会受到一定训练,科研能力要素的方方面面都会有所收获。

2.继续发扬行之有效的教学方法

20世纪80年代以来,中国古代史教学中,有一些有助于培养学生科研能力的教学方法,可以继续发扬。兹略举如下:

(1)注重历史理论和方法。西南大学历史文化学院中国古代史教学,有注重历史理论和方法的传统。20世纪八九十年代,有的教师在这方面做过很多努力,受到学生欢迎。教学中注重历史理论和方法,是教师讲述一定历史内容时,结合相关的历史理论,或者引导学生用历史理论去分析理解其历史,或者引导学生把历史现象综合归纳,提高到理论上来认识,并且使学生知道将历史理论运用于历史实际的方法。如讲述封建王朝的土地政策、制度时,结合封建土地所有制的理论,讲述田租、赋税时结合地租与国税的理论,讲述农业、手工业、商业、货币时结合自然经济与商品经济的理论,讲述社会经济的发展与衰落结合生产力与生产关系的理论,讲述政治、法律、军事制度结合国家和行政管理的理论,讲述政治事件结合阶级、阶级斗争的理论,讲述哲学、宗教、文学、史学时结合社会存在与社会意识的理论,等等。教师应在历史理论上下功夫,并在教学中把历史理论和历史实际结合起来。这样,不仅可以提升教学的质量,使讲授内容不停留在史实的层面,而富于理论高度,而且也可帮助学生学到理论联系实际的本领。

(2)注重基本史料、学术动态和重要学术论著介绍。80年代以来,中国古代史教学中,比较重视对基本史料、学术动态和有关重要学术论著介绍。每讲一个朝代、一定时期,或一个重要历史问题,要把它的基本史料书籍进行介绍,对学术界的研究状况、重要研究成果及其有关史学家进行介绍。这些做法,历来都是受到学生欢迎的,有助于增进学生的学术研究兴趣,培养科研能力。

(3)继续开展课外延伸活动。在加强教学主阵地——课堂教学的同时,继续开展近年来进行得卓有成效的课外延伸活动,也是培养提高学生科研能力的途径之一。我们学院的卢华语老师对此有丰富的经验和深入研究,这里就不多说了。

总之,从课内课外,瞄准科研能力要素,采取多种教学方法,持之以恒,不懈努力。这样,学生科研能力培养和提高的教学目标,一定会按素质教育和学科综合性转换的要求而逐步实现。

原文载卢华语主编:《高校中国古代史教学改革探研》,重庆:重庆出版社2007年出版。

历史专业学生怎样撰写毕业论文
——以中国古代史为例

历史专业的大学生，按教学计划，最后一学年要做毕业论文。这是实现人才培养目标的综合性实践教学活动，是教学进程中的一个重要环节。这里说一说为什么要写毕业论文，并以中国古代史为例，怎样写毕业论文。

一、为什么要写毕业论文？

历史专业学生写毕业论文是教学计划规定的。为什么要规定做毕业论文呢？从教学管理来说，做毕业论文是对即将毕业学生进行一次学业成绩和综合素质的全面考核与检验，看学生是否达到毕业、获得学位的要求。对历史专业的学生来说，这是一次开始从事历史研究的初步尝试，是训练提高自己专业能力的好机会，因此每个同学都应该珍惜这次机会，把毕业论文做好。

为什么说做毕业论文是历史专业学生训练提高专业能力的好机会呢？第一，做毕业论文是一次理论联系实际活动。把几年来学到的历史理论和方法，用来指导自己对某个历史问题进行认识，分析解决实际的历史问题。通过历史认识的实践，能提高自己认识历史的能力。认识历史的能力，是历史专业学生专业能力的核心，是综合素质中非常重要的构成部分。第二，做毕业论文也是一次综合性的自我检验。在做论文的过程中，你会发现自己学业和能力上的长处和短处、优点和缺点。这就为今后发挥优势，弥补短缺，进一步提高自己创造了条件。

第三,做毕业论文是开始从事历史研究的尝试。通过做论文可以培养自己从事历史研究的兴趣,摸索到一些进行历史研究的门径和方法,提高研究历史的能力,为今后开展史学研究打下基础。我们学院曾有一位本科生写毕业论文,内容是一个地方的古代交通路线上的一个具体问题的考辨。他做得很认真,不仅查阅许多文献资料,而且还做过实地考察。毕业工作后,他对此问题继续进行研究,并且扩展其内容,从历史文献和实地考察两方面,做了许多坚实的工作,积累了大量的资料。在考回学校攻读硕士期间,结合专业学习,进一步查阅和整理资料,写成一部区域的古代交通路线史书稿,由西南师范大学出版社出版,并取其中一部分加以延伸和深化,写成硕士论文。硕士毕业后不久,他将硕士论文扩展而成的另一部书稿,相继出版面世。这是一个由做本科毕业论文打下基础,进而发展成为以后的主攻科研方向,以致取得重要科研成绩的例子,是颇具示范性的。因此,每个同学不要把做毕业论文当成单纯完成学业考核任务,而应看作一次锻炼自己的难得机会,增强自觉性,认真努力做好,使自己专业能力、综合素质得到提高,为今后的发展打下基础。

二、毕业论文的要求

历史专业学生做毕业论文,应该注意以下三点要求:

第一,论文工作要在老师指导下自己独立完成。做毕业论文是在老师指导下进行的,同学要主动争取老师指导,虚心听取老师意见,但不是依赖老师,而要自己动脑动手,独立完成。当然更不能抄袭别人现成的东西。抄袭别人成果是最不道德的行为,而且是要负法律责任的。

第二,毕业论文的内容要有一定的学术意义和社会意义。历史专业学生的毕业论文应该是一篇史学论文,因此要求在学术上有一定意义。什么叫作有学术意义呢？前人没有研究过的领域或问题,你首次加以探讨论述,这样的论文便具有开拓意义;前人研究过的领域或问题,但研究得不够,不全面、不深入、不系统,你进一步加以研究,进行补充探讨,使它全面、深入、系统,就是说你推进了拓展了此问题的研究,这样的论文便具有创新意义;前人的研究有错误,或是资料不准确,或是资料诠释不恰当,或是史实有出入,或是结论不正确等等,你对此提出意见,进行商榷,加以辨正,这样的论文便具有纠谬的意义。证据确凿理由充分的纠谬正误也是一种创新。凡此种种,都叫作有学术意义。有学术意义的论文,就表示作者对学术进步做出了一定的贡献。同时,毕业论文还应有一定社会意义。有学术价值的史学论文,其创新的思想和知识,汇入我国文化库藏,尽管只有一点一滴,也是难能可贵的,因为祖国悠久而丰富的文化宝库,不正是这样一代又一代的文化人积累起来的吗?所以,学术创新本身就具有社会意义。有些史学论文具有学术意义的同时,又对社会的经济或政治具有一定积极意义,它或者可以为社会经济的发展规划蓝图,出谋划策,推波助澜,或者可以为治理国家提供参考借鉴,为国计民生呼吁呐喊,如此等等,就更能体现史学工作者为人民服务,为社会主义事业服务的本色。历史专业学生做毕业论文也应如此。这些也是一般史学工作者写作研究论文应有的要求。

第三,毕业论文也要注意文字表述。这是说论文要文理通顺,有逻辑性,要注意文法和章法。所谓文法,就是要讲求遣词造句,语法修辞,使文字通畅、准确、洗练;所谓章法,就是讲求结构谨严,布局恰当,层次分明,段落清楚。甚至标点符号也要准确规范。

以上要求是就一般学生而说的,是学生们应遵循的原则。至于每个同学,能做到什么程度,尤其是学术创新的要求,应实事求是,从自己的实际出发,既不要好高骛远,也不要甘居下游,要在自己的实际条件下,做最大的努力,争取达到尽可能高的要求。

三、毕业论文的写作步骤和方法

历史专业学生做好毕业论文,除了要有正确的认识,要明确要求之外,还要有合理的写作步骤,每个步骤还要有科学的方法,否则,乱干一通,不是劳而无功,便是事倍功半。现在,着重说说写作步骤和方法。前面说过,历史专业学生毕业论文写作也是历史研究的尝试,所以这里说的步骤和方法,也适用于一般史学工作者的历史研究。

(一)选定题目

写毕业论文的第一个必需步骤是选题。历史专业学生可以选择的论文题目是很多的,古、今、中、外史可以选,经济、政治、军事、科技、文化史可以选,人物、制度、事件史可以选,地方史、民族史也可以选,史学史可以选,史学理论方法也可以选。可以自己选拟题目,也可以在教师提供的题目中选择。不管怎样选题,选什么题,都有一个是否选得适当的问题,而选题是否适当又是顺利做好一篇有意义毕业论文的前提。那么,怎样才能选到一个适当的题目呢?所谓适当,就是既符合要求,又适合自己的情况,和自己的实际条件相符合。根据自己下述四个条件来选题,就可能选得比较适当。第一是自己的知识基础。所选题目,应是自己理论基础知识和专业基础知识比较好,自己平时涉猎较为深广的领域和范围。如你的中国古代史学得好些,阅读的参考书比较多,曾经钻研过某些问题,便可在中国古代史范围中选择题目。其他题目的选择也是如此。第二是自己掌握资料的情况。史学论文是要根据历史资料来做的,无米之炊是做不出来的。选题时,自己要有个初步估量,通过校内外图书馆、资料室和互联网等各种途径,自己能够掌握或可能掌握的资料哪方面多些,选题就可倾向那方面,如果选到资料难找的题目,做起来困难就很大。第三是要考虑自己的兴趣。自己喜欢那方面的历史,平时就必然对这方面注意得多些,知识和资料的积累也比较多些,选择这方面的题目来做,就更能激发自己的热情,发挥自己的优势。比如在中国古代史中,你对历史人物的兴趣比较浓厚,曾读过一些历史人物的传记,注意过历史人物评价的理论问题,那么,你就可以选择一个古代历史人物的题目。第四是要考虑时间的多少。你用来写作论文的时间充分,题目可以选大一点的,如果时间有限,不很充裕,就可选小一点的题目,或者把题目范围缩小。这四个条件不是孤立的,不要把它们绝对化。如平时基础差一些的题目,或资料掌握得较少的题目,通过努力做好论文,可以弥补过去的不足。选了过去兴趣不大的题目,通过努力,会培养起这方面的兴趣。最好是把四个方面的条件综合起来考虑,选择各方面条件相对好一些的题目就可以了。

选题问题还有一点也可以在里说一下。史学工作者、专门研究历史的人,选择研究课题,或者教师指导学生选题,还应该重视其前瞻性。选题的前瞻性,就是指要考虑所选课题是否具有比较广阔的开拓前景。如果选个课题,只需做一二篇论文便刨根见底,再无拓展余地。选择这种课题,叫作缺乏前瞻性。举个一位老师一次选题左右自己20多年研究工作的例子。20世纪80年代中期,中国唐史学会与三秦出版社合作，计划出版《隋唐历史文化丛书》，列出许多题目任随选择。这位老师选了“唐代使职”这个题目。当时，他已对唐代使职中一个重要使职——转运使有所研究，发表过三篇论文，因而对唐代使职的总体情况有一定了解，知道这个课题做起来不是一般的艰难，但是它的开拓前景很大。为什么这样说呢？治唐史尤其治唐代制度史的人都知道，使职是唐代职官制度变革中的重要问题，但截至70年代末发表的论文，只有陈仲安先生的《唐代的使职差遣制》[①]一篇。这个题目难做由此可见。自从这位老师选择这个课题之后，20多年来，研究工作主要围绕它进行，先后发论文20多篇，出专著一部。开始本想对唐代使职做全面清理，工作一段时间后，感到自己面临的如一片浩瀚的荒漠，那时，他年近花甲，精力不够，于是收缩范围，着重搞财政三司使职。即使如此，至今唐财政三司使职仍有不少问题需继续探索，而整个唐代使职的研究，只能留给来者。时至今日，涉足唐代使职的人，仍然寥若晨星。尽管他在研究唐代使职过程中的艰难辛苦，只有他自己和他的家人知道，但他无怨无悔，因为他选择了一条几乎是前人没有走过的路，做的基本上是前人没有做过的工作，他以此自慰。再举一个一位硕士生选题的例子。导师建议他选唐代盐业做论文题目，可以先广泛搜集有关资料，然后从中选择几个有创新性的问题，作为硕士论文的主要内容。他接受老师的意见，工作努力，很认真，写成约20万字草稿。然后选取其中几个问题，深入论述，写成硕士论文。毕业工作以后，他以硕士论文及其草稿为基础，撰写唐代盐业的专题论文，几年间，发表论文10多篇，引起学界同行的重视。后来攻读博士学位，又以中国古代盐业为博士论文的内容。至今在科研上取得重要成就，已成为盐业史领域的专家。可见当初的选题，对他学业的发展是多么重要。

历史专业本科的同学选做毕业论文的题目，虽然不能像史学研究者那样，要求看重前瞻性，但是，有志驰骋于史学领域的人，也不妨注意一下，如果题目选得好，选得准，那将一生受益。

至于选题的具体方法，可以一次把题目选定，然后始终根据这个题目进行工作。凡平时积累有素，已经酝酿得比较成熟的课题，便可这样定题。也可以分几步定题，先选定一个范围，或一个方向，或一个方面，通过阅读有关论著，搜集有关资料之后，再根据自己对它的了解和能掌握的资料，定下具体的题目。比如在

---

① 陈仲安：《唐代的使职差遣制》，《武汉大学学报》1963年第1期。

中国古代史中选择历史人物，而且选定唐太宗这个人物为题来做论文。当你阅读了新旧《唐书》的《太宗本纪》及太宗朝有关人物传记，以及《贞观政要》《全唐文》太宗部分、《通鉴·唐纪》的太宗部分等基本史料以及历代尤其当代史家关于唐太宗的论著之后，如果你感到关于唐太宗的政治、经济、军事、法律、文化教育等方面的研究已经很多，很难有自己插足的余地，很难做出一点带新意东西，而在民族方面尤其是他的民族政策、民族思想以及处治民族关系方面的业绩，虽然也有人论述过，但还有探讨的余地，你又有些心得体会。那么，你就不要全面地写唐太宗，舍去自己觉得难于超越前人的部分，而选择"唐太宗的民族思想或政策"这个题目来做。初涉史学研究的人，选题多是如此。即使把题目定下来了，在写作过程中，还可以对题目进行修改，使题目更切合文章的内容。

题目选定之后，还要准备做开题报告，参加开题论证会。开题报告是把你选这个题目的目的、意义，采用的方法、工作步骤等写成研究方案，在开题会上讲出来，接受审议，征求意见，获得批准后，再进入下一个步骤。

(二)搜集资料

选定题目之后，接下来的一个步骤，便是围绕题目搜集资料。查阅书籍，搜集资料，是一个繁重艰苦的过程，要有耐心，要细心，要手脑并用。在查阅有关书籍的过程中，随时都要琢磨什么东西和我研究的题目有关，哪些东西对我研究的问题有用。把那些于我有用的东西，记录下来，积累起来。记录的方法，以前是用卡片，一条一卡，使用方便；现在有条件使用电脑储存，那就更为便捷。

搜集历史资料的要求，就是要做到全面、准确、真实。

全面，是要把与题目有关的资料全部搜集起来。这是一个总的要求，实际上，对不同层次的史料应有具体要求。对于基本史料，应该网罗无余。这里说的基本史料，是指当代留下的、最接近原始状态的史料。如研究唐朝的历史问题，《旧唐书》《唐大诏令集》《全唐文》《唐会要》《大唐创业起居注》《唐律疏义》《贞观政要》《唐六典》《通典》《元和郡县志》《隋唐五代石刻文献全编》《敦煌资料》《吐鲁番书文书》《唐令拾遗》等应属基本史料。《新唐书》《资治通鉴·唐纪》和《册府元龟》的唐代部分，其中保留有一些当时还能见到而后来亡佚的原始的东西，如起居注、实录、国史、时政记、甲库文书等，史料价值甚高，一般也把它纳入基本史料范围。搜集资料对于基本层面的史书,必须查到,有关的要网罗无余。同一件事,在不同书里都有记载,不要以为录下一条就可以了,用不着把各处的记载都收集起来。其实这是搜集史料是否工夫到家、工作扎实的一种体现。因为这样做的好处很多,一是可以考察史料的信度,如果各书记载相同,说明这条史料确实可信;二是可以从中发现错误,如果各书之间有不同的记载,那么你就要考察那个是对的那个是错的,以免用了错误史料,也可订正史书中的错误。如《资治通鉴》卷214开元二十五年正月载:"初置玄学博士,每岁依明经举"。关于唐玄宗建玄元皇帝(奉老子为玄元皇帝)庙、置道学(崇玄学)、立道举的记载,下列诸书都有:《旧唐书·玄宗纪》《新唐书·玄宗纪》《旧唐书·职官志》《新唐书·百官志、崇玄署注》《新唐书·选举志上》《通典·选举三·历代制下》《唐会要·崇元馆》《册府元龟·帝王部·尚黄老》《全唐文》卷31《命两京诸路各置元元皇帝庙诏》,而其时间则有开元十年、二十五年、二十九年、天宝三载的不同。经过比较分析,只有开元二十九年是正确的,最有力的证据是《通典》,因为杜佑距此事的时间最近。清徐松《登科记考》卷八据诏文发布时间而采用二十九年的记载,但他未提到《通典》这条证据。由此可见,如果我们搜集资料只满足一条记载,往往就会出错,不把各书记载都搜集起来,就很难确定正确的是什么。

对于研究唐史来说,宋人的有关著述,除上述《新唐书》、《资治通鉴》(包括《通鉴考异》)、《册府元龟》等史料价值较高,可纳入基本史料之外,一般的著作,如郑樵《通志》、孙甫《唐史论断》、范祖禹《唐鉴》、吕祖谦《历代制度详说》、吕夏卿《唐书直笔》、王应麟《困学纪闻》、洪迈《容斋随笔》、叶适《习学记言》等,是为参考、对照史料。这个层次的史料主要用来帮助我们对基本史料的理解。对于研究中国古代史的人来说,乾嘉、晚清、民国以来史学大师们的一些论著也应该查阅到。如王鸣盛《十七史商榷》、钱大昕《廿二史考异》、赵翼《廿二史劄记》、杨守敬《水经注疏》、王国维、梁启超、陈垣、陈寅恪、岑仲勉、严耕望、唐长孺、范文澜、郭沫若、侯外庐等人的著作。否则,一些资料或问题,你费尽九牛二虎之力,或以为是不解之谜,却不知道大师们早已解决。《历史研究》1992年第6期中一篇讨论唐代后期户部司的论文,提出一个疑问说:"贞元元年(785年)四月,礼部尚书李齐运请求'取户部阙职官钱二千贯文,充本收利,以助公厨'(《唐会要》卷93《诸司诸色本钱上》)这表明户部司不知从何时起已掌有具体钱物,而非单纯与文薄为伍了。”这位作者使用《唐会要》这条资料，疏忽了对所系时间进行考订，也没有考察其他史书所载相同资料，更没有注意到前辈有关论述。其实这条资料在《册府元龟》卷506《邦计部·俸禄》里，既载于贞元元年五月，又载于贞元十二年四月，文字完全相同，其中所系时间必有一误。而严耕望在《唐仆尚丞郎表》卷15《礼尚·李齐运》条，载李齐运任礼部尚书始于贞元十二年，并指出：“又会要93诸司诸色本钱上：‘贞元元年四月，礼部尚书李齐运奏’云云。册府506同。年份亦误。”如果作者知道严表已指出贞元元年是贞元十二年之误，那么，李齐运奏请从掌握户部别贮钱的户部那里取钱充本，就不成其为疑问了。类似例子，恐怕不止一二。

准确，是指所搜集的资料准确无误。历史资料的错误记载是难免的，尤其在时间、地点、情况、数字、人名、职官名、引文等地方容易出现错误。首先是原始资料本身就存在某些错误；其次是历代传抄刻印转引过程中出现的错误；三是资料搜集人在抄录和使用过程中产生的错误。我们学院一位老先生曾为完成一项协作任务，和一位青年同志使用中华书局标点本《资治通鉴》第15册（卷214至225，唐纪玄宗开元二十二年至代宗大历十四年）做校注工作。司马光撰《资治通鉴》素称严谨，且自北宋元丰七年（1084年）成书近千年来，经史炤、王应麟、胡三省、严衍及近人章钰、岑仲勉等诸家校勘。在此基础上，他们仅在这一册中，又识别出正文的一些错误，计有：时地之误、人名之误、人物官衔之误、录用敕文之误、遗漏致误、沿袭陈误以及标点之误共七类18条。这里略举数例：卷214开元二十四年三月载“故连州司马武攸望之子温昚，坐交通权贵，杖死”（第6817页）。武攸望，据《旧唐书·外戚传》和《新唐书·外戚传》为武则天从父兄子，曾封会稽郡王，官至太常卿，韦后诛，贬官。武攸望终于何官？从《通鉴》所载结衔为“连州司马”，两书《外戚传》载“左迁春州司马而死”，“贬死春州”。据查唐代有两个连州，一是今四川筠连县，一是今广东连县，而唐代春州则是今广东阳春市。无论哪一个连州，都和春州相距甚远，毫无相似之处。所以，《通鉴》载武攸望终官“连州司马”显然是“春州司马”之误。又卷217天宝十四载十二月载：“颍王璬为剑南节度使，蜀郡长史崔园为之副”（第6940页）。据《旧唐书·玄宗纪》、《旧唐书·玄宗诸子·颍王璬传》、《新唐书·十一宗诸子颍王璬传》、《旧唐书·崔园传》、《全唐文》卷318李华《唐赠太子少师崔公（景晊）神道碑》有关记载比较分析，《通鉴》所载“蜀郡长史崔园为之副”，乃采用旧纪天宝十四载的记载，却不用十五载的记载，而旧纪十四载这个记载本身就有问题。从颍王传看，安禄山反(天宝十四载)时，被任命为剑南节度大使，杨国忠为副使，皆未赴任。玄宗奔蜀途中，杨国忠被杀，使颍王先行去蜀时(天宝十五载，即至德元载)，才以崔园为副。从崔园传看，先是杨国忠任蜀郡长史、剑南节度副使时，崔园为留后。杨国忠被杀，节度大使颍王先行去蜀时(天宝十五载)，才被任命为蜀郡长史、节度副使。由此可知，旧纪天宝十五载的记载是对的，而十四载则是把杨国忠误载为崔园。《通鉴》却用其误而弃其正。又卷218至德元载七月载："以(房)琯为文部侍郎、同平章事"(第6982页)。玄宗逃奔西蜀，到达普安(今四川剑阁)时，宪部侍郎房琯赶来谒见。玄宗为了表彰他忠心，立即为之晋升官位，授以同平章事为宰相。可是房琯同平章事时本官是什么?《通鉴》载为"文部(即吏部)侍郎"。但是，《旧唐书·玄宗纪》和《房琯传》以及《册府元龟·帝王部·命相》都载"拜吏部尚书"同平章事。还有《全唐文》卷367贾至《授房琯文部尚书同平章事制》为证。可知《通鉴》所载"侍郎"为"尚书"之误。如此等等，说明史籍中存在不准确之处，要使我们搜集来的资料达到准确无误的要求，也不是一件轻而易举的事，非有一番认真的工夫不可。

真实，是指搜集的资料所反映的事情符合客观历史实际。传世史料中，尤其转手的，往往由于记录者转引者的主观意识影响，或是有意的，或是无意的，或是出于其他技术原因，致使史料失真，不符合原本的历史实际。这种情况，也并非不可识别，只要通过合理的途径，工夫到位了，有些是可以使它还原的。这里举两个辨正《新唐书·食货志》关于均田令的例子。其一新志云："田多可以足其人者为宽乡，少者为狭乡。狭乡授田，减宽乡之半。"我们把《唐六典·户部郎中员外郎》、《通典·食货·田制下》和《白氏六帖事类集·给授田》的相同记载对照一下，便知道，新志是省略了前面一句话："凡州县界内所部"。省略这句话，也就省略了田令规定的宽乡、狭乡的地域前提，使人不知道田令上的宽乡狭乡的"乡"是以州县地域为范围，以致错误地认为，宽狭乡的"乡"仅仅是指乡里制的乡。其二"凡田，乡有余以给比乡，县有余以给比县，州有余以给比州"，这是新志把田令上隔越受田或遥受田的规定加以综合而形成的文字。按照这个表述，一切有余田的州、县，都要把余田拿出来供邻境之人分配。事实上，田令规定的，宽乡(县州)的余田，并不是一定要拿给邻境分配，只有邻近县州是土地不足的狭乡以及或因州县改易，犬牙相接，或因那里城居之人无田可受，才要拿出供邻境分配。《新唐书》

的行文显然是把受田调剂的主动者与被动者颠倒了。这种错误是撰志人欧阳修追求“文省”而不顾及史实所造成的。①

搜集资料做到全面、准确、真实,并不是一件容易的事。首先要建立这种观念,其次要舍得花力气,再一点是要学会一些操作的方法,才能使所搜集的资料接近全面、准确、真实。

搜集资料的方法是多种多样的,仅介绍三种常用的方法。这里用三个熟语表示这些方法,那就是“借助路标”、“顺藤摸瓜”和“跟踪追迹”。“借助路标”就是利用书目、论文索引之类的工具书作指路标,从而找到需要查阅的书籍和论文。中国古代史书目的工具书很多,诸如《四库全书总目提要》共收书3503种,存目6720种,分经、史、子、集四部。《中国丛书综录》(上海图书馆1962年编),收全国47所图书馆所藏古籍丛书2797种,包括古籍38891种,是我国规模最大的丛书目录。《书目答问》收书2200种左右,分经、史、子、集,史部分正史、编年、纪事本末、古史、别史、杂史、载记、传记、诏令奏议、地理、政书、谱录、金石、史评十四类。类中又有细分,如正史有正史合刻本、正史分刻本、正史注补表谱考证;谱录有书目、姓名、年谱、名物;史评有论史法、论史事。所收录的书多为重要书籍,所选版本亦从当时可见者中取其不缺少误者为主。该书还介绍了中国古书大概和目录版本常识。从史书中寻找人物资料的工具书有《二十五史人名索引》(中华书局1964年出版)、《唐五代人物资料综合索引》(中华书局1982年出版)、《北朝四史人名索引》(中华书局1988年出版)、《新旧唐书人名索引》(上海古籍出版社1986年出版)等,凡中华书局出版的标点本二十五史多有配套的人名索引专书出版。要找近当代出版的史书,有中国社会科学院历史研究所编《八十年来史学书目》(中国社会科学出版社1984年出版)可查找1900—1980年间出版的史书;有新闻出版总署信息中心主办的《全国新书目》半月刊,可检索1951年以来出版的书目。论文索引更多,如中国社会科学院历史研究所资料室和北京大学历史系合编的《中国史学论文索引》(中华书局1980年出版),可以查1949年新中国成立前的史学论文;1995年中国社会科学院历史研究所又编有《中国史学论文索引》出版。上海图书馆主办的《全国报刊索引》有每月出刊的哲学社会科学版,并有数据库,

① 参见《关于唐代“乡”的两点商榷》,《中国史研究》1986年第4期;《唐代的“宽乡”与“狭乡”》,《西南师范大学学报》(哲学社会科学版)1994年第1期。

可通过其网站(网址:WWW.CNBKSY.COM)进行检索;中国人民大学书报资料中心出版有复印报刊资料的多种史学期刊,中国古代史有“先秦秦汉史”“魏晋南北朝隋唐史”“宋辽金元史”“明清史”等几种期刊,每期除精选部分论文复印外,还有收罗齐全的论文索引;中国历史学会编辑的《中国历史学年鉴》(人民出版社出版)每年一期,每期除介绍一年史学研究情况、学术讨论会和中外学术交流、考古文物发现外,还有历史新书书目和报刊历史论文目录。此外,各史学会和院校历史系编印的史学论文索引很多,如复旦大学历史系资料室编《中国古代史论文资料索引》(上海人民出版社1985年出版),可查1949—1979年间中国古代史论文;中国唐史学会编《中国唐史学会会刊》每年一期,除介绍学术活动外,有一年隋唐五代史论文目录索引,其他中国古代史的断代或专题史学会大多如此。这些都是我们的搜集资料的工具书。只要我们善于利用这些目书和论文索引,就能比较顺利迅速地找到所需资料的线索。

“顺藤摸瓜”,说的是如何从一部大书中查找资料的方法。要从一部大书中寻找你所需要的资料,除了听过别人介绍、看过别人论著涉及外,最直接的办法是通过阅读该书的凡例、前言和目录,了解这部书的体例,弄清它的编排方法。如果把你所需资料比作是“瓜”,那么首先要判断那些“藤”上结有你所要的瓜。从目录上选定“藤”,用快速浏览的方式,顺藤摸“瓜”。一旦发现有所需资料的身影,便要放慢阅读速度,前后联起来,仔细品味分析,考察是否确有于你有用的东西。比如要从200卷的《通典》中寻找经济史或政治制度史资料,如你手中的书是商务印书馆出版的《通典》,那么你从阅读《李翰序》、杜佑在卷一所写“篇第之旨”和通典总目,便可知道你要查阅的主要是《食货典》或《职官典》。翻到每个典,又有子目,有的子目下还有细目。每个子目、细目都是从古至唐之天宝年间,按朝代叙述其沿革,肃宗代宗以后间或有所记载,附于自注之中。要是你查找唐朝资料,则在每个条目的最后部分。又如要从1000卷的《册府元龟》(中华书局1960年影印本)查找唐代经济史资料,你阅读过《四库全书总目提要》卷135子部类书类对该书的提要、陈垣《影印明本册府元龟序》和中华书局编辑部影印组写的《校印后记》,便知道《册府元龟》所采用的唐五代史事,不只是用《旧唐书》《旧五代史》,而用了当时尚存在的唐五代各朝实录、国史、诏令疏奏、诸司吏牍等,这是此书唐五代部分宝贵之处,史料价值甚高。再从《册府元龟·目录》知道经济史资料比较集中的是在三十一部中的邦计部。邦计部从卷483至卷511共28卷，分总序（经济制度演变史）、选任、才略、褒宠、经费、济军、输财、户籍、迁徙、赋税、蠲复、山泽、田制、河渠、漕运、钱币、平籴、常平、屯田、榷酤、关市、丝帛、俸禄、鬻爵赎罪、重敛、希旨、交结、旷败、诬绩、贪污共30个子目，记述上古至唐五代有关国家财经、官民生计的史事，每个子目的记事都是按朝代时序，故唐朝的资料可以顺利查到。在一部大书中，采用"顺藤摸瓜"方法查找资料，就是尽可能地做到有目的地查找，不致盲目乱翻，浪费时间。

"跟踪追迹"，是从二、三手资料追索原始资料的方法。当你不知道所需原始资料从哪里寻找，便可从二、三手资料，即后人近人论著中使用的有关资料入手去进行追索，或者你见到别人论著中使用的资料，和自己需要搜集的资料有关，于是，你就从它注明的出处，去查阅原书，并力求查到最早、距历史事件发生时地最近的记载。这样做是完全必要的，很有益处的。第一，可以证实二、三手资料是否准确可信；第二，可以扩大资料来源，因为查到的原书中往往还有更多的你所需资料；第三，可以不受论著作者对资料的看法和理解所影响，有助于形成自己独立的见解，这点非常重要。史学研究切忌仅仅转用别人引用的资料，满足于转引二、三手资料的人，是懒汉，是没有出息的。因为这样做，常常只能人云亦云，在别人的框框里打转。凡是认真做过研究的人都知道，只有直接使用原始资料，通过对原始资料诠释、理解、分析，才能形成自己的、有别于他人的看法，才能做得出有新意的研究成果。这里举两个例子。我们学院一位老师在探索唐代户部使（唐后期财政三司使职之一）的僚佐时，读到《历史研究》一篇文章[①]，认为户部使司的僚佐还有"判官"，并举出张祎曾做过"户部判官"，注明资料出处是《旧唐书》卷162《张正甫附祎传》。如满足于二手资料，只能跟着别人说，户部使司的僚佐，除判案郎官、巡官外还有判官。但是，他查到《旧唐书》张祎传，仔细寻绎其文，却大起怀疑。该传云："（张祎）释褐汴州从事，户部判官，入为蓝田尉、集贤校理"。第一，论文作者只引前面二句，没引后句"入为蓝田尉、集贤校理"，给人的印象是张祎作汴州从事后，便作了户部使司的判官。户部使司的判官当然是在户部使的治所京师。如果把后一句联系起来，"户部判官"之后，才"入"为蓝田尉、集贤校理。蓝田县在京兆府，"入"就是进入京师作蓝田县尉，兼集贤殿书院

① 杜梭：《唐代户部使司与原户部司异同辨》，《历史研究》1990年第2期。

校理。可见作蓝田尉之前张祎不在京师，故“户部判官”不会是在京师户部使司做官。第二，张祎所任“户部判官”，按其历官次序，排在“从事”与“蓝田尉”（集贤按理是无品秩的差遣职，其本官为蓝田尉）之间。唐代州一级官吏没有“从事”的正式职称，史籍中出现的“从事”，应是以汉魏旧名泛称其佐吏。蓝田县是京兆府的畿县（其等级次于京县），畿县尉的品秩为正九品下。那么张祎在任蓝田县尉之前作的“户部判官”，其资格不会高出正九品下。而户部使司僚佐，任判案郎官的郎中是五品，员外郎是六品，在史籍上见过一位任户部巡官的杨玢，其本官为秘书省校书郎正九品上[①]，故从官资品秩看张祎也不大可能是户部使司的僚佐。第三，从传文看，张祎作的“户部判官”很可能是汴州从事的一个职务，或是汴州户曹胥吏，或是汴州佐吏中分管户部贮于该州的粮食物资者，“户部判官”不过是誉称而已。总之，不能以此证明户部使司有“判官”的僚佐。再举一个例子，一位老师在考察唐代度支巡院的实际职能时，看到《北京师范学报》1989年第5期论述唐朝巡院的监察作用和地位的文章，说从宪宗开始将监察地方官吏的任务，寄希望于巡院身上，举证的资料便是《全唐文》卷60宪宗《置两税使诏》中一段话：“今度支盐铁，泉货是司，各有分巡，置于都会。爰命帖职，周视四方，简而易从，庶协权便。政有所弊，事有所宜，皆得举闻，副我忧寄。”这道诏文《唐会要》卷84《两税使》有全文，卷87《转运盐铁总叙》有节文，《册府元龟》卷483《邦计部·总序》有节文。这里录的只是诏文中一小段。他认真阅读诏书全文，经过仔细分析，认为诏文的中心意思与论文作者说的不符合，它不是“将监察地方官吏的任务寄希望于巡院”的诏文，而是赋予盐铁留后和度支巡院以两税使的名义，考察两税法的“弊”“宜”，提供解决难题的办法。为什么这样说呢？诏文开头一段说：两税法初极便民，但现在出现了两难的问题，即“粟帛转贱，赋税自加，民不堪命”，而“国用斯切”又不能减税。接着道出颁发此诏的用意，即“须务通济，令其便安”，就是说，想找到一个使“国”和“民”都过得去，两方都能“便安”的办法。接下来说的就是任命两税使的原因：本来想“遣使臣巡行国邑”，来做这件事，恐怕劳而不周（“邮驿所届，岂免烦劳，召车遽驰，曾未周悉”），因此，为了“简而易从，庶协权便”，把这项任务交给置于各地都会的巡院，以兼任两税使的名义，赋予留后巡院

① [唐]钱翊：《授户部巡官秘书省校书郎杨玢武功县尉充集贤校理》，[清]董诰等编：《全唐文》卷831，北京：中华书局，1983年影印，第8766页。

官对“政有所弊,事有所宜,皆得举闻”的权力。这里的“政”“事”,联系前文自然是指两税法。要留后、巡院以两税使名义把两税法实行中“弊”的、“宜”的都向朝廷“举闻”,希望能找到两全其美的解决难题的办法。望“各奉所职,期于悉心”,不辜负皇帝的重托和希望。通过这样直接地原原本本地解读诏书全文,避免断章取义,才不致轻信别人,才有自己的看法。最后还要说一下,如果受条件限制,实在无法查到原书,不得不转引别人论著上的资料,特别是引文,一定要注明转引自什么论著。即使如此,也宜慎用。

(三)编制提纲

资料搜集大体完成之后,就是说预计要查阅的古代史籍和近人论著都过了一遍,有用的资料都摘录储存起来了,便可进入第三个步骤,编制提纲。编制论文提纲,实际上就是确定论文主题思想,论文的形态,设计论文结构和表述形式的工作。就是说,这些工作要在编制提纲过程中确定下来。

编制论文提纲的工作一般是从整理资料开始。整理资料,先是将搜集到的资料进行逐条分析,看它反映的是什么内容,准确真实程度如何,必要时还须加以考辨,并要考虑它的用途。分析的结果可注在该条资料的后面,同时在资料前面做个标题,以供分类和检阅。逐条分析资料是基础工作,很重要,要做得仔细扎实,有些资料常常要反复推敲。分析之后,对资料进行归类排列。根据你查阅资料、分析资料过程中形成的认识和所拥有资料的情况,对资料进行分类,大类中又可分小类,每类资料又排列出次序,这样,使资料板块化或系统化,成为有一定系统或逻辑的资料长编。在资料整理过程中你就会逐渐形成对所研究历史问题的基本看法,逐渐明晰你要表达的主题思想,也逐渐会明确所写论文的形态。

编制论文提纲,就是根据资料长编,按照你的基本看法和要表达的主题思想,拟出论文的大小纲目。一般说要拟到三、四个层次,即你的论文分哪几个大部分,每个部分写哪几个问题,每个问题有哪几个要点。详细一点的提纲,还可注明哪个问题或要点使用哪些资料。

论文纲目的编排,要和你确定的论文形态相吻合。一般而言,史学论文大体有四种类型,即论理型、论史型、考辨型、混合型。论理型的论文,多是以历史事实为例,通过逻辑推理,来论证某个或某些史学理论或历史理论问题,其出发点和归结点都是有关历史学或历史本体的理论问题。例如《谈让步政策的研究问题》[①]《按照马克思主义基本观点认识“动力”问题》[②]《学习毛泽东关于中国古代农民战争的论述》[③]《从历史认识看论史关系》[④]《论郭沫若的历史人物评价标准》[⑤]等,分别是论述让步政策、历史动力、农民战争、论史关系、历史人物评价等历史理论问题,都属于论理类型。论史型的论文,是就一个或一些历史事物,如历史事件、历史人物、典章制度、政策措施、思想文化等等,进行论述,或论述其产生、发展、变化,或论述其原因、经过、结果,或论述其内容、形式、本质,或论述其源流、关系、影响,或论述其特点、异同、规律,或论述其作用、价值、意义,凡此等等,常见的史学论文,很多是属于这一类。这里也举四篇文章为例:《关于武则天的几个问题》[⑥]《唐代河南漕路述论》[⑦]《唐代户部使的产生》[⑧]《汉唐财政职官体制的三次变革》[⑨]这几篇文章,分别是对历史人物、地区漕路、职官、财政制度这些历史事物进行论述。考辨型史学论文,是对历史事物(事件、人物、制度、措施、思想等)的有无、是非、真伪、异同、源流、关系等进行考证论辩。这里也举四篇文章为例:《唐代转运使成为固定职官考》[⑩],考证唐代转运使的产生和由临时使职成为固定使职的过程;《关于唐代“乡”的两点商榷》[⑪],是关于唐代“乡”的商榷辩驳;《〈资治通鉴〉中华书局标点本第15册正文识误》[⑫],是对《通鉴》部分正文错讹的分

① 《西南师范学院学报》(哲学社会科学版)1979年第1期,又见人大报刊复印资料k1《中国古代史》1979年第11期。

② 《西南师范学院学报》(哲学社会科学版)1980年第2期,又见人大报刊复印资料B1《哲学研究》1980年第15期。

③ 《重庆社会科学》1984年第1期。

④ 《西南师范大学报》(哲学社会科学版)1991年第3期,又见人大报刊复印资料K1《历史学》1991年第9期。

⑤ 《史学理论研究》1994年第3期。

⑥ 《历史研究》1978年第8期。

⑦ 唐宋运河考察队编:《运河访古》,上海:上海人民出版社,1986年。

⑧ 《历史研究》1995年第3期。

⑨ 《西南师范大学学报》(哲学社会科学版)1997年第1期,又见人大报刊复印资料F7《经济史》1997年第2期。

⑩ 《西南师范学院学报》(哲学社会科学版)1982年第1期,又见人大报刊复印资料K2《中国古代史》1982年第4期

⑪ 《中国史研究》1986年第4期。

⑫ 《西南师范大学学报》(哲学社会科学版),1992年专刊《古籍整理与研究》。

析辨识；《〈新唐书·食货志〉辨误二则》[1]是对《新唐书·食货志》关于均田令二条误载的辨正。混合型史学论文，一篇论文中既有论史，也有论理或考辨，或者以一种为主，兼有其他，可称为混合型论文。这种类型比较多见。也举四篇论文为例：《唐代前期的地方监察制度》[2]《唐代度支职事由简变繁论略》[3]《唐户部司职事由繁变简述略》[4]《跋〈龙山公墓志〉》[5]，这些都是论史、考辨兼有，而主要为论史的文章。以上所说四种不同类型史学论文，其提纲编制也自然有所不同。论理型论文的纲目应注重按逻辑论证层次编排；论史型论文的纲目则可根据其论文的重点、特点、要点、层次、过程编排；考辨型论文的纲目，或按一定顺序，或按一定层次排列即可；混合型论文的纲目，如侧重论史则与论史型论文纲目编排基本相同，侧重其他的也是一样。这里试举一个以论史为主的混合型论文提纲：

《贞观治世与开元治世之比较》

前言

①历史上的治世观

②两个治世研究的历史与现状

③研究两个治世的目的

④研究重点

⑤研究方法

一、贞观、开元两个治世出现的社会历史背景

1. 贞观治世的背景

①社会经济背景

②政治背景

③文化思想背景

2. 开元治世的背景

①社会经济背景

---

① 《传统文化与古籍整理研究》，重庆：西南师范大学出版社，1994年。

② 《中国史研究》1989年第2期，又见人大报刊复印资料K22《魏晋南北朝隋唐史》1989年第6期。

③ 《魏晋南北朝隋唐史资料》第11期，《唐长孺教授八十大寿纪念专辑》，武汉：武汉大学出版社，1991年。

④ 《唐史论丛》第7辑，西安：陕西师范大学出版社，1998年。

⑤ 《西南师范大学学报》（人文社会科学版）2002年第2期。

②政治背景

③文化思想背景

3.两个治世背景的异同

①相同之点

②不同之点

③异同点之分析

4.社会历史背景对治世的影响

①影响治世之水平

②影响治世之特点

③影响治世之走向

二、贞观、开元两个治世的成就比较

1.贞观的成就

①社会经济成就

②政治(含军事、民族)成就

③文化成就

2.开元的成就

①社会经济成就

②政治(含军事、民族)成就

③文化成就

3.两个治世成就的异同

①相同之点

②不同之点

③各自特点及其原因分析

三、两个治世高层统治集团及其治国方略之比较

1.两位皇帝素质之比较

①太宗之素质

1)社会经历

2)教养

3)才能

4)品质

5)爱好

②玄宗之素质

1)社会经历

2)教养

3)才能

4)品质

5)爱好

③两位皇帝素质之异同

1)相同之点

2)不同之点

3)各自特点及其原因分析

4)各自特点及其影响分析

2. 两代宰相之比较

①两代宰相概况

1)贞观宰相概况

2)开元宰相概况

②两代几个主要宰相之比较

1)房玄龄、杜如晦、魏徵

2)姚崇、宋璟、张嘉贞、张九龄

3)两代主要宰相之异同

4)特点及其原因、影响之分析

3. 两代治国大政方略之比较

①贞观治国大政方略

②开元治国大政方略

③贞观、开元治国大政方略之异同

4. 高层统治集团与治世之关系

①皇帝与治世

②宰相与治世

③中下层统治者与治世

1)高层统治者与中下层统治者

2)中下层统治者与治世之关系

四、后贞观、开元时期之比较

1.后贞观时期

2.后开元时期

3.两个后治世时期之异同

4.治世与后治世时期之关系

结语

①两个治世的必然性与偶然性

②两个治世的典型性与局限性

③两个后治世历史的启示

拟定论文的大小纲目,并按一定秩序排列起来,就算基本制成了论文提纲。这样,你的脑子中便有了一篇论文的轮廓,心中便大体有数了。

(四)撰写初稿

第四个步骤,是按照提纲,根据资料,通过史学思维,把题目所定的历史问题,形成系统的认识,用文字表述成初具规模的文稿。这就是撰写初稿。初稿是论文的雏形,论文水平的高低,初稿质量是基础。

撰写初稿要遵循提纲,但又不要受提纲束缚。撰写文稿过程中,对提纲作某些变动补充修改,是常有的事。

撰写初稿要根据资料,然而资料中蕴含的历史信息,是要你加以解读,才能成为你表述历史认识的根据。

决定初稿质量的关键,是历史思维。史学论文是历史思维的结晶。撰写初稿的过程,主要是撰写者进行历史思维的过程。历史研究者多年积累的历史思维功力,历史专业学生几年来所受历史思维能力的培养和训练,都要在撰写文稿过程中付诸实践,派上用场,受到检验。历史思维能力是要通过历史思维方法的应用才能表现出来,善于运用历史思维方法,对于提高史学论文质量的作用,是不言而喻的。这里简单地谈谈历史思维方法。

在史学方法体系中，科学思维方法是核心，是中坚，而理论指导方法（或称导向性方法）是前导，实际操作方法（或称技术性方法）是后续。因为科学思维方法是探求历史真理，揭示历史事物特点、本质、规律、价值的方法，它利用史料鉴别整理所提供的历史事实，经过科学思维以及后续的实际操作而获得历史认识的成果。所以，科学思维方法在史学方法运行中起关键作用。

历史的方法和逻辑的方法是历史思维的两种基本方法，是研究历史问题无处不用、无所不在、不可须臾或缺的方法。当然也不能把它们说成是只此一家别无分店的唯一方法，其他如历史联系的研究方法、历史价值的研究方法等，也应属于思维方法的范畴。

历史的方法，就是人们在研究历史事物时，遵照对象的自然过程进行，以揭示其本质和规律的思维方法。研究对象的自然过程，包括依照时间顺序的运动过程、内部要素的结构过程和外部条件的制约过程。历史研究中怎样运用历史的思维方法呢？第一，要按照作为研究对象的历史事物（历史事件、人物、制度、经济、政治、文化思想等）自身运动的时间顺序进行考察。中国古代史籍中的编年体史书，纪传体史书中的本纪、年表、月表，人物年谱等，体现有这种思维方法。司马迁说的"原始察终"。列宁说的"判断历史的功绩，不是根据历史活动家没有提供现代所要求的东西，而是根据他们比他们的前辈提供了新的东西"[①]。斯大林说的"奴隶占有制度，从现代的条件看来，是不可思议的现象，是反常的荒谬事情。然而在原始公社制度瓦解的条件下，奴隶占有制度是完全可以理解的、合乎规律的现象，因为它同原始公社制度相比是前进了一步"[②]。毛泽东在《抗日战争胜利后的时局和我们的方针》一文中说："国民党怎么样？看它的过去，就可以知道它的现在；看它的过去和现在，就可以知道它的将来"[③]。这些关于考察历史、判断历史功绩、看待社会历史制度、判断历史事物走向等精辟见解，无不包含遵循历史事物自身运动时间顺序的原则。第二，要把历史事物作为一过程来进行考察。广义的历史，就是指一切事物的过程，发生、发展、衰亡或转化的过程。人

① 列宁：《评经济浪漫主义》，《列宁全集》第2卷，北京：人民出版社，1979年，第150页。

② 斯大林：《论辩证唯物主义和历史唯物主义》，《斯大林选集》下卷，北京：人民出版社1979年第429页。

③ 毛泽东：《抗日战争胜利后的时局和我们的方针》，《毛泽东选集》第4卷，北京：人民出版社1960年，第1123页。

类社会历史,就是人类社会的发展过程,从古至今的发展演变过程。任何历史事物,都有自身的发生、发展、衰亡或转化的过程。历史的思维方法之所有这个要求,其根据就在于此。韩非子在《五蠹》篇中,把他所处战国以前的历史,分为"上古之世""中古之世""近古之世""当今之世"。意大利历史哲学家维柯在1725年发表的《关于民族共同性的新科学原理》中指出:每个民族的历史进程,正如一个人的生命历程要经过童年、青年和壮年一样,无例外地要经过神权时代、英雄时代、人权时代三个阶段。这些都包含着把历史看作一个演变过程的思想因素。列宁指出:马克思把社会看作服从于一定规律的自然历史过程[①],马克思主义的唯物史观则自觉地明确地把社会历史作为个过程来进行研究。历史的思维方法,就是要求把历史事物如实地作为一个过程,研究其过程各个阶段的特点,各个阶段如何转换,只有这样,才能把自然形态的历史,在观念中正确地反映出来,达到认识历史,揭示历史本质和规律的目的。第三,要把历史事物作为一个由各种要素结构而成的有机体来进行考察。人类社会历史及其任何历史事物,都是由多种要素结构而成的有机体。这里说的"有机体"是指:(1)各种社会要素是按照一定法则结构的,而不是随便配搭的;(2)是经常处在发展变化中的,而不是静止不动的,僵死的;(3)之所以处在经常发展变化中,是它的内部要素之间相互联系相互制约,存在对立统一的机制。因此,以历史的思维方法研究历史事物,要如实地把研究对象看作是一个由各种要素结构而成的有机体,不仅要考察各个构成要素及其功能,还要考察各个要素是怎样结构起来的,还要考察这个有机体如何发挥着各单个要素所不具有的整体功能。例如研究司马光这个历史人物,20世纪五六十年代着重他反对王安石变法的保守性,忽视了他前期也曾有改革积弊的积极主张,以及他的思想中有某些可肯定之处。80年代重评司马光,肯定了他积极的思想和主张,又有人把他反对王安石变法也说成是"进步"行为。这就没有把司马光如实地看作是一个由各种要素结构而成的历史人物,构成司马光的多种要素中,既有积极的要素,又有消极的要素,因此才成某一个活生生的

---

① 列宁在《什么是"人民之友"以及他们如何攻击社会民主主义者》第一编中,引用马克思的话"社会经济形态的发展是一种自然历史过程"(《资本论》第1卷第1版序言)并有"把社会发展看做自然历史过程","把这种(社会经济)形态的发展认为是自然历史过程","社会经济形态发展的自然历史过程"的表述。见《列宁选集》第1卷,北京:人民出版社,1972年,第4-6页。

有鲜明特色的历史人物。第四,要把历史事物放到一定的历史范围之内进行考察。列宁说过:“在分析任何一个社会问题时,马克思主义理论的绝对要求,就是要把问题提到一定的历史范围之内”①。又说,马克思主义辩证法要求,“是对某一事物及其环境和发展进行具体的分析”②。人类社会中各种事物,都是在特定的历史条件下产生和发展,必然要受特定历史条件的制约,要认识这些事物,就必须把它放到所处的历史条件下来进行具体分析。研究历史事件和人物重视社会背景分析,当今重视环境(自然环境、人文环境)考察,所谓时势造英雄等等,无不是着眼于社会历史条件。阶级社会历史人物的本质,只有把他放在所处的阶级结构、阶级矛盾的环境中进行具体分析,才能看得清楚。探讨历史事件发生的原因,只能把它放在当时特定的历史条件下来进行,因为事物发生发展变化的原因,总是内因和外因的辩证结合。这里说的外因,就是它所处的外部条件。第五,以历史的思维方法考察历史,既要重视大事件、必然事件,也不放弃小事件、偶然事件,否则便不能如实地再现历史的具体性、生动性和丰富性。

逻辑的方法,有形式逻辑的方法和辩证逻辑的方法。史学研究中应用的逻辑方法,既包括前者,又包括后者,而主要是后者。这里只能简单介绍几种基本的方法:(1)比较与联想,是思维过程中两个对立统一的逻辑方法。比较是同中求异,联想是异中求同,二者的对立统一,推动着人们对包括历史事物在内的客观事物之间异同关系的认识不断深化。(2)归纳与演绎,是人类思维的基本方法。归纳是从许多个别或特殊的事物中概括出一般原则、原理或规律的思维方法;演绎是从一个一般性的原则、原理、规律出发,去认识或说明个别的或特殊的事物的思维方法。这是人们认识事物的两条相反的思维途径。在历史研究中被广泛应用。(3)分析与综合,是人类在长期实践中积累起来的重要思维方法。分析是把事物的整体分解为部分而分别加以考察的思维方法;综合是把事物的各个部分统一起来,联结起来,形成整体认识的思维方法,二者又各有多种形式。分析与综合在史学研究中经常使用,尤其对史学新知识探求,史学概念的形成,史学理论体系的建立,具有重要的作用。(4)抽象与具体,是与分析和综合紧密联系的

① 列宁:《论民族自决权》,《列宁选集》第2卷,北京:人民出版社1972年,第512页。

② 列宁:《论尤尼乌斯的小册子》,《列宁选集》第2卷,第850页。

思维方法。抽象,是把客观事物的某一方面特性与其他特性分离开来,或者把事物多种属性的共同的东西提取出来,进行单独研究,以形成抽象规定的思维方法;具体,是把事物许多抽象的规定形成统一整体即理性具体的思维方法。抽象和具体的方法具有普遍的认识论和方法论意义。对历史研究来说,它指示了认识历史真理的思维途径和提供了达到历史真理认识的思维方法。

历史研究的科学思维方法,与研究成果的质量有重要关系。史学工作者对科学思维方法的掌握和运用,有一个日积月累的熟练过程。只要在这方面提高自觉性,勇于实践,就会有成效的。

撰写初稿在具体操作上也有一些值得注意的事:如撰写初稿时不必注意文字雕琢,只求能表达自己的看法就行,如果开始撰写就过于注重文字修饰,会影响对内容的思索;又如撰写初稿最好集中时间,一气呵成,避免外界影响中断思路,如果出现个别不好解决的疑难问题,或出现缺乏资料的情况,宁愿搁置一边,存疑存缺,继续往前写,直到初稿完成,回头再来解决;撰写初稿要用自己的语言,自己的表达方式;引用原始资料要适合自己的论述逻辑,引用多少要适当,要遵循规范作法;切忌照抄别人论著的现成语言;等等。

(五)修改定稿

最后一个步骤是把初稿修改成定稿。

文章的修改很重要,许多大家的文章都是经过反复修改而成的。历史上,王充写《论衡》,“户牖墙壁各置刀笔”[①],准备思想所及,随手可在简牍上进行修改。唐代诗人贾岛的“推敲”故事[②]是众所周知的。从鲁迅、郭沫若的手稿,可以看到他们反复修改文章的痕迹。有人说文章是改好的,这话有一定道理。因为,文章修改过程,实际上就是认识深化,提高论文质量的过程。

怎样看待一篇史学论文的质量呢?史学论文质量的优劣,大体可以从四个方面考察:第一是选题的意义。论文所确定的研究对象,赋予的研究目的,是否具有学术意义,其学术意义有多大?是否具有社会意义,有什么社会意义,其社会意义有多大?第二是资料的收集与应用。从论文使用资料的情况表明,作者

① 《后汉书》卷79《王充传》,北京:中华书局,1959年,第1629页。
② [南宋]胡仔:《渔隐丛话》前集,卷19,《景印文渊阁四库全书》第1480册,第149-150页。

是否全面掌握了研究对象的基本资料,参照资料和近人有关论著涉猎情况如何?对资料的解读和应用是否正确?第三是内容的创新与论证。论文的内容应该体现选题的目的和意义,最重要的就是创新性。是否提出了新观点,提出了什么新观点,这些新观点是否具有学术意义和社会意义?还有就是对新观点的论证,如果没有科学的论证,其观点再新也很难成立,很难令人信服,因此要考察其论证指导理论的科学性,论证根据资料的可靠性,论证使用方法的合理性。第四是文章的写作,包括论文构架和层次安排是否适当,文字表述是否合乎要求以及引文、注释、标点是否规范。衡量历史专业学生毕业论文质量的标准也应基本如此。

论文初稿修改目的既然是提高其质量,那么修改工作就应瞄准史学论文的质量目标,以最大的努力,使论文接近高标准。

论文修改除了明确修改方向之外,还应讲求方法。论文修改大体上有内容修改、文字修改和资料核对等几项工作。内容修改,要由大而小,由粗而细,循序进行。首先,审视论文的主题思想。初稿中,主题思想是否表达明确,还有什么不够而需要补充、修改的地方。先解决这些关系全局的大问题。其次,对论文的布局、结构和表述层次进行审视,发现问题,进行调整、增减。然后逐段进行修改,逐段修改主要是改正论点不明确,资料使用不妥,论证方法不当的地方。切忌一开始就陷入文字修改,内容修改完成后,再着重进行文字修改。文字修改,在于审视文句是否符合逻辑思维的规则,遣词造句是否合乎语法,文字书写和标点符号是否准确规范,改正其需要修改的地方。最后,还要进行资料核对。论文中征引的原文、数据、年代、人名、官名、地名等,容易发生笔误,很仔细的人也在所难免,要避免错误,唯一的方法就是认真核对。如果你搜集资料时把摘抄的资料与原书做过了仔细核对,便可用摘抄资料进行校正,而最可靠的是与原书核对。核对工作一点不能马虎,必须一丝不苟地进行。

做完上述步骤的工作,史学论文的写作算是基本完成了。历史专业学生的毕业论文,还要按照要求写一个200字以内的"内容提要",并提出3~5个"关键词",置于题目、作者之后。还要将题目、作者、提要、关键词译为英文,或放在内容提要、关键词之后，本文之前，或放在论文之末。然后着手做论文答辩的准备工作。

怎样撰写史学论文或毕业论文，是一个实践性很强的工作。前人、别人的好方法，要经过自己实际应用，才能成为自己的有效方法。更为重要的，是要根据自己的条件和习惯，摸索出一套适合自己的方法，那才是得心应手的好方法。

原文《怎样写毕业论文》载《重庆史学》1991年第2期，此文系2006年补充修改而成。

谈我国历史资源的开发

我们伟大的祖国，地大物博，人口众多，历史悠久，这是众所周知的。为了社会主义现代化建设，我们正在大力开发土地资源、矿藏资源、水利资源、森林资源等各种自然资源，也大力开发人力资源。可是，悠久的历史，却很少被人看成资源。其实，这也是一种建设社会主义精神文明和物质文明的宝贵资源，可以称为历史资源，应该加以开发和利用。为此，谈谈个人看法，仅资参考。

一、什么是历史资源

历史资源是人类历代社会生活过程中的遗存，而这种遗存可以为人类现在以及今后的社会生活所利用。简单地说，历史资源就是可供开发利用的人类历史遗存。

历史遗存，从表现形态上看，可以分为实物遗存和文字遗存。实物遗存中，一类是人们在漫长的社会生活过程中遗留下来的生产工具、生活用具（包括衣食住行、军事、政治、艺术、宗教等广义的生活）以及建筑、工程、设施等，一般称之为历史文物；一类是人们遗留下来的居住地址及其生活痕迹，一般称之为历史遗址或文化遗址；还有一类是人们死后，遗体掩埋的墓葬。其生产工具、生活用具等历史遗物，常常是从历史遗址或墓葬中发掘出来的，而建筑工程设施，不过是尚未毁坏或未完全毁坏的居住、生产、灌溉、交通、御敌、宗教诸种社会生活的遗物。文字遗存，是在陶、骨、金属、竹、木、石、帛、纸等物体上面，用文字记录下来的人类社会生活，如我国历史上的甲骨文、金文、简牍、帛书以及浩瀚的史书、碑铭、墓志、笔记、方志、道书、佛典等等。文字遗存的开发利用已经受到相当的重视，本文着重论述实物遗存的开发利用。

为什么历史遗存可以称为资源呢？因为它可以为现在的人们所利用，并且可以在今后的社会生活中发挥效益。马克思主义的历史唯物论已从理论上指出了人们利用历史遗存的必然性。一位经典作家在《辩证唯物主义与历史唯物主义》中说："每一辈新人开始生活时，他们就遇到现成的生产力和生产关系，即前辈人工作的结果，因此新的一辈在最初必须接受他们在生产方面遇到的一切现成东西，必须适应这些东西，以便有可能生产物质资料。"①这就是说，人生下来总是在一种既成的社会中生活，新的一代人开始生活的时候，不能自由选择，只能利用前人已有的物质生产资料来谋求生活，这就意味着必须利用历史遗存，历史遗存实际上已经成为资源。当然，人类社会发展到今天的程度，不能说只是因袭的结果，关键在于创造。一代比一代创造出更进步的社会生产力，谋得更高级的社会生活。然而，任何一种推进社会的创造，并不是凭空而来的，必然是在吸取前人成果的基础上实现的，这也意味着离不开历史遗存，历史遗存实际上也起着资源的作用。人类社会正是在利用历史遗存的基础上，一步一步地前进着。因此可以说，历史遗存也像土地、矿藏、水源那样，是人类社会生活所必须，是人们开拓社会新生活中一定要加以利用的资源。

历史遗存和土地、矿藏、水源一样，可以为人们开发利用，产生社会效益，这是历史资源与自然资源的共同点。然而，历史资源还有它不同于自然资源的地方。自然资源是自然的赐予，历史资源则是人们祖先劳动和智慧的成果。自然资源经过人们开发、加工之后，转换成为物质资料（生产资料和消费资料），在人们的物质生活中发生效益；历史资源被发现、发掘出来，经过一定研究，弄清它的本来面貌和社会价值之后，无须加工改造，便可成为精神资料，在人们的精神文化生活中产生作用。因此，自然资源属于物质资源，历史资源属于精神资源。但是，正如一个国家、一个民族，它的物质资源丰富，不仅是人民富裕的衣食之源，还能使人民增强民族自信心和爱国感情，物质资源可以影响精神生活，同样，精神资源丰富，不仅是一个国家、一个民族文化发达的源泉，还可以利用它来繁荣

---

① 斯大林：《辩证唯物主义和历史唯物主义》，《斯大林选集》下卷，北京：人民出版社，1979年，第451页。

经济,使精神资源促进物质生活。这可以说是社会生活的辩证法。事实表明,历史遗存这种精神资源,已成为现代社会生活发展的一种宝贵的资源。

一切资源都是财富。历史遗存也是一种社会财富,具有财富的共同属性——使用价值。“历史文物比金子还珍贵”,说出了历史遗存还有一般财富不具备的特点。金子,不仅有使用价值,还有交换价值,公认为最珍贵的财富。为什么说作为历史遗存之一的文物比金子还要珍贵呢?金子虽然稀有,但它还可经过勘探、开采、冶炼而生产出来,历史文物则不能生产,不能再造,毁坏一个就成为永远不可弥补的损失。发掘文物,是把过去制造而埋藏在地下的器物寻找出来,这和开矿采集自然物质的金子是不相同的。更重要的是,金子主要是满足人们的物质需要,历史文物则直接丰富人们的精神生活。

二、我国有丰富的历史资源

中国是人类发源地之一,又是世界文明古国,有3000多年文字可考的历史,有一直生活繁息在这块土地上的中华民族,有素称发达的经济文化,这些因素构成了我国丰富的历史资源。

我国已发现距今约170万年的元谋人遗址和遗物,还发现了旧石器时期的蓝田人、北京人、丁村人、长阳人、马坝人、桐梓人、柳江人、山顶洞人、峙峪人、资阳人等。新中国成立后的三十五年里,全国除福建、新疆两个省区之外,各地都已找到旧石器时期的遗址。新石器时期遗址更是遍及全国,至今公布出来的已达7000来处。西安半坡村遗址、浙江余姚县河姆渡遗址、山东泰安大汶口遗址,都是世界上著名的新石器时期原始人类的典型遗址。大约公元前21世纪,我国已建立奴隶制国家,跨入了人类的文明时代。自从甲骨文所记殷商历史以后,历代都有文字记载的历史,有浩如烟海的历史典籍,同时又留下了大量的历史遗迹和遗物。

从全国范围来看,1958年国家公布的全国文物保护单位有5572个,其中重点文物保护单位,据1961年国务院公布的数字为180处。最近由国家文物事业管理局主编出版的《中国名胜词典》,所收30个省、区、市的名胜古迹共计4000多条,大多数是名著的文物古迹。就此而论,已经是世界各国不能相比了。

从一些省区来看，我国实际拥有的文物古迹，还远远不止上面说的数字。新中国成立后的三十多年里，河南省发掘古文化遗址有一百多处，发掘古墓葬一万多座，出土文物达几十万件之多，如安阳武官村大墓、洛阳隋唐含嘉仓遗址、鹤壁宋代煤矿遗址等，都是很有名的。永城一个县，有省、县级文物保护单位34处，其中新石器时期遗址10处，殷商秦汉明清遗址、墓葬、塔共20处，现代革命文物4处。陕西省有国务院公布的全国重点文物保护单位24处，省公布的重点文物保护单位283处。如唐代长安城遗址、秦皇陵兵马俑坑、周原遗址等，都是名扬中外的。江西省"文革"前有省级文物保护单位155处。1981—1983年全省文物普查，发现古文化遗址（包括古人类居住遗址、古城遗址、古陶瓷窑遗址、古矿冶遗址）800余处，古建筑（包括塔、桥、寺庙、牌坊、民居等）1000余处，古墓葬1400余处，收集到文物20000余件，还新定现代革命遗址、旧居500余处。①

从古建筑工程一项来看，我国有举世闻名的长城、运河、北京城、都江堰、灵渠、赵州石桥等，其他历代的庙宇、桥梁、园林、楼、台、亭、阁、塔、阙等遍布全国。苏州园林是江南地区宋元明清建筑艺术的精华。扬州市内有南北朝、隋唐以来的著名建筑10多处。河北清代皇室陵寝建筑群、北京颐和园、承德避暑山庄，是清代著名的建筑。四川"文革"前省级保护单位的古建筑有35处，其中汉代的14处，宋代的4处，元代的3处，明代的10处，清代的4处。

我国六大古都：北京、西安、洛阳、南京、开封、杭州，无一不是历史文物古迹荟萃之所。

以上列举的只是地面文物，至于还埋在地下，没有发掘出来的文物，那就难以数计了。这些都是我们祖先遗留下来的宝贵遗产，是我们值得引以为豪的历史资源。

我国的历史资源，在近代腐败政府统治时期，曾经遭受外国侵略者的疯狂掠夺和肆意破坏。新中国成立以后，党和政府对历史遗存很重视，曾经颁布过许多条例、法令、政策、规定，并采取一系列措施，进行保护、发掘和研究，还通过展览、陈列等活动，向广大人民群众进行爱国主义和革命传统的教育，为科学研究提供了大量的资料，在历史资源的开发利用方面取得的成绩是很大的。但是，从我国拥有的历史资源及其可能发挥的作用来看，从我们进行四化、两个文明建设的要

① 《江西历史文物》1983年第4期，第46页。

求来看，现在对历史资源的开发和利用还是十分不够的，还存在不少问题，需要我们进行深入调查研究，采取更加有力的措施来解决。其问题如：

(1)历史文物古迹受到破坏的情况仍然存在

“文革”期间，把历史文物古迹当成“四旧”大肆糟蹋。粉碎“四人帮”以后，大规模破坏是停止了，但是，有的地方不同情况的破坏还相当严重。文物古迹遭受破坏的情况大体有三种：一是自然的破坏，如风、雨、水、虫、禽、兽、阳光、气温、潮湿等对各种文物古迹的破坏；二是人为的破坏，有的是管理维护不善所致，有的是有意损毁，有的是偷盗等等，而有意损毁的情况中，有的由于“左”的虚无主义作祟，有的由于愚昧无知，有的由于不能正确处理同基本建设的矛盾；三是人为而通过自然形成的破坏，如人为的大气、水源等环境污染对文物古迹的损害。现在，三种破坏都不同程度地存在，尤其是后两种破坏，应该引起我们的高度重视，绝不能掉以轻心。

(2)现有文物古迹未能发挥应有作用

现在，出土文物数量已经不少，但多数堆放在仓库里，不少古迹沉睡荒原，没有能够发挥应有作用。考察其原因，第一是缺乏精通业务的管理人员，特别是受过专业训练、具有文物考古知识技能和实践经验的高级管理人员更为缺乏；第二是博物馆数量太少，现在世界上有博物馆三万多个，平均十五万人一个，而我国十亿人口，五百个博物馆，平均二百万人一个，远远低于世界平均水平。瑞士苏黎世一个城市有博物馆27个，和我国博物馆较多的省——陕西拥有数目相同。我国现有的五百个博物馆，除少数几个自然科学馆之外，其余全是历史和艺术馆，种类太单调，并且博物馆的质量也有待提高。南京博物院藏品之丰富，是故宫博物院以外任何馆不能相比的，但是笔者1984年暑期参观该院陈列之后，感到与期望有所不符，甚至不及有的省馆。

(3)文物古迹管理体制需要研究、改革。

三、开发历史资源的意义

我国丰富的历史资源没有得到很好的开发和充分的利用，有两个原因是比较重要的：一是我国经济发展水平不高，国家财力不充足，使历史资源的开发受到客观条件的限制；一是对开发历史资源的意义认识不够，特别是对这项工作在两个文明建设、在现代经济发展中的重要意义缺乏认识，甚至还有误解。由于后一个主观原因，往往使本来在一定财力下可以做得到、办得好的事而不能办成功。因此，有必要申述一下开发历史资源的意义。

(1)开发历史资源对社会主义精神文明建设有重要作用

《中华人民共和国文物保护法》总则第一条指出："为了加强国家对文物的保护，有利于开展科学研究工作，继承我国优秀的历史文化遗产，进行爱国主义和革命传统教育，建设社会主义精神文明，特制定本法。"这里从三个方面点明了保护文物的意义，并归结为社会主义精神文明的建设。文物古迹的保护是历史资源开发的一个环节，是利用的前提，它们的终结目的和意义是相同的，所以这里指出的也应该是开发历史资源的根本意义。

开发历史资源"有利于开展科学研究"，其道理是显而易见的。中国的历史遗存，就是一部形象的中国历史史料。恩格斯在《论日尔曼人的古代历史》一文中，把古代文物称为比文字史料"更明了的史料"，他还说，凡是文字史料"中断的地方，出土的文物都能接下去加以证明"①。这里指出了文物对研究历史的作用。的确，历史文物可以增补典籍的缺佚，订正史书的谬误，增强人们对历史的理解，是历史科学和其他有关学科不可缺少的宝贵资料。因此，历史资源越是开发得好，越是有利于科学研究的开展。

历史资源的开发有利于"继承我国优秀的历史文化遗产"，是因为历史遗存本身就属于历史文化遗产，又是我们探讨文化遗产源流和认识中国文化特色的必不可少的资料，也是我们吸取历史上各民族文化的精华，推陈出新，创造社会主义新文化的一个源泉。邓小平同志1981年春接见日本代表团时指出："一个民族的文化传统总是如河水长流，连续不断。中华民族更如长江大河，源远流长。斩断文化源泉，这个民族在精神上便枯竭了。"②这就清楚地表明，开发历史资源对于继承我国优秀的历史文化遗产具有多么重要的意义。

开发历史资源对于"进行爱国主义和革命传统教育"具有重要意义。历史遗

---

① 恩格斯：《论日尔曼人的古代历史》，《马克思恩格斯全集》第19卷，北京：人民出版社，1963年，第509、510页。

② 转引自胡乔木：《博物馆事业需要逐步有一个大的发展》，《新华文摘》1983年第7期。

存是中华民族形成、发展、壮大、繁荣的实录，是祖先们一代又一代用劳动和智慧开发祖国大地，构筑家园的见证，也是无数英雄豪杰用生命和鲜血写下的反抗黑暗统治、抗击外来侵略的不朽业绩的剪影，又是我们的革命前辈为建立新中国、实现共产主义伟大理想进行英勇斗争的光辉历程。因此，利用历史文物古迹，向广大人民特别是青少年展示这些形象的历史，便能收到爱国主义和革命传统教育的良好效果。中宣部、中央书记处研究室提出的《关于加强爱国主义宣传教育的意见》，要求做好十个方面的宣传中，有五个方面关系历史遗存，即宣传名胜古迹，宣传重大历史事件和著名历史人物，宣传历代杰出的文艺家及其作品，宣传历代杰出的科学家及其贡献，宣传历代文物。历史遗存是爱国主义教育的好教材。这种形象的教材，还有为文字教材所不及的功能，具有强烈的感染力。

从上述三点看出，开发历史资源涉及文化建设和思想建设两个方面，而且，历史资源开发出来之后，又可以成为广大人民群众增进科学文化知识和进行自我教育的好园地，成为中小学教育的辅助课堂。因此可以说，开发历史资源的工作，既是社会主义精神文明建设的一项内容，又是建设社会主义精神文明的一种手段，它在关系到社会主义兴衰成败的战略任务中应该有一定地位。

(2)开发历史资源可以对培养专业人才发挥积极作用

考古学和文博学，特别是田野考古，是技术性很强的学科，要求把理论和实践紧密地结合起来。培养这类专业人才的教学，不仅必须考察遗址、墓葬以及各种历史文物，而且还要亲自参加发掘、清理、修复等实践活动。因此，考古发掘现场、文博单位，便成为这些专业教学的重要课堂。培养历史学专业人才，对考古、文博知识和技能的要求，虽然不像考古、文博专业那样高，但是也要开设这方面的课程，也需要到考古现场、文博单位参观见习。所以，开发历史资源也就意味着为这些专业教育提供广阔的实习课堂，有利于提高教学质量，有利于多出人才，快出人才，出好人才。还要看到，这些专业人才的培养，又是开发历史资源的重要力量，又可以促进历史资源的进一步开发和利用。

(3)开发历史资源有重要的经济意义

历史资源开发工作之所以不能得到应有发展，其原因之一，就是有人把它单纯地看作消耗性的赔钱的事业，以为这类事业只有花费国家资金，没有经济收益，甚至把文物视为包袱，把它放在极不适当的地位。这是由于缺乏有关知识而造成的误解。其实,开发历史资源这种事业,经营得法,可以说既是聚宝盆,又是摇钱树,是积累资金,繁荣经济的一个不小渠道。

那么,开发历史资源的经济意义何在呢?这里略举几条:

第一,历史文物本身便是一种有价值的特殊物品。有价值,便可以成为商品,可以在市场上买卖。我国有国家经营的文物商店便是明证。但是,历史文物又是不能再生产的特殊物品,应当绝对禁止珍贵文物出口。对一般文物的出售也应当采取极审慎的态度,严格控制,限定在适当的范围。

第二,古建筑样式的设计建造技术及其资料,制造古器物的某些特种工艺技术及其资料,是我国拥有的专利,可以作有赏转让,可以出口。

第三,一些历史文物,可以作为样品,发展古器物仿制业,使仿制古器物成为开拓我国工艺品制造业的一个重要途径。现在陕西省仿制唐三彩,在国内外市场上畅销,很多人想买而不可得。像这样的手工业,为什么不可以多发展一些呢?

第四,有些历史遗存,可以为社会主义经济建设提供重要的借鉴。我们现在进行的水利、桥梁、厂矿等建设,都要尽可能地取得历史资料,有些历史遗存可以作为借鉴,可以为经济建设提供十分宝贵的资料。

第五,历史文物古迹可以作为吸引游客的主要内容,发展具有中国特色的旅游事业,这是一条重要的生财之道。

(4)开发历史资源有利于发展国际文化交流

历史文物古迹是开展国际文化交流的一个内容和条件。中国的历史文物古迹,每年都要接待许多外国文化使者。中国的文物去国外展览,经常引起轰动,成为外国友人了解中国的一个窗口,收到文化交流、增进友好关系的良好效果。开发历史资源,无疑会有助于中外文化交流的发展。

四、开发历史资源的途径

从当前社会主义现代化、两个文明建设来看,迫切需要在开发历史资源的工作上打开一个新局面,就我国拥有历史资源和财政能力的情况来看,开创这个新局面是完全可能的。那么,应该怎样去打开新局面呢?

(1)把历史资源的开发提到两个文明建设的应有地位

这是说,要在国家的建设规划中,把开发历史资源的地位,从现在的状况适当提高一些。要做到这一点,首先就要各级领导用战略的眼光看待开发历史资源这项工作,从而把它摆到相应的地位。这一点,我们中央领导已经注意到了。胡耀邦同志在党的十二大报告中,就是把社会主义精神文明建设作为战略方针提出来的,并且在论述精神文明建设的两个方面时,具体地提到了要发展教育、科学、博物馆等各项文化事业,说:"它既是建设物质文明的重要条件,也是提高人民群众思想觉悟和道德水平的重要条件。"[①]1983年春节期间胡乔木同志在博物馆学界座谈会上说:"我们对群众和青年进行爱国主义教育,让群众知道我们的国家是一个什么样的国家,经历过什么样的斗争和发展,各项建设事业是在怎样的基础上进行的,现在的新事物又在怎样日新月异地前进着。这些就都需要博物馆提供大量的实物作生动的教材。"[②]这些讲话都很好。现在的问题在于,要使中央有关职能部门和地方各级领导都能领会中央的方针,认真贯彻,身体力行。在解决认识问题的同时,还要把方针落到实处,要增加历史资源开发的投资。在文博基层工作的人,现在心有余而力不足的,首先是经费。许多古建筑没有钱维修保护,许多珍贵文物没有适合的库房存放,没有陈列室展出。这样,怎么能使它发挥效益呢?还有培养专业人才,也是迫切需要解决的问题。提高地位要体现在增加投资和培养人才这两个主要措施上,否则是无济于事的。

(2)正确处理历史资源开发工作中各个环节、有关方面的关系

历史资源开发是一种多层次的工作,有自身的内在结构和外在联系。要推进这项工作,就必须研究它的结构和联系,掌握它的运动规律,这样才能科学地推动它向预定目标前进。开发历史资源,一般有调查、保护、发掘、研究、利用等几个环节。各个环节有各自的特点,相互之间以及同其他方面又有联系。

调查,有普遍调查和重点调查或专题调查。对历史遗存进行重点或专题调查,是为了解某个或某项遗存的情况,普查的目的则在于摸清历史资源的全面情况,是开发工作必须走的第一步。新中国成立以后做过几次文物普查,以1981年国务院九号文件指示作的这次做得最好。经过各地艰苦工作,基本上清楚了我

---

① 胡耀邦:《全面开创社会主义现代化建设的新局面》,北京:人民出版社,1982年,第26页。

② 胡乔木:《博物馆事业需要逐步有一个大的发展》,《新华文摘》1983年第7期。

国历史资源的家底,为开发利用打下了很好的基础。

保护,是紧接普查之后的一项精细持久的工作,目的在于不让历史文物古迹受到自然和人为的破坏。1982年由全国人大常委会通过公布的《中华人民共和国文物保护法》,着重从方针政策和行政管理方面,解决防止对文物古迹的人为破坏,也提到了用科学技术防止自然破坏。此法的公布,使我国的文物古迹有了法律保障,使保护工作有了法律依据,因而把文物古迹的保护工作推进到一个新的阶段。但是,当前文物古迹的保护工作仍然十分迫切和繁重,尤其是打击文物走私和投机倒把,还需要坚持进行下去。同时,要把利用先进的科学技术防止自然破坏的工作,切实地提上日程,加紧开展。历史文物古迹的保护,还有一个正确处理与基本建设的关系问题。1983年5月国务院的城乡建设环境保护部和文化部共同发出过一个《关于在建设中认真保护文物古迹和风景名胜的通知》,其基本精神是要保证历史文物古迹不受损害,而不是要文物古迹为建设工程让路。这是正确的。为什么要这样解决它们之间的矛盾呢?道理很简单,历史文物古迹是既成的、不可变的,而将要进行或正在进行的基本建设工程是未定的、可变的,解决二者的矛盾,自然是后者让前者,而不是相反。其实周总理早已做出榜样。新中国成立后,南京修建铁路时,周总理指示绕道避开六朝石刻所在地。修刘家峡水库时,周总理亲自批准修建保护炳灵寺的堤坝工程。1968年北京修地下铁道,要经过建国门天文台,周总理指示:“这个天文台不要拆”,要绕过天文台施工。类似的事例还可举出不少。我们应该继承周总理这种高瞻远瞩,保护历史文物古迹的精神。

发掘,对遗址或墓葬的发掘,一般是在经过专门调查之后,有计划进行的,而近年由基建工程中发现后,再进行发掘、清理的较多。这属于田野考古工作,是考古、研究工作的基础。新中国成立以来,由于重视这个基础工作,进行很多重要的科学发掘,取得了世界瞩目的辉煌成就,今后还应有计划有重点地进行科学发掘。

研究,对历史遗存进行科学研究,是开发历史资源的一个很重要的环节。发掘过程也是研究过程,但不能完成其研究。要弄清出土文物的属性和意义,必须专门进行研究,有的研究任务,甚至不是个人力量、短时期所能完成的。历史遗存只有经过研究才能发挥它应有的作用。所以,研究是历史遗存从出土到利用之间的关键,要长期坚持进行。

利用,是实现历史资源开发目的、取得效益的步骤,是开发工作的终端环节。历史遗存的利用方式,除了供专家学者们作科学研究资料和工程技术人员作借鉴资料以外,大都要通过博物馆来实现。博物馆是历史文物古迹研究和展出场所。博物馆有研究任务,但是历史遗存的研究,不限于博物馆进行,而面向群众,展出文物,则必须由博物馆承担。因此,博物馆在实现历史资源开发目的中所起作用是不言而喻的,我们应该充……发展。但是,正如胡乔木同志说的:"现在从中央到地方都……民的从历史到现实的各种类型的博物馆。"这里中肯地指出……改进的三个缺点:第一,博物馆类型单调。现有博物馆绝大……历史和艺术博物馆,缺少各种专业、专题博物馆。如缺少土壤馆、育种馆、农具馆、植物保护馆、水利馆(还可分为长江水利馆、黄河水利馆、淮河水利馆、海河水利馆、湖泊馆等)、水产馆、渔业馆、农产品加工馆、畜牧业馆、林业馆、纺织馆、造纸馆、印刷馆、机械馆、陶瓷馆、煤炭馆、石油天然气馆、电力馆、邮电馆、交通馆、航海馆、航天馆、地震馆、商业馆、外贸馆、医药卫生馆、服饰饮食馆、戏曲馆,舞蹈馆、音乐馆、电影馆等等专业博物馆;也缺少如民族馆、农民战争史馆、红军长征馆、三大战役馆、抗美援朝馆、土地改革馆、私营工商业社会主义改造馆等专题博物馆。第二,历史博物馆未能很好反映我国历史的全貌,如反映从历史到现实的全部进程的历史馆很少,现有历史馆的陈列常常是古代多而近现代少,有些重要的历史段落很薄弱,甚至是空白,如中国近代史馆、清史馆、民国史馆、抗日战争史馆、解放战争史馆等等。第三,布局和分工应改进得更合理、更科学。中国幅员辽阔,只是北京才有一个较全面的中国历史博物馆,很不够;是否可以在全国适当的地方,多建几个这样的馆,使那些不到北京的人也能看到中国历史全貌的博物馆。现在有些地方建立县博物馆,是大好事,应该积极提倡和支持。对于中央馆与地方馆、省馆与县馆应该怎样分工更为科学,综合馆与专业、专题馆、通史馆与断代史馆的关系应怎样处理更为恰当,都需要展开研究,加以改进。

以上是说要把开发历史资源工作的各个环节及其有关方面的关系处理好,可是各个环节的工作,在不同的时期并非千篇一律,不分轻重主次。随着工作进程的变化,一定时期总会有某个环节成为带关键性的,必须把它紧紧抓住,以推动全局。当前,利用工作就是这样的环节。因为经过普查,家底大体清楚了,做了大量的发掘工作,出土文物很多,研究是一项长期的工作,这些都不是当前的焦点。大量遗址遗物的保护工作是需要大力进行,但是如何使那些已做过研究,而还没有利用起来的文物古迹发挥效益,应该是当务之急,是当前开发工作的关键环节。如果把现有可以利用的文物古迹充分地利用起来,那就会在文化知识、思想觉悟、专业教育、国民经济和对外交流等各个方面产生相当大的作用,那就不仅能带动整个历史资源的开发工作,而且可以促进四化建设的发展,反过来,又可以提高历史资源开发工作的声望和地位。

(3)把开发历史资源与发展旅游事业结合起来,充分发挥历史资源的经济效益

发挥历史资源的经济效益,主要应从旅游事业上找出路。旅游业是第二次世界大战之后,首先从发达的资本主义国家兴起的一个经济部门。经营旅游业,投资小,收效快,利润大,能带来大量外汇,对国民经济起着十分有益的作用,因此,发展速度很快。现在,方兴未艾,大有前途。可是,旅游业的发展是有条件的。一个国家旅游业发展的规模,最基本的一条,要看它拥有旅游资源及其开发利用的情况。旅游资源有两类,一是山水风光,属于自然资源;二是历史文物古迹、文化艺术遗产等,属于人文资源。世界上旅游业发达的国家,都是充分利用自己旅游资源的优势,突出自己的特点,以吸引游人。如西班牙利用海滩和阳光,发展成为西欧旅游胜地,每年由此获得大量外汇收入,被称为“向世界出售阳光和海滩”的国家。意大利是一个古老而美丽的国家,是欧洲文艺复兴的发源地。它利用这些优越资源发展旅游业,外汇收入超过西班牙。美国历史短暂,古迹稀少,但是它特别注意利用自己先进的科学技术的优势,建造多种多样有趣味性和教育意义的旅游场所来吸引游客,1979年旅游业外汇收入超过意大利,居世界第一位。

我国旅游业的发展较外国为晚,但是我国土地辽阔,气候宜人,风景名胜很多,特别是历史悠久,历史资源丰富,是世界各国无法比拟的。这是我国发展旅游业的优势。我们提出要办具有中国特色的旅游业,这是很对的。那么,“特色”表现在哪里呢?当然,可以表现在旅游设施、旅游服务上,但是,首先应该在旅游项目、旅游内容上反映出来。因为,首先是旅游项目、内容具有中国特色,才能引

起旅客来中国的动机，只有踏上中国土地之后，才能领受交通、宿食、服务等方面的中国特色。如果交通、宿食、服务很好，而没有多少参观、欣赏的东西，那就难于引起别人来游的动机，也就说不上领受其他特色了。相反，中国拥有在别处看不到的东西，要看就非来中国不可，即使交通、宿食相对差一点，他也会欣然而来。当然，这绝不是说旅游设施、服务可以马虎一点，不要用心去办，只是说应该发挥我们的优势。那么，什么样的旅游项目、旅游内容才具有中国特色呢？中国有不少奇丽的山水风景，是世界上绝无仅有的，当然可以说是中国特色。但是，世界上奇山异水、风景胜地毕竟比比皆是。唯独中国的文物古迹，中国的文化艺术遗产，如长城、运河、都江堰、敦煌莫高窟、秦始皇陵兵马俑坑、战国曾侯墓出土的编钟、长沙马王堆汉墓出土的精美随葬品和保存完好的女尸、明十三陵、清避暑山庄、故宫博物院等等，是中国以外任何地方绝对看不到的，这些才是最大的中国特色。如果说中国的山水风景也特别吸引游客，其原因不仅是这里的景色迷人，还由于中国的风景胜地常常又是文物古迹萃会之地。以杭州西湖来说，这里湖光山色相映成趣，景象万千，使人美不胜收。然而，西湖四十多处名胜中，文物古迹就占三十多起。外国人到中国来旅游，总是想观光名胜，而中国的名胜大多是历史文物古迹，或者是和历史文物古迹结合在一起的，如浙江省收入《中国名胜词典》的319条名胜中，纯属风景的85条，占26.6%，文物古迹和兼有文物古迹的234条，占73.3%；安徽省收入词典的280条名胜中，纯属风景的52条，占18.5%，文物古迹和兼有文物古迹的228条，占81.4%。其他省与此相差不会太大。所以发展具有中国特色的旅游业，必须着力在历史文物古迹，应该在这上面大做文章。如建设以历史文物古迹为内容旅游点，设计各种各样观赏历史文物古迹的旅游方案，设置具有历史情趣的交通、宿、食和服务方式，制造多种多样的带有历史文化特色的旅游纪念物品等。这样，旅游业也就成为历史文物古迹发挥经济效益的广阔天地。把历史资源的开发与旅游事业结合起来，相得益彰，能够为经济繁荣和四化资金的积累，为人民物质文化水平的提高，做出很大的贡献。

历史资源的开发与发展旅游事业相结合，必须由国家统一规划，同时要充分调动地方的积极性，还应该在经济收益上考虑到如何调动文物管理部门的积极性，还要鼓励集体或个体户为历史文化旅游提供服务。

总而言之，历史悠久，历史遗存丰富，确实是我国两个文明建设的宝贵资源。现在的问题是，应该用战略家的眼光来看待它，拿出事业家的本领来经营它，为它开辟出一条康庄大道，使它为人民造福，为民族增辉。

原文载《西南师范学院学报》(哲学社会科学版)1985年第2期；人大报刊复印资料K1《历史学》1985年第5期全文转载；《新华文摘》1985年第6期摘载；《学术文摘》1985年第6期摘载；《中国史研究动态》1985年第7期摘载。

下篇

史学方法讲授纲要

第一章　史学方法概述

1　方法一词，在我国古代汉语中，开初只是用来表示一种具体的行为方式。先秦《墨子·天志中》云："中吾矩者，谓之方；不中吾矩者，谓之不方。是以方与不方，皆可得而知之。此其故何？则方法明也。"[①]这里说的方法，就是指用矩（画直角或方形用的曲尺，也叫矩尺）来量度方形这种特定的行为方式。孟子说："不以规矩，不能成方圆。"[②]在这里，如果是用规来量度圆形，则不能叫作方法，而应叫作圆法，只有用矩量度方形，才叫方法。

到唐代，方法的含义有很大发展。《韩昌黎集》卷21《送水陆运使韩侍御归治所序》，叙述韩重华元和六年（811年）四月作振武京西营田和籴水陆运使后，用脏罪官吏就地耕种"以偿所负"。说韩重华"又为之奔走经营，相原隰之宜，指授方法，故连二岁大熟"[③]。在这里，韩重华指导传授给罪吏们的各种耕种行为，都称之为方法。

在现代汉语中，方法已具有途径、手段、方式、程序、步骤等多种不同或相近的含义。

作为人类行为，即作为活动途径、手段、方式、程序、步骤的方法，具有重要意义和鲜明特点。研究人类思想行为规律的行为学认为，人类的行为有三个要素，即目的、前提、方法。人的行为都是有目的的，要达到目的必须具备相应的前提

---

① 《墨子·天志中》，赵敏俐、尹小林主编：《国学备览》8《墨子》卷7，北京：首都师范大学出版社，2007年，第58页。

② 《孟子·离娄》，[清]阮元校刻：《十三经注疏·孟子注疏》，北京：中华书局，1980年影印本，第2717页。

③ [唐]韩愈：《送水陆运使韩侍御归治所序》，《韩昌黎全集》卷21，上海：世界书局，1935年，第302页

条件,但是有了条件而没有一定的方法,也不能达到目的,所以方法是人类行为不可缺少的要素。毛泽东对方法的作用做过一个形象的比喻,他说:“我们的任务是过河,但是没有桥或没有船就不能过。不解决桥或船的问题,过河就是一句空话。”“我们不但要提出任务,而且要解决完成任务的方法问题。”①

很显然,方法就如像过河需要桥或船一样,是完成任务达到目的不可或缺的。

在人的行为要素中,方法具有不同于前提的特点。前提是独立于行为主体之外的东西,而方法则强烈体现主体意识,总是带有主体的选择性和创造性。因为,从前提到目的,往往存在多种不同的途径和手段。这就必然有行为主体的选择问题,方法选择得当,就顺利达到预期目的,否则就会造成失败;不同行为主体,在相同的前提条件下,而达到目的质量往往不尽相同,这里还存在运用方法的创造性问题。所以,方法可以视为主体能力的表现。比如,使用相同的原材料,做一道相同的菜,特级厨师比三级厨师做得色香味具优,这里的关键显然在于做菜方法的优劣,表现了厨师技能的高低。一个班级的同学,在相同老师教授下学习功课,学习方法运用得好与不好,往往是成绩高低的一个重要因素。这里的方法,表现了学习能力的强弱。

以上说的是一般方法,而史学方法是一般方法在史学这个具体领域的体现。它除了具有一般性外,还有特殊性,是方法的一般性与特殊性的结合。

2 史学方法,是指史学工作者从事史学研究工作使用的方法,既有历史资料的搜集、鉴别、整理方法,又有历史真理的探求方法,还有历史论著的编撰方法。就是说,它包括历史学的全部工作方法是。

学界有史学方法论的提法,我也曾一度使用过。后来觉察到,史学方法论应该是指史学方法的总和。所谓总和,并不是史学方法的大全,或史学方法的总汇,而是成体系的史学方法,是系统化理论化的史学方法。它是史学理论家对各种史学方法进行分析综合、概括抽象,使之成为具有内在联系的形成完整系统的方法。按照史学方法论的要求讨论史学方法,不仅要讨论每种方法的特点、性质、操作程序、作用范围,并且要讨论各种方法之间的联系,还要从整体上、根本

① 毛泽东:《关心群众生活,注意工作方法》,《毛泽东选集》第1卷,北京:人民出版社,1952年第2版,第134页。

上对它们进行哲理思考,阐明其理论依据,指出其科学性和合理性。根据这个要求来衡量,我这个《史学方法讲授纲要》远远没有达到这个高度,因此,在这里不使用方法论提法。

3 史学方法与历史观、历史认识存在辩证关系。

历史观是人们对社会历史的根本看法。历史观要对史学方法起指导作用,制约作用,规定史学方法的基本特征。中国封建时代的纪传体和编年体史书编撰方法,无疑是以帝王将相为中心的英雄史观的产物。欧洲中世纪,在上帝创造历史的神学史观支配下,史学方法必然以宗教迷信排斥理性分析。历史观制约史学方法,这只是二者关系的一方面,同时还存在另一方面,即史学方法对历史观具有相对独立性,这可以从二者之间存在错位现象和认同现象得到说明。在史学史上,历史观与史学方法之间存在两种错位现象。一种是先进的历史观与落后史学方法结合,最典型的是法国复辟王朝时期的历史家梯叶里、米涅、基佐等人。他们创立并运用阶级斗争理论来研究历史,指出封建社会的历史和资产阶级社会形成的历史都是阶级斗争史。在当时,他们的历史观无疑是先进的。但是,他们的史学方法却仍然是旧的,没有突破形而上学的窠臼。因此,他们终究不能科学地解释阶级和阶级斗争现象,不能科学地说明阶级斗争历史。另一种是黑格尔的唯心历史观和辩证方法的结合。很显然黑格尔的历史观是落后的,而方法论却是合理的。这两种错位现象表明,史学方法并不是绝对地受制于历史观,它可以背离历史观,能以大体相同的面貌和不同的历史观相结合。在史学史上,我们还看到一种认同现象,有些史学方法往往被不同历史观的史学家所使用。法国路易·波拿巴于1851年12月2日仿效他的伯父举行政变,建立军事独裁,进而废除共和,改行帝制。就此,马克思写了《路易·波拿巴的雾月18日》,作家雨果写了《小拿破仑》,无政府主义者普鲁东写了《从十二月二日政变看社会革命》。他们三人的历史观虽然不同,但他们的书都使用过"个别描述"的方法和叙事性体裁。对殷墟甲骨文的研究,王国维和郭沫若的历史观虽然不同,一个是唯心史观,一个是唯物史观,但是他们都使用过传统的历史考证方法。不过,王国维只弄清了一些历史事实,而郭沫若却阐明一个中国奴隶制社会。又如当代的历史比较方法、历史计量方法等,既可以为唯心史观历史学家所使用,也可以为唯物史观历史学家所使用。这种认同现象也可说明,史学方法与历史观并不是一种机械的形而上学的关系,不是一种史学方法只能依附某种历史观,而史学方法有自己的相对独立性,可以与不同的历史观相结合。

史学方法也必然同历史认识发生关系,因为,在历史认识主体对历史认识客体的能动反映过程中,主体必须借助一定方法才能达到认识客体的目的。因此,史学方法要接受历史认识主体的选择,受历史认识的制约。欧洲十九世纪占统治地位的兰克史学,其认识论是客观主义的,因此,非常重视考证方法。十九世纪末二十世纪初兴起的反传统的相对主义史学,其认识论是主观主义的,因此,它摒弃考证方法而十分重视心理史学方法。但是,史学方法也不是只能机械地接受某种历史认识的选择,也具有相对独立性。有些史学方法,如形式逻辑思维方法,既可为唯心历史认识论服务,也可为唯物历史认识论所运用。

4 史学方法在史学工作者的实践中,已积累了丰富的内容,要对它做科学的研究,自然应当加以分类,以便分别进行深入探讨。在我国史学理论界,对史学方法的分类有多种不同的意见。有的从适用范围分为:既适用历史学也适用其他学科的普遍方法;只适用于历史学的一般方法;只适用于历史学的某个具体领域的特殊方法①。有的从功能上分为:整理史料的方法;探求历史真理的方法;表述研究成果的方法。有的从层次上分为:低层次的技术性方法;中等层次的各领域的具体方法;最高层次抽象思维方法②。还有一些分法,不在此列举了。

我根据自己的实践和认识,主张将史学方法分为理论指导方法、科学思维方法和实际工作方法,这是从史学方法形态并兼顾其功能的角度进行的分类。现简述如下:

理论指导方法,是指由历史唯物主义理论转化而来的方法。马克思、恩格斯创立的历史唯物主义,既是历史科学的理论基础,又为历史科学的研究提供了方法。恩格斯曾经指出:“马克思的整个世界观不是教义,而是方法。它提供的不是现成的教条,而是进一步研究的出发点和供这种研究使用的方法。”③作为马克

① 赵吉惠:《历史学方法论》,成都:四川人民出版社,1987年,第10页。

② 霍俊江:《现代史学方法论体系初探》,历史科学规划组编:《历史研究方法论集》,郑州:河南人民出版社,1987年,第63-76页。

③ 恩格斯:《致威纳尔·桑巴特》(1895年3月11日),《马克思恩格斯全集》第39卷,北京:人民出版社,1974年,第406页

思主义社会历史观的历史唯物主义，以人类社会及其发展过程为研究对象，揭示了人类社会的本质和发展规律。历史唯物主义原理，科学地解释了复杂的人类社会历史，又给人们进一步研究社会历史指明了方向和途径，提供了线索和原则，成为普遍适用的指导方法。历史唯物主义关于生产力与生产关系的原理、经济基础与上层建筑的原理、阶级与阶级斗争的原理、国家与革命的原理、社会存在与社会意识的原理、人民群众与个人的历史作用的原理等等，不仅可以指导我们宏观研究人类社会历史，而且可以指导我们微观研究人类社会历史的不同时期，不同层面以至各种具体的社会历史问题。比如社会存在决定社会意识的理论，不仅第一次为人们解除了千百年来对意识的迷惘和困惑，使人们能够科学解释形形色色的意识现象，而且为人们指出：研究社会意识问题不能停留在意识本身，而要深入到社会存在，从社会存在中寻找深刻答案。这样就使我们有了研究社会意识的根本方向和途径。历史学家在运用唯物史观研究社会历史的实践中，会形成对一些具体的社会历史问题的理论性的认识，即所谓历史理论。科学的历史理论又可以成为史学家对社会历史问题做进一步深入研究的指导方法。

科学思维方法，是指史学工作者根据历史事实，运用大脑的思维能力，形成概念，进行推理，做出判断，从而获得历史真理的方法。思维是人特有的能力。正是人具有思维能力，才能如马克思指出的："劳动过程结束时得到的结果，在这个过程开始时就已经在劳动者的表象中存在着，即已经观念地存在着"[①]。也才能如恩格斯指出的："一切动物的一切有计划的行动，都不能在自然上打下它们的意志的印记。这一点只有人才能做到"[②]。这就证明，人在从事一项工作时，首先在表象中就形成一个工作结果的观念，既有预期的工作目的，并且还能制定达到目的工作计划，这些无疑都是依靠大脑的思维能力来完成的，这样就必然存在思维方法问题。史学工作者从事的历史研究工作，也和人们从事其他工作一样，总是有目的有计划地进行的。确定恰当的目的，制定可行的计划，以至正确无误的实施，达到预期的目的，都离不开科学的思维方法。因此，我在史学方法分类中，分立一类科学思维方法，并且认为，它是关系历史研究成败的最重要的方法。在我看来，历史研究中使用的分析综合方法，概括抽象方法，推理判断方法，历史

① 马克思：《资本论》第1卷，《马克思恩格斯全集》第23卷，北京：人民出版社，1972年，第202页。

② 恩格斯：《自然辩证法》，《马克思恩格斯选集》第3卷，北京：人民出版社，1972年，第158页

的和逻辑的方法，矛盾分析方法，阶级分析方法，系统方法，数量方法，比较方法，等等，都包含着思维方法，有的纯粹是思维方法，有的主要是思维方法，有的首先是思维方法。如果这些思维方法都有正确的逻辑起点，都能合乎思维规则，都是科学的思维方法，那么，我们的历史研究工作定会获得良好的效益。

实际工作方法，理论指导方法和科学思维方法有一些前期和后续的工作，需要史学工作者动手做许多的实际工作，如前期的史料搜集、鉴别、整理工作，后续的史学论著的编撰工作等等。这些实际工作都有相应的操作方法，如计量方法、比较方法要有相关的计算机软件制作和具体操作程序和方法，史料整理要有相关的考证、辨伪、目录、版本、校勘等具体方法。

总之，理论指导方法，科学思维方法和实际工作方法这三类方法构成史学方法的整体，各个部分既有自己的特定职能，又必然相互联系，相互补充。如果一定要将史学方法分出层次，那么，理论指导方法可以算作最高层次，因为后两种方法都在它的指导之下进行。但是，不能把实际工作方法简单地视为低层次的方法，因为，这类方法并非初学者可以一蹴而就的。

5 史学方法在历史学中的地位和作用怎样？历史学是由许多分支学科构成的学科体系。历史学的组成部分，有各种不同的归结方法。我以为可以归结为历史学基础部分，历史学本体部分和历史学理论部分。

历史学基础部分，以历史资料为研究对象，有史料学、历史文献学、历史考古学、历史文物博物学以及许多以某些历史遗存为研究对象的具体学科领域，如中国的甲骨学、金石学、敦煌学等等。

历史学本体部分，或叫作历史学主体部分，以人类社会历史为研究对象，有通史、断代史、专门史（如经济史、政治史、文化史、科技史、思想史、艺术史、军事史、外交史、法制史等）、世界史、区域史、国别史、民族史等。

历史学理论部分，以历史学本身为研究对象，有历史本体论，历史认识论、史学方法论、史学史、史学评论等。近年来，有学者区分出历史理论和史学理论。历史理论，是以历史本体为研究对象而形成的理论；史学理论，是以历史学为研究对象而形成的理论。

从历史学体系来看，史学方法是历史学理论的重要组成部分，故常有把历史学理论按习惯称之为史学理论与方法。在这里，史学理论则包括上述的历史理论和史学理论。

史学方法虽然是历史学理论的组成部分,但它与历史学各部分都发生关系,历史学任何部分都有方法问题,都需要借助史学方法,因此它对历史学各部分都具有相当的重要性。

史学方法对于作为历史学研究主体的历史学家也是相当重要的。历史学家只有运用一定的史学方法作用于研究客体,才能取得相应的研究成果。史学方法又是历史学家素质和能力的一种重要表现,史学方法的增进和创新,意味着其研究能力的增强和素质的提高。

第二章　中国古代史学方法

1　我国近代史学的首倡者梁启超曾经指出："中国于各种学问中，唯史学最为发达；史学在世界各国中，唯中国为最发达。"[①]中国古代史学发达状况，可以用源远流长，史家辈出，史著如林三句话略加概括。源远流长，是说我国史学起源很早，绵延几千年，从不间断。《吕氏春秋·先识》载夏代已有史官和史册，虽然现在尚未证实，但是商代已有史官史册则是确实的[②]。周朝的天子和各国诸侯都有世袭的史官和自己的史册。现存最早的《春秋》[③]，便是经孔子编撰过的鲁国史书。《左传》[④]和《史记》[⑤]出现以后，我国史书的编年和纪传这两种基本体裁便已定型而垂范于后世。魏晋开始设置史官修史。元魏时记注和撰述之官分别设置。至唐代，国家设置史馆，任命众多史官编撰史书，修史成为国家政务。中国史书修撰的传统，在两三千年中一直继承下来，在世界各国中是少有的。史家辈出，是说我国历代出现了许多有史学遗产的史学家。《中国历史大辞典·史学

---

① 梁启超：《中国历史研究法》第2章《过去之中国史学界》，《中国历史研究法 中国历史研究法补编》，北京：中华书局，2015年，第17页。

② 《尚书·多士》："惟殷先人，有册有典。"（[清]阮元校刻：《十三经注疏·尚书正义·周书》，北京：中华书局，1980年，第220页）；甲骨文之"作册""太史""内史"，是有史官的明证。

③ 《春秋》是我国第一部编年体史书，是周朝时期鲁国国史，记载从鲁隐公元年（公元前722年）至鲁悼公十四年（公元前454年）的历史，由孔子修订而成，成书约在春秋（公元前770—前476年）末年。

④ 《左传》是体裁较为完备的古代编年史，相传为鲁国左丘明撰。此书按鲁国十三个国君依次编写，起自鲁隐公元年（公元前722年），止于鲁悼公十四年（公元前454年）共209年，18万余字。

⑤ 《史记》是我国第一部纪传体通史，西汉司马迁（公元前145—前86年）撰。由十二本纪、十表、八书、三十世家，七十列传组成。共计一百三十篇，五十二万六千多字。

史卷》选收史学家止于清末达924人[1]，他们或以史学著述而知名，或以史观、史法论述而见重，或是在古史注录中着重举名的，都是铸造我国史学丰碑的参加者。黑格尔有言："中国'历史作家'的层出不穷、继续不断，实在是任何民族所比不上的。"[2]史著如林，是说我国历代留下的史书极其丰富。清乾隆时所编丛书《四库全书》，其史部目录（包括存目）有2036部38264卷。史部分十五类，正史仅是其中之一。现在，一般说的正史二十四史，就有3242卷4500万字。此外，我国有地方志6562种101424卷（不包括新中国成立后新编的地方志），也是史书重要构成部分。如果按"六经皆史"观点，把儒家经典也算上，那就更多了。其实《四库全书》的子部、集部书籍，不仅其中包含有丰富的历史资料，而且本身也就是有关学科、学术史的著作。总之，我国古代史书之多，品类之全，是世界上任何国家难以企及的。

史学发达，是史学家运用史学方法进行史学研究和编著的结果。因此，极其丰富的我国古代史学，是我国古代史学方法具有辉煌成就的反映和证明，成为我们深入发掘古代史学方法的宝库。

2 中国古代史学方法最突出的成就是史书编纂方法。这种方法，成熟早，发展充分，对史学发展起过很大作用。几千年编纂大量史书的实践，是这种史学方法成就突出的基本原因。区别著述，讲求体例体裁，严格笔法和合理的编纂步骤是历代史家备受重视，并广泛运用的史书编纂方法。

区别著述 古代史学家撰写史书要区别著述。著，著作。清人焦循解释说："人未知而己先知，人未觉而己先觉，因以先知先觉者教人，俾人皆知之觉之，而天下之知觉自我始，是为'作'。"[3]就是说，堪称著作的史书，必须是创新，是始作，是首创。述，传述成说，编次往事，虽有损益阐释，而非自立新意。历史上，也有把"作"用来对前人成果的尊称，把"述"用来作为自己成果的谦称[4]。区别著述对

---

① 《中国历史大辞典·史学史卷》，上海：上海辞书出版社，1983年。

② [德]黑格尔：《历史哲学》，王造时，译，上海：上海书店出版社，1999年，第123页。

③ [清]焦循：《雕菰集》卷7《述难》，《丛书集成初编2191》，北京：中华书局，1985年，第103页。

④ 孔子称自己编定的诗、书、礼、乐、易、春秋是"述而不作"（《论语·述而》），而司马迁在《史记·孔子世家》中称孔子《因史记作春秋》。在《史记·太史公自序》中称西北的《周易》、孔子的《春秋》、屈原的《离骚》、左丘的《国语》、孙膑的《兵法》、吕不韦的《吕览》、韩非的《说难》、《孤愤》以及三百篇《诗》"大抵贤圣发愤之所为作也"。朱熹称孔子"虽述而功则倍于作"（朱熹《论语集注》卷4《述而》，上海：上海古籍出版社，1987年，第27页）。

修史工作有重要意义，一是可以据此确定史书的编撰性质，性质不同，则该书编成后的用途和价值便有所区别；二是可以据此确定史书的编撰要求、工作程序和操作办法，从而提高史书的编撰水平。现代出版物中，仍然有“编”“著”的区别。这是古代区别著述传统的继承。说明古代区别著述的编书方法，至今仍不失其意义，古人很早就能运用这种方法，实属难能可贵。

讲求体例体裁 体例是为一部史书设定的组织格式和编撰准则，也就是该书的内部结构和表述格式的统一要求。这些准则要求一经确定，编者便须共同遵循。今称凡例。凡序言、标题、章节设置、引文、注释、图表处理以及记人、记时、记地的方式等，皆在凡例中做出规定和要求。我国史书讲求体例有悠久的历史。孔子编《春秋》便有一定的体例。其记事以鲁国为主，兼及天下大事，皆以事系日，以日系月，以月系时，以时系年；其纪时纪月则按周历，以示尊周之义。凡鲁君死曰薨，鲁大夫或别国国君死曰卒；本国人杀国君曰弑，别国人杀国君曰戕，本国人之贱者杀国君曰杀；凡攻有罪之国曰伐，攻无罪之国曰侵，偷偷进攻曰袭。如此等等，皆有定准。《春秋》记载简略，措辞隐晦，许多重要事件都未加以注录。这种体例初创留下的缺陷，由《左传》作了弥补。《左传》重视交代历史事件的原委，注意记录历史人物的政治主张、历史见解和宗教观点，注重历史事件的前后联系，从而奠定了编年史书体例的基础。司马光撰《资治通鉴》曾拟定详细的取材行文例则，后由其曾孙司马伋据遗稿编为36例的《通鉴释例》[①]。这是编年体史书体例的发展和完善。

司马迁撰《史记》，创立严整的纪传体例。由本纪、表、书、世家、列传五部分构成。本纪载历代帝王兴衰大事；以表排列错综复杂的史实；书以记述礼乐律历山川鬼神，即政治、经济、天文、地理方面的典章制度；世家记述贵族诸侯事迹；列传记载各时期各层面代表人物的事迹。这种以本纪为纲，诸体相互配合的体例，成为我国后世编写历朝史书的典范。章学诚《文史通义·申郑》指出：《史记》之所

① 《通鉴释例》之三十六例是：用天子例，书列国例，书王制例，书封爵禅位例，书帝王未即位例，书帝王得受禅例，书庙号例，书国号例，书改元例，书称号例，书王公例，书建国称王例，诸王书名例，书立王例，书徙王例，书列国立天子例，书列国纪事取年号例，书官名例，书兼职例，书罢免例，书聘使例，不书例书附，重书例，豫言例，追序例，书日后先例，书事同日例，书事相涉例，书斩获例，书世系例，从后姓例，书字例，书乡里例，书改置州郡例，书薨卒例，书反乱例。按：《景印文渊阁四库全书》第311册史部69编年类有《资治通鉴释例》，内列举十二例及温公与范祖禹书。据《四库提要》，称三十六例者，“盖并各类中细目计之也”。

以为后世效法，在于“创例发凡”，即创建发明了能“范围千古，牢笼百家”而且“卓见绝识”的凡例[①]，指的便是纪传体例。

历代史家很重视对体例的研究，刘知几《史通》有《序例》《二体》篇，郑樵《通志》的《总序》，章学诚《文史通义》的《书教》《史学例议》《史篇别录例议》等，都有专门评议和探讨史书体例的内容。刘知几把体例对史书的重要性提得很高，说：“夫史之有例，犹国之有法。国无法则上下靡定，史无例则是非莫准。”[②]时至今日，编写一部史书，特别是集体编书，都必须先拟定凡例，作为编者共同遵循的准则。这也说明，古代史家对体例的认识，至今仍不失其价值。

史书的体裁，是指史书类型，史书总体表述形式。我国古代史家编撰了多种体裁的史书。《四库全书》分史部为十五类，就是十五种体裁，如正史（纪传）、编年、纪事本末、别史、杂史、诏令奏议、传记、史钞、载记、时令、地理、职官、政书、目录、史评。此外还有学案体，如黄宗羲的《宋元学案》《明儒学案》，徐世昌的《清儒学案》；类书，如《艺文类聚》《册府元龟》《太平御览》等，尚未单独列出。其中，纪传体、编年体、纪事本末体、方志体是主要的也是最重要的几种体裁。编年体最早出现，按年月日顺序记载历史事迹，如《春秋》《左传》《汉纪》《后汉纪》《资治通鉴》《续资治通鉴长编》《建炎以来系年要录》《通鉴纲目》《续资治通鉴》《明通鉴》等。纪传体，由本纪、表、书（志）、世家、列传等构成，因以本纪、列传为主，故名纪传体。《四库全书》称之为正史。司马迁《史记》为首创，二十四史皆是这种体裁。纪事本末体，“每事为篇，各排比其次第，而详叙其始终。”[③]这是以每个历史事件独立成篇，按年月日时间顺序叙述其全过程。始创于南宋袁枢《通鉴纪事本末》，后有明陈邦瞻《宋史纪事本末》《元史纪事本末》，清高士奇《左传纪事本末》，李有棠《辽史纪事本末》《金史纪事本末》，张鉴《西夏纪事本末》，谷应泰《明史纪事本末》，近人黄鸿寿《清史纪事本末》等。此外，有一种包括在四库史部政书类的所

---

① ［清］章学诚：《文史通义·申郑》，赵敏俐、尹小林主编：《国学备览》6《史部·文史通义》，北京：首都师范大学出版社，2007年，第307页。

② ［唐］刘知几：《史通·序例》，赵敏俐、尹小林主编：《国学备览》6《史部·史通》，北京：首都师范大学出版社，2007年，第30页。

③ ［清］永瑢等编撰：《四库全书总目提要》卷49《史部·记事本末类叙》，上海：商务印书馆，1933年，第1069页。

谓“以国政朝章六官所职者”[①]，记述历代典章制度的史书，如《通典》《通志》《文献通考》及其续编诸书和历朝会要[②]等。这种体裁的史书或称为典制体，对史学研究亦是相当重要的。史评这种体裁，在古代史学中有一定特殊性。古代史评可分为两类，一是评论史事，包括评论历史事件和历史人物，二是评论史书和史学。前者有单篇论著如西汉贾谊（前200年—前168年）的《过秦论》、东汉班彪（3—54年）的《王命论》、三国曹冏的《六代论》、唐朱敬则的《十代兴亡论》；宋以后出现的史评专书，如范祖禹的《唐鑑》、孙甫的《唐史论断》、吕夏卿的《唐书直笔》、李焘的《六朝通鉴博议》、王夫之的《读通鉴论》和《宋论》。还有历代各种史书中的大量论赞评语。评论史书和史学的，如梁刘勰（约465年—约532年）的《文心雕龙·史传》篇，刘知几的《史通》，郑樵的《通志·总序》，章学诚的《文史通义》等，也可以说传统悠久，论著非少。可是，有些史家对此类论著的看法却缺乏公允。最具代表性的是《四库全书总目提要》卷八十八《史部·史评类叙》，说：“其中考辨史体，如刘知几倪思诸书，非博览精思，不能成帙，故作者差稀。至于品骘旧闻，抨弹往迹，则才翻史略，即可成文。此是彼非，互滋簧鼓，故其书动至汗牛。又文士立言，务求相胜，或至凿空生义，僻谬不情。……故瑕类丛生，亦惟此一类为甚。”[③]这里，除了对《史通》写作不易有所肯定外，流露出对史评一类体裁的史书的偏见。认为这类书不需多少知识，不费多大力气便可写出来；认为这类史书没有什么真知灼见，所论也无是非准则；把评论者之间的争论，视为文人相轻的恶习。这样，史评类史书基本被否定了。这种轻视、鄙视史评的观点，不只是《四库全书》编者持有。王充写了《论衡》，有人赞颂他，称之为“作”。王充赶忙加以否认，说“非曰作也，亦非述也，论也。论者，述之次也。”[④]可见，早在东汉时，王充就把“论”视为比“述”还要次一等的东西。按照这种观点，史学评论当然也是不能入史学著述之流了。轻视史评，是影响史学理论不甚发达，史学方法畸形发展，历

① [清]永瑢等编撰：《四库全书总目提要》卷81《史部·政书类叙》，第1695页。

② 诸如王溥《唐会要》《五代会要》，徐天麟《西汉会要》《东汉会要》，徐松辑《宋会要辑稿》，姚彦渠《春秋会要》，孙楷《秦会要》，杨晨《三国会要》，龙文彬《明会要》等。

③ [清]永瑢等编撰：《四库全书总目提要》卷88《史部·史评类序》，上海：商务印书馆，1933年：第1828页。

④ [东汉]王充撰：《论衡·对作篇》，北京大学历史系《论衡》注释小组：《论衡注释》，北京：中华书局，1979年，第1657页。

史宏观研究薄弱的一个重要原因。

古代史家讲求体例体裁,不能完全视为史书编纂的形式问题,技术问题,它还包含着史家如何反映客观历史内容和史家对历史的认识问题。用编年体来记载历史,表明其史家对历史的时间载体有敏锐的理解,意识到历史认识不能违背时间顺序这条真理。用纪传体来记载历史,表明其史家对历史是不同层面人物活动的遗迹有相当明确的理解,意识到人是历史的中心,注意到执掌政治权力的上层人物对历史的重要影响。政书体载"国政朝章,六官所职"[①],着重历代典章制度,或称典制体。用这种体裁来记载历史,表明史家对政治、经济诸制度在历史发展变化中的重要作用有深刻的理解。杜佑在刘秩《政典》基础上创政书体记载历史。为什么要创这种体裁呢?他在《通典叙》中写道:"夫理道之先,在乎行教化。教化之本,在乎足食。……夫行教化,在乎设官职。设官职,在乎审官才。审官才,在乎精选举。制礼以端其俗,立乐以和其心。此先王致治之大方也。……是以食货为首,选举次之,职官又次之,礼又次之,乐又次之,刑又次之,州郡又次之,边防末之。或览之者,庶知篇第之旨也。"[②]由此可见,杜佑不仅深知制度的重要性,而且对各种制度的特殊作用及其相互关系有卓越的见解,认识到食货(经济制度)具有首要性质。因此,他创立的典制体裁以及应用的编纂例则,都和他对历史的真知灼见有密切关系。《通典》是我们考察我国古代史书体例体裁与史家对历史内容理解关系的最好的实例。

严明书法 书法或称笔法,指撰写史书时对资料处理、史事评论、人物褒贬的法则及其文字表达的方法,是史家作史态度、治史思想的一种表现。中国传统史学中,有直书和曲笔两种书法。秉笔直书,书法不隐,仗气直书,不避强御,肆情奋笔,无所阿容,是为直书。直书为历代史家所推崇和赞扬,不少良史身体力行。春秋晋太史董狐,齐太史兄弟,汉朝司马迁,吴国韦昭,北魏崔浩等,因此而彪炳千古。隐瞒、歪曲、篡改、伪造历史事实,或谀言媚主,迎合权贵,或假人之美,诬人之恶,是为曲笔。曲笔,为历代正直史家所不齿和鄙弃。历代史家重视书法,刘知几《史通》有《直书》《曲笔》两篇,进行专题论述。他指出:"良史以实录

① [清]永瑢等编撰:《四库全书总目提要》卷81《史部·政书类序》,上海:商务印书馆,1933年,第1695页。

② [唐]杜佑:《通典序》,《通典》卷1,上海:商务印书馆,1935年,第9页。

直书为贵”①。章学诚《文史通义》有《文理》《公言》篇，专门讨论笔法。梁启超《新史学》有《论书法》，说：“书法善则为良史。反是则为秽史”②。坚持直书实录，成为中国史学的优良传统。

程序和做法 古人编写史书，有一定的工作程序和进行步骤，尤其是集体编写。司马光编《资治通鉴》集其大成。《资治通鉴》的编写大体分为三步：第一步是编辑丛目；第二步是制作长编；第三步是定稿。编丛目，是把收集来的史料，按年月顺序，标明事目，剪贴排列起来，叫作丛目。丛目的要求是尽量详备。作长编，是将丛目作初步整理，附注考证。长编要求，“宁失于繁，勿失于略”。定稿，是对长编的内容进行考删改，考其异同，删其繁冗，修改润色。从长编到定稿，往往删去三分之二的文字。如唐纪部分，长编六百余卷，司马光定稿时删为八十一卷。此外，对史书编写的一些具体做法，也积累了成套的经验。比如怎样作自序，怎样定题目，怎样确定时间断限，怎样作评议，怎样作自注以及如何记时、载言、裁文、征引等，都有讨论和研究。刘知几《史通》有《序例》《题目》《断限》《论赞》等专篇论述。

3 我国古代形成了一整套整理史料的方法。一些方法由于积累了丰富经验和知识，成为一种专门学问，如辨伪学、目录学、版本学、校勘学、训诂学、金石学、考据学等。从历史学角度来看，这些专科学问的目的任务，都可归结为史料整理和鉴别，都可以说是为历史研究提供可靠翔实的史料。形成这样多种整理史料方法的原因，是我国有极其丰富的史料积累，这些史料不可避免地存在真伪缺失错乱而需要加以鉴别整理方可有效使用，历代史家重视史料的鉴别整理，因此留下了许多可贵的实践经验。这些由史料鉴别整理方法而形成的专门学问，应该是我国古代史学的构成部分。这里仅简要介绍辨伪学与考据学。

辨伪学 是辨别伪书伪事，研究辨伪规律的学问。我国学术领域有悠久的辨伪传统。战国时孟子就说过：“尽信书，则不如无书。吾于《武成》取二三策而已。”③此后，历代多有疑伪辨伪记载。唐宋时，刘知几《史通》有《疑古》《惑经》专篇讲辨伪。柳宗元、司马光、欧阳修、王安石、郑樵、朱熹等都有辨伪之论著。明

① [唐]刘知几：《史通·惑经》，赵敏俐、尹小林主编：《国学备览》6《史部·史通》，北京：首都师范大学出版社，2007年，第125页。

② 梁启超：《新史学·论书法》，《饮冰室合集》第1册文集之9，北京：中华书局，1989年，第26页。

③ 《孟子·尽心》，[清]阮元校刻：《十三经注疏·孟子注疏》，北京：中华书局，1980年，第2773页。

代胡应麟著《四部正讹》辨析伪书一百多部，并总结出规律性的辨伪知识，即辨伪八法，辨伪形成专门学问。清代辨伪之风大为兴盛。姚际恒、万斯同、阎若璩、崔述、康有为、王国维、梁启超等，都有辨伪论著。特别是梁启超在《中国历史研究法》中，把辨伪作为鉴别史料的重要内容，总结出辨伪的十二条公例，丰富了王应麟的辨伪八法，辨伪方法臻于完善。把王应麟辨伪八法和梁启超辨伪十二条公例综合起来看，古代史学家辨伪方法有这样几种途径：利用目录学版本学知识辨伪；深入本书内容，利用逻辑知识辨伪；利用文体语言的时代特点辨伪；利用学术思想的时代特点辨伪；从该书所依据的材料进行辨伪；用反证法辨其真伪。

考据学 又称考证学、朴学，是一门根据事实考核和例证归纳所提供的可信材料，对研究对象作出是非正误判断的学问。广义考据学包括辨伪、目录、版本、校勘、训诂诸学，狭义考据学主要指历史考据学。历史考据学是判断历史资料、历史事实正误、真伪、异同、是非的手段。产生于明末清初，一般把顾炎武（1613—1682年）作为开山之祖，至乾嘉大盛，或称乾嘉考据学。乾嘉历史考据学的主要代表是王鸣盛（1722—1797年）、赵翼（1727—1814年）、钱大昕（1728—1804年），他们的代表作《十七史商榷》《廿二史考异》《廿二史劄记》被称为乾嘉三大史学名著。历史考据学者奉行实事求是、无征不信的治学宗旨，通过正误、辨伪、考异、钩沉、辑佚、探索源流诸种途径进行工作，其关键在于求得证据。考订史事所需的证据，有事证，即此文献所载与彼文献所载事实互证；物证，即文献与实物互证；理证，即既无文献又无实物足以证明的情况下，考察其纪事是否合乎公理，是否合乎自然规律，是否合乎逻辑原则来作出判断。从证据的来源来看，主要有本证和旁证。本证，即从此历史事实本身或本书记载来求得证据；旁证，即从别的记事或其他文献来求得证据。明清以来，我国史学家广泛使用考据学的方法鉴别整理历史资料，这种方法对我国史学的发展作出过重要贡献。

4 对于中国古代史学方法，应该有一个实事求是的评价。以史书编纂方法来说，编年体和纪传体这两种基本方法，成熟早，一脉相承，并演绎出多种体裁，因此，促成我国极其丰富的史学遗产，功不可没。但是，无须讳言，其缺陷也是客观存在的。最基本的缺陷是古代史书的编纂形式、原则、方法，对它所反映的历史内容有很大限制性。它只反映了一部分历史内容，而未能全面反映古代丰富多样的社会历史。它主要是记载以帝王为中心的上层统治阶级人物的活动；很少记载广大社会下层人民群众的活动。它的内容是以政治为主，兼及军事，而经济、文化较少，特别是生产、交换的内容很少。它关注的主要是汉族，对少数民族不仅记载较少而且持有偏见，存在歧视态度。梁启超亦曾指出："《左传》《史记》等书，常有长篇记载，篇中首尾相具，视昔大进矣。然而以全书论，仍不过百数十篇文章汇成一帙而已。《汉书》以下各史，踵效《史记》；《汉纪》《通鉴》等踵效《左传》，或以一人为起讫，或以一事为起讫。要之不免将史迹纵切横断。纪事本末体稍矫此弊，然亦仅以一事为起讫，事与事之间不联络；且社会活动状态，原不仅在区区数件大事，纪事纵极精善，犹是得肉遗血，得骨遗髓也"[①]。其实所谓"得肉遗血，得骨遗髓"，何尝只是纪事本末体史书的缺陷而已。

对于古代鉴别整理史料的方法，史学大师范文澜在评论乾嘉学派代表人物之一的戴震时说："皖派（乾嘉汉学分吴皖二派，吴派领袖惠栋，皖派领袖戴震）的学风是'实事求是''无征（证据）不信'，这当是很好的科学精神……凡经过他整理的古书，解释明确，使读者节省无限的精神，对学术确有极大的功绩。可是这个功绩并不能抵消他们共同的缺点。他们笃信许（慎）郑（玄）的学说，笃信经是无可怀疑的圣训。……只要说得合许郑经文，那就断然下判决了。所以他们标举'实事求是''无征不信'是科学的，但得出的结论未必真是，真可信。"[②]这个评论不仅适合皖派戴震，对整个乾嘉考据学也是基本适合。的确，乾嘉考据学乃至古代鉴别整理史料的方法，所体现的"实事求是"精神是有科学性的，古代史学家们整理史料的方法是应当继承发扬，因为它是治史者必须具备的，是历史研究工作第一步就要应用的方法，是打基础的方法，至今仍有实用价值。一个史学研究者，如果不自己动手鉴别整理史料，就很难做出有创新价值的研究成果。我国古代史学整理史料方法发展到鼎盛的乾嘉时期，与西方的兰克史学、实证主义史学，不仅时间大体相当，而且基本趋向相似，都特别重视运用考据方法。说明那时中西方史学家的价值取向，智力水平亦甚相近。就其考据方法的内容来看，中国并不比西方逊色，甚至可以说乾嘉考据学比西方考据学更为完备。但是，中国古代史家整理史料的考据方法也并非完美无缺，他们运用这些方法多限于对菁

---

① 梁启超：《中国历史研究法》第3章《史之改进》，《中国历史研究法 中国历史研究法补编》，北京：中华书局，2015年，第47页。

② 范文澜：《中国通史简编》第9章第8节《考据学派》，延安：新华出版社，1942年。

芜混杂的史料进行鉴别整理，而且多是孤立地静态地解决个别的单独的史实问题。如王鸣盛的《十七史商榷》100卷，对《史记》以下十九部正史进行校勘和考订，改伪文、补脱文、去衍文，并对一些典制诠释蒙滞，审核踳驳。钱大昕《廿二史考异》100卷，也是对正史进行文字校勘，典制考释，名物训诂，重点是考订年代、官制、地理沿革、辽金国语、蒙古世系等。他们都是把自己发现的问题一个一个地加以解决，有较大的局限性。

从中国古代史学方法的整体内容来看，它注重的史书编纂和史料整理方法，都是属于具体工作方法，而科学思维方法却不甚发达。中国古代史家的历史观，长期被天命观、循环观、英雄观所统治，而这种历史观只需要较简单的思维便可以体现出来，所以抑止了思维方法的发展。恐怕这是中国古代史学的思维方法不甚发达的内在原因。

我国古代史书编纂方法和史料整理方法发展到很高水平，因而积累了大量的有相当可信度的史料。这些史料又以多种体裁编纂成历代史书，为我们今天和后代史学工作者留下了丰富的可贵史学遗产。我们应当珍惜这些遗产，把它当作珍贵的史学财富。同时，我们要正视这些遗产本身由于史学观点方法的缺陷而存在的问题。这些遗产主要是在历史研究工作第一步和最后一步的方法上下过功夫，是具体工作方法的成果，而理论指导方法的谬误幼稚，思维方法的简单薄弱，致使这些史学遗产的水平不高，而且大多在一个层次上世代相因，萧规曹随，历代史书多是量的增加，而缺乏质的飞跃。如果要分其优劣，也只有史料信度和编纂方法的优劣，而基本观点和认识深度则无太大差别。这就为后人留下了艰巨任务，要求我们用正确的理论指导和科学的思维方法进行重新研究。因此，努力学习掌握正确的理论指导方法和科学思维方法，成为当今史学工作者义不容辞的使命。

第三章　中国近代史学方法

中国近代史学方法是近代中国史学的一个构成部分。它既是滋生于近代史学沃土中，又是构成近代史学不可或缺的手段。本书上篇有文对中国近代史学的总体状况及其主流史学所创建的诸如历史的比较研究法、归纳研究法、统计研究法、二重证据法、语言文字比较研究法、诗文证史研究法、碑志证史研究法、“大胆假设，小心求证”方法、“历史演进”考辨法、史书章节编纂法和借助“引得”寻检史料方法等十一种史学方法做过论述。这里，着重讲一讲中国近代史学方法的两个特征。

1

中国近代主流史学的史学方法以进化史观作为指导理论，是它最本质的特征。

进化史观是由达尔文进化论引入人类社会历史学而形成的。英国博物学家查理·达尔文(Charles Robert Darwin，809—1882年)于1859年出版《物种起源》，创立生物进化论学说。恩格斯指出，达尔文进化理论是19世纪自然科学三大发明之一[①]。进化论成为当时最有影响力的科学理念。达尔文的理论被他差不多同时代的两位同胞引入社会学而形成社会进化论，[②]或称社会达尔文主义。社会进

① 恩格斯说的19世纪自然科学三大发明，其他两种是能量守恒和转化与细胞学说。

② 英国博物学家赫伯特·斯宾塞(Herbert Spencer，1820—1903年)著《社会学原理》等书，宣称社会也和生物进化规律相同，按照变异、自然选择、遗传诸原理发展。社会上人与人的关系就像生物体和细胞的关系一样。无论社会还是个人，其成长过程都是量的增长。另一个英国博物学家赫胥黎(Thomas Henry Huxley，1825—1895年)著有《人在自然中的地位》《进化论与伦理学》等书，竭力支持和宣传达尔文的理论，并且第一个用进化论解释人类的起源。

化论蕴含人类历史进化理念。史学家运用这种进化理论作为认识历史的指导思想,就是进化史观。

清朝晚年,由各种原因走出国门的中国文化人,尤其是在西洋、东洋各国的中国留学生,一接触到社会进化论思想,就被“生存竞争,优胜劣汰”这些观念深深吸引,激发起救亡图存的爱国思想。他们中的一些人,如孙中山革命党人,把社会进化论融入自己的革命思想之中,作为激励人民起来为推翻腐败清政府而奋斗;如康有为、梁启超等人,用社会进化论思想作为从事政治改良活动和宣传君主立宪的理论依据。另一些人,则用各种方式把社会进化论作为启发民蒙,重新认识祖国历史和现状,呼唤救亡图存的思想利器。在这些人中,有的把社会进化论著作译为中文在国内传播,最著名而且影响最大的便是严复(1853—1921年)。严复把赫胥黎的《进化论与伦理学》的一部分译成中文,名《天演论》[①],把斯宾塞的《社会学原理》(亦名《社会学研究》)译为中文,名《群学肄言》[②]。此外,还有马君五译《斯宾塞社会学原理》、赵兰生译《斯宾塞干涉论》、吴建常译《社会学提纲》、瑟斋主人(麦仲华)译日人有贺长雄撰《社会进化论》、章太炎译日人岸本能武太撰《社会学》等。有的人或以进化史观重新书写中国历史,或以进化史观编写历史教科书。传播历史进化论成为一时风尚,并由此促成中国近代新史学的诞生。

梁启超(1873—1929年)于1901年发表《中国史叙论》,1902年发表《新史学》,提出“史界革命”的口号,说:“史界革命不起,则吾国遂不可救。”他对封建史学进行猛烈批判,并称“历史者,叙述人群进化之现象而求得其公理公例者也。”[③]构建了“新史学”的理论框架,标志中国近代史学的发端。由此,近代主流史学被

① 严复将赫胥黎《进化论与伦理学》的前两章译为中文,并附上他自己的按语,名《天演论》,于1898年正式出版,是较早在国内直接介绍进化论的著作。

② 严复译:《群学肄言》,上海文明书局,1903年。

③ 梁启超:《新史学》,《饮冰室合集》第1册文集之9,北京:中华书局1989年,第10页。按:梁启超发表此文的当年,还有邓实在《政艺通报》1902年8月18日第12期《史学文编》发表《史学通论》,认为“中国史界革命之风潮不起,则中国永无史矣,无史则无国矣。”马叙伦在《新世界学报》1902年9月2日第1期,发表《史学总论》,提出“有志兴国”的中国人,“诚宜于历史之学,人人辟新而讲求之”。汪荣宝在《译书汇编》1902年12月10日第9期,发表他编译的《史学概论》,介绍“最近史学界之学说”,即国外近代资产阶级史学,并称:这将是中国“新史学之先河”。这些论著,和梁启超倡导的“新史学”相呼应,也可见“新史学”已渐成学界潮流。

称为“新史学”，并随着近代政治文化的发展而发展起来。

梁启超的《中国史叙论》和《新史学》，实际上是他拟议中以进化论观点编写一部中国通史的《叙论》和要求贯彻的观点、遵循的原则和达到的目的。与此同时，章太炎（1869—1936年）在讨论编写中国历史的通信中，也表示自己拟写一部百卷的中国通史，以“发明社会政治进化衰微之原理”“以鼓舞民气启导方来”[①]。陈黻宸（字介石，1859—1917年）也表示他要借鉴西方史学“于民事独详”的优点，重新撰写一部中国通史。[②]这几部拟议中的中国通史虽然都没有完成，但是用社会进化论来重新认识中国历史的思想趋势确实表露无遗。

在戊戌变法到辛亥革命这个期间，如果说，用进化论观点来撰写大部头的中国通史是因为条件尚不成熟[③]而未能实现，那么，历史教科书的编写却一定程度上满足了愿望。中国历史教科书，实际上就是简要的中国通史。这时，历史教科书的编写出现井喷式的发展。据考察，这十来年间，编写出版的从小学、中学到大学的教科书、讲义，至少有20多部[④]。这里举一些比较著名的稍加说明。1902年，柳诒徵编纂《历代史略》，次年江楚书局印行，后被多地书局翻印，曾被学部定为中学暂用历史教科书，畅销一时。1902年，张肇桐编辑《高等小学国史教科书》，上海文明书局出版，是较早由国人自编的小学历史教科书之一。1903年，黄炎培、邵力子、张伯初痛感旧史之缺失而编译《支那四千年开化史》，此书颇受时人重视，多次再版，曾被作为中学历史教科书使用。1903年，留日学生曾鲲化编著《中国历史》教科书，由东新译社出版；该书宗旨在于“调查历代国家全部运动进化之大势，撮录其原因结果之密切关系，以实国民发达史价值，而激发现在社会之国魂”；其体裁分编章节，文字所不能尽者，详之以图，图所不能穷者，通之以表。当时《游学译编》《浙江潮》《中外日报》都做过评介。1903年10月，丁保书编《蒙学中国历史教科书》，由上海文明书局出版，该书编选得当，清末颇为流行，曾再版至20版，1906年学部通过审查的历史教科书仅此一书。1904年，夏曾佑按社会进化学说划分历史时期、用章节体编纂的《最新中学中国历史教科书》，由商

① 王学典主编：《20世纪中国史学编年（1900—1949）》上册，北京：商务印书馆，2014年，第20页。

② 陈黻宸：《独史》，《新世界学报》第2期，1902年9月16日

③ 按梁启超《中国历史研究法》所说，历史研究应先研究“专门史”，然后再作综合贯通的“普遍史”，也就是通史。这时，尚缺乏专门研究，显然不具备写通史的条件。

④ 王学典主编的《20世纪中国史学编年（1900—1949）》上册，1901年至1911年有详细记载。

务印书馆出版。该书受到学界重视，齐思和在《近百年来中国史学的发展》一文中称此书是“第一部有名的新式通史。”[①]1933年改名《中国古代史》，列入商务印书馆“大学丛书”再版发行。1904年，陈懋治编撰的《高等小学中国历史教科书》，上海文明书局出版，从上古一直写到甲午战争，跨度时间最长，表述简练完备，到1908年共出18版。1904年，屠寄编《京师大学堂中国史讲义》，是中国近代最早采用章节体，以进化观点解释中国古代史的史学著作之一。刘师培编纂的《中国历史教科书》，由国学保存会印行，1905年出第一册，次年出第二册，此书特点突出。[②]1909年7月汪荣宝编、张元济校订的《中国历史教科书》（本朝史），由商务印书馆出版。这是第一部清史教科书。此书初讫于咸丰同治之际，辛亥革命后，又续写至清廷灭亡，民国建立。[③]该书有一定的社会影响。这些中国历史教科书，都是以社会进化史观为指导，以章节体作为编纂形式，是中国近代新史学初创时期的丰硕成果。

这个时期，史学家们还发表了一些以进化史观撰写的论文。章太炎1900年纂成的《訄书》，其中《原人》《序种性》《原变》等篇就是用进化论的观点解释中国历史。1904年《訄书》重刻本中《哀清史·附中国通史略例》，提出了他改造传统史学的主张，他认为新史著要“熔冶哲理”，要使读者从中知道“古今进化之理”。他说的“哲理”就是社会进化之理。梁启超除《中国史叙论》《新史学》之外，还发表了许多文章。1902年在《新民丛报》第3至57号陆续刊载的《论中国学术思想变迁之大势》一文，系统论述中国数千年学术思想演进的历史趋势，对近代学术史的研究有颇大的影响。同年，在《新民丛报》第7号发表的《中国专制政治进化史论》，是用进化史观系统考察中国历代政体演进过程的第一篇专题论文。其他学者发表的以进化观点论述中国历史问题的文章也不少。

对进化史观的认识和运用，随着时间的推移也发生着变化。有学者认为，章

---

① 齐思和：《近百年来中国史学的发展》，《燕京社会科学》1949年第2卷。

② 王学典主编《20世纪中国史学编年（1900—1949）》指出：“刘师培编纂的教科书具有三个较突出的特点：一是不同于当时流行的章节体，刘氏尝试将西方章节体与中国传统的编年体、三通体结合起来，在略述时代政治演变的基础上，用专题的形式探讨中国历史的各主要方面；二是在内容上不仅注重普通民众的生活，还注意通过经济状况、文化表现、制度设置等方面来总结研究中国的社会形态；三是注意比较各时代的不同并能阐释其原因。”（第96页）

③ 该书由许国英续写至清朝灭亡，民国建立。1913年4月以《清史讲义》为书名，由商务印书馆出版，可能是最早的清代通史。该书流传较广，至1921年印行5版。

太炎和梁启超稍后放弃了历史进化论观点。在我看来，还不能简单地这样说。

曾经和梁启超差不多同时批判旧史学、提倡新史学的章太炎，随着对传统史学的估价发生改变，对进化理论的认识也有所变化。到底发生了什么变化呢？1906年9月章太炎在《民报》发表《俱分进化论》被作为放弃进化论的例证。实际上，太炎先生在此文中指出："进化之实不可非，而进化之用无所取。"这表明，他并不否定进化理论，只是认为当时某些运用进化论解释中国历史的做法不可取。如认为严复将历史分为宗法社会、军国社会，不符合中国历史。又如康有为、梁启超"喜言三世，以明进化"，而章太炎则说："察《公羊》所说，则据乱、升平、太平，于一代而已矣。"[①]在他看来，这些人所说的"进化"，"本由根识迷妄所成，而非实有此进"[②]。就是说，这是他们根本认识迷妄所致的错误，不符合历史进化实际。1910年他又在《征信论》[③]中指出："诸学"与"治史志"之学有所不同，"诸学莫不始于期验，转求其原，视听所不能至，以名理刻之。独治史志者异，始卒不逾期验之域，而名理却焉。"认为，史学始终都不会脱离"期验"（视听能至的）范围，而用不着以名理刻意推求。他还进一步指出：不能以"类例"断"成事"，如果只从抽象理论出发论断历史，那就不需要对历史进行研究了，"虽燔史志犹可"[④]。他所说的"名理""类例"主要是指当时流行的以逻辑推演的进化理论。这表明，章太炎只是不赞成从抽象的进化理论出发论断历史，并非一概反对进化论用于研究历史。总的来看，他似要超脱一般生硬套用进化论，追求更加切合中国历史实际。

梁启超对他当年宣扬的进化史观也有所反思。梁启超对"历史"做过两次界定。在1902年《新史学》中说："历史者，叙述人群之进化之现象而求其公理公例者也。"[⑤]在1922年《中国历史研究法》中则说："史者何？记述人类社会赓续活动之体相，校其总成绩，求得其因果关系，以为现代一般人活动之资鉴者也。"[⑥]这两

---

① 章太炎：《訄书·尊史》（重订本），朱维铮点校：《章太炎全集》，上海：上海人民出版社，2014年，第324页。

② 章太炎：《四惑论》，洪治纲主编：《章太炎经典文存》，上海：上海大学出版社，2003年，第241页。

③ 关于《征信论》的年代，太炎先生自定《太炎集》编年目录，列此篇于辛丑即1901年，而最初发表此文的《学林》第2期，是1910年出版，这里采用后者。

④ 章太炎：《征信论》，朱维铮、姜义华编注：《章太炎选集》，上海：上海人民出版社，1981年，第125页。

⑤ 梁启超：《新史学》，《饮冰室合集》第1册文集之9，北京：中华书局，2015年，第10页。

⑥ 梁启超：《中国历史研究法》第1章《史之意义及范围》，《中国历史研究法 中国历史研究法补编》，北京：中华书局，2015年，第5页。

个界定最重要的区别，就是在后一个界定不提“进化”，把“叙述人群之进化”改为“记述人类社会赓续活动”。这表明他认为，人类社会历史只是“赓续活动”史，而不再强调其“进化”史。他还说：“孟子说‘天下之生久矣，一治一乱’，这句话可以说是代表旧史家之共同观念，我向来最不喜欢听这句话，因为和我所信的进化主义不相容。但近来我也不敢十分坚持了。我们平心看一看，几千年中国历史，是不是一治一乱在那里循环！何止中国，全世界只怕也是如此”[①]。这说明梁启超的确有一个从相信进化主义到不十分坚持进化主义的变化。这是1923年梁启超在南京作《研究文化史的几个重要问题》讲演，讨论历史进化论说的，并且最后总结说：“一、人类平等及人类一体的观念，的确是一天比一天认得真切。而且事实上确也著著向上进行。二、世界各部分人类心能所开拓出来的‘文化共业’永远不会失掉，所以，我们积储的遗产，的确一天比一天扩大。只有从这两点观察，我们说历史是进化。其余只好编在‘一治一乱’的循环圈内了。”[②]从这里看来，梁启超并没有完全否认历史进化，认为人类的思想观念是进化的，文化遗产是进化的，而政治上的治乱更替则不是进化。换句话说，他认为进化理论对一些历史事项适用，而对另一些事项则不适用。有学者说，梁启超晚年对因果律产生了怀疑[③]，举的例证有《中国历史研究法·史之意义及其范围》中的话：因果关系不是很容易求得的，“一果或出数因，一因或产数果，或潜伏而易代乃显，或反动而别证始明。”这些话，与其说是对因果关系的怀疑，毋宁说是对因果关系认识的深化更为贴切。梁启超在《中国历史研究法》第六章中关于因果律的言论[④]，恐怕也只能

---

① 梁启超：《研究文化史的几个重要问题》，《饮冰室合集》第5册文集之40，北京：中华书局，2015年，第5页。

② 梁启超：《研究文化史的几个重要问题》，《饮冰室合集》第5册文集之40，第6-7页。

③ 张岂之：《中国近代史学学术史》，北京：中国社会科学出版社，1996年，第110页。

④ 梁启超《中国历史研究法》第六章《史迹之论次》有云：“说明事物之原因结果，为史家诸职责中之最重要者。……虽然，兹事未易言也。宇宙之因果律，往往为复的而非单的，为曲的而非直的，为隔的伏的而非连的显的，故得其真也甚难。……严格论之，若欲以因果律绝对的适用于历史，或竟为不可能的，而且有害的，亦未可知。何则？历史为人类心力所造成，而人类心力之动乃极自由而不可方物；心力既非物理的或数理的因果律所能完全支配，则其所产生之历史，自亦与之同一性质。今必强悬此律以驭历史，其道将有时而穷，故曰不可能；不可能而强应用之，将反失历史之真相，故曰有害也。然则吾侪竟不谈因果可乎？曰断断不可。不谈因果，则无量数繁赜变幻之史迹不能寻出一系统，而整理之术穷；不谈因果，则无以为鉴往知来之资，而史学之目的消灭。”（梁启超：《中国历史研究法 中国历史研究法补编》，北京：中华书局，2015年，第138-139页。）

做这样理解。

梁启超对历史进化理论的认识为什么会发生变化呢？我们可以从他1920年出版的《清代学术概论》中有关本人学术活动的反思言论找到一些线索。在那里，第一，他说晚清之时，自己是一个“今文学派”的“猛烈的宣传运动者”，其运动“益带政治的色彩”。这就是说，他宣扬进化论，批判旧史学，倡导新史学，是作为宣传政治改良运动的一部分，为政治改良运动服务的。那么，随着民主革命运动的发展，辛亥革命的爆发，改良运动的破产，他的思想，他学术活动的意向，必然随着其社会角色的改变而发生变化。这是根本原因。第二，他说“启超务广而荒，每一学稍涉其樊，便加论列；故其所述著，多模糊影响笼统之谈，甚者纯然错误”①。他承认，当初宣传的包括进化论在内的一些学说，是“稍涉其樊，便加论列”的，因此多是模糊笼统之谈，不免于“粗率浅薄”。②那么，经过一段时间，进行深入研究精密思考之后，其认识有所改变，那是符合逻辑的。不过，总而观之，这种改变实际上是认识深化后的扬弃，并非彻底放弃。这在当时，应该是具有普遍性的。

另外一点，梁启超没有谈到，恐怕他也很难谈到的，那就是社会进化论本身的先天缺陷和他们运用中的形而上学。把达尔文的生物进化理论用来解释人类社会，本来就是把进化论庸俗化，进化论根本就不能科学解释人类社会。因此，用进化史观来论述中国历史，撰写中国史书，必然会出现这样那样使人难以置信的地方，以致使人对其理论产生疑议，这是很自然的。再加上当初运用进化论于中国历史的史家，包括章太炎、梁启超、夏曾佑这些代表性的人物，他们史论中孤立、表面、片面的形而上学缺陷比比皆是。比如梁启超认为历史一治一乱是循环而没有进化，这完全只看表面现象，没有深入其社会历史的内涵。其实历史长河中，前一个治和后一个治，前一次乱和后一次乱，如西汉的文景之治与唐代的贞观之治，东汉的州牧割据与唐代后期的藩镇割据，只是表面相似，实际上并不是历史的重复，从汉到唐绝不是历史循环，而是历史的前进，是前进中出现的问题，而不是历史的重演。又如新史学史家把历史演进的原因，常常归结为人的心力，

① 梁启超著，夏晓虹点校：《清代学术概论》，北京：中国人民大学出版社，2004年，第210页。

② 梁启超在《研究文化史的几个重要问题》中否定因果律的言论，恐怕也是他受“近来细读立卡儿特著作”而“稍涉其樊，便加论列”的老毛病的重犯，故难以确信。

或归结为思想文化，或归结为某个历史人物，或归结为某偶然事相，他们没能看到这些思想文化因素、个别英雄人物以及那些偶然因素的背后，还有更深层的决定性的必然性因素。因此他们对历史的解说，不能令人深信，甚至连他们自己也疑惑其理论的普遍适用性。

然而，历史进化论在中国近代史学上，经过热烈宣扬，到深沉反思之后，并没有消失。它的演进理念、因果理念等，被后来的史家融入自己的历史意识，继续发挥作用，成为民国时期新史学历史观和方法论的一个基本成分。

王国维（1877—1927年），辛亥革命后，其学术研究由哲学、文学转入史学。他以自己深厚的中国传统文化基础，开阔敏锐的眼光，利用近年发现的地下新材料，化合外来学术思想，通过二重证据法，以实证研究的创新成果，为中国近代新史学开辟出一条新途径，把中国近代新史学推进到一个新阶段。在他论述研究事物需采用抽象、概括、分析的思辨方法，"求其原因，定其法理"，要做到"使事物必尽其真，而道理必求其是"①。他在研究殷周王室世系时，对商周之际血缘关系变化进行的探讨，在匈奴研究中对匈奴族源的探讨、名称的演变，对"胡服"即北方游牧部落服装穿戴的探讨，在西域研究中对中原西域称谓的变化，在蒙元研究中对鞑靼名称的演变，都蕴含着历史演进的观念。在《国学丛刊序》中论述史学与科学的关系时，指出："即今日所视为不真之学说、不是之制度风俗，必有所以成立之由与其以适于一时之故。其因存于邃古而其果及于方来，故材料之足资参考者，虽至纖悉不敢弃焉。"②这表明十分重视历史的传承关系和因果关系。

陈寅恪（1890—1969年），20世纪20年代同王国维、梁启超一起任清华国学

---

① 王国维：《国学丛刊序》云："夫天下之事物，自科学上观之与史学上观之，其立论各不同。自科学上观之，则事物必尽其真而道理必求其是。……自史学上观之，则不独事理之真与是者足资研究而已，即今日所视为不真之学说，不是之制度风俗，必有所以成立之由与其所以适于一时之故。其因存于邃古而其果及于方来，故材料之足资参考者，虽至纤悉不敢弃焉。"又云："夫天下之事物，非由全不足以知曲，非致曲不足以知全。虽一物之解释，一事之决断，非深知宇宙、人生之真相者不能为也。而欲知宇宙、人生者，虽宇宙中之一现象、历史上之一事实，亦未始无所贡献。故深湛幽渺之思，学者有所不避焉；迂远繁琐之讥，学者有所不辞焉。事物无大小、无远近，苟思之得其真，纪之得其实，极其会归，皆有裨于人类之生存福祉。……学问之所以为古今中西所崇敬者，实由于此。"（《王国维全集》第14卷，杭州：浙江教育出版社，广州：广东教育出版社，2010年，第130、132页）进化理念也含化其间。

② 王国维：《国学丛刊序》，《王国维全集》第14卷，杭州：浙江教育出版社，广州：广东教育出版社，2010年，第130页。

研究院导师，三四十年代的魏晋南北朝隋唐史研究[①]，公认为代表当时新史学的最高水平。他在论述隋唐制度渊源时说："治李唐一代之文物制度者，于上列所举之三源[②]，究其所出，穷其所变，而后知其嬗蜕演化之迹，始有系统可寻矣。"[③]在论述唐代与外族之关系时说："观察唐代中国与某甲外族之关系，其范围不可限于某甲外族，必通览诸外族相互之关系，然后三百年间中国与四夷更叠盛衰之故始得明瞭，时当唐室对外之措施亦可略知其意。盖中国与其所接触诸外族之盛衰兴废，常为多数外族间之连环性，而非中国与某甲外族间之单独性也。"[④]在《元白诗笺证》中说："故今世之治文学史者，必就同一性质题目之作品，考定其作成之年代，于同中求异，异中见同，为一比较分析之研究，而后文学演化之迹象，与夫文人才学之高下，始得明了。"[⑤]其中，历史进化观因素显而易见。

胡适是对中国近代新史学有重要影响的人物，他虽然没有多少主体史学的鸿篇巨制，但自称有"历史癖""考证癖"，发表过相当多的史学言论，他"大胆的假设，小心的求证"研究学问的方法，凡是涉足过近代学术的人，没有那个是不知道的。胡适早年接受过进化论思想，后来又把它和美国老师杜威的实验主义结合起来，鼓吹一点一滴改良。他的成名之作《中国哲学史大纲卷上》[⑥]，在第一篇导言中，就把明变、求因、评判作为哲学史的目的，说"哲学史第一要务，在于使学者知道古今思想沿革变迁的线索"，"不但要指出哲学思想沿革变迁的线索，还须要寻出这些沿革变迁的原因"，"还须要使学者知道各家学说的价值"[⑦]。历史进化论的影响甚为明显。

1928年，蔡元培被委派筹办中华民国最高科学研究机关——中央研究院，接受傅斯年要求建立历史语言研究所。10月，该研究所在广州成立，后迁北京，傅

① 陈寅恪1940年完成的《隋唐制度渊源略论稿》，1941年完成的《唐代政治史述论稿》和30—50年代间撰成的《元白诗笺证稿》为其代表作。

② 三源：一为北魏、北齐，二为梁、陈，三为西魏，北周。

③ 陈寅恪：《隋唐制度渊源略论稿》，北京：三联书店，1954年，第61页。

④ 陈寅恪：《唐代政治史述论稿》，上海：上海古籍出版社，1982年，第128页。

⑤ 陈寅恪：《元白诗笺证》，上海：上海古籍出版社1978年，第45页。

⑥ 胡适著《中国哲学史大纲卷上》，是他在留美博士论文《先秦名学史》和北京大学中国哲史讲义《中国哲学史大纲卷上》的基础上撰成，1919年出版，后收入商务印书馆《万有文库》（1930年）改名《中国古代思想史》。

⑦ 胡适：《中国古代哲学史·第1篇导言》，《胡适全集》第5卷，合肥：安徽教育出版社，2003年，第198-199页。

斯年专任所长，兼《历史语言研究所集刊》主编。傅斯年在该集刊第1本第1分册发表了著名的《历史语言研究所工作之旨趣》，作为该所研究工作指导方针。这个“旨趣”开篇就说，“近代的历史学只是史料学……而史学外的达尔文论，正是历史方法之大成。”可见达尔文进化论，被这个历史语言研究所认定为“历史方法之大成”。

20世纪二三十年代，新史学还涌现出一批通史和专史著作，其中吕思勉《白话本国史》、王桐龄《中国史》、柳诒徵《中国文化史》、陈登原《中国文化史》等有一定代表性[①]。吕思勉在多年讲授中国史的基础上，1920年《白话本国史》定稿，1923年商务印出馆出版，大量发行，被用作大学教材。该书以“上古史”“中古史”“近古史”“近世史”“最近世史”分期，在绪论中写道：“历史者，研究人类社会之沿革，而认识其进化之因果关系者也。”王桐龄的《中国史》，是他在北京高等师范学校的中国史讲义，经过修订而成。全书四编，由北平文化学社分编于1926—1929年间出版。此书与吕思勉《白话本国史》一样，都是以进化史观为指导进行分期，用章节体撰写。该书指出：“历史学者所研究，专在人类社会。凡道德智慧之进化，农工商业之发达，治术学术之隆替，皆属历史范围。”柳诒徵的《中国文化史》在当时众多的专史中，属于通史性的文化专史。柳诒徵1919年开始研究中国文化史，1925年开始在《学衡》杂志发表其讲义，1932年南京钟山书局正式出版。此后各地不断翻印，作为大学用书。1947—1948年正中书局分上中下三册出版。在该书绪论中，他强调：把握中国文化要求“精”、求“通”，“一以求人类演进之通则，一以明吾民独造之真际。欲知其共同之轨辙，当合世界各国家各种族之历史，以观其通。欲知其特殊之蜕变，当专求一国家一民族或多数民族组成一国之历史，以觇其异。”[②]陈东原《中国文化史》(1935年出版上册，1937年出版下册)被认为“在剖论的深入和文化的把握上要高出柳著一筹”[③]。此书也是运用因果律、

① 此外，通史还有李泰棻《中国史纲》(1922—1933年)、佚名《中国五千年全史》(1925年)、刘横起《中国五千年革命史》(1927年)、黄克谦、孙季武《中国五千年革命史》(1927年)、孙嘉会《中华大历史》(1929年)、张震南《国史通略》(1930年)等。其专史亦较多通史性质的，有社会经济、政治、军事、民族、中外关系、文化、教育、学术思想等多方面的通史，还有断代性质和专题性质的专史。参见王学典主编《20世纪中国史学编年》(1900—1949)，上册，北京：商务印书馆，2014年。

② 柳诒徵：《中国文化史》上册，南京：正中书局，1947年，第1-2页。

③ 周积明：《二十世纪的中国文化史研究》，《历史研究》1997年第6期。

进化律来探求文化的发展变化。

进化史观不仅在近代新史学著名史家的论著中得到体现，而且在一些史学理论和方法的专文中加以阐释。1922年，谷凤池在《史地丛刊》第1卷第3期发表《历史研究法之管见》，作者认为，研究历史的方法应是根据历史的性质来确定，因为历史的发展具有“进化性”、“连续性”和“因果性”，因此“治历史者便当顺应其固有性而研究之”。作者指出：第一，“历史既有进化性，治历史者，最好依据进化律而研究之。”第二，当“依据连续律研究历史”。第三，“依据因果律研究历史”，“能按果溯因，就因推果，则全部历史之起伏，可推之矣。”①

进化史观在当时学校历史课教学中，亦被规定为指导思想。如1923年北京政府颁布的新学制课程标准《初级中学历史课程纲要》中，明确指出：“使学生明了世界人类生活共同演进状况，打破关于朝代国界的狭隘观念。”②

20世纪20年代，一些早期用马克思主义观点撰写的社会学著作中，也没有完全摆脱进化史观的影响。1924年出版的蔡和森《社会进化史》，1926年出版的李达《现代社会学》，都是力图用马克思主义唯物史观学说阐明人类社会发展规律，对当时马克思主义史学的形成有着重要影响。可是，马克思主义史学家华岗在1939年出版的《社会发展史纲》中指出，这两本书存在“多用进化论来解释社会演变，注重量的变化，而忽略了社会发展中质的突变”的缺陷③。

由上可以概见，进化史观对近代史学的影响是相当广泛而深刻的，可以说，历史进化论是指导中国近代新史学的基本历史观，是中国近代史学方法的主要指导思想。

毋可讳言，在中国近代史学上，进化史观既起过进步作用，又存在其固有的局限性。这是那个历史时代决定了的。

2 实证研究是中国近代主流史学研究范式的基本特征，因此中国近代主流史学又被有些学者称之为实证史学。所谓实证，就是用证据来说明事物的真实存在以及对该事物的解释。实证史学，认为研究历史首先是要确定事实，即搜集一切史料，并加以精确严格的考证，以获得确证的史实，在此基础上，通过

① 王学典：《20世纪中国史学编年》（1900—1949）上册，北京：商务印书馆，2014年，第272页。

② 王学典：《20世纪中国史学编年》（1900—1949）上册，第287页。

③ 王学典：《20世纪中国史学编年》（1900—1949）下册，第781页。

对史实的概括归纳，通过揭示其因果关系，从而发现历史的规律。实证史学所谓历史规律与马克思主义史学讲的历史规律是有根本区别的。后者是指历史事物的本质联系，而前者指的仅是用逻辑归纳法，从类同或相关历史事物之中得出的共通性，即梁启超所谓“公理”“公例”，陈垣讲的“类例”“通例”。即便是实证史学提出发现规律的要求，但它的着力重点却是放在史料的搜集整理和史事考实上，法乎其上者因果解释而已，很难涉及真正意义上的历史发展的客观规律。中国近代的实证史学正是如此。

中国实证史学的产生和发展，与五四新文化运动前后大力倡导科学，宣扬求真务实的科学精神和科学方法，在思想观念上有着千丝万缕的联系；也离不开近世大量地下地上新史料发现所提供的必需条件。但从史学渊源来考察，其源头有两个，一个是中国传统的历史考据学，一个是西方的实证主义史学。中国近代史学家们在求学经历和学识历练过程中，都不同程度地受过乾嘉考据学的洗礼，实事求是，无征不信，由小学而治经学，以经学方法治史学，对这些中国传统的治学理念和方法，都耳濡目染，成竹在胸。所以，实证史学是中国传统史学主要是乾嘉史学的继承。但是它不是简单地继承，而是遵循文化发展规律的批判继承，是在不同的社会环境中，新的历史条件下，按照时代的需要与可能，有选择的创造性的继承。中国近代实证史学的另一个源头是19世纪西方的实证主义史学。先是19世纪20年代在德国兴起以兰克为代表的客观主义史学，主张并实践着以客观主义态度和科学的方法治史，发展成为势力强劲的史学流派。随后19世纪下半叶，在法国实证主义哲学思想影响下产生出实证主义史学。实证主义史学家主张，历史研究旨在确定事实和制定规律，就是首先要搜集可能范围内的一切史料，加以精确的严格的考证，以获得确证的史实，然后通过对史实的概括与归纳，从而发现如像自然科学那样的人类历史规律。客观主义史学和实证主义史学都十分重视史料，都主张对史料进行严格的考证，它们的研究方法都带有实证性，在发展交流传播过程中逐渐出现合流的趋势。这种19世纪在西方流行的史学，随着东西方文化交流的扩大，对日本和中国都产生了重要影响。19世纪末20世纪初，走出国门的中国留学生，有的从欧洲直接引进西方的史学，有的从日本间接引进西方的史学。中国近代的史学家不同程度地受到这种西方史学理念和方法的熏染。他们把乾嘉历史考据方法和西方实证主义史学方法结合起来，创造出20世纪前半期主导中国史坛的实证史学。

中国近代实证史学公认的开山是王国维。他18岁考入杭州崇文书院学习后，就博览群书，对史学、校勘、考据之学以及当时的新学产生兴趣。以后赴上海求学，短期在日本读书，回国后一边工作，一边研究学问。在他22岁至30岁期间，潜心于西方哲学、伦理学、心理学、美学、逻辑学、教育学、文学等诸多学科，自称这时期是“兼通世界之学术”的“独学之时代”①。可见，王国维早年奠定了中西学术的深厚根基，才有他后来开创实证史学的伟大成就。1911年以后王国维“专治经史”，致力于古文字、古器物、汉晋简牍、敦煌文书文物以及商周史、汉唐史、蒙元史和西陲地理、北方民族诸多史学问题的考证，取得重大学术成就。1925年王国维在清华研究院开设《古史新证》课时，把自己的研究方法总结为“二重证据法”。他说：“吾辈生于今日，幸于纸上之材料外，更得地下之新材料。由此种材料，我辈固得据以补正纸上之材料，亦得证明古书之某部分全为实录，即百家不雅驯之言亦不无表示一面之事实。此二重证据法，惟在今日始得为之。”②这里他只说到二重证据法的原则，即地下材料与纸上材料互证，而在他的实践中还有丰富的内容。王国维离世七年后，陈寅恪在《王静安先生遗书序》中指出：“先生之学博矣，精矣……然详绎遗书，其学术内容及治学方法，殆可举三目以概括之者。一曰取地下之实物与纸上之遗文互相释证。凡属于考古学及上古史之作，如殷卜辞中所见先公先王考及鬼方昆夷玁狁考等是也。二曰取异族之故书与吾国之旧籍互相补正。凡属于辽金元史事及边疆地理之作，如萌古考及元朝秘史之主因亦儿坚考等是也。三曰取外来之观念，与固有之材料互相参证。凡属于文艺批评及小说戏曲之作，如红楼梦评论及宋元戏曲考唐宋大曲考等是也。此三类之著作，其学术性质固有异同，所用方法亦不尽符会，要皆足以转移一时之风气，而示来者以轨则。吾国他日文史考据之学，范围纵广，途径众多，恐亦无以远出三类之外。”③在这里，陈寅恪不仅揭示了王国维在三类著作中运用的二重证据法，而且指出这种方法起了“转移一时之风气”的作用，并且认为这种方法具有

① 王国维：《自序》，《王国维全集》第14卷，杭州：浙江教育出版社，广州：广东教育出版社，2010年，第119页。

② 王国维：《古史新证》，《王国维全集》第11卷，杭州：浙江教育出版社，广州：广东教育出版社，2010年，第241-242页。

③ 陈寅恪：《王静安先生遗书序》，《金明馆丛稿》二编，上海：上海古籍出版社，1980年，第219页。

“示来者以轨则”的深远影响，说他日我国的文史考据之学必然会沿着他开辟的范围和途径前进。这实际上已经指出了王国维在近代实证史学的开创地位。

中国近代产生过许多实证史学家，最著名的如胡适、顾颉刚、陈寅恪、陈垣、傅斯年等。

胡适，是五四新文化运动的倡导者之一，在哲学、文学、史学诸领域都有颇具影响的著述。在美国留学时就对清代学者的治学方法感兴趣，试图对中西考据学方法进行比较研究，曾经选修过康奈尔大学的包括有语言学、校勘学、考古学等课程的“历史的辅助学科”。1919年出版的《中国哲学史大纲卷上》是他成名之作，也是他在史学领域影响最大的著作。从该书《导言》中表述的“明变”“求因”“评判”研究任务不难看出，深受进化史观的影响。胡适对近代实证史学方法论的重要贡献，是源自杜威实验主义的所谓科学方法，主要在于处理史料，诸如史料的选择、史料的审定、史料的整理诸方法，以及胡适在《清代学者的治学方法》论文中概括出的“大胆的假设，小心的求证”十字真言。对此，他进行过广泛宣扬，也曾产生过很大影响。这都表现了胡适实证研究者的本色。

顾颉刚，是对近代实证史学有重要贡献的史学家。他在北京大学学习和工作期间，接受胡适疑古思想的影响。在治学方面，受到过崔述《考信录》辨伪的启发。他以疑古为手段考信为目的研究中国古史，1923年提出“层累地造成的中国古史”的观点，揭示三皇五帝是由神话传说层累地造成的，打破了把古代看作黄金世界的观念。这对传统观念是一种颠覆性的冲击，在当时学术界引起很大的震动，对中国古史研究起了推动作用。他运用“历史演进”的方法和“以证据去修改假设”的实证方法，在中国古史研究中取得了很大成就。他主持编辑出版的《古史辨》系列论集，从1926年到1941年共7册，收录文章350余篇，300余万字，成为一部考辨我国古史古书真伪的论文总集。郭沫若指出：“在（关于夏禹）旧史料中凡作伪之点大体是被他道破了”①。又说：“关于文献上的辨伪工作，自前清的乾嘉学派以至最近的‘古史辨’派，做得虽然相当透彻，但也不能说已经做到了毫无问题的止境。”②这是符合实际的评价。顾颉刚发起成立“禹贡学会”，创办《禹贡》杂志，培养了一批专业人才，对历史地理特别是边疆地理的研究，也作出

① 郭沫若：《中国古代社会研究》附录9《夏禹的问题》，北京：人民出版社，1954年，第337页。

② 郭沫若：《十批判书·古代研究的自我批判》，北京：人民出版社，1954年，第2页。

过开拓性的贡献。

陈寅恪，是独具特色、成就卓著的实证史学家。他从十九岁开始的十几年间，在柏林大学、巴黎大学、哈佛大学等欧美著名学府留学，具有运用英、德、法、日、拉丁、希腊、波斯、梵、巴利、蒙、藏、满、突厥、西夏等多种语文能力，最精通于魏晋南北朝史、隋唐史、蒙古史、明清之际史和佛道典籍。陈寅恪留学回国后10来年间，对当时发现的多种语言文字资料、佛教道教典籍、敦煌文书、墓志以及域外资料，进行实证研究。如将故宫博物院发现的《蒙古源流》的蒙文刊本、写本和满文译本，与坊间汉译刊本以及施密德校译本进行互校，写出四篇《蒙古源流研究》论文，对蒙古史多有精到见解。又如利用佛教经典研究儒、佛、道的关系，以及与中国小说文学的关系，利用道教经典研究该教对政治、社会的影响。再如对敦煌文书所作的多方面研究，著文十余篇，有不少精辟见解，"敦煌学"之名就是他首先提出而风靡世界的。抗战爆发后的十多年间，在"遭际艰难，仓皇转徙"中著成其代表作《隋唐制度渊源略论稿》《唐代政治史述论稿》《元白诗笺证稿》①和一些研究论文，被誉为20世纪三四十年代实证史学的巅峰之作。在《隋唐制度渊源略论稿》中，他"综合旧籍所载及新出遗文之有关隋唐两朝制度者，分析其因子，推论其源流"②，对我国中古极盛之世的隋唐两朝文物制度的渊源流变，作出"昔贤多未措念"的新论断。即汉魏中原文化，在东汉末西晋大乱及北朝长期扰攘之时，由西北秦凉河西之地保存和东晋南朝承袭，经北魏北齐传承而加入隋唐统一混合之文化。证实了隋唐文物制度的来源，除江左梁陈之外，尚有前人多未认识到的"汉魏西晋之河西遗传"。推究渊源的主旨还在于明述系统。弄清隋唐制度的渊源在于证实隋唐文物制度合乎"华夏文化正式系统"，而这个文化系统才是中国中古极盛之源。这是陈先生的文化史观。他的实证研究最显著的特点，是利用多种文字多种类型的资料与汉文资料进行对照、考异与互证，以深入发掘，由小见大，窥前人所未见。他不仅考证卓越，而且多有融会贯通、见解精辟的史论史评，在其著作中常常以"寅恪案"展示议论，在书评序跋中抒发远见卓识，故被称为"在近代考据家中是最有史识的学者"③。陈先生还在以"真了解"评

---

① 陈寅恪《元白诗笺证稿》出版于1958年，但研究元白诗始于30年代，书稿完成于1950年初以前。

② 陈寅恪：《隋唐制度渊源略论稿·叙论》，北京：生活·读书·新知三联书店，1954年，第1页。

③ 白寿彝：《史学概论》，银川：宁夏人民出版社，1980年，第316页。

论古人，以等量齐观态度对待官私著述，拓展史料范围，诗文证史，多种语文资料比较研究诸多方面，贡献于实证史学。

陈垣，是对近代实证史学有重大贡献的史学家。他的贡献主要在宗教史和历史文献学两个领域。在1917—1923年间写成的《元也里可温教考》《开封一赐乐业教考》《火祆教入中国考》《摩尼教入中国考》，后来合称"古教四考"。这既是中国古宗教研究前所未有，也是关乎中外关系史的重要著作。随后几年间陆续发表的《元西域人华化考》，陈寅恪为该书作序，称其"精思博识，吾国学者，自钱晓徵以来，未之有也"，"是书之重刊流布，关系吾国学术风气之转移者至大，岂仅局限于元代西域人华化一事而已哉？"[①]这部书还是中国民族关系史的重要著作，也是与中外关系史和宗教史有关的著作。1940—1941年，陈垣撰成被称为"宗教三书"的《明季滇黔佛教考》《南宋初河北新道教考》《清初僧诤记》。这是他从"专重考据"转向"趋重实用"的表现。所谓重实用，就是注重对现实有用，对当时的最大现实——抗日救国可以发挥作用。身处沦陷区的陈垣，通过其著述，彰显南宋沦陷于金的河北"抗节不仕之遗民"，昭示明末滇黔一隅之地犹能"萃集禹域文化之精英"，学人端士犹能以遁禅全其志节，其良苦用心何其深也。抗日战争期间撰写的《通鉴胡注表微》也同样不仅对实证史学有重要贡献，而且饱含着他自己的爱国情怀和民族气节。

陈垣在历史文献学领域的成就，包括目录学、年代学、史讳学、校勘学、史源学等多个方面，而且具有理论、方法和具体运用密切结合的特点，充实和拓展了实证史学的内容，对文献学相关诸学科做了一次难得的大总结。陈垣的《中国佛教史籍概论》不仅是佛教史学名作，也是佛教史籍目录学重要著作。此书将六朝以来佛教史籍，每书"举其名目、略名、异名、卷数同异、版本源流、撰人略历及本书内容体例，并与史学有关诸点"[②]一一列出，方便学者参考。1930年，陈垣编著的《敦煌劫余录》，对八千多卷敦煌经卷，著录其原号、起止、纸数、行数及内容，编成目录，由历史语言所作专刊刊行。陈垣还做过大量的《四库全书》目录的工作，还有不少关于目录学的论述。年代学的成就，主要是1925年完成的《二十史朔闰表》和《中西回史日历》。胡适曾经指出："我们应该感谢陈先生这一番苦功夫，作

① 陈寅恪：《陈垣元西域人华化考序》，《金明馆丛稿二编》，上海：上海古籍出版社，1980年，第239页。

② 陈垣：《中国佛教史籍概论》，《陈垣全集》第17册，合肥：安徽大学出版社，2010年，第496页。

出这样精密的工具来供治史者之用”，不但对以前的这项“研究作了一个总结，并且给世界治史学的人作一极有用的工具”[①]。这是该领域一个总结性的成果，对中外史学家都是很有用的工具。1928年撰成的避讳学著作《史讳举例》，是陈垣为中国特有的避讳习俗史做的总结，给治史学的人提供了又一个不能不使用的新工具。陈垣在校勘学上的贡献尤为突出，《校勘学释例》便是他精心之作。这是他校勘《元典章》，校补12000余条错误的基础上，进行理论方法总结而撰成的，其中提出的“校法四例”，即对校法、本校法、他校法、理校法，至今尚为人们所沿用。胡适对此书高度评价，说这是“新的中国校勘学的最大成功”，“可以说是中国校勘学第一伟大工作，也可以说是中国校勘学的第一次次走上科学的路。”[②]“史源学”的概念是陈垣先生提出的，他在教学中开设“史源学实习”课，“择近代史学名著一二种，逐一追寻其史源，检照其合否，以练习读一切史书之识力及方法，又可警惕自己论撰时不敢轻心相掉也”[③]。这是一种历史学专业学生基本训练的好方法，接受过他的这种训练的人，无不感到终身受益。

傅斯年，对近代实证史学的贡献有学术论著和学术事业的组织领导两个方面。其学术论著有《傅斯年全集》[④]，而最受推重最具影响的则是他30年代前期写的关于古代中国史研究的系列论文。本来他是打算写一部书的，但只写出五篇论文：《姜原》《大东小东说——兼论鲁燕齐初封在成周东南后乃东迁》《论所谓五等爵》《夷夏东西说》《周东封与殷遗民》。这五篇论文后经何兹全（傅之弟子）整理成《民族与古代中国史》一书出版[⑤]。这些论文中，《夷夏东西说》影响最大。这篇论文创造性地提出，“中国古代先秦史是东西两大族群、两大文化系统对峙时期”[⑥]。他自己说过，这篇文章是《民族与古代中国史》一书的中心篇章，提出中国史上三代及三代以前的民族在河、济、淮流域分东西两系：夷在东，夏在西。夷与商是东系，夏与周是西系。东、西分界，大体在今河南中部。这种东西对峙形势

① 胡适：《介绍几部新出的史学书》，《胡适全集》第13卷，合肥：安徽教育出版社，2003年，第56页。

② 胡适：《校勘学方法论——序陈垣先生的〈元典章校补释例〉》，《胡适文存》第4集卷1，《胡适全集》第4卷，合肥：安徽教育出版社，2003年，第161、155页。

③ 陈垣：《史源学实习》，《陈垣全集》第22册，合肥；安徽大学出版社，2010年，第431页。

④ 傅斯年：《傅斯年全集》八卷本，长沙：湖南教育出版社，2003年。

⑤ 傅斯年：《民族与中国古代史》，石家庄：河北教育出版社，2002年。

⑥ 何兹全：《民族与古代中国史·前言》，石家庄：河北教育出版社，2002年，第4页。

的论说，是关于古代中国史全局性的认识，有助于解读“诸夏”与“诸夷”的历史，进一步说明周与商的历史，也有助于了解夏文化的成就，进一步认识夷文化的贡献。有学者指出：“他的东西系统成为解释整个中国大陆古史的一把总钥匙。”[①] 傅斯年有很多关于史料的论述，尽管他对史料的定位有夸大不实之处，但是他把整理史料提高到方法论层次加以系统阐释，有益于实证史学的发展。

傅斯年对近代学术的更大贡献，是他作为学术事业的组织者所起的作用。他主持的历史语言研究所聚集了一大批当时著名的史学家、考古学家和语言学家，用他的“史学即是史料学”作为指导方针，开展卓有成效的研究工作。安阳殷墟15次科学发掘的巨大收获，清内阁大库档案的抢救和整理，一大批从事实证研究人才的培养，很多重大的研究成果的取得，无不浸透着傅斯年的心血，都和所长精心的组织谋划分不开的。傅斯年曾被学者誉为“中国近代科学考古史上……第一功臣。”[②]

此外，还有一些实证史学家，为近代史学作出了他们的贡献。岑仲勉，对隋唐历史文献的整理与考证，突厥史料的结集，西北和南海史地的考证，尤其在金石证史开拓史源方面，其成就甚为突出。钱穆（1895—1990年），20世纪30年代前期就以《刘向歆父子年谱》《先秦诸子系年》在史坛崭露头角，后来还以《国史大纲》等多种著述贡献于世。吕思勉（1884—1957年），1923年就出版既重史事实叙述又有必要考据议论的《白话本国史》，以后还有多部鸿篇巨制问世。孟森（1869—1938年），20世纪30年代出版的《清朝前纪》《明元清系通纪》《清初三大疑案考实》等，是清朝开国前及清初历史研究的力作，开创了清朝开国史的研究，他着力对清朝入关前后的历史资料进行发掘、梳理和考订，是中国近代清史学的奠基人。劳幹（1907—2003年），抗战期间完成的《居延汉简考释》，及其前后发表的多篇汉晋史研究论文，开拓简牍考史的新局面，产生了颇大影响，等等。

---

① 何兹全：《民族与古代中国史·前言》，石家庄：河北教育出版社，2002年，第9页。

② 何兹全：《民族与古代中国史·前言》，第14页。

第四章　中国现代史学方法

1　中国现代史学，是指1949年新中国成立后的史学。新中国成立后占主导地位的史学是马克思主义史学，而中国马克思主义史学的产生应当是在20世纪20年代。学界公认，1924年李大钊《史学要论》问世，此书以马克思主义观点全面阐述了对历史学的认识，是中国马克思主义史学的萌芽；1930年郭沫若《中国古代社会研究》出版，开辟了以马克思主义唯物史观与中国历史研究相结合的史学道路，标志中国马克思主义史学诞生。

20世纪三四十年代，中国马克思主义史学以延安、重庆两地为中心蓬勃发展，形成第一个高潮，取得很大成绩。那时，一批有志于用马克思主义研究中国历史的史学家，刻苦钻研，勤奋著作，在社会史研究、历史文献研究、史学理论研究、中国社会发展史撰述、中国通史撰述、中国民族史撰述以及各种专史等诸多方面相继撰写出一大批甚有影响的史学著作。郭沫若《中国古代社会研究》出版之后，吕振羽的《史前期的中国社会研究》（1934年）、《殷周时代的中国社会》（1936年）、《中国政治思想史》（1937年）、《简明中国通史》（1941年），吕振羽是紧接郭沫若之后，较早出版以马克思主义观点为指导的史学著作。1942年范文澜在延安主编的《中国通史简编》出版，这是第一部用马克思主义立场、观点和方法叙述中国历史的通史著作，它标志马克思主义史学初步建立起对中国历史全面系统的论述体系。还有翦伯赞的《历史哲学教程》《中国史纲》；侯外庐的《中国古代社会史》《中国思想通史》。这些影响甚大的著作都是中国马克思主义史学第一次高潮的产物。那时,用马克思主义观点进行史学研究,并有著作面世的还有稽文甫、何干之、尹达、吴晗、邓拓、华岗、吴泽、白寿彝、胡绳、吴玉章等。在中华民族面临严重危机之际,中国马克思主义史学家和其他爱国史家们都饱含民族精神和爱国热忱,撰写了许多具有时代特色和进步意义的历史著作,对增强民族自信心,认清中国历史前途,发挥了重要作用。

那时,中国史学仍处于近代资产阶级史学占统治地位阶段,马克思主义史学虽然生气勃勃,迅速发展,但是在国民党统治的广大地区,是受压迫、限制和排斥的,只有到新中国成立,中国史学进入现代阶段后,情况才有根本改变。

新中国成立后半个世纪的中国现代史学,可以大体分为三个阶段。1949—1965年,新中国成立至"文革"前十七年为第一阶段。这是马克思主义史学普及和发展时期,确立了唯物史观对史学的指导地位。唯物史观广泛传播和对重大历史理论问题和一些历史问题的深入讨论,推动着中国史学蓬勃发展。在此期间,还对《资治通鉴》和"二十四史"等历史典籍校点出版,中国近代史资料整理刊行,民族社会历史的大规模调查,许多中国人类文化遗址和墓葬的发掘,为中国史学进一步发展积累了丰富的资料。特别是此间培养造就的一大批用唯物史观武装起来的中青年史学工作者,为20世纪后期乃至21世纪初期中国马克思主义史学的发展,准备了人才队伍。1966—1976年,十年"文革"时期,中国马克思主义史学受到严重摧残,史学陷入严重危机。1976—2000年,粉碎"四人帮",党的十一届三中全会后,中国史学在实事求是思想路线指导下,经过拨乱反正,更加端正了马克思主义的正确方向,在改革开放前所未有的大好发展机遇中,重新获得强大生命力,中国马克思主义史学进入新的发展时期。虽然在20世纪80年代中期曾一度受到资产阶级自由化思潮的冲击和影响,一度出现过历史虚无主义的偏向,不过很快得到纠正,并未影响史学的全局发展态势。改革开放以来,中国马克思主义历史学理论与时俱进、不断创新,取得一批可喜的成果;广大史学工作者在解放思想、实事求是思想路线指引下,突破思维定式,打破"禁区"拓宽视野,提出了许多新的研究课题,学术热情高涨,创造活力大为提高,新的高水平著作不断面世;尤其值得称道的是,在研究实践中涌现出一大批可驰骋于信息化时代的睿智的中青年史学工作者,为21世纪中国马克思主义史学新发展准备了人才资源。

总观新中国成立后半个世纪的中国史学,取得的成就是巨大的。第一,确立了唯物史观对历史科学的指导地位和作用。这是最重要最具根本意义的成就。并且在历史教学和科学研究领域普及了唯物史观。第二,撰写出版了一大批马克思主义史学论著。郭沫若主编《中国史稿》、范文澜《中国通史简编》修订本和翦伯赞、吕振羽所著中国通史重新修订出版,许多以唯物史观作指导的中国古代、近现代史著作出版,中国史学家编的《世界通史》出版,各种断代史、专史大量出版以及许多马克思主义史学家的史学论集出版等等。第三,开拓了历史研究的新领域。科学发掘大量的地下文物资料并进行卓有成效的研究,出版了一些已往研究甚少的断代史、专史,尤其是开展了民族史志、地方史志和思想文化史的研究。第四,搜集和整理了大量的历史资料,如近代史资料,现代史资料,二十四史、通鉴、续通鉴以及众多类书、丛书、地方志、笔记小说等等的整理出版。第五,培养了大批历史研究人才。这些都是有目共睹的。

2 中国现代史学方法,在现代史学大潮下,获得了前所未有的发展,最重要的是创建了探求历史真理的研究方法。

探求历史真理的史学方法,是通过对历史事实的探讨而求得历史的特点、本质、规律和价值的研究方法。也就是从历史一般中找出历史特点,从历史现象中提取历史本质,从纷繁复杂的历史运动中揭示历史规律,从历史陈迹中发现历史的积极作用和意义。这是中国现代史学方法优越于中国古代、近代史学方法最显著之处。

这里,试举几种最具中国现代史学特色的历史研究方法:

阶级分析法 阶级分析法是马克思主义史学家研究阶级社会历史的基本方法。恩格斯在《社会主义从空想到科学的发展》中说:“新的事实迫使人们对以往的全部历史作一番新的研究,结果发现:以往的全部历史,除原始状态外,都是阶级斗争的历史;这些互相斗争的社会阶级在任何时候都是生产关系和交换关系的产物,一句话,都是自己时代的经济关系的产物;因而每一时代的社会经济结构形成现实基础,每一个历史时期的由法律设施和政治设施以及宗教的、哲学的和其他的观念形式所构成的全部上层建筑,归根到底都应由这个基础来说明的。”[①]列宁指出：要认清人类历史上一切异常繁杂的情形，“就必须牢牢地把握住社会阶级划分的事实，阶级统治形式改变的事实，把它作为基本的指导线索，并用这个观点去分析一切社会问题，即经济、政治、精神和宗教等等问题。”[②]又说：“马克思主义要求我们对每个历史关头的阶级对比关系和具体特点，做出经得起客观检验的最确切的分析。”[③]毛泽东在20世纪40年代讲“向社会作调查，调查社会各阶级的生动情况”时，提出了“阶级分析方法”概念[④]。历史学研究者运用阶级分析方法，是把它作为认识、解决阶级社会历史问题的基本方法，认为阶级社会的社会关系最根本的是阶级关系，认识社会历史要从分析阶级关系入手，弄清当时阶级之间的关系，阶级力量的对比，阶级矛盾的状况，分析矛盾的诸方面，并且找到主要矛盾及其矛盾的主要方面，这样就可以把握问题的关键，找到可以解决社会历史问题的钥匙。阶级分析方法也指划分阶级的方法。划分阶级，必须以经济关系作为基本线索，考察各个社会集团在社会生产体系中的地位，对生产资料的占有关系，在社会劳动组织中的作用，领得社会财富的多少，也就是说，用人们在生产体系中的地位、对生产资料的占有、在社会劳动组织中的作用和所占有社会财富的多少等这些要素来认定不同的阶级。在社会经济关系发展的不同阶段，阶级和阶级斗争有不同的内容、形式、性质、特征和规律，在历史研究中要重视研究不同时期的阶级和阶级斗争的不同情况。马克思的《1848年至1850年的法兰西阶级斗争》和《路易·波拿巴的雾月十八日》是以阶级分析方法研究历史运动、历史事件、社会集团、历史人物和社会意识形态的典范。阶级分析方法，在20世纪三四十年代我国马克思主义史学家已开始使用，新中国成立后的历史研究和历史教学中得到广泛运用，成为探求阶级社会历史真理的锐利武器。

历史主义方法　在马克思恩格斯著作里常常提到观察社会问题要用历史观点。恩格斯在《路德维希·费尔巴哈和德国古典哲学的终结》中说：“历史上依次更替的社会制度都只是人类社会由低级到高级的无穷发展进程中的一暂时阶段。每一个阶段都是必然的，因此，对它所由发生的时代和条件说来，都有它存

---

① 恩格斯：《社会主义从空想到科学的发展》，《马克思恩格斯选集》第3卷，北京：人民出版社，1972年，第423页。

② 列宁：《论国家》，《列宁全集》第29卷，北京：人民出版社，1956年，第434页。

③ 列宁：《论策略书》，《列宁全集》第24卷，北京：人民出版社，1957年，第23页。

④ 毛泽东：《农村调查的序言和跋》，《毛泽东选集》第3卷，北京：人民出版社，1953年第2版，第789页。

在的理由；但是对它自己内部逐渐发展起来的新的、更高的条件来说，它就变成过时的和没有存在的理由了；它不得不让位于更高的阶段，而这个更高的阶段也同样是要走向衰落和灭亡的。……在它面前，不存在任何最终的、绝对的、神圣的东西；它指出所有一切事物的暂时性；在它面前，除了发生和灭亡、无止境地由低级上升到高级的不断过程，什么都不存在。”[①]这是历史主义思想的深刻表述。毛泽东在1938年10月谈及学习问题时提出历史主义概念，说“我们是马克思主义的历史主义者”[②]。在20世纪五六十年代，作为纠正史学界对阶级分析法理解运用片面化现象而被着重强调。所谓历史主义方法，就是研究分析任何社会历史问题时，不能脱离具体的时间、地点和条件，就是要求把事物、问题提到一定的历史范围内进行分析研究，把事物、问题放在一定过程中进行分析研究，把各种社会历史事物、问题联系起来进行分析研究。一定的历史范围，就是该历史事物所处的具体时间、地点、环境诸条件。一定的过程，就是该历史事物处在其发展长河中的具体历史阶段或位置。各种联系，就是历史事物与其有关系的事物之间的联系。分析社会历史问题要把这些要素结合起来进行分析研究，不能违背这些原则和要求。这样，就可以避免历史研究的一般化、孤立化和片面化，就能更好地把握历史真理。历史主义方法被强调以后，受到史学界重视，成为广大史学工作者广泛应用的历史研究方法。

“三通”——纵横结合融会一体研究方法　这是中国马克思主义史学大师范文澜（1893—1969年）1954年在《关于中国历史上的一些问题》（该文是为《中国史简编》修订本所写绪言）中提出来的。“三通”方法是他对中国第一代马克思主义史学家研究中国历史经验的总结和提升，成为此后史学界普遍采用的治史方法。所谓三通，就是直通、旁通和会通。直通，从纵向揭示历史本质和发展规律，将历史划分为连续发展，间有质变的不同社会经济形态，并阐明它们萌发、兴盛、衰亡和依次取代的必然过程。研究中国历史，就是要精确地具体地划分出中国社会发展的各个阶段：氏族社会（原始社会）、奴隶社会、封建社会、资本主义社会。他指出：研究中国历史，不能给出这个“基本范围”就无法掌握贯穿古今的一条基本

① 恩格斯：《路德维希·费尔巴哈和德国古典哲学的终结》，《马克思恩格斯选集》第4卷，北京：人民出版社，1972年，第212-213页。

② 毛泽东：《中国共产党在民族战争中的地位》，《毛泽东选集》第2卷，北京：人民出版社，1952年第2版，第522页。

线索。旁通,从横向对每个社会经济形态的构成进行剖析,科学地指出经济政治和文化的辩证关系,经济是骨骼,政治是血肉,文化是灵魂,三者有机结合,才能构成一部完整生动的历史。研究一定时期的历史,还要研究当时社会的一切思想和各种趋向,最后归因于物质生产力状况的根源。会通,就是直通和旁通两个方面的综合,也就是把纵横两方面融为一个有机的整体。很显然,"三通"的方法,既是研究通史的指导性方法,又是研究一个阶段历史或一定时期历史的指导方法。范文澜还对如何研究中国通史,如何写出一部好的中国通史提出过具体意见。认为史学工作者应组织起来分工合作,或研究断代史,或研究专史,或研究少数民族史,或研究某专题,局部性研究愈益深入,综合性的通史也就愈有完好的可能。以局部性的深入来帮助综合性的提高,以综合性的提高来催促局部性的再深入,如此反复多次,庶几写出好的中国通史来①。这也就是"三通"方法的具体运用。新中国成立以来,史学工作者对通史断代史专史的研究,出版了多种相应的著作,都大体贯彻"三通"精神,运用"三通"的研究方法。

历史人物评价方法 如何在唯物史观指导下正确评价历史人物,史学界曾开展热烈讨论而取得基本共识。评价历史人物的指导理论,是马克思主义关于人民群众与个人在历史上的作用理论。认为人民群众对历史发展具有决定作用。个别人物,尤其是杰出人物,对推动历史发展进程也具有重大作用。评价历史人物的标准,是看他对社会历史发展所起的作用,是起推动作用,还是阻碍作用;这种作用,最终要以生产力的状况来说明。评价阶级社会历史人物,要把阶级分析和历史主义原则结合起来。评价历史人物的方法,应该具体分析,区别对待。就是说在评价的做法上,要分别不同情况的人物,采用不同的具体操作方法。有的历史人物适合运用功过论,有的历史人物适合运用方面论,有的历史人物适合运用阶段论,有的历史人物在进行分析之后需要作一个总体结论,有的历史人物则要看重晚节。评价历史人物还要正确处理几种关系。一种是主观动机与客观效果的关系,动机的善恶与效果的好坏,在一般情况下是一致的,有时则不完全一致,那就要着重从客观效果来进行评价;一种是客观规律与主观能动性的关系,客观规律虽然是不以人的主观意志为转移,人为无法改变的,但是,规律

---

① 中国社会科学院近代史研究所编:《范文澜历史论文选集》,北京:中国社会科学出版社,1979年,第76-77页。

给人们留有相当大的活动空间，看你是否做过足够的主观努力，所以，评价历史人物，既不能以客观规律来减轻无所作为人的责任，也不能以客观规律来否定那种“困兽犹斗”式历史人物的行为价值；一种是个人与集团的关系，一个重要历史人物常常是在他周围有一群人，有一个集团，这个历史人物的成功与失败，固然与他个人的聪明才智、意志才能有重大关系，也和其集团之人有密切关系，尤其重要的是这个历史人物怎样处理与其集团人物的关系，会产生重要影响。

论史关系处理方法 20世纪五六十年代，史学界曾讨论如何正确处理论史关系问题。起因是批评近代以来轻视理论的唯史料论时，有人提出意在重视理论的“以论带史”口号。由于这个口号未能正确解决论史关系，加之“左”倾思潮的助推，变成了“以论代史”的教条主义倾向；在批评这种教条主义错误倾向时，又有人提出“论从史出”口号。这个口号也未能科学说明论史关系，也不被人们认同。于是，一场论史关系问题讨论由此而广泛展开。“文革”中教条主义倾向与“以论代史”都恶性泛滥，产生很坏的影响。20世纪80年代，史学正本清源，论史关系续有讨论，逐渐形成大体的共识，认为应该是论史结合。所谓论，是指马克思主义理论，唯物史观；史，客观存在的历史，或称史实；由于历史具有消逝性，其痕迹只保留在史料中，因此，就把经过鉴别能真实反映客观历史的史料称作史。处理论史关系的方法，有研究方法和说明方法区别。作为研究方法的论史关系处理方法，就是在马克思主义一般原理指导下，详细地占有历史材料，通过科学分析，从材料中引出正确的结论，得到历史真理。作为说明方法的论史关系处理方法，即说明历史研究结论或表述历史真理的方法，既可以先说出结论，然后用史料阐明其结论的正确性，也可以先叙述史实，从史实中概括出结论，还可以把结论穿插在史实叙述过程中，寓论于史、夹叙夹议，等等。这些处理论史关系的方法，都可称之为论史结合。

3 中国现代史学继承发展了传统的史料搜集、鉴别、整理方法。中国马克思主义史学的第一代史学家大都接受过中国传统史学的熏陶，他们以马克思主义的科学观点审视传统史学，对其搜集鉴别整理史料的基本方法持肯定态度。郭沫若指出：“研究历史当然要史料。马克思主张尽可能地占有大量资料，也说明资料对科学研究的重要。占有了史料，就必须辨别它的真假，查考它的年代，去其糟粕，取其精华，这一番检查的功夫，也就是考据。这些工作是不可少的，是应该肯定的。”①侯外庐也说过，“中国史料汗牛充栋，真伪相杂。无论研究中国历史、思想史，要想得出科学的结论，均须勤恳虚心地吸取前人考据学方面的成果，整理出确定可靠的史料。……如果要研究中国历史，尤其是古代史，就必须钻一下牛角尖，在文字训诂、史料考证辨伪方面下一翻功夫。”②马克思主义史学家们不但重视、肯定传统的鉴别考证整理史料的方法，而且在自己的研究中运用那些行之有效的方法。郭沫若研究甲骨文就吸取了近代学者的成果和方法。不过马克思主义史学家们并不是简单地继承，而是在马克思主义唯物史观的指导下发展了传统的方法。他们并不把整理史料作终极目的，而只是作为一种研究历史的手段。王国维从卜辞里整理出殷代王统的世系，证明并改正了《史纪·殷本纪》和《帝王世系》有关记载。郭沫若在王国维的基础上进一步分析考证，弄清了殷代31帝17世中兄弟互相继承者超过半数，进而指出，这是氏族社会的一种表现。又如郭沫若考释甲骨文“贝”和“朋”，说明这是当时通行的货币，证明殷商已经有商品经济。这只是马克思主义史学家们发展传统考据学，使考据学服务社会发展史的研究，服务于历史发展规律研究的一个例子。正如郭沫若1929年在《中国古代社会研究·自序》中就已指出，马克思主义史学家的“批判”是如何超越传统史学“整理”的。他说：“‘整理’的究极目标是在‘实事求是’，我们的‘批判’精神要在‘实事之中求其所以是’。‘整理’的方法所能做到的是‘知其然’，我们的‘批判’精神是要‘知其所以然’。‘整理’自是‘批判’过程所必经的一步，然而它不能成为我们所应该局限的一步。”③在这里已经把马克思主义史学将传统整理史料方法，发展为探求历史真理的方法，表述得十分清晰。新中国成立后，一些有深厚考据学素养的史学家，在学习掌握历史唯物史观之后，对史料鉴别、史事考证方法，作出新的概括和表述，荣孟源的鉴别史料方法八条和来新夏的史事考证基本方法三种，就是一例。荣孟源在《关于史料的鉴别》一文中，阐述其鉴别史料方法的八条主张：1.察其来源，就是要考察史料的原始出处和保存、流传过程；2.观其制作，就是要辨别史料的制作原料和方法；3.考其形式，就是要看史料的形式是否与当时当地的制度相合；4.注意印章，史料有收藏印章的，要

① 郭沫若：《关于目前历史研究的几个问题》，《郭沫若全集·历史编》第3卷，北京：人民出版社，1984年，第483页。

② 侯外庐：《侯外庐历史学论文选集》上册，北京：人民出版社，1987年，第17-18页。

③ 郭沫若：《中国古代社会研究·自序》，北京：人民出版社，1954年，第2页。

注意考察印章;5.辨明字体,就是要考察其手写笔迹、印刷字形、避讳改字和用字的习惯;6.考察文体,就是注意文章的体裁,使用的语词;7.研究著录,就是要弄清该史料前人有无著录,是否被人征引,与今本是否相同;8.比较其记载内容,以察其真伪年代①。来新夏在《社会科学战线》发表的《如何应用和看待考据》一文中,阐述的史事考证三种基本方法是:1.本证,也称内证,就是利用图书本身资料考订问题;2.旁证,又称他证或补证,分为书证和物证,就是利用本书以外图书资料和实物遗迹资料来考订;3.理证,凡缺乏书证物证而根据个人学识以判断是非真伪的。此法水平高,风险大,注意避免武断、臆断、妄断。来新夏还转述陈恒先生关于考证法的两点注意意见,就是考证当注意地理,考证当注意数字②。

4 20世纪八九十年代,中国史学界新提出一些进行讨论和运用的史学方法,如假说方法、逆向考察法、宏观研究法、全方位研究法、中国通史新编纂法等。

假说方法 本是自然科学的研究方法,恩格斯在《自然辩证法》中说:“只要自然科在思维着,它的发展形式就是假说”③。20世纪50年代有人提倡用于历史研究,有赞成的,有反对的。80年代以后又有人提出讨论,有人在历史研究中尝试运用。历史研究中的假说,是关于历史事物、历史现象的因果性或规律性的假定解释。人们为了研究工作的需要,在一定事实的基础上,提出假定性的解释,并准备接受事实的进一步检验。假说方法运用程序是:一依据一定事实形成假说;二搜集材料以验证假说;三得出结论:或证实,或证伪,或假说经修正成为真理性认识。

逆向考察法 马克思曾说:“对人类生活形式的思索,从而对它的科学分析,总是采取同实际发展相反的道路。这种思索是从事后开始的,就是说,是从发展过程的完成的结果开始的。”④又说:“人体解剖对于猿体解剖是一把钥匙。”⑤人们就是由此受到启发而提出在历史研究中应用逆向考察法的。郭沫若就提倡过“据今推古”的研究方法,他说:“古今共通的东西,我们可以据今推古,亦正可以

① 荣孟源:《关于史料的鉴别》,《社会科学研究》1980年第4期。
② 来新夏:《如何应用和看待考据》,《社会科学战线》1985年第1期。
③ 恩格斯:《自然辩证法》,《马克思恩格斯选集》第3卷,北京:人民出版社,1972年,第561页。
④ 马克思:《资本论》第1卷,《马克思恩格斯全集》第23卷,北京:人民出版社,1972年,第92页。
⑤ 马克思:《〈政治经济学批判〉导言》,《马克思恩格斯选集》第2卷,第108页。

借古鉴今。”[①]逆向考察法，可以作为历史研究的一种途径，由近及远，由果及因，由流及源，由高级形态到低级的原始的形态；也可以作为历史研究的一种手段，通过对后代历史的解剖找到钥匙，用以解释、理解前代历史。人们相信这种研究方法的可行性，是基于人类社会历史发展是连续不断的，后代历史必然包含着前代的“基因”，后代的发展在前代有萌芽。

宏观研究法 是在对历史事物个别的局部的微观研究基础上，进行大范围、多角度、跨越式、整体性的研究方法。这是把自然科学中的“微观”“宏观”概念引入史学研究。这种研究方法，一般是通过运用形式逻辑、辩证逻辑的分析、综合、概括、抽象而对历史过程、本质、规律得到全局性、根本性的认识。这种方法的好处是可以避免为个别或局部历史现象所迷惑，有利于把握历史动向、历史趋势、历史真理，有利于揭示历史规律。有人提倡的所谓全方位研究法、立体研究法、整体研究法，实际上也属于宏观研究法。这种研究方法可以弥补传统史学太注重微观研究的缺陷，使之相得益彰。

中国通史新编纂法 改革开放之初，由白寿彝教授动议并组织实施的以新综合体裁编纂《中国通史》。历经20年，几百位史学工作者的共同努力，于1998年完成，出版了一部12卷22册1400万字的巨著。这部《中国通史》用的新综合编纂体裁，是白寿彝多年研究的结晶。这是他和他的团队以马克思主义科学理论为指导，既吸收纪传体诸体配合的优点，又吸收章节体、纪事本末体和外国史著作的长处，使之融合在一起，成为既能够反映中国历史的规律性和丰富性，又能反映时代特点，在编纂方法上有重大创新的综合体裁。全书12卷，第1卷导论一册，第2卷远古时代一册，从第3卷商周史以下，各卷二册，叙述一个时期的历史。每个时期分甲乙丙丁四编，甲编序说，介绍史料史籍考古材料及研究状况等；乙编综述，类似通史，又似传统纪传体中的本纪，按历史顺序叙述一代大事；丙编典志，是专史，类似纪传体中的志，叙述各种制度，包括政治、经济、文化、礼俗等；丁编传纪，篇幅大，占该时期2卷之1卷。这种编纂方法，不仅吸收了传统史书编纂的精华，而且克服了一般通史少见人物的缺陷。受到史学界的高度评价。

---

① 郭沫若：《我怎样写〈棠棣之花〉》，《郭沫若全集·文学编》，第6卷，北京：人民文学出版社，1986年，第277页。

5 改革开放后,中国史学界和国外同行的交流日益增多,一些国外史学方法逐渐介绍进来,如历史比较研究法、历史数量研究法、历史模糊研究法、历史社会学方法、历史心理学方法、历史地理学方法等。于此简要介绍。

历史比较研究法 历史比较研究,是指对不同时空条件的历史事物,通过多种方式进行比较对照,判明其异同,分析其缘由,从而找出共同点与特殊点的一种研究方法。对历史进行比较考察古已有之,但缺乏自觉意识和理论形态。作为一种相对独立的比较研究的历史研究方法,19世纪中叶在欧洲产生。马克思、恩格斯也曾用比较方法研究资本主义与前资本主义、古代东方社会与古代西方社会,对现代英法德诸国进行比较研究。19世纪末,俄国史学家久尔克盖依在《社会学比较研究方法》一书中,对比较方法作过理论阐述。中国的梁启超、梁漱溟对中国与欧洲、东方与西方作过比较研究。二战后,随着历史宏观研究趋势的发展,历史比较研究法在美国、苏联以及日本、法国、波兰、捷克等国史学界颇为流行,并借助电子计算机进行。以致历史比较研究法受到学人普遍重视和广泛运用。所以如此,因为比较研究法有克服研究狭隘性、片面性、孤立性的一定功能,从而为综合研究历史、总体把握历史创造条件;比较研究法有助于揭示历史现象异同的功能,从而为深入探求历史特质创造条件。当然比较研究法也存在局限性,它不是万能的,也不是研究工作的全部,它有一定的应用范围,还必须与其他方法配合使用。历史比较研究的类型也是多种多样的。马克思主义经典著作中关于社会历史的比较研究,有社会形态比较、国家比较、阶级比较、历史事件比较、历史人物比较等。苏联学者有历史类型性比较、历史"渊源"比较、历史上国家之间相互影响比较等。西方学者有作为理论的并行论证比较,作为事物的来龙去脉比较,作为宏观因果分析比较等;从空间范围分有宏观比较与微观比较,纵向比较和横向比较等等。这些都是基于不同情况和不同需要而确定的千差万别的比较。历史比较研究的程序,一般有:明确主题(即确定可比性主题)——对比较双方或几方,分别加以深入研究——提出假说——进行比较,找出异同(同中求异,异中求同)——分析异同原因,或求得规律性认识——验证假说,得出结论。进行历史比较研究要求注意以下几点:(1)要把比较对象的情况分别搞清楚,有一定深入研究;(2)要使比较研究不停留在表面现象上,而有一定深入性,那就必须透过现象深入本质,即从差异入手分析各方的特殊性,从共同点切入揭示其普遍性，在似乎差别极大的事物之间找出共同特质，在似乎极相似的事物之间看出特质差别；(3)要注意可比性，所谓可比性是指两种或两种以上的历史事物，具有共同的基础，或属同一类型，或处于同一层次，或具有一定联系，有可比性的历史事物才能做比较；(4)比较方法是否运用得当，比较结论是否正确，关键在于理论指导，在于历史观和方法论的科学性。如果缺乏唯物辩证观点，其比较就容易犯形式主义或形而上学的错误。

历史数量研究法　或称数量史学、计量史学，是运用数学方法，使用电子计算机，通过数量关系来研究历史问题的一种方法。在史学中，运用初级算术计算统计，自古有之，而且随着史学的发展，运用越来越多，程度也越来越高，但和当代用数学方法研究历史有重大区别。当代国外的数量史学，主要是伴随电子计算机的应用而产生的。美国最早，始于20世纪50年代末60年代初，首先在经济史领域运用。20世纪六七十年代，法、英、德、日、苏等国发展起来，法国最快。80年代向广度深度发展。1980年，在布加勒特召开的第十三届国际历史科学大会，决定筹备成立历史数量方法国际委员会。说明此法已在全世界范围传播，已有较多史学家掌握此工具和手段。有人说，似乎出现了历史研究数学化的趋势。历史数量研究法的工作内容主要是三个方面：一是利用电子计算机收集、整理、储存史料；二是对数据资料进行数量分析统计；三是制定数理模型，开展对历史现象与过程的模拟研究。其研究步骤大体是：1.确定研究课题和数据资料后，用算式列出所研究的问题；2.将数据公式化、符号化，分类编码存入计算机；3.利用计算机进行运算；4.获得结果，通常是用统计图表和数学公式来表示。数量研究法适用于一定范围，主要是有“量”和“数量”关系，能用电子计算机进行计算统计分析的历史现象，也应用到一些有依赖关系的历史现象，应用到历史结构分析，历史发展变化、历史运动规律的分析。历史数量研究方法受到重视，在于它能起到传统史学方法难于做到或难于做好的作用。利用电子计算机，可以大大提高处理历史资料的速度，可以使大量闲置史料得到适当应用，使那些数量巨大的史料得到充分应用，并且还可以补充某些资料的残缺；有了大量可靠数据，可以使传统研究中难于说明的问题，得到确切的令人信服的结论。历史数量研究法的问题和局限也是不容忽视的。这种方法不能克服原始历史资料中存在的错误和不精确性，而且这种方法的要求和历史资料的实际状况常常存在矛盾，要求有大量数据，而历史资料数据有限，尤其是历史越久远，可靠数据更少。以有限数据得出的结论，必然缺乏说服力。历史研究中理论、概念问题，现象内含的本质问题，不是数量关系可以解决的。历史研究是离不开定性研究，数量研究法能补充定性研究，但不能代替排斥定性研究。计量史学的著作，满篇数学公式图表，引不起读者的兴趣，一般读者看不懂，造成普通读者与历史学家之间的鸿沟。历史数量分析的结果，也会由于研究者的历史观和方法论不同而相异，所以，历史数量研究方法成就的科学性，还是有赖于史学家的科学历史观和方法论。

历史模糊研究法 模糊研究法是根据模糊数学的隶属度理论，把定性评价转化为定量评价，即用模糊数学对受到多种因素制约的事物或对象做出一个总体评价的研究方法。它是20世纪60年代美国数学家、自动控制专家查德(L.A.Zadeh)提出的，用来表达事物的不确定性，解决难以精确量化的问题。由于人类社会存留的史料有一定不明晰性，历史研究对象是一些带有复杂性和模糊性的历史现象，因而历史研究成果的文字表述便不可能都是十分精确的。于是模糊研究法便由数学、控制论而逐渐引入史学领域，出现历史模糊研究法。模糊研究法运用于史学，有助于对长时段受多因素影响的历史事物进行综合评判或总体认识；有助于对历史偶然性与必然性的关系、个人与群体的作用、历史因果联系的辩证把握；有助于对历史时期的个人心理、社会心理、民族心理以及其他精神活动一类模糊性较强领域和问题的研究；也有助于评判史料的真伪程度，鉴别有争议的出土文物。历史模糊研究法介绍到国内，和历史数量研究法一起，受到史学工作者相当重视，产生比较广泛的影响。

历史社会学方法 是将社会学的理论、范畴、概念和方法运用于历史研究的一种方法，主要是用定量研究和定性研究对一定历史时期的社会结构、社会关系和社会生活状况及其发展过程、发展规律进行考察和探讨。

历史心理学方法 是运用现代心理学的理论、概念和方法，对历史上的个人心理、集团心理和社会心理进行分析研究的一种史学方法。一般是通过分析历史人物、社会集团的心理活动和心理特征，从而对历史人物的行为，对历史现象和过程，作出心理学的解释。心理分析方式和途径多种多样，如个案分析法，问卷分析法，作品分析法，语义分析法，语音分析法，投射分析法，释梦分析法，笔迹鉴定法，外相分析法，等等，并非都适用于历史研究，如何把心理学方法运用于历史研究，还有待历史学家认真探索。

历史地理学方法 是将地理学的研究方法运用于历史研究。在历史研究工作中，分析历史问题，一般都会从当时当地的自然条件和社会条件去寻找产生历史事件的前因后果。这已经是把历史和地理联系起来进行研究，但还不能体现历史地理学方法的特点。在历史研究中运用地理学的方法，有以下三个方面：一是运用自然地理学的土壤学、地貌学、沉积学、孢粉分析诸手段，获取历史时期的地理资料，作为研究历史问题所需的定相、定位、定年代的依据；二是运用经济地理学的经济图表和统计分析等方法，对历史时期的人口、财政、经济、商贸等情况进行分析、综合、归纳，找出其发展变化特点，作为分析研究历史问题的重要依据；三是运用地图学的绘制和判读方法，来解决历史研究中必要的历史地图的绘制和判读问题。

6 总观中国现代史学方法，可以评说的有以下三点：第一，中国现代史学方法在悠久传统史学的基础上获得了巨大的发展，有质的飞跃。现代史学方法的新发展，主要表现在探求历史真理的方法上。如上所述，阶级分析法、历史主义方法、三通——纵横结合融会一体研究方法、历史人物评价方法、论史关系处理方法等，同时还提出一些讨论运用的方法，如假说方法、逆向考察法、宏观研究法等，都可归属为探求历史真理的方法。这些都是新的方法，是传统史学方法中没有的。这些方法是我国马克思主义史学家和广大史学工作者，在辩证唯物主义和历史唯物主义的历史观和历史认识论指导下，通过研究实践，开展学术讨论，进行认真总结而创造出来的。它不仅丰富了我国史学方法的宝库，而且更重要的是，它作为马克思主义史学的组成部分，使我国史学演进到一个崭新的科学历史学阶段。第二，新提出讨论运用的史学方法和引进国外史学方法，都是改革开放带来的新气象，也是我国现代史学方法发展的表现，它也丰富了我国史学方法，是我国史学走向世界，与世界史学交流的一种表现。第三，中国现代史学方法的发展，在传统史学方法上也有表现。首先，搜集、鉴别、整理史料的传统史学方法，曾经被崇尚“近代的历史学只是史料学”的人拔高到无以复加的地步，也曾受到过这样或那样的指责和误解。只是在唯物史观为指导的现代史家们的眼光里，传统史学方法才回归到它本来的位置，得到科学的定位。其次，传统史学方法作为我国现代史学方法的组成部分，在历史唯物主义和辩证唯物主义的指导下,在大量出土历史文物和历史文献资料的鉴别整理实践中,得到丰富提高完善,获得新的生命力。

我国现代史学方法在发展过程中也有过某些失误和不足。早在20世纪三四十年代,一些马克思主义史学家,在强调阶级分析法时,曾对历史主义方法有所忽视,存在一定片面性。当时,与所处政治环境有关系,也与对马克思主义的认识水平有关系。新中国成立后十七年间,马克思主义史学普及化成绩很大,但对史学方法的认识也有所不足,曾一度以历史唯物主义代替史学理论,作为唯一的史学方法的指导理论。在理解和运用唯物史观上,也出现过一定的教条化、简单化的错误。对传统史学方法的认识上,也曾有一定的片面性和误解。"文革"十年间,"左"的思潮恶性发展,史学遭受严重破坏。改革开放以后,在正确思想路线指导下,马克思主义史学也正本清源,迅速发展,但在80年代中后期,在对待西方史学理论和方法上,部分人中又一度出现教条化简单化倾向,对待唯物史观及其方法论出现片面性和误解。这说明史学界部分人中,存在对西方历史学的盲目性,缺乏独立自主意识,既是幼稚、不成熟的表现,也是对西方史学及其方法缺乏深入研究而产生的流弊。90年代以来,中国史学及其史学方法走上健康发展道路。

第五章　历史考据方法

一、历史考据方法的必要性与局限性

1 考据学是我国一门传统的学科。考据，又叫考证，是研究历史、语言的一种方法。曾经用来研究儒家经典、历史典籍。这种方法是根据事实考核和例证归纳所提供的可信材料，对研究对象作出正误、真伪、是非的判断。顾颉刚《〈古籍考辨丛刊〉序》说："'考据学'是一门中国土生土长的学问，它的工作范围有广狭二义：广义的包括音韵、文字、训诂、版本、校勘诸学；狭义的是专指考订历史事实的然否和书籍记载的真伪和时代。"[1]作为一种研究历史的方法，主要用于史料的搜集、鉴别、整理，又叫作历史考据法，或历史考证法。陈垣在《通鉴胡注表微·考证篇序》中说："考证为史学方法之一，欲实事求是，非考证不可。彼毕生从事考证，以为尽史学之能事者固非；薄视考证以为不足道者，亦未必是也"[2]。

2 为什么说研究历史要做到实事求是非要使用考证方法不可呢？可以从研究出发点和研究工作过程两方面来回答。

历史研究是以历史事实为出发点，必须根据历史事实开展研究。可是，客观历史事实已经随时间流逝而消失，它的痕迹保留在史料中，因此，历史研究实际上是面对史料，从史料中获得历史事实。史料中的历史事实，并不是自然而然、

① 顾颉刚：《〈古籍考辨丛刊〉序》，顾颉刚主编：《古籍考辨丛刊》第1集，北京：中华书局，1955年，第1页。

② 陈垣：《通鉴胡注表微·考证篇序》，北京：商务印书馆，2011年，第85页。

轻而易举便可获得的，是要通过对史料的考证才能掌握。

为什么要对史料进行考证才能掌握历史事实呢？因为史料与客观历史事实不可避免地存在差误。史料从形态上看有文字史料、实物史料、口碑史料，近现代还有音像史料等。古代文字史料，从来源和形成看，有当时的文件，如公文（官府文书，如诏令奏议）、籍帐、契约、文稿、信札等。当时记载的，有当时官方记载，如起居注、时政记、实录、国史（根据实录等编写的前代史）等；当时私人的记载，主要是历史琐闻类私人笔记。后人利用当时的文件和记载编写的史书如二十四史、通鉴、纪事本末、会要、十通①、方志、佛道典籍等。这些记载和编撰史籍的人，由于立场、观点、文化素养、生活的时空条件的不同，以及情感气质等非理性因素的影响，以及他们使用资料的数量（多少）和质量（真伪）不同，因此，文字史料不免存在是否能够真实、全面、完整反映客观历史实际的问题，无论是官府、私人记载的史书还是后人编撰的史书问题都很多。所以，我们使用这些史料时，需要进行考核订正。实物史料，如历代生产工具、生活用具、礼器、武器、交通工具、建筑物品、装饰物品，以及遗址、墓葬和其他遗物。这些实物能真实反映某些历史内容，是十分宝贵的史料。我国古代的实物史料是十分丰富的，但是，它们和历史真实存在相比较，数量有限，而且零星、片断、支离破碎，有的时代不清，性质不明。所以，使用实物史料时，也需要依靠有关专家的考订，或自己动手做考订工作。口碑史料，可以弥补某些文字实物史料的不足。但是，容易发生记忆失真，容易受情感诸因素影响而产生放大或失真问题。如庄子所说："两喜必多溢美之言，两怒必多溢恶之言。"②因此，使用时要慎重考证。近现代音像史料，能如实记录历史事物的音容状貌，但也难免出现赝品，使用时也不能不注意考订。总而言之，历史研究必须通过对史料的精心考订，做大量去伪存真工作，从而掌握历史事实，才能把研究工作的出发点建立在坚实可靠的基础上。

3 从历史研究工作过程来看，考证是不可逾越的基础工作。历史研究工作，一般可以有三个步骤：第一步，史料的收集鉴别整理，是考证的最大用武之地，主要是进行史料鉴别。搜集到的史料，要鉴别它的来源，考察它是否第

① 《通典》《通志》《文献通考》为三通，加"续三通"、"清三通"为"九通"。1935年商务印书馆以刘锦藻所著《清续文献通考》与旧九通合印，名为"十通"。

② 《庄子·人世间》，赵敏俐、尹小林主编：《国学备览》7《子部·庄子》，北京：首都师范大学出版社，2007年，第31页。

一手原始资料，如不是，就要从二三手追溯到一手，至少要找到接近原始的资料。史料所出典籍，是何种版本，要根据版本学知识，找到该书的祖本或善本。史料所出典籍的作者编者，其生平履历，尤其与该史料相关的立场观点如何，应该有所考察。史料文字内容是否真实可信，是考察的重点，要运用考证方法，做出判断。还有一点不能忽视的是查一查前贤对此史料是否有过考证或评说。这些搜集鉴别史料的工作，都离不开认真扎实的考证。

第二步，弄清历史真相，形成科学的历史事实，也需要做许多考证工作。史料经过去伪存真的鉴别，真实可信了，但是历史真相并不会自然而然地呈现出来，历史事实不是一蹴而就可以形成的，因为，一定历史时空发生的事件、过程、人物，往往是反映在多种或多处史料之中，即使这些史料都是真实的，而每种史料只可能根据其作者的选择而存留某些部分或某个片断，要从这些史料中还原历史真相，形成接近客观存在的历史事实，考证就不能不派上用场。

第三步，探索历史真理，是通过对历史事实进行深入细致的分析综合归纳诸种科学思维工作，找到它的特点、本质和规律，并做出价值判断。这一步虽然是高层次的研究工作，但它必须有前两步的基础，没有前两步奠基工作，探索历史真理这一步是无从进行的。所以，考证确是历史研究不可逾越的工作。

4 对历史考证也应该有一个恰如其分的定位。它虽然是历史研究不可逾越的工作，但也只是一种方法。说它是方法，就是说它不是目的，而只是达到历史研究目的手段。当然不排除一项具体研究任务，一篇论文，一部著作，以历史考证为目的。也不排除某个历史学家把历史考证作为个人终身从事的工作。这无疑是允许的。但从历史研究的整体来看，它的目的是要在弄清历史事实的基础上，揭示历史本质和规律，做出恰当的价值判断。而历史考证只是弄清历史事实的方法。说它是一种方法，就是说它不是唯一或全部的方法，而只是诸多方法的一种。历史研究方法，如果以形态来分类，可分为理论指导方法、科学思维方法和具体工作方法。历史考证属于具体工作方法，而且是其中搜集、鉴别、整理史料的方法。历史研究方法，如果从功能来分类，可分为史料的搜集、鉴别、整理方法，历史真理的探求方法和表述研究成果的方法，而历史考证属于历史资料的搜集、鉴别、整理的方法。所以，历史考证确实只是历史研究工作的一种方法。

二、中外历史考证传统

1 中国有考史的悠久传统。战国时已有学者考史的记载。《尚书·武成》叙述武王伐纣战争血流漂杵。孟轲考定它记载不实，说：“尽信书，则不如无书！吾于《武成》取二、三策而已。”[①]西汉司马迁考证过仲尼弟子，他在《史记·仲尼弟子列传》中说：“学者多称七十子之徒，誉者或过其实，毁者或损其真，钧之未睹厥容貌，则论言弟子籍，出孔氏古文近是。余以弟子名姓文字悉取《论语》弟子问并次为篇，疑者阙焉。”[②]

汉代在古文经学反对今文经学中诞生考据学。西汉今文经学发达，古文经学不显于世。新莽时，刘歆依靠政治势力提倡古文经学，对久已独尊的今文经学发起猛烈斗争。东汉，今古文并行，两派展开剧烈斗争。东汉末年郑(玄)学兴起，古文经学大盛。就是在今文经学被神化而定于一尊，古文经学起来打破其垄断时，他们运用考据这种手段，通过对经书文字传本的不同，进行异文校勘和文字训诂，来证明自己的东西是真实的。考据学因此问世。

魏晋南北朝时，两派经学的斗争演变为南北经学的对立。刘瓛为代表的北方经学，保守汉儒朴实学风；王肃、何晏、王弼为代表的南方经学，承玄学化趋势，公认为正统。考据学在南北经学对立斗争中发展。

唐宋时，考据学发展到新阶段。唐朝南北经学统一，《五经正义》和《五经定本》颁布，考据学亦呈调和折中的特点。“音义”之学和史书注释甚为兴盛，陆德明《经典释文》、司马贞《史记索隐》、颜师古《汉书注》代表考据学新成就。宋代也有考据学，欧阳修、朱熹亦提倡考古论今。元明两代，朱熹理学极盛，可是朱熹的考据精神却后继乏人。

2 清代考据学大盛。历代考据学主要是考经，附之考史。至清代，考史大增。顾炎武(1613—1682年)首倡之。后形成两派，以惠栋(1697—1758年)、王鸣盛(1722—1797年)为代表的吴派；以戴震为代表的皖派，《孟子字义疏证》为其代表作。皖派发展分化为两支，一是常州学派，一是扬州学派。王念孙(1744—1832年)、王引之(1766—1834年)父子成为吴皖两派综合体。吴皖两派

---

① 《孟子·尽心》，[清]阮元校刻：《十三经注疏·孟子注疏》，北京：中华书局，1980年，第2773页。

② [汉]司马迁：《史记》卷67《仲尼弟子列传》，北京：中华书局，1959年，第2226页。

之外，还有浙东学派，主攻史学。万斯同(1938—1702年)之后，一派以治经方法治史，如邵晋涵(1743—1796年)，一派把经学划归史学，以章学诚(1738—1801年)为代表。清末民初有所谓新汉学。新汉学最突出的特点，是在考据上接受近代外国学术的影响。以王国维(1877—1927年)为代表，既继承传统考据，又接受新的科学方法，倡导二重证据法。以胡适为代表，把实验主义方法引入考据学。

清代考据学，乾嘉时期鼎盛。乾嘉考史三位大师王鸣盛、钱大昕、赵翼，对考史做出重要贡献。

王鸣盛(1722—1797年)，代表著作《十七史商榷》100卷[①]，收录其考史成果二千余条。他说："予为改讹文，补脱文，去衍文；又举其中典制事迹，诠解蒙滞，审核踳驳，以成是书"[②]。可见，该书一是校勘文字，一是考证典章制度和历史事迹。他很注重对历代地理和职官的考证，注重对诸史的比较研究，特别是对同一历史时期的两种史书，如南史北史比较，宋、齐、梁、陈和魏、北齐、北周、隋诸史的比较，两唐书的比较和两五代史的比较。在考证诸史文字、地理、典章制度的同时，也发表一些对历史的评议，如反对曲笔，主张直书，评论政治的成败得失与民心向背、用人当否的关系，批评统治者的昏庸腐朽，肯定王叔文改革等。

钱大昕(1728—1804年)，代表著作《廿二史考异》100卷[③]。钱氏擅长对历史文献进行考证。他考史的重点是官制、舆地和民族。曾说："予尝论史家先通官制，次精舆地，次辨氏族，否则涉笔便误。"[④]这也就是他特别注重并着力进行考证的地方。实际上，他还对天文、历算，对诸史的《律历志》作了许多考证。钱氏考证的方法，可归结为三点：一是取证。他从大量的各种材料中搜求证据，所考必有证，无证则不考；二是比较。他怎样从众多材料中考证历史事实呢？首先排比其现象，继之是分析其彼此异同，再则观察先后联系，然后断定史籍的真伪是非；三是专题考索。找出历史中一些具体问题，作专题研究。通过对该问题的材料

---

① 十七史，指宋代以前所撰正史，即《史记》至《新唐书》《新五代史》共十七部。实际上王鸣盛该书内容还包括当时尚未列为正史的《旧唐书》《旧五代史》共十九史。

② [清]王鸣盛：《十七史商榷序》，《丛书集成》本《十七史商榷》，北京：中华书局，1985年，第1页。

③ 二十二史，指十七史加宋、辽、金、元和明史。实际上，该书内容还包括当时尚未列入正史的《旧唐书》《旧五代史》共二十四史。

④ [清]钱大昕著，方诗铭、周殿杰校点：《二十二史考异》卷40《外戚传》条，上海：上海古籍出版社，2004年，第646页。

进行整理，把所考问题弄清楚，写成一条专文。钱氏也作一些史论，不过未构成特色。

赵翼（1727—1814年），代表著作《廿二史劄记》36卷，附补遗1卷①。全书以各史先后分卷编次，每卷以类相从，各立标题，共609条。对每部史书的文字事迹进行参互校核，考证异同，辨其谬误。赵氏长于历史评论，在该书中罗列史实，综合分析，显示历代治乱盛衰之缘由，在考证中寓以评论。他还对一些政治史问题发表自己的看法。如《劄记》之《唐节度使之祸》条，对节度使进行原始察终，综合分析，指出节度使占领地盘，统领重兵，控制人民和赋税，"遂成尾大不掉之势"，以致"天子力不能制"，至唐末"天下尽裂于方镇，而朱全忠遂以梁兵移唐祚矣"②。显然是一篇出色的论文。史评成为《劄记》一书的重要特色。

3 西方的历史考证兴起于14—16世纪的文艺复兴时期，是在对中世纪宗教史学进行批判时，伴随对文献和史料的鉴别而产生的。奠基人是意大利人文主义者劳伦佐·瓦拉（Lorenzo Valla，1407—1457年）。1439年，瓦拉著文《君士坦丁伪赠礼考证》，从法律、语言、宗教制度诸方面论证被教会奉为神圣的有关"君士坦丁赠礼"③的文献，并不是4世纪君士坦丁时的产物，而是8世纪以后被人伪造的。瓦拉还鉴别校对有其他古代经典文献和史籍。瓦拉之后，欧洲出现一门专事研究和鉴定历史文献的学问——文献校勘学。

16世纪中期以后，西方出现探讨历史理论，对历史学进行宏观反思的倾向，史料考订被作为历史理论的一个内容，并对考订史料的技术进行总结。

16世纪后期至18世纪初"博学派"的史学家们，从古文书学和古文字学角度考证批判史料，推动了年代学、古文字学、古文书学、考古学、题铭学等历史学辅助学科的兴起。这些专门学问中，历史考证方法被广泛运用。

18世纪的欧洲，可称为"哲学的世纪"。那时，历史学附属于哲学，理性主义史学家们热衷阐发史料，思考问题，解释历史。历史考证方法备受冷落。

19世纪的欧洲，可称为"历史学的世纪"，西方的史学空前发展繁荣，从哲学中分离出来，成为一门独立的学科。同时，史料学十分发达，历史考证方法受到

① 赵翼所考也是包括当时尚未列入正史的《旧唐书》《旧五代史》，实为二十四史。

② [清]赵翼撰，王树民校证：《二十二史劄记》卷20《唐节度使之祸》，北京：中华书局，1984年，第429-430页。

③ 公元4世纪，罗马皇帝君士坦丁曾把西部政权赠予教皇，称"君士坦丁赠礼"。

高度重视。19世纪西方史学发展的标志,是以兰克(Leopold von Ranke1795—1886年)为代表,以柏林大学为中心,客观主义史学的形成和发展。兰克治史的原则和方法,一是弄清历史真相,"如实直书";二是严格依据可靠的第一手材料,"让亲临其境者说话";三是忠实于文字记录的事实,尤其是档案资料,认为那是"最可依赖和最有价值的记载"。兰克提出了一整套对历史资料进行考证的原则和方法:一是利用史料,要用"距事件发生时间最近的","当事人的信件比史学家的记录具有更大的价值";二是要追查资料的来源,考察其作者是亲身经历,耳闻目睹,还是得之于间接,从而区分出,是原始资料,还是间接资料,或是派生资料。兰克还提出,"要对史料的记录者、原始文献、权威著作的撰述人的身世、性格特征、心理动机等进行考证"。兰克的治史理论和考证史料的原则方法,通过他在柏林大学培养的大批弟子,传布到欧美各国,形成势力强劲的兰克学派。

19世纪中后期流行于西方的史学流派,还有产生于法国的实证主义史学。实证主义,是法国思想家孔德(Auguste Comte,1798—1857年)提出的哲学概念,认为研究宇宙间任何事物,都应当从实证的(具体的、现实的、可以检验的)事实材料出发,应重视对具体材料的发掘、观察、实验和比较,提倡对事物先分析后判断。法国另一个著名的实证主义史学家古朗治(Fustel de Coulanges,1830—1889年),十分重视历史文献对历史研究的作用,认为历史只能通过前人留下来的文字材料,特别是第一手材料来说明。他的著作不仅资料丰富,而且所有的材料都经过严格的批判和考证。实证主义的治史原则和方法,在发展和交流中,呈现出与兰克客观主义史学合流的趋势。1898年,法国史学家朗格诺瓦(C.V.Langlois,1863—1929年)和塞诺博司(C.Seignobos,1854—1942年)合著《史学原论》,总结了法国实证主义史学的方法原则,历史考证方法在该书中得到充分阐发。这是一本最早翻译介绍到中国并对中国史学影响很大的西方史学理论著作。1926年,由李思纯以《史学原论》为名翻译,商务印书馆出版①。该书分上中下三篇,上篇"初基知识",主要讲搜集史料。中篇"分析工作",为全书主体,讲史料鉴定,分外形鉴定和内容鉴定两部分。前者讲文字校勘、史源考察和史籍辨伪;后者讲弄明

① [法]朗格诺瓦、瑟诺博司著:《史学原理》,李思纯,译,1926年商务印书馆出版后多次再版。今在《中国近代史学文献丛刊》中,经李孝迁、胡昌智编校,以《历史研究法二种合刊》(包括何炳松1927年由《史学原理》选注的《历史研究法》)之名,由上海古籍出版社2018年推出新版。

史文的意义、探查史料著作者的真确命意、鉴定史料内容是否真实以及如何判断史料是否可采用。下篇"综合工作",讲历史著述的撰写。该书主要是讲述史料鉴定的理论和方法,集近代西方历史考证方法之大成。无独有偶,《史学原论》翻译出版前四年,即1922年1月,梁启超的《中国历史研究法》在上海商务印书馆出版。这东西方两部史学理论方法著作,在史料考证上,却有异曲同工之妙。

20世纪初,强调主体意识决定作用的"新史学"兴起,客观主义史学和实证主义史学受到批判,唯文献考证是从的史学方法亦受指责,但是,其影响仍然存在,史料批判并没有被完全否定。新史学代表人物美国著名史学家鲁滨孙(James -Harvey Robinson,1863—1936年)在其《新史学》(1911年)中说:一个合格的史学家,要有较强的史料批判能力。

二战后的当代西方史学,流派纷呈,莫衷一是。但也有人认识到,搜集和发现真实史料,仍然是历史研究的基本任务。

三、历史考证的类型及其方法举要

我国具有悠久传统的历史考证方法,经过历代史家的继承创新,形成了诸如正误、辨伪、考异、钩沉、辑佚、探源、索流等多种类型,每种考证类型又有许多具体方式方法,以下举要介绍。

1 **正误** 或称辨误,指订正历史记载(史料)的谬误,是历史考证常见的一种类型,整理史料普遍使用的一种方法。史料中的错误,可分为事误和文误。事误是历史事实记载有误,如时间之误,地点(空间)之误,人名之误(张冠李戴),事情之误(事件整体错误,事件某些情节有误)。文误,是史籍文字有错误,如字讹(形讹、声讹),字夺(脱漏),字衍(多),错简(段落错乱)。历史记载出现错误的原因较为复杂。清人崔述(1740—1816年)所著《考信录·提要》说:"传记之文,有传闻异词而致误者,有记忆失真而致误者。一人之事,两人分言之,有不能悉符者矣;一人之言,数人递传之,有失其本意者矣。是以三《传》皆传《春秋》而其事或互异,此传闻异词之故也。古者,书皆竹简,人不能尽有也,而亦难于携带,纂书之时,无从寻觅而翻阅也。是以《史记》录《左传》文,往往与本文异,此记忆失真之故也。”[①]其实，史籍记载错误的原因，远不只传闻异词和记忆失真，还有诸如采摭不当，疏于考证，主观武断，旨趣不同(或溢美，或过恶)，品学各异，史德有缺，传抄笔误，刊刻失校，等等。这还主要是指私人著述史籍致误之因，致于历代官修史书中之讳饰、曲笔、作伪，多有其致误的不同政治军事文化背景。

正误方法，传统的基本有三种，即本证、旁证和理证。本证亦称内证，利用本书前后资料，发现矛盾，寻求证据，考证其异同正误。如吴缜《新唐书纠谬》，汪辉祖《元史本证》等。在未得祖本或别本的情况下，最宜使用本证方法。旁证，也称他证或补证，是指用本书以外的有关资料来进行考证。用本书外的图书来对勘互证，又叫作书证。如《廿二史劄记》以《汉书》比勘《史记》，以《三国志》校正《后汉书》，以《新唐书》《新五代史》与《旧唐书》《旧五代史》互相勘验。书证要特别重视用原始的文书，如诏令、法律、契约、籍帐等作为有力证据；要尽量做到旁搜博采，不能满足孤证。用遗存实物来校证文献，又叫作物证，如金石证史，简牍证史，考古文物证史之类。物证要注意用来证史之物必须是真品。理证，是在缺乏本证旁证资料的情况下，根据个人的学识来判断正误是非。有以形式逻辑推理、辩证逻辑推理判断是非正误，有用常理、公理、规律来判断是非正误等。此法水平高而风险大，要注意避免臆断、妄断、武断。近人荣孟源在《史料与历史科学》中谈如何考订史籍记事四条：一考察记事是否符合自然规律；二考察记事是否合乎社会实际情况；三考察记事是否自相矛盾；四考察记事是否与其他文献相合[②]。这显然就是上述传统正误方法的运用。

2 **辨伪** 指辨别古书和史籍载事的真伪，是我国传统学术中一种专门学问，也是历史考证的一种类型，整理史料常用到的一种方法。可分为辨别伪书和辨别伪事。伪书，包括经史子集各种作伪之古书；伪事，主要是指史籍记载之作伪事。

(一)辨别伪书。辨别古书的真伪，我国有悠久传统，留下许多辨伪成果。战国时，《孟子·尽心》载有孟子辨《尚书·武成》内容有不可信之伪作。《汉书·艺文志》辨识出先秦伪书45种。隋《众经目录》专立疑伪一例[③]；沙门法经著《别本众经

① [清]崔述：《考信录提要》卷上，《丛书集成》本，北京：中华书局，1985年，第11页。

② 荣孟源：《史料与历史科学》，北京：人民出版社，1987年，第126-135页。

③ 隋《众经目录》分五例录后汉至隋代翻译之佛教经典，其中有疑伪一例录209部，490卷。

目录》有疑惑、伪妄专节，都是辨佛籍之伪。明宋濂《诸子辨》辨子书40部的真伪。胡应麟《四部正讹》辨析出伪书一百多部，并总结出辨伪八法，梁启超称之为辨伪大师。清代辨伪大盛，永溶等《四库全书总目提要》包含大量辨伪成果。姚际恒《古今伪书考》辨析伪书91部，有近人顾实著《重考古今伪书考》、黄云眉著《古今伪书考补证》[1]。崔述《考信录》专考经传真伪。还有万斯同《群书疑辨》、张心澂《伪书通考》。清末民初，康有为著《新学伪经考》，梁启超《中国历史研究法》中有“古书真伪及其年代”专章。梁著对我国辨别伪书传统有总结性论述，并附《宋胡姚三家所论列古书对照表》。顾颉刚编辑发行《古史辨》七册和《古籍考辨丛刊》，集我国近代辨伪之大成。

前人根据各种伪书归纳出的古书作伪情况，有以下几种：一是伪造古书。古时并无此书，后人假名伪造此书。如《鬼谷子》《孔子家语》《尚书孔氏传》等。二是伪造原书。原书久佚，后人有意作伪。如《列子》《汉书·艺文志》有录，后佚，魏晋间张湛辑古书伪托。《竹书纪年》，太康二年出土，唐中期佚，宋人辑佚伪作。王国维编《古本竹书纪年辑校》为可靠之书。三是伪托作者。原书作者无考，后人托名前人。如《素问内经》托名黄帝，《六韬》托名吕望。四是成书时间作伪。成书较晚，而相传为前人著作。如《周礼》，刘歆、郑玄认为周公所作，而今文学家何休等认为是战国时作品，唐宋时，或言为后人附益，或言为刘歆伪作。钱穆《周官著作时代考》[2]认为成书于战国晚世，学者多信之。五是内容不尽伪，而书名作者皆伪。如《管子》《商君书》，系先秦人采拾管仲、商鞅之言行，杂之有关史料而成，史料价值甚高，可作为研究春秋战国历史之用。该书讲管仲、商鞅死后之事甚多，故知作者为伪。

伪书出现的原因较为复杂，可分有意作伪和非有意作伪。有意作伪者的动机，梁启超归纳为六类：一是托古，出于崇古心理和好古风尚而托古作伪，以抬高该书的身价；二是邀赏，官府出重价购求遗书，便有伪作以邀赏。书籍遭受诸如秦焚或战火厄难后，时有帝王购求遗书，以充实皇家图书馆。汉武帝开献书之路，汉成帝广求遗书，隋牛弘请开献书，唐贞观时曾购募逸书，肃代时曾购求典籍

① 顾实（1878—1956年）著《重考古今伪书考》，上海大东书局1926年出版；黄云眉（1898—1977年）著《古今伪书考补正》，山东人民出版社，1959年出版。

② 钱穆：《周官著作时代考》，《燕京学报》1932年第11期。

等等。在这种情况下,往往出现伪书。如汉成帝不仅广求遗书,而且他自己酷爱《尚书》,广求足本,于是有张霸造伪《尚书》。隋文帝应牛弘之请,下诏购求遗书于天下,“每献书一卷,赉缣一匹”[1],于是有刘炫造伪书迎合文帝;三是争胜,学术上的争辩,有为了战胜对手而造作伪书。魏晋间,王肃为了打倒郑康成,造伪书《孔子家语》《孔丛子》。道教与佛教争胜而造伪书,佛教亦造伪书;四是炫名,作伪书以博得虚荣。如张湛伪造《列子》。明代藏书家丰坊,假造《子贡易传》《子夏诗传》《晋史乘》《楚梼杌》等书;五是诬善,作伪书以诬毁别人。如《涑水纪闻》,后人假司马光之名,诋毁王安石[2]。《幸存录》假夏允彝之名毁谤东林党;六是掠美,盗窃别人著作以为已著。如郭象的《庄子注》是盗窃何秀的。王鸿绪的《明史稿》是盗窃万斯同的。谷应泰的《明史纪事本末》,据邵念鲁《思复堂文集·遗民传》称,是山阴张岱所撰,谷以五百金购得。

伪书中也有并非有意作伪的,有的是误题或妄题书名或作者,有的是误编或不慎附入不实部分内容。

伪书辨别方法,明代辨伪大师胡应麟《四部正讹》总结为八点:一是核之《七略》以观其源。是说可疑之书,先查看《汉书·艺文志》(刘歆《七略》原书佚,保留于《汉书·艺文志》)是否有著录,以判断其真伪。二是核之群志,以观其绪。是说通过查对历代《经籍志》或《艺文志》,看该书何时开始著录,何时佚失无录,现书又何时开始出现,从而判定其真伪。三是核之并世之言,以观其称。是说查看与此书同时代的其他著作,看有无称引过该书,以断其真伪。四是核之异世之言,以观其述。是说通过考查此书出现以后的各种著作,看是否有引用此书,或发挥此书观点的,以判断其真伪。五是核之文,以观其体。是说把此书使用的语言、文体,和同时代、同类的其他著作比对,看有无异同之处,从而判定其真伪。六是核之事,以观其时。是说把该书所记述的事实,和当时历史实际比对,看是否相符合,以断定其真伪。七是核之撰者,以观其托。是说察看该书所题作者是谁,是古人还是名人,由此可以推断伪造者的用心。八是核之传者以观其人。是说通过考查传布此书者为谁,有的传者就是作伪者。这八点,实际上指出了考查书

① [宋]司马光编著,[元]胡三省音注:《资治通鉴》卷175,陈纪,长城公至德元年三月条。

② 《涑水纪闻》,[清]蔡上翔《王荊公年谱考略》、近人张心澂《伪书通考》认定此书为伪作。季平《司马光新论》有专节援引朱熹等人肯定该书为真,并从其内容详加比较辨析,认为确系司马光所作无疑。见季平:《司马光新论》,重庆:西南师范大学出版社,1987年,第111-118页。

籍真伪的四条途径:即从历代图书目录考察,从当代和后世有关书籍考察,从该书文辞文体和所载事实考察,从该书所题撰者和传布者考察。这应该是辨别伪书的基本方法。

梁启超在《中国历史研究法·史料之搜集与鉴别》中提出鉴别伪书十二条公例:一、其书前代从未著录,或绝无人征引,而忽然出现者,什有九皆伪。如《晋乘》《楚梼杌》之名,虽见于《孟子》,然汉、隋、唐诸志未录,而明人所刻《古逸书》中忽有《晋史乘》《楚梼杌》则知其书必伪。二、其书虽前代有著录,然久已散佚;乃忽有一异本突出,篇数及内容等与旧本完全不同者,什有九皆伪。如明抄本《慎子》,与四库本、守山阁本全异,与隋唐志、崇文总目、直斋书录题解等所记篇数不符,其流传之绪又绝无可考,则可断定为伪。三、其书不问有无旧本,但今本来历不明者,即不可轻信。如晋梅赜所上《古文尚书》及《孔安国传》。四、其书流传之绪,从他方面可以考见,因此可以证明今本题某人旧撰为不确。如《神农本草》,汉志无录,检隋志后众书目及其他史传,知此书与蔡邕、吴晋、陶弘景诸人有关,宋代后规模大具,故知此书为千年间多人集成。五、真书原本,经前人称引,确有佐证,而今本与之歧异者,则今本必伪。六、其书题某人撰,而书中所载事迹在本人后者,则其书或全伪,或一部分伪。七、其书虽真,然一部分经后人窜乱之迹既确有据,则对于其书之全体须慎加鉴别。八、书中所言确与事实相反者,则其书必伪。九、两书同载一事绝对矛盾者,则必有一伪,或两书俱伪。十、各时代之文体,盖有天然界画,多读书者自能知之。从文体上看,其书文体与该时代文体特点迥异者,可疑其伪书。十一、各时代之社会状况,吾侪据各方面之资料,总可以推观崖略。若某书中所言其时代之状态,与情理相去悬绝者,即可断为伪。十二、各时代之思想,其进化阶段,自有一定。若某书中所表现之思想,与某时代不相衔接者,即可断为伪。梁启超对他这十二条是很自信的,他说:"以上十二例,其于鉴别伪书之法,虽未敢言备,循此以推,所失不远矣。"[①]张舜徽认为,较之胡应麟所提八条,(梁十二条)更加具体而周密了[②]。

伪书并非都没有价值。伪托神农著的《本草》、黄帝著的《素问》、扁鹊著的

① 梁启超:《中国历史研究法》第5章《史料之收集与鉴别》,《中国历史研究法 中国历史研究法补编》,北京:中华书局,2015年,第109-111页。

② 张舜徽:《中国文献学》,第5章《辨伪》,《张舜徽集》,武汉:华中师范大学出版社,2004年,第148页。

《难经》等都是我国宝贵的医学遗产。春秋战国时伪造的书籍，必定保存有秦以前的史料。汉代伪造的书籍，保存有汉代的史料。以此类推，可以把伪书作为史料来使用。陈寅恪曾说，“但能考出其作伪时代及作者，即据以说明此时代及作者之思想。”[①]张舜徽也说，“晚出赝品，犹有可观又不容一概鄙弃也”[②]。如《尔雅》，非周公作，乃汉以前人纂辑，仍可作为重要工具书使用；《孝经》，非孔子作，乃七十子弟所记，犹可作研究儒家的“孝”道。对古人所定的伪书，也应采取实事求是的态度，不应盲从，也可据新出材料重加鉴别。如《晏子春秋》《尉缭子》《文子》，前人已定为伪书。但是，1972年山东银雀山出土竹简本《晏子春秋》《尉缭子》；1973年河北定县汉墓出土竹简《文子》，说明这些书并非伪作。又如今本《公孙龙子》六篇，有人认为是伪托，经专家研究，实际上只是后人整理，并非伪作。

（二）辨别伪事。梁启超在《中国历史研究法》第5章《史料之搜集与鉴别》中指出：伪事与伪书异。伪书中有真事，真书中有伪事。还应该把误事与伪事相区别，前者并非有意误记误载，而后者则是有意虚构或篡改。伪事的种类主要有：(1)史迹本为作伪性质，史家明知其伪而因仍以书之者。如陈寿《三国志》载汉魏之际封授禅让的种种作态。(2)虚构伪事而自著书以实之者。如隋末王通，自比孔子，把当时将相攀认为自己的弟子，又自作或假手于弟子作《文中子》。世传墓志、家传、行状之类，其中有不少虚构的伪事。颜师古注《汉书·眭弘传》曰：“私谱之文出于闾巷，家自为说，事非经典，苟引先贤，妄相假托，无所取信，宁足据乎！”[③]陈垣也指出：凡是姓氏之书，溯姓氏之所出，很多都不可信。(3)事迹纯属虚构，然已公然作为信史。清朝有所谓太平军谋主洪大全，起义时被广西疆吏擒杀，已形诸奏章，登诸实录。其实此人子虚乌有。此乃是疆吏冒功捏造。(4)事本有之而言之过当，或溢美，或过恶。庄子云：“两喜必多溢美之言，两怒必多溢恶之言”[④]。梁启超《戊戌政变记》，当事人之作，似乎可信无疑，但是，他自己不敢承

---

① 陈寅恪：《冯友兰〈中国哲学史〉上册审查报告》，《金明馆丛稿2编》，上海：上海古籍出版社，1980年，第248页。

② 张舜徽：《广校雠略》，卷4《审定伪书论·伪书不可尽弃》，《张舜徽集》，第80-81页。

③ [唐]颜师古：《〈汉书·眭弘传〉注》，[汉]班固撰，[唐]颜师古注：《汉书》卷75《眭弘传》，北京：中华书局1959年，第3153页。

④ 《庄子·人世间》，载赵敏俐、尹小林主编：《国学备览》7《子部·庄子》，北京：首都师范大学出版社，2007年，第31页。

认全为信史,说"然谓所记悉为信史,吾已不敢自承。何则?感情作用所支配,不免将真迹放大也"[①]。王充曾说:"俗人好奇,不奇,言不用也。故誉人不增其美,则闻者不快其意;毁人不益其恶,则听者不惬于心。"[②]《论衡》中《语增》《儒增》《艺增》诸篇所举诸事,皆其例也。(5)古史之文十分之九皆经后代编者润色,往往多有事后增饰之语。梁启超指出:诸葛亮之《隆中对》,"试思当时备亮两人对谈,谁则知者?除非两人中之一人有笔记;不然,则两人中一人事后与人谈及,世乃得知耳。事后之言,本质已不能无变;而再加以修史者之文饰。故吾侪对于彼所记,非'打折头'不可也"[③](6)有的本意并不在述史,不过借古人以寄其理想,故书中所记,乃著者理想人物之言论行事,并非历史人物之言论行事。此种手段,先秦诸子多用之,一时成为风气。《孟子》曾指出:许行所说神农之言,其实就是许行借用神农之口说出的自己要说的话。(7)有的纯属文学著述,其所述史迹,纯为寓言。如庄子之寓言,又如陶潜的《桃花园记》。凡文士所描写景色、宫殿、舆服及社会情状等,恐多半应作如是观。

辨别伪事的方法,梁启超作过论述,其要点可概括为反证法、直证法、旁证法、物证法和理证法。反证法,即从该事记载的本身找出强有力的相反证据以证其伪的方法。如《商君书·徕民篇》有"知魏襄以来""长平之胜"语。魏襄公死在商君死后四十二年。长平之战在商君死后七十八年。篇中说商君语及此二事,知其必伪。又如《史记·扁鹊传》,称鹊为赵简子时人,而其所医治的人,有虢太子、齐桓侯。虢国在赵简子之立前一百三十九年亡,田齐桓侯午之立,在赵简子死后七十二年。可见《扁鹊传》之事迹不敢置信。这就是梁启超说的"时代错迕则事必伪,此反证之最有力者也"[④],即从本身找出时间之差错来判断其事之伪。直证法,就是以"直接史料"证其伪。如《唐书·玄奘传》称玄奘卒年五十七,《玄奘塔铭》则云六十九。两说谁真谁伪?玄奘曾经在显庆二年(657年)九月二十日上

---

① 梁启超:《中国历史研究法》第5章《史料之搜集与鉴别》,《中国历史研究法 中国历史研究法补编》,北京:中华书局,2015年,第115页。

② [东汉]王充:《论衡·艺增篇》,北京大学历史系《论衡》注释组:《论衡注释》,北京:中华书局,1978年,第483页

③ 梁启超:《中国历史研究法》第5章《史料之搜集与鉴别》,《中国历史研究法 中国历史研究法补编》,北京:中华书局,2015年,第115-116页。

④ 梁启超:《中国历史研究法》第5章《史料之搜集与鉴别》,载《中国历史研究法 中国历史研究法补编》,北京:中华书局,2015年,第121页。

表,中有“六十之年,飒焉已至”,则此时年龄必在六十之外无疑。此为本人记载的直接材料。玄奘卒于麟德元年(664年)。显庆二年距此时尚有九年。足以证明《塔铭》不误,而《玄奘传》误。旁证法,又称比事推论法,即从旁面间接推断其事伪。《中国史稿》(1982年版)第四册第五章第四节有“唐朝盐铁转运使的治所设在扬州”语。我在《关于盐铁转运使的治所问题》(载《西南师范学院学报》1983年第4期)中,通过翔实资料考证,唐代盐铁转运使治所有两类,京官任使的治所在京城,地方官任使治所在居官之地。总观唐代地方官任盐铁运使的共有五人,其中三人在润州,一人在扬州,另一人先在润州、后调扬州。由此可见,笼统地说,盐铁转运使治所设在扬州是不对的。物证法,就是以实物作证据来判断伪事。理证法,找不到证据,而用常理、公理、规律来判断其事属伪。《论衡·书虚篇》称,旧说颜渊与孔子在泰山望吴阊门白马,颜渊发白齿落。王充斥其伪,说“人目之所见不过十里”,断不能见千里之外的阊门白马;又说,“颜渊用目远望……发白齿落,非其致也”[①]。这就是用常理断其伪。

辨别误事伪事的方法,我在实际工作中,感到有三点帮助甚大:一是对照原始的或接近原始的资料,可以发现作伪或致误之处;二是追查其源流,对怀疑有伪误之事,对其资料,追溯来源,步步上溯,直至原始出处,或从原始出处往下,清理其流变轨迹,这样,或可找到其伪误的证据;三是捕捉矛盾,伪事误事本身,往往出现漏洞,自相矛盾,不合常理常规,通过仔细分析研究,不放过蛛丝马迹,发现矛盾,认真查考,或可识破作伪致误之处。

3 **考异** 是考证史文和史事的一种类型和方法。凡是两种或两种以上史书对同一件事所载文字或所载事状有所不同时,罗列诸种记载,辨析其正误、是非、真伪,评论其得失,或认定一种为真,证其余不实,或各取其可信者而整合之,或兼存诸说,疑者存疑,暂不决断。凡此种种,皆注解其下,以飨读者。考异常用于史籍校勘。朱熹作《韩文考异》,每条摘取须考之文,博取各本异同,逐一辨析考评,然后分注其下。乾嘉时,诸家校勘古籍,亦常对文字之异疑者,罗列诸本,评论得失,注解其下。最著名的考异是司马光撰《资治通鉴》时,大量运用考异方法辨析史事,集成《通鉴考异》30卷与《通鉴》一起奏进北宋神宗。《通鉴

① [东汉]王充:《论衡·书虚篇》,北京大学历史系《论衡》注释组:《论衡注释》,北京:中华书局1979年,第237-238页。

考异》，博采旁证，排比众说，“参考群书，评其同异，俾归一涂”[①]。对尚无法作出结论者，采取“存疑”和“兼存或说”，以示谨慎。因为《通鉴》采摭繁复，往往一事用三四出处之资料，其间传闻异词，势所难免。作者既择其可信者从之，又考核异同，辨证谬误，以明去取之故，所以著成《考异》一书。后来，不少学者，沿用此法，以考订史事之得失。明末清初，潘柽章撰《国史考异》，原30卷，现存6卷，该书是撰《明史·本纪》而作考订工作的记录。内容涉及事件、日期、人物、官制、地理等，皆以类相从，指其异同，核其虚实。以《明实录》为主，博考明代史书，并参考私家志乘、文集、墓铭、家传等。清钱大昕《廿二史考异》，对二十二史（实际为二十四史）按卷篇进行文字校勘、典制考释和名物训诂。重点考订年代、官制、地理沿革和辽金国语、蒙古世系等。有的还列专题，集中有关资料，加以论说。清邵晋涵《旧五代史考异》2卷。《旧五代史》久佚。邵从《永乐大典》中辑录出来，并参以他书，于乾隆四十年（1775年）编成。在辑佚、校订过程中，对该书原文进行考订，广泛运用考异方法，集成《旧五代史考异》一书。

4 **钩沉** 又称钩校，作为考史类型和方法的钩沉，是把已经沉没的历史事实，通过探索考核，重新寻找出来。正如梁启超说：“钩沉法……已经沉没的事实，应该重新寻出。这类事实，愈古愈多。”[②]

历史上，有的事件、制度、人物等，史书没有专门记载，不为一般人知道。但是，只要它在历史上存在过，必然会留下痕迹，散见于各种记载中，星星点点，零碎片断。钩沉，就是把这类史实，通过仔细搜罗，认真考核，还不免运用考辨、分析、拼合、清理、复原等方法，把那些沉没的历史事实恢复起来，还其本来面目或部分面目。所以，钩沉是一种深入细致的考史工作。

历史事实的沉没，大约可分为自然沉没和人为沉没的两种情况。自然沉没，是指史书漏载，或者史料散失造成的沉没。人为沉没，是被史家或有权势的当事者，出于各种目的，故意掩盖、删削，禁止披露，因而造成沉没。梁启超指出：“夫史料之偶尔散失者，其搜补也尚较易；故意湮乱者，其治理也益极难。此视学者

① [宋]司马光：《进资治通鉴表》，司马光撰：《司马温公文集》，上海：商务印书馆，1937年，第15页。

② 梁启超：《中国历史研究法补编》，《中国历史研究法 中国历史研究法补编》，北京：中华书局，2015年，第225页。

侦察之能力何如耳”[①]。孟森对“江南奏销案”的钩沉就是极难之例。清顺治十八年(1661年)清廷将上年奏销有未完钱粮的江南苏州、松江、常州、镇江四府和溧阳一县的官绅士子全部黜革。被杀者十余人,被逮捕者四五百人,黜革者一万三千余人。官书中丝毫痕迹不可得见。北大教授清史专家孟森,据数十种文集笔记,钩距参稽,使全案信史呈现出来[②]。五代盐法密酷,为当时人民一大祸害。但史籍记载较为分散,难窥其全貌。厦门大学郑学檬教授著《五代盐法钩沉》[③],从《册府元龟》等多种典籍搜集资料,就北方池盐诸规定,以明其沿革,揭露其苛酷。

5 **辑佚** 缀集佚文,收集亡佚书籍的逸文编次成书。古籍年代久远,由于种种原因,存在严重的散佚现象。后人据他书所引该书的片断文字,掇拾编次,拼凑成书,这种缀集逸文的工作叫作辑佚。郑樵《通志·校雠略》云:“书有亡者,有虽亡而不亡者,有不可以不求者,有不可求者。《文言略例》虽亡,而《周易》具在;汉魏吴晋《鼓吹曲》虽亡,而《乐府》具在;《三礼目录》虽亡,可取诸三礼;《十三代史目录》虽亡,可取诸十三代史。……凡此之类,名虽亡而实不亡也。”[④]由此说明,亡佚的书籍,重新缀辑是有可能的。不过,辑佚也并非简单地搜求佚文,按条抄录而已。古人引书,常不照录原文,加以年代久远,辗转摘引,难免发生张冠李戴,或脱文增字等现象,如不细心考订,便易致误。因此,辑佚也是一件难度甚大的考证工作。

历代学者对辑佚都很重视,做过许多辑佚工作。南宋王应麟辑有《三家诗考》《周易郑氏注》《尚书郑氏注》。一般学者认为,辑佚,王应麟开其端,而叶德辉(1864—1927年)在《书林清话》中说:“古书散佚,复从他书所引搜集成书,世皆以为自宋末王应麟辑《三家诗》始,不知其前即已有之。”认为辑佚之书当以王应麟之前的《相鹤经》为鼻祖[⑤]。清代辑佚成就最为显著。乾隆时编《四库全书》,从《永乐大典》辑书375种4926卷,其中经66种,史41种,子103种,集175种。如李焘《续资治通鉴长编》520卷,薛居正《旧五代史》150卷,郝经《续后汉书》90卷,还

---

① 梁启超:《中国历史研究法》第5章《史料之搜集与鉴别》,《中国历史研究法 中国历史研究法补编》,北京:中华书局,2015年,第92页。

② 孟森:《心史丛刊》第一集《奏销案》,台湾:文海出版社,1987年,第1-15页。

③ 郑学檬:《五代盐法钩沉》,《中国社会经济史研究》1982年第1期。

④ [宋]郑樵:《通志》卷71《校雠略·书有名亡而实不亡论》,北京:中华书局,1987年,第832页。

⑤ 叶德辉:《书林清话》卷8《辑刻古书不始于王应麟》,杭州:浙江人民美术出版社,2016年,第291页。

有《旧唐书》200卷，都是从永乐大典中辑出的。今《四库全书总目》中标明“永乐大典”本的都是辑佚书。清代私人辑佚成就大的有：严可均辑《全上古秦汉三国六朝文》，唐以前作者达3490人。马国翰《玉函山房辑佚书》，辑佚书617种700余卷。王谟《汉魏遗书钞》400余种，其中《汉唐地理书钞》1961年中华书局出版，甚有价值。黄奭《汉学堂丛书》250余种。徐松《宋会要辑稿》366卷。宋代秘书省专设会要所，修有会要2200余卷，但未刊行。清嘉庆年间，徐松从《永乐大典》中录出，未及排比整理而卒。稿本散失。1931年，北平图书馆购得该稿，1936年影印出版。书分帝系、后妃、乐礼、舆服、仪制、瑞异、运历、崇儒、职官、选举、食货、刑法、兵、方域、蕃夷、道绛等十七类门。其中礼、职官、选举、食货等门篇幅尤大。该书原据宋朝实录、日历以及中央六部和地方诸路监的档案材料编成，其中多为《宋史》和宋代其他史书未及者，是研究宋史的重要资料。杜贵墀《汉律辑证》6卷。汉律久佚，杜氏于史乘摘录汉代刑律，分类整理，辑为此书。所据以《史记》《汉书》为主，逐一注明出处，并加按语考证。凡未明引律文而制诏定律者，皆互证考辨。有光绪二十五年(1899年)湘水校经堂刊本。《世本》有众多学者辑佚。《世本》，或称《系本》，作者不详，记自黄帝至秦朝(一说春秋)帝王公侯卿大夫的世系及事迹，有《帝系谱》《诸侯谱》《氏姓》《居》《作》等篇。大概原书为古史官所记，后来续有增益，不出一人之手。《汉书·艺文志》著录15篇，原书大约佚于宋代。清学者钩稽群籍，汇辑成书的有：王谟辑本、孙冯翼辑本(陈其荣补订)、洪饴孙辑补本、秦嘉谟辑集补本、张澍稡集补注本、雷学淇辑本、茆泮林辑本、王梓材集览本等。其中以洪饴孙《世本辑补》10卷为最赅备。洪饴孙先取司马迁、韦昭、杜预三家所述，次则诸经义疏，诸史论说，以及山经、地志、姓篡、韵书，无不殚究，以资援证，越十年而成书，取刘歆语“与其过而弃之，毋宁过而存之”为辑补宗旨，故此书较他本更为赅备。《竹书纪年》亦有多种辑本，以王国维《古本竹书纪年》为翔备。

张舜徽《中国文献学》对辑佚途径和方法有简要的概括：(1)取之唐宋类书，以辑群书；(2)取之子史及汉人笺注，以辑周秦古书；(3)取之唐人义疏，以辑汉魏经师遗说；(4)取之诸史及总集(如《文苑英华》之类)，以辑历代遗文；(5)取之《经典释文》[①]及《一切经音义》(以慧琳音义为大宗),以辑小学训诂书[②]。

6 **探索源流** 或称考源流,包括探寻史源和搜索史迹流变两个方面。探寻史源,是追寻历史事物的原始形态,找出历史的原始记录或最早记载。搜索史迹流变,即搜索历史事物的流传演变踪迹,弄清演变过程。探源索流也是历史考证的一种类型和方法。

司马迁的"原始察终"说,表明我国古代史学有悠久的探索历史源流的传统。

著名史学家陈垣在《中国佛教史籍概论》一书中,批评《四库全书总目提要》关于《广弘明集》的提要时说:"提要又引《神僧传》六,称道宣为僧祐后身。按《神僧传》乃明初撰集之书,其《道宣传》全采自《宋高僧传》十四。《宋高僧传》,《四库》著录,《提要》何以不引宋传而引明传,可知其随手翻检,未尝一究史源,实为疏陋。"[③]陈垣运用历史探源方法,形成一种专门学问——史源学。并在教学中开设《史源学实习》课,指导学生进行历史探源的实习。历史探源实习的方法,选一种晚出著作为教材,选其中一定段落,让学生找出文中人物、制度、事实所据史料的出处,并一步一步地追溯到原始记录或最早的记载,进而检查史料本身及各种书籍在征引这些史料方面有无错误。找到最早的记载,未必是史源;找到史源也未必是可靠的史料,即使是最早的记载,原始记录,有可能是虚构的,也可能有这样那样的错误。因此,都必须仔细考辨,认真鉴别。然后,写出考证文章。《陈垣史源学杂文》[④]便是教授史源学实习所作范文30篇。

陈寅恪运用探源方法研究典章制度是一个典范。他在《隋唐制度渊源略论稿》的自述中说:"本书所论,极为简略,仅稍举例,以阐说隋唐二代制度之全体因革要点与局部发展历程而已。总而言之,二代之制度因时间与地域参错综合之关系,遂得演进,臻于美备,征诸史籍,其迹象明显,多可推寻,决非偶然或突然所致也。"[⑤]该书历述隋唐的主要制度,诸如礼仪、职官、刑律、音乐、兵制、财政等皆

---

① 《经典释文》,[唐]陆明德撰,30卷,释周易等经典,兼载诸儒训诂、考证各本异同。

② 张舜徽:《中国文献学》第6编《前人整理文献的具体工作》第5章《辨伪》,武汉:华中师范大学出版社,2004年,第152页。

③ 陈垣:《中国佛教史籍概论》卷3《广弘明集·四库提要正误》,上海:上海书店出版社,2005年,第46页。

④ 《陈垣史源学杂文》,北京:人民出版社,1980年。

⑤ 陈寅恪:《隋唐制度渊源略论稿·附论》,北京:三联书店,1954年,第158页。

出北魏北齐、梁陈、西魏北周三源，前二者尤为重要。北魏北齐一源的内容最为复杂，本身又是中原、河西、江左三方面文化因素的总汇，成为隋唐制度的主要渊源。所论甚为精辟。从史实分析，得出一代制度决非偶然或突然所致，具有较高的史识。

何炳松（1890—1946年）的《浙东学派溯源》，是学术思想探源索流的范例。该书先述我国北宋以前儒道佛三家学术思想的起源和流派，继述程朱思想的异同，再述南宋以后儒道佛三家学术思想的转变，最后述程颐学说的入浙江和浙东学派的突起。认为："南宋以来，我国的学术思想还是上承北宋以前儒道佛三家之旧，演成程、朱、王三大派。"程氏学说为"儒家思想的正宗"，"浙东学派就是程氏学说的主流，而程氏实为浙东学派的宗主。"[①]此书梳理了我国古代学术思想源流的大概。

① 何炳松：《浙东学派溯源·自序》，北京：中华书局，1989年，第7页。

第六章　历史的思维方法与逻辑的思维方法

一、史学思维方法

1 人类的思维，是大脑的功能，是大脑使用语言或形象，认识客观事物的活动。有形象思维、逻辑思维和直觉思维三种类型或方式。史学思维是人类思维的一部分，是史学家认识客观历史的思维活动，涉及人类各种思维类型。从总体上说，史学思维是集形象思维、逻辑思维和直觉思维于一体的综合性思维，或称多维性思维、立体性思维。

形象思维，是人脑使用形象信息传递的直观形象和表象进行的思维活动。认识历史少不了形象思维，因为，历史本身有具体性、个别性、多样性，即历史是人的有意识、有目的、有情感的具体而生动的活动，是活生生的个人、群体，在具体的时间、空间进行的具体活动。史学家可以借助形象思维，整体性或立体性地把握或再现历史上的人物和事件。不过，史学的形象思维和文学艺术的形象思维有所不同。文学艺术的形象思维可以通过集中的手法去塑造典型，而史学则不容许虚构和夸张。

逻辑思维，即抽象思维，是人脑使用从事物中抽象出来的概念、范畴进行推理，进行论证，以认识客观事物。在历史认识活动中，逻辑思维比形象思维的运用范围更加宽广，是更为必需的一种思维方式。因为，人们的历史活动，具体性之中蕴含着常规性，个别性之中蕴含着复杂性，多样性之中蕴含着统一性，各个历史事物之间存在复杂的联系,要把握其常规性、复杂性、统一性及其相互关系,必须借助逻辑思维。史学家通过逻辑思维,能充分显示和发挥主体性,找到历史活动自身的内部联系,对历史行为的产生、发展、变化做出解释,使历史认识从具体上升到抽象,使历史认识深化。

直觉思维,俗称灵感、顿悟,是一种独特的思维活动,一种非逻辑的思维过程。人们长期进行形象思维、逻辑思维所难以解开的秘密,突然间豁然开朗,不期而至,其出现时间,出现方式,诱发机制都难以预知。这就是直觉思维起的作用。尽管如此,它并不是无原因的。直觉思维必须以形象思维和逻辑思维的长期活动和不断积累为基础。同时,直觉思维获得的认识,常常是模糊的、粗糙的、零碎的,有待于形象思维、逻辑思维后续活动的修正、补充、证实。直觉思维能够在历史认识中起作用,是因为在历史实际中,有由于资料不全而难以把握之处,有潜在而未显露的地方;史家的认识能力也有自己尚未掌握、尚未了解的潜在能力。直觉思维就是这两种潜在因素的结合,即潜在的历史实际和潜在的认识能力互相撞击而出现的。

三种思维方式在史学思维中,逻辑思维用得最多最普遍,形象思维也是一种重要的思维方式,至于直觉思维,只是偶尔出现而已。因此可以说,逻辑思维和形象思维是史学思维的基本方式,而且以逻辑思维为主。

2

在人们的思维活动中,每种思维方式总是通过自己特定的思维方法,进行思维活动,实现思维过程,认识客观事物。就是说,思维过程的实现,必须借助于一定的思维方法。思维方法是否正确、恰当,对于提高思维效率,减少盲目性,避免认识错误,具有重要意义。运用三种思维方式的史学思维活动,必然有相应的史学思维方法。史学思维方法,是历史研究过程中,进行思维活动,实现思维过程的手段。

史学思维方法在历史学方法体系中的地位和作用十分重要。

史学方法体系从形态上可分为:理论指导方法、科学思维方法和具体操作方法。马克思主义史学的理论指导方法,是历史唯物主义理论和原则所具有的功能,也是运用历史唯物主义研究社会历史而形成的历史学理论所具有的功能。理论指导方法的核心是历史观。唯物史观,既是历史观,是理论,又具有方法论意义。它给史学家指出了如何正确认识人类社会历史的途径和方法。理论指导方法对思维方法和具体操作方法都起指导作用,但不可能代替这两种方法。具体操作方法,或称实际工作方法,或称技术性方法,主要是指史学研究过程中,史料搜集、鉴别、整理的方法和研究成果的表述方法即史学论著编撰方法。史学的科学思维方法,是探求历史真理,揭示历史特点、本质、规律和认定历史价值的方法。就是利用史料鉴别整理提供的历史事实,经过科学思维,进行由此及彼、由表及里的思索,获得认识成果的方法。由此可见,在史学方法体系中,思维方法起关键作用,处于从历史事实到研究成果获得过程的中坚地位。

3 史学思维方法是史学思维活动的手段,历史的思维方法和逻辑的思维方法则是史学思维活动的基本方法。研究一切历史问题,都离不开这两种方法。因为,研究任何历史问题,总是要考察它的发生、发展、演变过程,考察其外部条件和内部因素及其结构和作用,这就是历史思维方法的运用;同时,还必须把研究的历史问题,分析概括抽象为若干概念、范畴,按照逻辑规则,进行推理和论证,这就是逻辑思维方法的运用。这两种方法既区别又联系,而且常常是结合运用。考察和描述事物的发展历史,需要逻辑的分析,否则,就只能是历史的偶然堆积,不可能揭示出历史的必然性,不可能揭示出历史的特点、本质和规律;运用逻辑的方法研究历史,也必须在考察其历史过程、历史结构的基础上,遵循历史的原则而进行逻辑的推理和论证,其结论也需要历史事实的印证,否则,要达到科学的认识和正确的描述也是不可能的。总之,在史学思维活动中,历史的思维方法离不开逻辑的思维方法,逻辑的思维方法也离不开历史的思维方法。

二、历史的思维方法

1 历史的思维方法,是人们通过思维活动认识事物时,根据认识对象的自然过程来揭示其本质和规律的方法,是历史研究不可或缺的思维方法。历史的思维方法,是以人类社会历史,历史事件、历史人物、历史制度、历史文化等各种历史事物作为认识对象,史学家运用自己的思维能力,跟随历史事物的自然过程,即历史事物按时间顺序的发生、发展、转化过程,历史事物内部诸要素的结构过程,历史事物所受外部诸条件的制约过程,来揭示历史事物的特点、本质和规律。

我国的传统学术中,史学最为发达,因而历史思维的遗产比较丰富。司马迁根据《周易》的通变思想,提出著名的“究天人之际,通古今之变”[①]“原始察终,见盛观衰”[②],把人类社会历史作为一个由古到今有始有终的过程来探究,对历代史学家产生了深远的影响。韩非在《五蠹篇》中把古代社会历史看作是由上古而中古而近古逐渐进步的过程。[③]此论亦为后代史家继承和发展。杜佑的《通典》、司马光的《资治通鉴》、郑樵的《通志》,都可说以会通名世。这里的“通”,就是把重大的历史事件,按时间顺序贯穿起来,探源索流,梳理脉络,达到通古今之变的目的。刘知几在《史通》中说:“古今不同,势使之然”[④]。柳宗元在《封建论》中反复论证,封建,“非圣人之意也,势也。”[⑤]王夫之在《读通鉴论》中一再论述理势相成、理势相依。这个“势”的基本含义就是由社会历史客观条件促成的必然趋势,而“理”则是主要由社会历史内部要素决定的规律性。如此等等,都可视为古代史学领域中,历史的思维方法因素的不断传承和积累。就此而言,我国古代的史学方法所谓思维方法薄弱,或不可一概而论。

深受社会进化论影响的我国近代史学,推进了传统的历史思维方法。史家们把社会历史也看作由低级到高级的进化过程,十分重视探索历史源流,尤其是对政治经济制度、思想文化诸历史事物,总是把它作为有起源、有流变的过程进行探讨,取得不少重要成就。

以历史唯物主义为理论基础的中国马克思主义史学,把历史思维方法的运用,提升到高度的自觉程度。马克思主义史家们总是把人类社会历史视为不同社会形态由低级到高级不断发展的过程;对一定社会形态的考察,总是从内部要素和外部条件来把握其发生、发展、转化的过程,总是把生产力与生产关系、经济基础与上层建筑这对社会基本矛盾运动作为社会历史发展的基本推动力。因此,能够准确地把握社会历史的本质,揭示社会历史的规律和价值。

---

① [汉]司马迁:《报任少卿书》,[清]吴楚材、吴调侯编:《古文观止》卷5,赵敏俐、尹小林主编:《国学备览》11集部,北京:首都师范大学出版社,2007年,第424页。

② [汉]司马迁:《太史公自序》,《史记》卷130,北京:中华书局,1959年,第3319页。

③ 《韩非子·五蠹》,赵敏俐、尹小林主编:《国学备览》7《子部·韩非子》,北京:首都师范大学出版社,2007年,第368页。

④ [唐]刘知几:《史通·烦省》,赵敏俐、尹小林主编:《国学备览》6《史部·史通》,北京:首都师范大学出版社,2007年,第91页。

⑤ [唐]柳宗元:《封建论》,《柳宗元集》卷3,北京:中华书局,1979年,第75页。

在当代，历史的思维方法，还被广泛运用于社会生活的方方面面。

2 历史的思维方法，根据其特征和要求，在实际运用中，可以细分为几种形式。其一，按研究对象运动的时间顺序进行考察。任何事物都是在流逝的时间中运动的。一切历史事件、历史过程、历史人物，历史上任何一种制度、思想、文学、艺术，都有时间性，都是依照一定时间顺序发展变化。运用历史的思维方法研究历史事物，首先就要求按照时间顺序去考察。其实，古今中外许多史家、思想家都知道或使用过这种方法。古代史书很早就有编年体史书出现，有年表、月表、人物年谱、资料长编的编纂。这些都是依照时间顺序考察历史的具体表现，是历史的思维方法的产物。时间是历史的纽带，可以通过时间顺序找到历史联系，预判历史的变化。毛泽东在《抗日战争胜利后的时局和我们的方针》中说："国民党怎么样？看它的过去，就可以知道它的现在；看它的过去和现在，就可以知道它的将来。"[①]那是1945年说的。他根据蒋介石掌控的国民党政府过去现在的表现，断定它一定要发动内战，历史证实了他的判断。这是历史的思维方法一次成功的范例。列宁曾经说过，"判断历史的功绩，不是根据历史活动家没有提供现代所需求的东西，而是根据他们比他们的前辈提供了新的东西"[②]。要求历史活动家提供现代的东西，这是违反了时间顺序的评判，而要求比他们的前辈提供新东西，才是合乎时间顺序的判断历史功绩的正确做法。斯大林曾说："奴隶占有制度，从现在的条件看来，是不可思议的现象，是反常的荒谬事情。然而在原始公社制度瓦解的条件下，奴隶占有制度却是完全可以理解的，合乎规律的现象，因为它同原始公社制度相比是前进了一步。"[③]按现代条件来评判奴隶占有制，那是违背时间顺序的，只有按时间顺序把它同原始公社制度相比较，才是正确的思维方法。

其二，把研究对象作为一个过程进行考察。马克思、恩格斯曾说，他们只知

① 毛泽东：《抗日战争胜利后的时局和我们的方针》，《毛泽东选集》第4卷，北京：人民出版社，1960年，第1123页。

② 列宁：《评经济浪漫主义》，《列宁全集》第2卷，北京：人民出版社，1957年，第150页。

③ 斯大林：《论辩证唯物主义和历史唯物主义》，《斯大林选集》下卷，北京：人民出版社，1979年，第429页。

道一门唯一科学，那就是历史科学[①]。这里的“历史”，有概指自然、社会一切事物过程之意，即一切事物都有发生、发展、衰亡或转化的过程。人类社会历史，就是一个过程，自古迄今的发生发展过程。任何历史事物，无论历史事件、历史人物，历史上的政治、经济、思想、文化及其制度等等，都有自身的发生、发展、衰亡或转化的过程。意大利的历史哲学家维柯（Giovanni Battista Vico，1668—1744年）在《关于民族共同性的新科学原理》一书中指出：每个民族的历史进程，正如一个人的生命历程，要经过童年、青年和壮年一样，无例外地要经过三个阶段：神权时代、英雄时代、人权时代。他划分的阶段未必符合一切民族，但是，每个民族都有一个发展演变的历史过程，这个是符合实际的。马克思说：“我的观点是：社会经济形态的发展是一种自然历史过程。”[②]在马克思看来，人类历史就是不同社会经济形态由低级向高级的有规律的发展过程。列宁在《论国家》中，阐发了这个对历史过程认识的方法论意义，他指出：“为了解决社会科学问题，为了真正获得处理这个问题的本领而不被一大堆细节或各种争执意见所迷惑，为了用科学的眼光观察这个问题，最可靠、最必需、最重要的就是不要忘记基本的历史联系，考察每个问题都要看某种现象在历史上怎样产生，在发展中经过了哪些主要阶段，并根据它的这种发展去考察这一事物现在是怎样的。”[③]所以，只有把历史研究的对象如实地作为一过程，考察其过程各个阶段的特点，各阶段如何转换，才能把自然形态的历史，在观念形态中正确地反映出来，达到揭示其本质和规律，达到认识历史的目的。

其三，把研究对象作为一个由各种要素结构而成的社会有机体进行考察。历史唯物史观告诉我们，人类社会是一个由各种社会要素按一定规则构成的有机体。其社会要素的结构是多层次的。经济基础和上层建筑构成社会形态。一定的生产力决定的生产关系的总和，构成一定社会的经济基础；经济基础之上是由诸种思想及其载体和制度构成上层建筑。生产力和生产关系又各有自己的构成要素。上层建筑又有政治、法律、宗教、艺术、哲学等各种思想和适应这些思想

① 马克思、恩格斯：《费尔巴哈》（《德意志意识形态》第1卷第1章），《马克思恩格斯选集》第1卷，北京：人民出版社，1972年，第21页。

② 马克思：《〈资本论〉第1卷第1版序言》，《马克思恩格斯选集》第2卷，北京：人民出版社，1972年，第208页。

③ 列宁：《论国家》，《列宁选集》第4卷，北京：人民出版社，1972年，第43页。

的各种制度。这些社会要素的组合,不是机械的随便搭配起来的,而是有规则的。这些要素构成的社会形态之所是一个有机体,不仅各要素是按一定规则结构起来的,还由于它是处在经常发展变化之中,而不是静止不动的;各要素之间相互联系相互制约,存在对立统一的机制。因此,研究社会历史,研究历史事物,就要如实地把对象作为一个由多种要素结构而成的有机体,不仅要考察各个构成要素及其特有功能,还要考察这些要素是怎样结构起来的,考察这个有机体如何发挥各单个要素所不具有的整体功能。

其四,把研究对象放到一定历史范围之内进行考察。列宁说:"在分析任何一个社会问题时,马克思主义理论的绝对要求,就是要把问题提到一定的历史范围之内。"[①]"一定的历史范围"就是该"问题"、该事物所处社会历史条件。又说:"马克思辩证法要求对每一特殊的历史情况进行具体的分析。"[②]这里的"具体分析"就包括放到一定的历史范围内分析。恩格斯在《自然辩证法》中说:"从社会的观点来看……我们只能在我们时代的条件下进行认识,而且这些条件达到什么程度,我们便认识到什么程度。"[③]这是说人们的认识要受时代条件的制约,只能达到时代条件允许的认识程度。"一定的历史范围"就是由一定的"时代条件"构成的。一定的"时代条件"就是一定时期的社会历史条件。人类社会历史的任何事件、人物、制度、思想、文化,都是在一定社会历史条件下产生发展,都是处在一定历史范围内,受社会历史条件制约,因此要认识这些事物,就不能不把它放在历史范围内,不能离开它受制的社会历史条件。在一般社会生活中,人们重视的背景分析、环境考察,所谓时势造英雄等,都是这种思维方法的表现。

历史的思维方法,对于史学研究是很重要的。第一,把历史事物放在一定条件构成的历史范围内,才能看清其本质。如一个历史人物的阶级本质,只有把他的言行置于所处阶级结构、阶级斗争形势之中,才能作出正确判断。第二,把历史事物放在一定历史范围内,才能准确分析其存在、变化原因,才能揭示其发展规律。事物存在、变化原因,总是内因和外因的辩证统一。一般情况下,历史事物的发展变化,内因是根据,外因是条件,外因通过内因起起作用;在特殊情况

① 列宁:《论民族自决权》,《列宁选集》第2卷,第512页。

② 列宁:《论尤尼乌斯小册子》,《列宁选集》第2卷,第857页。

③ 恩格斯:《自然辩证法》,《马克思恩格斯选集》第3卷,第562页。

下,外因与内因的作用会发生变化,外因也可能成为事物变化的主要原因。这里说的外因,就是事物所处的外部条件,也就是一定的社会历史条件。准确判定内在的主要原因,有助于揭示其发展规律。第三,把历史事物放在一定的历史范围内,才能对该事物做出正确的评价。评价历史事件、人物等各种历史事物的一个重要标准,就是看它是否满足时代要求,是否符合时代趋势,是否对时代做出贡献。这只能把该事物放在时代条件构成的社会历史范围内,才能做出优劣、好坏、成败、得失的判断,脱离或超越其一定社会历史范围,便不可能得到正确的结论。

3 历史的思维方法根据对象的自然过程认识事物,在历史研究的实际运用中,要求跟随历史事物运动的时间顺序,把历史事物作为一个发展变化过程,作为一个由多要素构成的有机体,把历史事物置于由所处条件构成的历史范围之内。这样的历史认识方法,最大优点就是能再现人类社会历史的生动性、多样性和曲折性,因为它不回避历史的偶然性,它要顾及历史细节。也正因为如此,它需要和逻辑的思维方法相结合,才能充分发挥其揭示历史本质和规律的作用。

三、逻辑的思维方法

1 逻辑的思维方法,是人们在思维过程中,根据现实材料,按逻辑思维的规律、规则,形成概念、范畴,进行推理和判断的方法。逻辑的思维方法有形式逻辑(普通逻辑)的思维方法和辩证逻辑的思维方法。后者是高层次思维方法。

形式逻辑的思维方法,是指运用形式逻辑的规律、规则认识事物的方法,其方法有:比较法、归纳法、演绎法、分析法、综合法、抽象法、概括法等等。辩证逻辑的思维方法,是指运用辩证法的原则、范畴认识事物本质和规律的方法,其基本方法有归纳与演绎、分析与综合,抽象与具体,逻辑与历史统一等。

形式逻辑的思维方法和辩证逻辑的思维方法,都是在思维过程中,形成概念范畴,进行判断和推理,达到认识事物的思维手段。不过,前者是简单地(反映个别的简单的关系)、纯形式地(撇开具体内容)、静态地(撇开运动变化)进行认识;

后者是把认识对象看作一个整体,从内在矛盾运动、变化及其各方面相互联结中进行认识。恩格斯指出:“辩证逻辑和旧的纯粹的形式逻辑相反,不像后者满足于把各种思维运动形式,即各种不同的判断和推理的形式列举出来和毫无关联地排列起来。相反地,辩证逻辑由此及彼地推出这些形式,不把它们互相平列起来,而使它们互相隶属,从低级形式发展出高级形式。”[①]说明辩证逻辑是形式逻辑基础之上的高级思维形式。历史研究运用的逻辑思维方法,既有形式逻辑的,也有辩证逻辑的,而前者的运用比较广泛,后者是作为深入探讨,深入揭示历史事物本质规律的主要手段。以下举要简介一些历史研究中常用的逻辑思维方法。

2 **比较法** 是逻辑思维的初级方法,即形式逻辑的方法。它在历史研究中所能完成的任务,在于确定事物异同关系。异同关系的认识在历史认识运动中,是理性思维的开始,是认识历史事物的必要的一步,是历史研究广泛运用的一种思维手段。比较思维方法,在异同关系认识基础上,可以发现特征,可以启发联想,帮助史学家获得新发现;还有助于对历史事物的鉴别和评价,有助于探求历史事物的本质和规律。它的实用性和重要性是显而易见的。

比较是根据一定标准,对两个或两个以上有联系的历史事物进行考察。按属性的数量,可分为单项比较和综合比较;按时空的区别,可分横向比较和纵向比较;按目标指向不同,可分为求同比较和求异比较;按比较性质差异,可分定性比较和定量比较;等等。

比较方法的运用,必须有一定步骤,但没有固定的一成不变的模式。有的把比较步骤分为描述、解释、并列和比较四个阶段。有的分为确定比较问题,制定比较标准,搜集资料分类解释,比较分析,得出结论等几个步骤。实际上是根据比较对象的不同,目的要求的区别,采取不同的步骤。

历史事物的比较研究可以从时间、空间、过程、内容、形式、内部结构、外部联系等不同角度进行。无论怎样进行比较,必须遵循一定的要求:其一是同一性,比较对象必须是同一类型、同一范畴,使用同一标准;其二是双(多)边性,比较对象必须两个或两个以上;其三是有可比性,比较对象之间有一定内在联系,或具有某些本质上的共性,必须注意使用概念的一致性;其四是资料的可靠性,如果

① 恩格斯:《自然辩证法》,《马克思恩格斯选集》第3卷,北京:人民出版社,1972年,第545-546页。

使用的资料缺乏真实可靠性，便不可能获得科学的经得起检验的结论。

黑格尔说："假如一个人能看出当前即显而易见的差别，譬如，能区别一支笔与一头骆驼，我们不会说这个人有了不起的聪明。同样，另一方面，一个人能比较两个近似的东西，如橡树与槐树，或寺院与教堂，而知其相似，我们也不能说他有很高的比较能力。我们所要求的，是要能看出异中之同和同中之异。"[①]的确，有意义的比较，是同中求异、异中求同，因为只有这样的比较，能够帮助人们进一步深入认识事物。即便如此，比较方法也不可避免地存在局限性。由于比较达到的目的是区别，找到事物的相同点和不同点，尽管这有助于认识事物，但它远未深入其本质和规律。所以，列宁正确指出"任何比较都不是十全十美"[②]。

类比法 或称类比推理，是根据两个或两类事物在某些属性上都相同，进而推出它们在其他属性也相同的推理方法。类比推理是一种或然性推理，前提真结论未必真。要提高类比结论的可靠程度，就要尽可能地确认对象间的相同点。相同点越多，结论的可靠程度就越大，因为对象间的相同点越多，二者的关联度就会越大，结论就可能越可靠。反之，结论的可靠性程度就会越小。此外，要注意的是类比前提中所根据的相同情况与推出的情况要有本质性。如果把某个对象的特有情况或偶有情况硬类推到另一个对象上，就会出现类比不当或机械类比的错误。这就是说，类比是平行推理，是在对象的同层次之间进行的。它的特点是先比后推，比是基础，比较出共同点，作为前提条件，再推导出结论，达到由此及彼的作用。类比进行的合理原则是对象相似属性越多，应用越有效；相似属性之间关联性越强，应用越有效。仅仅个别属性相似，或表面属性相似，偶然属性相似，硬要进行类比，推出的结论可靠性就小，或没有可靠性，那就是犯了简单类比的错误。如果把本质属性不同的事物进行类比，会推出荒谬的结论，那是犯了机械类比的错误。比如"龙生龙，凤生凤，老鼠生儿打地洞"这就是错误的机械类比。

类比法有推理式和论说式两种模式。推理式类比法，或称类比推理法，是指根据两个或两类对象某些属性相同或相似，从而推出它们另外属性可能相同或相似的逻辑方法。其结论是或然性的，有待证实。其结论的可靠程度，取决于：

① [德]黑格尔著：《小逻辑》，贺麟，译，北京：商务印书馆，1997年，第253页。

② 列宁：《论政治同教育学的混淆》，《列宁全集》第8卷，北京：人民出版社，1959年，第423页。

（1）两个对象相同属性的多少；（2）两个对象相同属性之间关联性的强弱。如李四光根据我国松辽平原的地质结构与中亚地质结构相似而推断松辽平原蕴藏石油，因为地质结构相似与蕴藏石油有必然联系，故可靠性高。大庆石油开发成功，证实其推断结论的正确性。推理式类比法是一种创造性思维方法，可以使人们的认识由已知进入未知，是获得新知识的一个重要手段，科学史上许多创造发明，都跟类比推理方法的应用分不开，在社会生产和生活中也应用广泛。在史学研究中也有广泛用途。如日本的大宝令是从唐令移植过去的，如今便可以大宝令与现存唐令的类比来推知唐令佚缺部分的内容。推理式类比法可以表述为这样的逻辑公式：

对象A具有a、b、c、d属性

对象B具有a、b、c属性

所以对象B可能具有d属性

公式的A、B，既可以是人、是物，也可以是事，既可以是个别，也可以是群体。这种推理既可以是肯定推理，也可以是否定推理，只要二者的本质属性相同，就可以进行类比推理。

论说式类比法，是指两个或两类事物，在某些特征相似，以形象的说明抽象的，或以浅显的说明深奥的，或以熟悉的说明陌生的，或以简单的说明复杂的这样一种逻辑方法。这种类比对象之间，只是说明与被说明、描绘与被描绘的关系，不存在由已知进入未知的关系。这是论说问题的一种手段。例如毛泽东在《论联合政府》中把批评与自我批评同打扫房间和洗脸进行类比："有无认真的自我批评，也是我们和其他政党互相区别的显著的标志之一。我们曾经说过，房子是应该经常打扫的，不打扫就会积满了灰尘；脸是应该经常洗的，不洗也就会灰尘满面。我们同志的思想，我们党的工作，也会沾染灰尘的，也应该打扫和洗涤。……对于我们，经常的检讨工作，在检讨中推广民主作风，不惧怕批评和自我批评……正是抵抗各种政治灰尘和政治微生物侵蚀我们同志思想和我们党的肌体的唯一有效方法。"①论说式类比法也可以表述为这样的逻辑公式：

① 毛泽东：《论联合政府》，《毛泽东选集》第3卷，北京：人民出版社，1953年，第1097页。

对象A具有a、b、c、属性

对象B具有a'、b'、c'属性

所以借助A可以说明B

3 归纳与演绎方法 这是人类思维不可缺少的基本要素，最早引起人们注意而获得研究的思维方法。古希腊的亚里士多德和欧几里得就曾对此进行过研究和应用。17、18世纪，英国的培根、法国的笛卡儿、德国的莱布尼茨，19世纪英国的穆勒，都对归纳法和演绎法的丰富和发展，做出过重要贡献。

普通逻辑研究归纳，也研究演绎，但它是作为推理形式研究，并且把二者平列起来，分隔开来，仅从抽象的形式进行推理研究。这对形成科学的认识方法来说，显然是不够的。辩证逻辑研究归纳与演绎，是把它们作为结合起来的思维方法、研究方法，作为对立统一的思维方法来研究的。为了使归纳和演绎成为指导人们进行创造性思维的科学方法，必须对归纳和演绎做辩证逻辑的推理研究。历史研究既要运用辩证逻辑的归纳与演绎方法，也要运用形式逻辑的归纳法和演绎法。

归纳法，是从众多同类的个别或特殊的事物中概括出一般原则、原理或规律的思维方法；演绎法，是从一般性的原则、原理或规律出发，去认识或说明个别的或特殊的事物的思维方法。归纳法与演绎法的客观依据，主要是个别与一般这对范畴。不过，其思维途径是相反的。前者是从个别到一般的思维运动，后者是从一般到个别的思维运动。毛泽东做过这样论述："就人类认识运动的秩序来说，总是由认识个别的和特殊的事物，逐步地扩大到认识一般的事物。人们总是首先认识了许多不同事物的特殊的本质，然后才有可能更进一步地进行概括工作，认识诸种事物的共同的本质。当人们已经认识了这种共同的本质以后，就以这种共同的认识为指导，继续地向着尚未研究过的或者尚未深入地研究过的各种具体的事物进行研究，找出其特殊的本质，这样才可以补充、丰富和发展这种共同的本质的认识，而使这种共同的本质的认识不致变成枯槁的和僵死的东西。这是两个认识的过程：一个是由特殊到一般，一个是由一般到特殊。人类的认识总是这样循环往复地进行的，而每一次循环(只要是严格地按照科学的方法)都可能使人类的认识提高一步，使人类的认识不断地深化。"[①]在这里，他把归纳和

① 毛泽东:《矛盾论》,《毛泽东选集》第1卷,北京:人民出版社,1952年第2版,第298页。

演绎的原理,十分清晰地做了阐述。

形式逻辑的归纳推理,可分为完全归纳和不完全归纳。不完全归纳又可分为简单枚举归纳和科学归纳。完全归纳,是根据某类事物中,每一事物都具有某种属性,推出该全部事物都具有这样属性的归纳推理。其特点在于结论没有超出前提的范围,只要前提真实可靠,其结论必然真实可靠。但其运用要受考察对象的数量的限制,如果数量是无限的,那就不可能运用此法进行归纳推理。不完全归纳,是根据某类事物的部分对象具有某种属性,而做出该类事物都具有这种属性的一般性结论。在科学研究中,探讨的通常是无限对象,因此,只能用不完全归纳法。如果,通过枚举某类对象中已经考察过的对象都有某种属性,而无一相反,于是推及该类对象的全体,这就是简单枚举归纳。不过其结论可靠性不大,只能作为一种猜想或假说,因为没有考察过那部分对象是否具有同样属性,并无确实证据。简单枚举归纳在日常生活中经常使用,在科学研究中用于初步探索,用于科学假说。如果,考察的部分对象与它的属性之间具有因果关系、必然联系,而作出该类所有事物属性的一般性结论,这就是科学归纳。这种归纳法需要找到对象与属性之间因果关系、必然联系。只要前提无误,结论必然正确。其结论的正确性,并不仅在于所考察对象的数量多少,更重要的是看是否是对象的本质属性和因果必然联系。这种归纳法在科学研究包括历史研究中广泛运用,发挥巨大的认识作用。

形式逻辑的演绎推理,主要形式是三段论法,即从两个判断(其中一个一定是全称判断)推导出第三个判断(结论)。从推理特征看,主要有公理演绎和假说演绎。公理演绎,推导出个别的结论、公理,是从大量经验事实中概括出来的普遍原理。毛泽东在《为人民服务》一文中,有一个演绎推理:“为人民利益而死,就比泰山还重”,是普遍原理,是公理,作为大前提。“张思德同志是为人民利益而死的”,是小前提,已知判断。推导出“他的死是比泰山还要重的”,这就是结论。假说演绎,是从假说出发,进行逻辑推导,得出个别结论。假说推理,是人们对经验材料中提出的问题所构思的可能答案。如果结论与经验事实相符合,就能较好地解释经验事实,那就证明假说正确,可以成为公理。如果结论与经验事实不符合,就证明假说不正确,或经验事实不准确,或两者都有问题。这就需要重新构思。

形式逻辑的归纳推理和演绎推理在历史研究中都很有用处，但它不是停留在概念层面，而是结合历史实际进行的。

辩证逻辑的归纳与演绎是对立统一的辩证关系。它们既是相互区别，相对独立的，又是相互依存、相互补充、相互渗透、相互转化的。恩格斯在《自然辩证法》中说："归纳和演绎，正如分析和综合一样，是必然相互联系着的。不应当牺牲一个而把另一个捧到天上去，应当把每一个都用到该用的地方，而要做到这一点，就只有注意它们的相互联系、它们的相互补充。"[①]

归纳和演绎的对立性，指它们之间的相互区别相对独立。相互区别，是说这两种思维方法的出发点和落脚点都是不同的，其思维进程也是相反的。归纳的出发点是个别的或特殊性的判断，这也就是推理的前提，而演绎的出发点，也就是演绎的前提，是一般性的原理或规律；归纳的落脚点，也就是它的结论，是共同属性或者普遍规律，而演绎的落脚点，也就是它的结论，是个别的或特殊的判断；归纳的思维进程是由个别到一般，而演绎的进程则是由一般到个别。归纳和演绎的对立，表现在二者的推理性质上，归纳除完全归纳外，它推出的结论都超出前提范围，因此具有或然性，而演绎的结论是蕴含在前提之中的，没有超出前提的范围，因此是必然性的，只要前提真实，形式正确，其结论一定可靠。归纳和演绎的对立，还表现在认识过程中的地位和作用不同，归纳主要是在认识过程实现由感性认识到理性认识的第一次飞跃中发挥作用，其任务是帮助人们从个别的或特殊的感性经验中，发现一类事物的共同属性或普遍规律，概括出一般原理，而演绎主要是在由理性认识到实践的第二次飞跃过程中发挥作用，其任务是帮助人们用一般原理去指导实践活动，去认识新的个别事物或特殊事物，从而检验、修正、补充和发展原来的一般原理。

归纳与演绎的统一性，是指它们之间又是相互补充、相互渗透、相互转化的。归纳与演绎相互补充，是由它们都存在局限性，都有自己的认识界限，需要对方补充才能完成认识任务，达到认识目的。归纳的局限性有三：一是归纳本身不能解决考察事物之前必须具有的目的性和方向性的指导原则，只能求助于演绎，是演绎为它准备了理论原则，所以，归纳必须以演绎为先导；二是不完全归纳所得的结论是或然的，需要演绎来论证、修正和补充。列宁说："以最简单的归纳方法

---

① 恩格斯：《自然辩证法》，《马克思恩格斯选集》第3卷，北京：人民出版社，1972年，第548页。

所得到的最简单的真理，总是不完全的，因为经验总是未完成的。”[①]由于不完全归纳考察的事物只是一部分，其结论超出前提范围，因此是或然性的，并且考察事物的实践不免有一定历史性，而历史是不断发展的，在一定历史阶段上的实践经验是不完备的，所以，其结论有赖演绎的论证、修正和补充；三是归纳所概括的事物属性，是本质的还是非本质的，必然的还是偶然的，归纳本身是不清楚的，只有运用演绎及其他科学方法，作全面深入研究，才能解决这个关系推理结论真理性的问题。演绎也存在需要归纳补充的局限性：其一，作为演绎出发点或前提的一般原理，是由归纳提供，所以归纳是演绎的基础，没有归纳就没有演绎；其二，演绎推理结论的可靠性受前提制约的，前提的真伪，前提是否正确，在演绎范围内无法解决，只能借助于归纳，只有在实践中运用归纳和其他科学方法才能解决；其三，演绎的结论是否具有真理性，也需要通过在实践中运用归纳来论证、修正和补充。

归纳与演绎相互渗透，可以从人们的认识过程和思维结构看出来。从认识过程来看，归纳中有演绎，演绎中有归纳，是相互渗透的。由于人们的认识，总是要经过从个别到一般和从一般到个别两个循环往复相互渗透的过程。而前一个过程中，既有个别到一般，也有一般到个别，只不过是个别到一般为主。显然在这个过程中，既有归纳，又有演绎，而以归纳为主，归纳中包含演绎。后一个过程中，既有从一般到个别，也有从个别到一般，只不过是一般到个别为主。显然在这个过程中，既有演绎，又有归纳，而以演绎为主，演绎包含归纳。从思维结构来看，也体现归纳中有演绎，演绎中有归纳，二者相互渗透。演绎的前提是一般原理，这是归纳从个别中概括出来的，这就是说，演绎中包含着归纳的成分。指导归纳进行推理的原理是演绎提供的，归纳结论的真理性须由演绎论证，这也就是说，归纳中包含着演绎的成分，二者也是相互渗透的。

归纳与演绎在人们的认识过程中是相互转化的。归纳得到的一般性结论，本身还不能说明事物的变化趋势，要揭示事物本质和规律，归纳就要转化为演绎；演绎得出的个别性结论，尚未完全揭示事物的丰富性，这就需要由归纳来丰富发展。归纳与演绎相互转化是在一定条件下进行的，转化的条件十分重要，其

---

① 列宁：《哲学笔记·黑格尔〈逻辑学〉一书摘要》，《列宁全集》第38卷，北京：人民出版社，1959年，第191页。

条件就是各自结论的正确性。归纳与演绎相互转化,是人类认识过程,总是由感性直观到抽象思维,再由抽象思维回到生动直观,这样循环往复进行所决定的。

归纳和演绎是任何思维活动不可缺少的基本要求,在历史研究、历史思维活动中有广泛的用途。这是因为史学工作者在研究工作中,首先要碰到许多个别的历史事物,从个别的事例中,会发现共同的反复出现的东西,然后促使史学工作者去研究这些东西,认识其本质和规律。实际上,这就是史学工作者使用大脑进行归纳的过程。同样,史学工作者在前人研究的基础上,用前人的理论作指导,去研究前人尚未研究过的或研究不够的历史事物,以求得进一步的认识。这就是演绎过程。历史研究工作就是这样,一代又一代的史学工作者,通过循环往复的归纳和演绎,把历史研究推向深入。所以,正确的归纳和演绎,是马克思主义史学家运用历史唯物主义理论研究历史的基本方法,是揭示历史事物的特点和规律的基本方法,也是历史学家论证检验历史认识、历史理论和解释历史事物经常使用的重要方法。

4 **分析与综合** 这是人类认识和改造世界的一种智力工具,重要的思维方法,也是史学工作广泛运用的思维手段。分析,是把事物的整体分解为各个部分、方面、层次、要素等分别加以考察的思维方法。综合是把事物的各个部分、方面、层次、要素等统一为整体的思维方法。分析和综合是人类长期在实践中培养起来的思维能力,是人自觉能动性的一种表现。

形式逻辑的分析与综合,作为认识方法,它考察的是对象的静态关系,遵循的是整体为各部分之总和这一公理;它们被视为两种不同方法,界限分明,彼此孤立地运用;它总是同一定的推理形式相联系,分析法常常是和演绎推理相联系,以演绎推理为基础而被运用和研究,综合法常常是和归纳推理相联系,以归纳推理为基础而被运用和研究。辩证逻辑的分析与综合法,作为辩证思维的方法,它考察的是对象的动态关系,遵循的是对立统一规律;它们是同一方法的不可分割的环节,作为对立统一的两个方面而被把握和运用,不是平列和交替使用关系,而是互为前提、互相渗透的关系;它们总是同揭示事物内在矛盾的需要相联系,作为矛盾分析的方法而被运用和研究。辩证逻辑的分析和综合是对形式逻辑的分析和综合的扬弃:扬弃其空洞的形式,而研究其内容;扬弃其僵硬不变的程式,而研究其运动、变化和发展;扬弃其孤立、平列的格式,而将它们视为相互联系,相互补充的统一的思维方法。从人类思维发展历程来看,分析与综合也有一个由低级向高级发展的三个时期:感性的分析与综合,它把握的是直接感知的事物;知性的分析与综合,它把握的是事物的个别与一般的关系,虽然已离开感性活动而在思维中进行,但还没有自觉地把握事物的矛盾;辩证的分析与综合是高级的形式,通过揭示其矛盾统一关系,全面深刻地把握事物。形式逻辑的分析与综合,主要处于第二个时期,第三个时期则是辩证逻辑的分析与综合。

作为人类认识对象的客观世界、客观事物,本身是统一性与多样性、整体与部分的统一体。它最初出现在人的感观面前的是感性的整体,人们对它的认识是笼统的、大概的、直观的。这种整体的认识,无法深入到事物的内部和本质中去,也就不能以这种认识来科学地指导实践,因此,需要用分析方法,使人的认识由表面性、模糊性、直观性,深入事物的内部以及各个部分、方面、层次、要素中去,找出其本质的东西。人的认识至此还不够,还不能停留在这里,还要把对事物的各别认识整合起来,按内在联系,统一为高级的理性整体。理性整体是感性整体的否定之否定。形成理性整体才是理性思维的真正目的。在史学研究中,分析和综合也是很必要的、运用得十分广泛的思维方法。史学工作者把一定历史阶段的社会生产,分解为生产力和生产关系两个方面进行考察,又把生产力分解为生产工具为主的劳动资料、劳动对象和劳动力来考察;把人们在生产过程中相互之间发生的关系分解为生产、分配、交换和消费四个环节来考察。可是,这些分析所提供的知识,还不能给人们一个特定历史阶段的社会生产方式的完整印象,要获得这个完整印象,必须进行综合。综合就是按照生产力诸要素的有机联系,生产关系诸环节的有机联系,生产力与生产关系的有机联系,把它们结合起来。从劳动者运用什么工具生产,确定生产力发展的性质和水平,在生产力发展的基础上,从生产资料所有制的性质,确定在生产、消费、分配、交换过程中人与人的关系,进而把特定的生产力和生产关系统一起来,得到特定的生产方式的认识。

分析与综合不存在固定不变模式,它们总是随着人们活动的目的任务、对象特征和思维方式的不同而有多种多样的型式。这里仅举一些常用的分析和综合型式做简要介绍。

定量分析与定性分析 定量分析是对事物的数量特征、数量关系和数量变化进行的分析;定性分析是对事物的性质、特点、发展变化规律进行的分析。定性分析是定量分析的基本前提,没有定性的定量,是盲目的;定量分析使定性更加科学、准确,可以使定性分析得出广泛而深入的结论。二者相辅相成,定性分析是定量分析的依据,定量分析是定性分析的具体化。二者结合起来灵活运用,才能取得最佳效果。

纵向分析与横向分析 纵向分析,是按时间顺序对事物的动态特征进行分别考察,以把握其演变过程、发展趋势、变化规律的研究方法。横向分析,是对事物在一定空间内相关联的要素进行分别考察,以把握其特性、规模、影响的研究方法。社会历史事物千姿百态,历史研究目的各有不同,有的适宜纵向分析,有的适宜横向分析,有的需要两种分析结合进行,才能达到认识目的。比如研究我国的抗日战争,按发展变化分为战略防御阶段、战略相持阶段和战略反攻阶段来分析研究,是纵向分析方法。对整个抗日战争时期,我国不同地区遭受日本侵略破坏掠夺的情况和不同地区军民抗击日寇所作贡献的情况,进行分别考察,这是横向分析。要对抗日战争作全面深入研究,必需纵横结合,并同时运用其他许多科学方法,才能圆满完成任务。

矛盾分析 是用对立统一规律考察和分析各种事物的矛盾运动特性,找出解决矛盾的方法,推动矛盾的转化,从而促进事物的发展。这是马克思主义唯物辩证法的基本方法,是人们对社会现象作定性研究的根本方法,也是人们在社会生活中研究问题和解决问题的一种普遍方法,也是研究人类社会历史行之有效的重要方法。矛盾分析步骤,首先是把社会事物看成是运动中的矛盾统一体,从而考察其存在的诸多矛盾;其次是找出主要矛盾及其主要方面;再分析矛盾发生变化的内部条件和外部条件,同时注意矛盾由量变到质变的临界点,即矛盾发展转化的条件和时机。科学进行矛盾分析,必须把握好矛盾的同一性与斗争性的关系,把二者有机结合起来;必须正确认识和处理内部矛盾(事物发展内因)和外部矛盾(事物发展外因),立足于内因,不忽视外因;必须正确认识矛盾的共性与个性、普遍性与特殊性,并使之辩证地相结合。正如毛泽东所说:“分析的方法就是辩证的方法。所谓分析,就是分析事物的矛盾。”[①]

---

① 毛泽东:《在中国共产党全国宣传工作会议上的讲话》,《毛泽东选集》第5卷,北京:人民出版社,1977年,第413页。

系统分析 是把要解决的问题,要考察的事物,要研究的对象,作为一个复杂的系统,对系统要素、系统与环境进行综合分析,找出解决方案。系统分析法来源于20世纪40年代发展起来的系统科学。它从系统的角度去考察和研究客观世界,为人类认识和改造世界提供一种科学理论和方法。系统分析法通常是把研究对象看成为系统工程,通过系统目标分析,系统要素分析,系统环境分析,系统资源分析和系统管理分析等,准确地诊断问题,深刻揭示问题起因,有效地提出解决方案。

结构分析 是对作为考察对象的事物的各个要素或各个组成部分及其对比、变动诸关系进行分析,达到认识其总体构成特征、内部结构特征及总体发展变化规律。

在分析基础上进行的综合,可分为低级综合、较高级综合和更高级综合三类。

低级综合 是指操作过程简单的综合。如再造性综合,它只是按照事物的本来面貌进行的,比如一张被拆开的桌面、桌腿而重新装成原来的桌子。这类综合,常常是以物质实体为对象的实体综合,或者是人们通过自己感觉器官,以不同的感觉,直接反映事物的某一表面特征,而在大脑中综合成为关于对象的完整知觉表象的感觉综合。

较高级的综合 是指整体的,有加和特征与机械样式的,具有一定理性色彩的综合。如将狮身人面组合成狮身人面雕塑,这是脱离事物本来面貌的创造性综合。这类综合,和实体综合不同,它具有理性综合特征,或凭借一定理性知识,或以一定理性知识为导向的综合。这类综合,和感觉综合不同,它不是停留在事物表面特征的感知阶段,而是上升到理性阶段,是思维活动的结果。它借助的思维方式属于形式逻辑范畴,是静态的或相对静止的综合。

更高级的综合 是辩证综合,对结构复杂有机性强处于运动变化中的事物,在深入分析基础上做对立统一的综合。如马克思分析商品及其运动之后对资本主义社会的综合。显然,这种综合而成的整体不是简单的求和,而是具有高度的创造性,它借助的思维方式属于辩证逻辑范畴。

辩证思维的分析与综合,是辩证地统一在一个完整的思维过程中。分析和综合在运动方向、运动态势上是不同的,因而不能用一个取代另一个。但是,也不能把分析与综合对立起来。列宁认为“分析和综合的结合，——各个部分的分解和所有这些部分的总和、总计”[①]是辩证法的一个要素。所以，我们应该十分注意分析与综合的结合，注意分析与综合的辩证关系。

分析和综合这两种思维方法是同一研究活动的不同方面，是互相依赖、互为前提的，各自以对方的存在为自己存在的条件。综合必须以分析为基础，没有分析就没有真正的综合。脱离了分析的综合，只能是一种直觉的模糊的综合。古代人对世界的看法就是这种直觉的综合。综合必须立足于分析之上，只有对整体的方面、要素进行详尽深入的分析，才能明确综合什么（综合内容）、怎样综合（综合方法）。比如对一个历史人物进行综合评价，必须通过对他所处的社会、时代背景、个人身世、社会关系、一生言行、所做业绩等各方面做深入分析，然后才能知道如何综合评价这个历史人物，才能对此历史人物作出一个适当的综合评价意见。如果，综合不是在分析的基础上进行的，就只是空洞的综合，或缺乏科学性的不全面的综合。换句话说，正确的综合，必须了解对象在现实统一体中，存在哪些特殊的规定性及其根本性质，而要做到这些，就必须依赖对客观事物的周密分析。同样，分析也依赖于综合，离不开综合，没有综合就没有分析。因为，分析的对象，分析所要分解为部分进行认识的整体，正是先前综合的结果，是先前综合为之准备的，分析必须以综合为前提；分析用来进行分析的任何部分、方面、要素等，都是作为分析对象的整体的部分，是整体提供的；再说，分析得到的认识是个别的片面的零碎的，要达到对客观事物的全面完整的认识，达到认识目的，完成认识任务，必须把分析的结果联结为一个完整的统一体，为此必须综合。例如对资本主义经济的认识，必须把资本主义诸要素分别进行单独考察，这是分析。这种分析，为综合认识资本主义经济提供前提。但是，这种分析必须是把资本主义经济这个统一物作为前提的，“资本主义经济”就是前此综合的结果。毛泽东做过一个具体的解说，他说：“当我们观察一件事物时，第一步的观察只能看到这种事物大体轮廓，形成一般概念。好比一个初来延安的人，开始他对延安的认识，只是一般的，笼统的。可是当他参观了抗大、女大以及延安的各机关学校之后，他采取了第二个步骤，用分析方法把延安的各部分有秩序地加以细细的研究和分析，加以综合，得出整体的延安。这时认识的延安，就与初来时认识的延

① 列宁：《辩证法的要素》，《列宁选集》第2卷，北京：人民出版社，1972年第2版，第607页。

安不同,他开始看到的是整个的延安,现在看见的也是整个的延安,但与开始的了解不同了,现在他对延安有了科学的认识和具体的了解。”①

分析与综合的辩证关系还表现为相互渗透和在一定条件下相互转化。二者相互渗透,是指在人们的实际思维过程中,分析之中有综合,综合之中也有分析。任何分析总要从某种整体出发,总是以对该整体的一定认识作为指导,在综合指导下进行分析,并且,在分析过程中不可避免地包含局部的综合。这就是综合渗透于分析。同样,综合是在分析的基础上进行的,综合过程中也包含着分析,分析渗透在综合过程中,尤其是对复杂事物的认识更是如此。如马克思的《资本论》,是通过对资本主义复杂的生产关系进行科学分析与综合而著作的。在《资本论》中,系统的分析过程包含着许多综合,而高度严谨的综合过程中,也包含不少精彩的分析。历史研究中也不乏分析与综合相互渗透的例子。如一定的历史认识,是对认识主体和认识客体进行分析之后进行综合的结果,可是分析中有对主、客体特点的综合,综合中有对主客体作用的分析,其相互渗透包含在认识过程之中。分析与综合在一定条件下相互转化,是人们在认识客观事物过程中,当分析进行到充分成熟的时候,分析的方法就转化为综合的方法,将分析得来的各方面、诸要素的规定性,有机地结合起来,形成综合的认识。随着认识深化的需要,综合的认识又会被分解,开始新的分析,实现综合向分析转化。分析与综合的相互转化,在人类认识史上,表现为分析——综合——再分析——再综合地前进运动。客观事物是不断变化发展的,人们的认识也是随之向前发展的。每一次分析及其随之而来综合认识,仅是认识发展过程的一个小阶段。综合性的认识,既是前个认识阶段的终点,又是下一个认识阶段的起点。形成如此循环往复的螺旋式上升运动。

分析与综合是历史研究工作的重要思维方法。第一,历史研究过程中,分析与综合的方法,使用最为广泛。凡发现需要研究的历史问题,提出并确定其研究课题,需要运用分析综合方法;凡收集整理历史资料,从中确认作为研究出发点的历史事实,必须反复进行深入细致的分析综合工作;凡从历史事实中找出特点、规律,作出评价,也有分析综合方法参与其中。因此,分析综合是历史研究必须使用的基本方法。第二,历史研究的真谛在于从已知到未知、探求新知,因此,

① 毛泽东:《关于农村调查》,《人民日报》1978年12月13日。

常常使用不完全归纳,尤其是科学归纳的思维方法。无论是用简单枚举归纳法来提出假说,还是用科学归纳法来推出结论,都需要注重对研究对象与其属性的关系进行分析综合,需要通过分析综合来判定其关系是否属于因果必然联系。所以,分析综合在历史新知识的探求上具有重要作用,历史研究离不开分析综合方法。如我在论证唐代户部别贮钱的设置是受青苗钱及其青苗钱库的启示,青苗钱及其钱库与户部别贮钱存在渊源关系时[①],就是对户部别贮钱来源与青苗钱及其钱库的设置进行多方面多层次分析综合而得出的。第三,史学理论体系的构成和发展离不开分析综合方法。史学理论体系是由一系列概念、范畴、命题构成的,但它不是任意结合,它具有严密的逻辑关系。没有大量的分析综合,是无法构成科学的史学理论体系。比如封建社会自然经济这个概念,就是史学家考察了封建社会的农业、手工业以及产品交换、消费状况而从其自给自足性质得出来的,其间离不开大量的分析综合。第四,分析综合是史学工作者研究能力的重要表现。史学工作者研究能力的高低强弱,与运用分析综合方法有密切关系。善于运用分析综合方法的史学家,总是能够对于所研究的问题,有更加深刻的认识,其研究成果有独到的见解和价值。

① 何汝泉:《唐财政三司使研究》,北京:中华书局,2013年,第305-308页。

第七章　历史联系的研究方法

一、历史联系及其研究意义

1 恩格斯指出:“当我们深思熟虑地考察自然界或人类历史或我们自己精神活动的时候,首先呈现在我们眼前的,是一幅由种种联系和相互作用无穷无尽地交织起来的画面,其中没有任何西是不动的和不变的,而是一切都在运动、变化、产生和消失。”①历史联系是人类社会历史事物之间的联系。历史联系的表象是多种多样的,可以是一个历史事物与另一个历史事物的联系,如中国的抗日战争与世界反法西斯战争的联系,中国新民主主义革命与俄国社会主义革命的联系等;或者是历史事物内都构成要素之间的联系,如一种社会形态内部经济、政治、文化之间的联系,中国封建社会政治体制内部的中央与地方的联系、皇帝与宰相之间的联系、官僚机构之间的联系等;或者是历史事物与外部环境、条件的联系,如一个历史人物与家庭、社会、师友的联系;或者是历史事物运动过程之间,一个运动过程的各个运动阶段之间的联系,如奴隶社会与封建社会、封建社会上行阶段与下行阶段之间的联系;等等。

历史事物之间的联系,从性质上考察,有原因和结果的联系,现象和本质的联系,整体和部分的联系。这些隐藏在历史事物背后的联系,是关系我们深入认

① 恩格斯:《反杜林论·引论》,《马克思恩格斯选集》第3卷,北京:人民出版社,1972年,第60页。

识历史的重要联系，因此，是我们应当着力研究的联系。

2 研究历史联系的意义何在？第一，研究历史联系是解释社会历史现象、认识历史事物最重要的方法。任何历史现象、历史事物都不是孤立存在的，它总是和其他事物彼此联系，相互制约。因此，我们就可以从历史联系切入，求得对历史现象的解释，从而深入认识这个历史事物。正如列宁说的。"要真正地认识事物，就必须把握、研究它的一切方面，一切联系和'中介'。"[①]法国年鉴学派创始人布洛克也说过，如果不能在"确立现象之间关系的解释方面取得成功"，历史就无法理解[②]。第二，研究历史联系是揭示历史规律的基本途径。历史规律，是历史事物发展过程中的本质联系、必然联系。它是历史过程中反复起作用的东西。历史事物的运动、发展、变化都有自己的规律。不同历史事物，也会有某些共同的规律。历史规律是客观的，人们不能创造、不能改变、不能消灭，只能顺应它，认识它，利用它来改造人类社会，可以激发某些规律的积极作用，也可以限制某些规律的消极破坏作用。历史规律不是看得见、摸得着的实体，只有对其十分丰富的现象进行深入分析研究，从感性认识上升到理性认识才能认识它。历史研究的根本任务就是揭示历史的客观规律，用它来指导人们的社会实践。毛泽东曾说："马克思主义的哲学认为十分重要的问题，不在于懂得了客观世界的规律性，因而能够解释世界，而在于拿了这种对于客观规律性的认识去能动地改造世界。"[③]怎样认识历史规律呢？那就是要研究历史联系，从历史事物的复杂联系中，找出本质的必然的联系。因此，通过研究历史联系来揭示历史规律，应该是历史研究者最重要的任务。

二、空间、时间与历史联系

1 马克思主义的时空观认为，空间和时间是运动着的物质的存在形式。运动着的历史事物及其联系作为客观事物的一种形态，则空间和时间也应该是它的存在形式，因此，有必要讨论空间和时间与历史联系的关系。

---

① 列宁：《再论工会、目前形势及托洛茨基和布哈林的错误》，《列宁全集》第32卷，北京：人民出版社，1953年，第83页。

② 转引自庞卓恒：《西方新史学评述》，北京：高等教育出版社，1992年，第363页。

③ 毛泽东：《实践论》，《毛泽东选集》第1卷，北京：人民出版社，1952年第2版，第280-281页。

列宁说:“世界上除了运动着的物质,什么也没有,而运动着的物质只有在空间和时间之内才能运动。”[①]这就揭示了空间时间与物质的不可分割性,没有离开空间和时间的物质,也没有离开物质的空间和时间。空间和时间具有客观实在性,但不是客观实体。空间和时间是无限的,但每一种具体事物的空间和时间又是有限的。空间与时间的区别在于,空间是三维的,甚至是多维的,其存在总是具有一定的长度、宽度、高度,有上下、左右、前后的位置关系;时间是一维的,总是按照由过去到现在、由现在到将来的方向前进着。

历史事物的运动变化,历史事物的联系,都必然是发生在空间和时间之内,空间和时间无疑也是历史事物及其联系的存在形式,空间时间和历史事物也是不可分割的。

社会历史领域的任何事物,如国家、阶级、政党等类的社会组织或群体,都具有一定的规模,都处在一定的地理位置。又如历史事件、历史人物等,都发生和活动在一定的地理环境中。每当说到某历史事物存在的时候,就会问它是在什么处所存在,具有什么状况,有多大规模,涉及多大范围。绝没有和这些要素不相干的历史事物。这就是说,历史事物是不能离开空间的。尽管社会历史事物存在的空间,主要是地面空间,也能涉及宇宙空间,而前者是后者的一部分。

一切历史事物,都具有一定的持续性,其运动变化都是前后相继,连续更迭,按照一定顺序发展的。每当说到它的存在时,就会问在什么时候存在,存在多久。绝没有不存在于任何时间,不经历任何时间的历史事物。可见,运动变化着的历史事物是不能离开时间的。

由此可见,“一切存在的基本形式是空间和时间,时间以外的存在和空间以外的存在,同样是非常荒诞的事情”[②]。历史事物及其联系的存在当然不会例外。

2 人类在地面空间的一定区域居住和生活,同地理环境发生密切关系,地理环境既是人类赖以生存的客观条件,为人类社会提供必需的生产资料和生活资料来源,又是人类社会实践作用改造的对象,对人类社会的发展产生重要影响。人类社会历史的一切事件、一切人物,都和地理环境有着密切的联系。因此,地面空间、地理环境,既参与历史联系,又承载历史联系。

---

① 列宁:《唯物主义与经验批判主义》,《列宁全集》第14卷,北京:人民出版社,1957年,第179页。

② 恩格斯:《反杜林论·时间和空间》,《马克思恩格斯选集》第3卷,北京:人民出版社,1972年,第91页。

地理与历史的密切关系,使历史学者很早就重视对地理的研究,以致出现了历史学和地理学的边缘学科——历史地理学。

汉成帝时(公元前32年—前7年),刘向(约前77年—前6年)的《域分》,开疆域地理志之先河。汉代学者朱赣的《风俗》,创地方地理志之端绪。东汉史学家班固(32—92年)的《汉书·地理志》,以当时的疆域政区为纲,既讲自然地理,又讲人文地理,从此开历代正史记述疆域政区建制沿革之滥觞。北魏郦道元(466或472年—527年)的《水经注》是山川地理志的代表作,该书以当时的水系为纲,追溯与之相关的历史地理。疆域地理志、地方地理志和山川地理志是我国古代地理学的三大分支。但是,它们都限于考察地理现象的沿革,考证古今地理的异同。实际上只有作为历史学辅助学科的沿革地理学,而没有形成以历史时期的全部地理现象作为对象,研究其变迁规律的独立的历史地理学。

20世纪30年代中期,我国现代史学家顾颉刚(1892—1980年)倡导组织禹贡学会,开始提出扩大、改造沿革地理,建立历史地理学的任务。该学会成立三年半时间内,按期出版历史地理专业刊物《禹贡》,编印了若干禹贡学会丛书,当时学术界形成一股研究历史地理的风气,取得一批研究成果。禹贡学会培养出一批历史地理学专业人才,是后来我国历史地理学方面的重要专家。主持编印《中国历史地图集》(共8册,70年代编成出版)的谭其骧,就是当年和顾颉刚一起,负责编辑《禹贡》杂志的。

我国现代历史地理学已成为一门独立的学科,已经有为研究历史时期自然地理现象的历史自然地理,研究历史时期经济、政治、聚落、文化、军事等人文地理现象的历史人文地理,综合研究历史时期某区域诸地理要素关系及其规律的历史区域地理和历史地图学等诸多分支的学科群。

历史地理学的研究方法,既要借助于历史学,主要是运用历史考证方法,又以某些地理学的研究方法资助历史学,如自然地理学的定相定年代方法、经济地理学的经济图表和统计分析方法等,在历史学中颇有用武之地。

史学工作者应当具备一定的历史地理学的知识。历史学家在历史研究过程中,也必然会积累起一定历史地理学的知识。

3 任何历史事物及其联系都存在于一定时间之内,都是随着时间的推移而发生、发展、变化着。所以恩格斯在《自然辩证法·导言》中,称人类历史为“在时间上发展着的人类历史”，“在时间上前后相继的历史”①。已经消逝的历史事物及其联系，虽然已凝固在一定时间之内，但是，随着历史认识主体所在时间不同，对历史的认识也会发生一定的变化。因此，可以说，时间是历史联系的纽带。

由于时间对历史的密切关系，在历史学中研究年代成为一种专门学问——年代学，或称历史年代学。年代学研究历史年代测定的原理和方法，考察历史事件和历史文献的年代，编著各种历史年代表和不同国家、民族历史年代对照表等，是历史学的辅助学科。

年代学考定年代的方法，大体上有四种：一是依据有确切记载的年代以考察或比较推断其无记载的具体年代。如郭沫若在《两周金文辞大系》中考定两周青铜器年代就是运用这种方法。二是以考古学、地质学、古生物学等提供的可靠时间依据，推定历史遗址、历史文化遗存遗物的绝对年代和相对年代。三是依据天体运动和古今历法测定某历史阶段或历史事物的准确年代。著名历史学家陈垣利用古今历法测定2000年中西回史的相对应时间，著有《中西回史日历》和《二十史朔闰表》。四是利用自然科学技术手段测定历史遗物的年代，如用放射元素C_{14}测定，借用土壤分析法确定遗址遗物年代等。

三、历史的因果联系及其研究方法

1 因果联系是客观事物的一种普遍联系和相互制约的重要形式。人类认识因果联系有一个由低到高、由简单到复杂的过程。古代的人们是经验性的因果决定论，认为有因必有果，有此因必有此果，世界是一个连续的因果链，是自因自果的。如古代佛教的因果轮回说。近代，随着实验科学的发展，因果分析建立在观察实验基础上，对因果联系有比较深入的认识。如穆勒（John Stuart Mill，1806—1873年）的“求因果五法”，即求同法、求异法、求同求异并用法、共变法、剩余法，使因果分析奠定在实验科学的基础上。现代的因果分析，则把因果关系作为一个相互影响的网络状的因果流程，触及客观世界复杂的因果关系。

因果联系也是人类社会历史的一种重要的普遍联系。任何社会历史事物的

① 恩格斯：《自然辩证法》，《马克思恩格斯选集》第3卷，北京：人民出版社，1972年，第448、450页。

出现、产生、发展、变化都是有原因的。没有无原因的历史事物，也没有一种历史事物不影响其他历史事物而成为其变化的原因。一种历史事物，作为原因，可以引出这样或那样的结果，如日本帝国主义侵略中国，在中国引起多种多样的灾难性的结果。一种历史事物，作为结果，可以是这种或那种原因引出的。如中国20世纪20年代大革命失败有多种多样的原因，而主要是国民党背叛人民。历史事变的原因和结果会相互作用，原因产生结果，结果又会影响其原因。如社会结构体系中，经济基础（因）决定上层建筑（果），而上层建筑（果）又会反作用于经济基础（因）。历史发展的长河中，在此一联系作为结果的历史事物，而在另一历史联系中，便可能成为原因。总之，人类社会历史事物是处在网络状态的因果联系之中。

2 历史事物的因果联系对历史研究十分重要。第一，因果联系是认识历史事物的重要任务，又是认识历史事物的重要切入点，是深入研究历史事物的重要途径。历史研究在确认历史事实之后，便要考察历史联系，通过弄清历史事物内部、外部诸要素之间以及同其他历史事物之间的联系，以达到认识该历史事物的目的，而诸种历史联系中最重要的就是因果联系。因此，因果联系又成为研究历史事物的抓手，通过其因果联系的探讨而达到对该历史事物的研究目的。第二，对历史问题的认识深度，认识的推进，常常取决于对该问题因果联系的发掘程度。由于因果联系是认识的切入点，认识的途径，因此，在这里发掘的深度广度，便关系到对这个历史问题认识的深刻程度，也关系到对该历史问题的认识是否有新的进展。第三，更为重要的是，历史规律的揭示，必须通过对历史因果联系的把握才能达到。历史规律是历史发展过程的本质联系和必然趋势。这里说的本质联系，就是指具有根本性质的因果联系，而必然趋势指的也是根本原因所必然导致的结果。因此，史家在归纳和表述规律时，必然包括其因果关系的描述。如把社会主义经济规律表述为：以发展社会生产来满足人们不断增长的物质文化的需要，那么，发展生产是因，满足需要是果。所以历史规律只能通过对历史因果联系的研究才能被历史学家所认识而表述出来。

3 研究历史因果联系的程序，尽管有时是从因寻果，考察作为历史事变的原因所产生的历史后果，或者预测其可能产生的历史后果，但是，常常是由果寻因，对产生历史现象（结果）的诸种复杂的原因进行条分缕析，或者对尚未知晓的原因进行探讨寻觅。一般来说,历史研究最重要的任务就是揭示历史现象的原因。

列宁说过:“马克思主义的方法,首先是考虑具体时间、具体环境里的历史进程的客观内容,以便首先了解,在这个具体环境里,哪个阶级的运动是可能推动社会进步的主要力量。”①在这里列宁讲了怎样从客观历史进程(结果)去了解推动社会进步的主要力量(原因)的方法,提到了考察这种因果联系时,要注意其具体时间、具体环境。他还有过一句著名的话,说:“在分析任何一个社会问题时,马克思主义的绝对要求,就是把问题提到一定的历史范围之内。”②这里说的:“一定的历史范围”,应该就是前面说的“具体时间、具体环境”。其实,这就是本着对社会历史联系与时空的关系而说的,时间和空间也是历史因果联系的载体和纽带,因此,我们可以把时间空间作为研究历史因果联系的抓手,循着时间空间去探索历史的因果联系。

4 时间的特性可以为研究历史联系提供线索。前面说过,时间具有一维性,它总是按过去—现在—将来的方向前进,永远向前流逝着。一切历史事物及其联系,都发生在一定的时间序列上,而且,构成原因的历史事物必然先它存在,作为结果的历史事物只能后它存在。就是说,原因在先,结果在后。这种先行后续的状况表明,由原因到结果,不仅有时序,而且有时距,尽管有些时距很小,往往为人们所忽略,但不能否认其存在。这样,历史事物的原因便有远近的不同,有近因和远因的区别。

近因,作为结果的历史事物与作为原因的历史事物相距时间短暂。这就为探求历史事变发生的原因昭示一条途径,即从时间相距短暂的事物去寻找。这种原因,常常是事变的导火线,是触发因素,具有一定偶然性、表面性,不能显示事变的根本性质。如秦末陈胜吴广领导九百戍卒起义的原因,天雨失期是近因。中日全面战争的爆发,卢沟桥事件是近因。

远因,作为结果的历史事物与引发它的事物相距时间较为久远。这就可以从时距久远事物探寻其原因。这种原因,往往是并非显而易见的,要深入分析才能获得,但却是更重要的原因,基本原因,具有必然性、能揭示事变性质的原因。

① 列宁:《打着别人的旗帜》,《列宁全集》第21卷,北京:人民出版社,1959年,第121页。

② 列宁:《论民族自决权》,《列宁选集》第2卷,北京:人民出版社,1960年,第512页。

如秦王朝的暴政，激化社会矛盾，则是陈胜吴广起义的远因。日本帝国主义蓄意侵占和掠夺中国，才是中日战争爆发的远因、根本原因。

史学家不仅要找到历史事变的近因，而且要着力探索其远因。这样，才能揭示历史的真谛。

5 空间是历史事物及其联系的存在形式，一切历史事物都存在于一定空间之内，一切历史事物都有一个空间问题，如规模大小、影响远近、活动于多大范围、实施于什么地域等等。历史事物之间的联系，也有一个方位问题，或内外，或前后，或上下、或左右。这是因为空间有多维的特性。

根据历史联系与空间多维性的密切关系，历史因果联系便存在方向和距离问题，探索作为结果的历史事物产生或变化的原因，便会有内因与外因，直接原因与间接原因的分别，由于存在间接原因，又有一个中介问题。

内因，原因来自该历史事物自身，该事物内部要素的作用，内部矛盾运动的结果。或称主体原因、主观原因。探索内因的方法，只能内求，从自身去寻找，分析其内部诸要素的特质、关系和运动，从而找到该历史事物运动变化的根据。一般来说，历史事物的产生、变化是由内因决定的，或者说主要是内因起作用。因此，历史研究应该用大力气去探索内因。

外因，是指其原因来自该历史事物之外的其他事物，或称客观原因。外因是历史事物产生、变化的条件，也是必不可少的。在特殊情况下，外因也可起主要作用。外因可以来自空间的不同方位，或前后，或左右，或上下。不同方位的外因中，又有主次之分，轻重之分，直接与间接之分。对历史事物复杂外因的清晰认识，成为史学家智慧的考验。

直接原因与间接原因的区别在于是否存在中介。中介作为居于历史事物之间的联系环节、联系媒介，既发生在有空间距离的因果间接联系之间，也会出现在有时间距离的因果间接联系之间，因此，研究中介，总结出来的中介分析法，备受历史研究者的重视。

6 作为历史事物之间联系的中介，它是居间的环节，与媒介的含义相同，犹如架在两岸之间的桥梁，表示两个历史事物是间接联系。但是，它不像桥梁那样只被动地起作用。从中介入手，或者说从中介切入，来认识历史事物之间的联系，就是历史中介分析法。

中介分析法对历史研究具有方法论意义。第一,运用中介分析法,有助于突破线性思维、板块推论的模式,而形成多维空间的立体思维,有助于认识历史事物的曲折复杂联系,有助于找到复杂历史联系的关键。如意识形态与社会经济的联系,须重视政治、法律、道德这些中介的作用。恩格斯说:"经济在这里并不重新创造出任何东西,但是它决定着现有思想资料的改变和进一步发展的方式,而且这一作用多半也是间接发生的,而对哲学发生最大的直接影响的,则是政治的、法律的和道德的反映。"①明末清初顾炎武、黄宗羲、王船山等所代表的进步思想是怎样产生的?社会存在决定的。社会存在,最根本的是社会经济的存在。应该说,是明末清初社会经济,特别是东南沿海较发达的商品经济的发展。但是,经济是怎样和思想相联系的?不能不看到它们之间的中介,这就是政治。明末农民战争和清初反民族压迫的政治斗争。民主思想就由政治这个中介,把经济折射到意识领域的结果。第二,运用中介分析法揭示历史联系的中间环节,有助于把对历史问题的认识推向深入细致。如明清之际,葡荷殖民主义者东来,而明清朝廷实行海禁,形成中西政治冲突,东南沿海的封疆大吏,从中扮演的则是中介角色。如果我们对此封疆大吏,运用中介分析法进行研究,那么,对于我们深入认识中西冲突的演变,会有很大帮助。第三,以中介作为研究历史联系的出发点或切入点,可以开拓研究领域,扩大研究视野,从而进行多角度、多点面的考察,有助于突破旧有选题,使研究内容具有新颖性。如研究清前期中西文化交流与冲突问题,把耶稣教会在华活动作为切入点,进行中介分析;又如把唐宋以后的南方墟市,作为研究中国古代农业经济与商品经济的中介。这都会使研究别开生面。

7 研究历史事物的因果联系,有两点必须注意:第一,历史事物的因果联系,常常是呈错综复杂的网络状态,或一果多因,或一因多果,或多因多果,必须进行认真的具体分析。当出现多因或多果时,必须对诸因或诸果之间的关系和各自的地位作用进行具体分析。诸原因中,哪些是内因或外因,哪些是主因或次因,哪些是主观原因或客观原因,哪些是直接原因或间接原因等等。诸果中,哪些是积极的或消极的,哪些是有益的或有害的等等。第二,研究历史事物复杂的因果联系时,可以提取某些联系进行单独研究,暂时撇开另一些联系,或

① 恩格斯:《致康·施米特》,《马克思恩格斯选集》第4卷,北京:1972年,第485-486页。

者暂时不顾及其中介。这在研究方法上是允许的，甚至是必要的。但是，这样做时，不能忘记历史事物本来的复杂联系。当我们把某些因果联系进行单独研究之后，还应该把研究的结果还到复杂状态中去检验，看它是否符合实际，从而最后确定其正误是非。

四、历史现象与本质的联系及其研究方法

1 历史的现象和本质是历史事物的两个不同方面。任何历史事物及其客观过程都有这两个方面。

历史事物的现象，是指人们借助历史资料所能认知的历史事物的外表形态，或表面特征、外部联系。如一个历史事件的发生、发展、经过、结局之类；一个历史人物多种多样的社会生活状况、各种各样的关系和联系等。

历史事物的本质，是该事物及其过程的内部联系，或是此事物区别于他事物的特殊关系，或是此事物本身的特殊矛盾，矛盾双方的特殊联系。毛泽东说："任何运动形式，其内部都包含着本身特殊的矛盾。这种特殊的矛盾，就构成一事物区别于他事物的特殊的本质。"[①]如生产力与生产关系、经济基础与上层建筑的对立统一构成社会运动的本质；奴隶与奴隶主的阶级对立统一，构成奴隶社会的本质；历史人物在政治斗争中，站在什么立场，为什么样的政治服务，构成其政治本质；等等。

研究历史现象和本质有重要意义。第一，具有方法论意义。毛泽东说："我们看事情必须要看它的实质，而把它的现象只看作入门的向导，一进了门就要抓住它的实质，这才是可靠的科学的分析方法。"[②]这就是说，研究历史现象和本质，可以使我们学会一种研究历史的重要方法，即透过现象看本质的方法。第二，揭示历史规律的重要途径。列宁说："规律就是关系"，"本质的关系或本质之间的关系。"[③]研究历史现象和本质的目的在于找到历史运动的规律，并且从中领悟到寻找历史规律的方法。因此，研究历史现象和本质就成为揭示和把握历史规律

① 毛泽东：《矛盾论》，《毛泽东选集》第1卷，北京：人民出版社，1952年第2版，第297页。
② 毛泽东：《星星之火，可以燎原》，《毛泽东选集》第1卷，北京：人民出版社，1952年第2版，第103页。
③ 列宁：《哲学笔记·黑格尔〈逻辑学〉一书摘要》，《列宁全集》第38卷，北京：人民出版社，1959年，第161页。

的重要途径。第三,避免历史假象的迷惑。历史现象有真相和假象之别。真相是同本质一致的现象。假象是同本质相反的现象,是本质在特定条件下的一种反面表现,由本质派生出来的自身对立物。在历史研究中,识别真相和假象极其重要。如果不能剥去假象,抓住真相,如果把真像和假象混为一谈,那就不但不能看清历史事物的本质,而且还会把本质弄错,以致看不清方向,误入歧途。因此,通过研究历史现象和本质,提高识别历史假象的能力,以规避历史假象的迷惑。

2 历史现象与历史本质是对立统一的辩证关系。首先,历史现象与本质相互关联。现象是本质的现象,是本质的外部表现;本质是现象的本质,是现象内部联系。没有离开本质的现象,也没有离开现象的本质。本质总是通过大量的现象表现出来,本质总是深藏在现象的背后。其次,历史现象与本质之间存在差别和对立。历史事物的现象是其外部联系,是通过历史资料可以被认知的东西;而历史事物的本质,却是只能依靠抽象思维才可以把握的东西。历史现象是容易变化的,而历史本质则是相对稳定的。历史现象比其本质丰富多彩,而历史本质则比其现象深刻单纯。一定的历史现象只是表现其本质的一个侧面,而历史本质则是同类历史现象的一般的、共同的东西。所以马克思说:"如果事物的表现形式和事物的本质会直接合而为一,一切科学都成为多余的了。"[①]再次,历史本质显示为现象有一个过程。历史事物的本质有一个形成和发展的过程。这个过程就是本质表现为现象的过程,或者说,是现象逐步展开的过程。因为构成历史事物本质的特定矛盾,在斗争过程中才能暴露出来,所以,历史事物的本质也是在矛盾的运动发展过程中逐步表现为现象。

3 研究现象和本质的联系,是历史研究中经常要进行的、遇见频率较高的工作。做好这项工作,首先要注意对历史现象进行科学分析,运用诸如分类方法、比较方法做耐心细致的工作。特别重要的是要认真区分真相和假象,提高识别假象的本领,规避假象的迷惑,揭示假象的实质,还原其真相。历史假象是同本质相反的现象,是本质在特定条件下的一种反面表现,它也具有客观性,因为,历史假象也是一个客观事实,并非认识主体的感觉或意识所产生的。如日本帝国主义在侵略中国过程中大肆宣扬的大东亚"共存共荣"。这是假象,

① 马克思:《资本论》第3卷,《马克思恩格斯全集》第25卷,北京:人民出版社,1974年,第923页。

用以掩盖侵略真相。可是,“共存共荣”的宣传是客观事实,日本侵略者确实开动各种宣传机器进行过大肆宣传。说历史假象与历史事物的本质相反,并不是说它与本质没有关系。实际上,历史假象也是由该历史事物的本质发生的,只不过是本质派生出来的自身对立物。日本宣传大东亚“共荣圈”“共存共荣”,就是它的侵略本质派生的,是为掩盖其侵略本质而编造的假象,其目的正是为达到侵略,所以也是侵略本质的一种表现。

历史研究,和现实社会生活一样,注意识别真相和假象很重要。现实社会生活,历史上的社会现象,都是错综复杂的,在政治、经济、军事、文化诸种关系中,有真相,有假象。转型期经济生活中的假冒伪劣现象特别严重,有必要采取各种手段开展打击假冒伪劣商品和欺诈行为。在历史研究中,如果不能剥去假象,抓住真相,而把真相和假象混为一谈,把假书假材料与真书真材料混为一谈,那就不但不能看清历史事物的本质,而且还会从根本上把历史事物的本质弄错。

在历史上的政治军事斗争中,反动腐朽的势力或集团,总是用狡猾的手法,制造种种假象,掩盖其本质,欺骗人民,以图达到维护其反动统治的目的。统治阶级中的对立集团,在进行斗争时,也常常制造假象来迷惑欺骗对方,以达到自己的目的。特别是军事斗争中,常常把制造假象作为克敌制胜的一种手段。如战国时的马陵之战,齐威王军师孙膑,用逐日减灶,制造齐军大量逃亡的假象,迷惑魏国将军庞涓,引诱魏军追击,进入齐军在马陵布置的伏击圈,全歼魏军十万,庞涓被迫自杀。又如《三国演义》中诸葛亮的空城计,也是以假象迷惑司马懿,以退魏军。革命人民在同反动派作斗争中,有时为了斗争的需要,也用假象迷惑敌人。如武昌起义后,革命派在报纸上制造各地起义的假消息。红军长征中,佯攻昆明而抢渡大渡河。所以,运用任何历史资料时,都不能不严格鉴别,才不致为假的历史资料,假的历史现象所蒙蔽。

从考察历史现象与本质的关系中,得到一个探寻历史事物本质的方法,那就是透过现象看本质的方法。怎样透过现象看本质呢?首先,从研究大量现象入手。这就是说,藉以“透过”的现象必须是大量的,要搜罗大量的现象,而不是少量的,更不是个别的。研究现象,就是去粗取精,去伪存真。对记载历史事物的资料及其展现的诸种复杂的历史现象,运用历史考证方法,甄别其精粗真伪,去掉其粗疏伪劣的东西,保留其真实可靠的东西。再通过对历史现象之间关联性的分析，探索历史现象的展现过程，经过由感性到理性的抽象思维，便可以“抓住它的实质。”

五、历史整体与部分的联系及其研究方法

1 人类对宇宙、对社会的整体与部分关系认识的发展，也就是人类整体观的演变，是随着人类改造自然、改造社会的实践而发展变化的。大概经历了几个阶段。

在古代，是朴素的整体观。那时，人们只注意了整体，还没有对组成整体的各个部分做过研究。他们对整体的认识，也是直观的、简陋的，并且多具有臆想性、猜测性，然而却包含有正确整体观的某些因素。

古巴比伦人认为，宇宙是一个密封的箱子或小室，大地是它的底板；底板中央矗立着冰雪覆盖的区域，幼发拉底河发源在这区域的中间；大地周围有水环绕，水之外有大山，以支持蔚蓝色的天穹①。古埃及人也把宇宙看成是一个总体，认为宇宙是一个大方盒，南北较长，底面略呈凹形，埃及就处在凹形的中心。天是一块平坦的或穹隆形的天花板，四方有天柱，即山峰所支撑，星星是用链缆悬挂在空中的灯。在方盒的边上，围着一条大河，河上有一只船载着太阳来往，尼罗河是这条大河的支流②。

战国时(公元前475年—前221年)，齐国人邹衍的九州说，把自然界和人类社会作为一个统一整体。认为：中国乃是“天下”的八十一分之一，名曰“赤县神州”；“中国外，如赤县神州者九，乃所谓九州也。于是有稗海环之，人民禽兽莫能相通者，如一区中者，乃为一州。如此者九，乃有大瀛海环其外，天地之际焉。”③古希腊思想家毕达哥拉斯(Pythagoras，公元前580—前500年)、赫拉克利特(Herakleitos，约公元前540—前480与470年之间)、德谟克利特(Demokritos，约公元前460—前370年)、伊壁鸠鲁(Epikouros，公元前341—前270年)等，也都有朴素整体观的论述。

---

① [英]W.C.丹皮尔：《科学史》第1章《古代世界的科学》，李珩，译，张今，校，桂林：广西师范大学出版社2001年第3页。

② [英]W.C.丹皮尔：《科学史》第1章《古代世界的科学》，李珩，译，张今，校，桂林：广西师范大学出版社，2001年，第6页。

③ [汉]司马迁撰：《史记》卷74《孟轲传》，北京：中华书局，1959年，第2344页。

到了近代,机械的整体观取代了朴素整体观。近代形而上学唯物论,分门别类的研究事物,重视局部而未能深入认识部分与整体的关系,把整体看成部分的简单相加,整体由部分机械的静止的汇集而成,整体仅具有各局部关系总和的性质。

16世纪至18世纪,英国哲学家培根(Francis Bacon,1561—1626年)用实验的方法和逻辑归纳方法认识事物,他将实验和归纳出来的东西,按一定规则排列出来,编成表格。培根的思维方法为霍布斯(Thomas Hobbes,1588—1679年)从哲学上加以概括,使之系统化、极端化。他用力学和几何学的原理来解释物质及其运动,认为物质运动纯粹是机械运动,靠外力推动;认为"物体——活的——理性"三个东西加在一起就是人,建立了机械的整体思想。物理学家牛顿(Lsaac Newton,1643—1727年)把机械的整体思想发展到顶峰,并贯穿到力学、物理学中。法国哲学家笛卡儿(René Descartes,1596—1650年)把人体比喻为一架机器。另一位法国哲学家拉美特利(Julien Offroy de La Mettrie,1709—1751年)著《人是机器》一书,将人、动物、大自然都比喻为一架机器,用机器的原理来解释整体运动,用力学的规律来说明人体内部发生的生理现象。哲学家霍尔巴赫(Paul Heinrich Dietrich d'Holbach,1723—1789年)企图从整体性出发建立自然体系,他认为:自然是指不同物质的不同配合以及不同运动的组合而产生的一个大整体。

机械整体观的局限性在于没有正确看待事物的整体和部分的关系,然而,就其注重部分这点来说,对于正确解决整体与部分的关系,仍有一定的意义。

马克思主义的辩证整体观,科学地揭示了整体与部分的关系。19世纪中叶,马克思恩格斯创辩证唯物主义和历史唯物主义。马克思主义认为,整体与部分的关系是辩证统一关系。认为一切事物都是由部分构成的有机联系的整体。整体与部分虽然各自有不同的内涵,各自有特定的地位和功能,但是它们是相互联系相互依存的,整体是由部分构成的,没有部分就不成其为整体;部分离不开整体,离开整体的部分,也就失去原来的意义。整体与部分相互作用,整体居主导地位,对部分起支配作用决定作用,协调各部分向统一的方向发展;各个部分也有其相对独立性,反作用于整体,部分的变化也会影响整体,关键部分的变化,甚至会对整体的变化起决定作用。整体和部分的地位和作用,在一定条件下也可以相互转化。整体虽由部分构成,但不是各部分简单相加,整体具有不同于部分的功能,当各部分以合理结构形成整体时,整体的功能就会大于各部分功能之和,当部分以不合理结构形成整体时,就会损害整体功能的发挥。

辩证唯物主义把自然界看作是由各种物体相互联系、相互依存、相互制约而构成的有机体。历史唯物主义把社会看作是各种社会要素相互联系、相互依存、相互制约的社会有机体。马克思在《〈政治经济学批判〉序言》中作了经典的表述:"人们在自己生活的社会生产中发生一定的、必然的、不以他们的意志为转移的关系,即同他们的物质生产力的一定发展阶段相适合的生产关系。这些关系的总和构成社会的经济结构,即有法律的和政治的上层建筑竖立其上并有一定的社会意识形态与之相适应的现实基础。物质生活的生产方式制约着整个社会生活、政治生活和精神生活的过程。不是人们的意识决定人们的存在,相反,是人们的社会存在决定人们的意识。"①马克思还在《资本论》中作过许多关于整体与个别关系的生动论述。如他说:"一个骑兵连的进攻力量或一个步兵团的抵抗力量,与单个骑兵的分散进攻力量的总和或单个步兵分散抵抗力量总和有本质的差别。同样,单个劳动者的力量的机械的总和,与许多人联合在一起所发挥的社会力量有本质的差别。在这里,协作劳动所产生的效果,要么是个人劳动根本不可能达到的,要么需要耗费长得多的时间,或者只能在很小的规模上达到。"②辩证整体观是人类最进步的科学整体观。20世纪上半叶发展起来的系统论,关于整体与部分的思想及其所作的定量描述,进一步丰富了辩证的整体观。

2 辩证整体观告诉我们,人类社会历史是由许多不同的部分构成的整体,因此,在历史研究中,应该正确认识和处理整体与部分的关系问题。世界历史是由各个国家各个地区历史构成的,一个国家或地区的历史无不是从低级到高级的多个社会经济形态的发展史。中国历史是由原始社会、奴隶社会、封建社会、半殖民地半封建社会以及社会主义社会这几种不同社会形态发展演变构成的。在中国封建社会历史中,有总体国力与经济、政治、军事、文化发展的关系问题,有中央集权与地方分权问题,有中华民族与其成员民族的关系问题,等等,对这些整体和部分关系的认识,都离不开辩证整体观的运用。因此,运用辩

① 马克思:《〈政治经济学批判〉序言》,《马克思恩格斯选集》第2卷,第82页。
② 马克思:《资本论》第1卷第3章《协作阶段》,《马克思恩格斯全集》第23卷,第362页。

证整体观,掌握历史整体与部分的研究方法是十分重要的。第一,辩证整体观的理论,是我们观察历史上纷繁复杂的整体与部分关系的指导原则,是我们衡量历史上一个国家处理整体与部分关系之方针政策措施的依据,是我们评析历史上有关整体与部分之言论的标尺。第二,辩证整体观具有方法论意义,史学工作者可以从那里领会到研究历史上整体与部分历史问题的途径和方法。比如中国古代历史上存在的所谓"一治一乱""分久必合,合久必分"问题,曾经众说纷纭莫衷一是,使不少史家为之烦恼。如果我们按照辩证整体观来考察,它应该是封建王朝中央与地方的关系问题。历史上合能出治,分则生乱,无论分合治乱,都是作为整体的中央王朝主导作用的结果,那么,我们研究工作的着眼点就应该放在中央王朝。如秦末大乱之后的西汉,作为整体的中央王朝实行"无为而治","与民休息",让社会自行释放内在的活力,同时平定叛乱,把作为部分的地方政权控制在其应有的地位,于是出现了"文景之治"。总观西汉一朝,能在昭宣时期达到极盛之顶点,应是和汉武帝强化中央统治权力,在全国设置十三部刺史抑制地方酷吏豪强分不开的。到了东汉,刺史这个地方监察官与地方行政官合流,刺史充当州牧,监察主体与客体合而为一,监察职能荡然无存,于是地方州牧肆无忌惮,本来作为依附于整体的地方转化成为主导地位,出现州牧割据,天下分裂,大乱不已。唐朝由贞观、开元治世到藩镇割据,卒至灭亡,也是唐朝中央对地方长期措置失当,整体与部分错位的结果。其中作为地方监察官的采访使和被监察对象的节度使合而为一,地方监察职能荡然无存,应该负相当大的历史责任。这也是错乱整体与部分正常关系的历史教训。

3 历史整体与部分联系的研究,可以体现为宏观历史研究和微观历史研究以及宏观微观相结合的历史研究。从其方法而言,便是历史宏观研究法、历史微观研究法和历史宏观微观结合研究法。

宏观与微观,本来是人们在自然科学领域认识客观世界所达到的不同时空界限的概念。自然科学的许多学科都应用这个概念来规划研究领域。随着科学的发展,宏观与微观概念被引入研究方法,形成宏观研究方法与微观研究方法。20世纪80年代以来,宏观研究方法与微观研究方法普遍用于人文社会科学。这种方法应用于历史研究,便是历史宏观研究法和历史微观研究法。

历史宏观与微观研究方法,主要是指观察分析历史研究对象的不同角度,不同范围，也是指研究主体的思维方向和思维的时空界限。历史宏观研究，主要是对广大时空范围的历史现象、历史事物，通过全局观察、总体考察、块状分析，寻找寓于历史事实之中的必然联系，隐于历史现象背后的深刻原因，达到揭示历史本质、历史规律和历史价值的目的。历史微观研究，主要是对小时空范围的个别的历史事物进行"个案"式、专题式或考证式的研究，从而弄清某些历史事实的真实性、特殊性或多样性。

历史的宏观研究和微观研究，作为两种研究方式方法，既相对独立，又相互补充，常常是结合使用。宏观方法和微观方法可以单独用来研究历史问题，也允许一个史学家侧重使用宏观或微观方法研究自己感兴趣的历史问题。这种情况古今中外都有人在。司马迁著《史记》的宗旨"究天人之际，通古今之变"，"原始察终，见盛观衰"，就蕴含着宏观研究精神。英国史学家汤因比（Arnold Joseph Toynbee，1889—1975年）著十二卷的《历史研究》，以"文明"作为历史研究单位，把人类历史分为26种文明，研究每种文明的起源、生长、衰落、解体、死亡。这是一种工程浩大的宏观历史研究。马克思恩格斯研究人类社会历史，创立唯物史观，是精湛的宏观研究。历史唯物主义基本原理，便是马恩宏观研究社会历史的成果。毛泽东《中国革命和中国共产党》第一章《中国社会》的第一、二、三节，便是对中华民族、中国古代的封建社会和现代的殖民地、半殖民地和半封建社会的历史所作的宏观论述[①]。对历史作微观研究的范例，莫过于乾嘉史学。那时，史学大师王鸣盛、钱大昕、赵翼等，对于从历代史籍中发现的问题，逐个进行考证，以达到去伪存真的目的。《十七史商榷》《廿二史考异》《廿二史劄记》便是他们微观研究的成果。

从历史研究方法的总体来看，宏观研究与微观研究是互为补充的。宏观研究以微观研究为基础为前提，因为，宏观研究必需的真实可靠的历史事实，要依靠微观研究来提供；微观研究也离不开宏观研究，如果没有此前的宏观研究作指导，往往陷入盲目性，陷入烦琐考证。实际上，微观研究与宏观研究是总体研究过程的两个密切联系的阶段。没有微观研究阶段，或者说，这个阶段的工作没有做好，宏观研究的任务便不能很好完成，宏观研究目的就难于达到。微观研究也不应停留在微观阶段，不应该满足于微观研究成果，要继续推进到宏观研究，才

① 毛泽东：《中国革命和中国共产党》第2卷，北京：人民出版社，1952年第2版，第613-626页。

能最终完成研究使命。微观研究也是为宏观研究积累资料的阶段，微观研究成果越丰富，宏观研究越能得心应手，如果缺乏足够微观鉴别的材料，宏观分析就难于进行。缺乏充分历史事实的宏观分析，只能是一种概念游戏，经不起检验，没有多大价值可言。

从史学研究的实际情况来看，成就卓越的史学家，光辉常住的史学著作，常常都是微观研究与宏观研究相结合的。由微观研究发展到宏观研究，宏观研究包含微观研究。宏观研究时，虽然要利用前人微观研究成果，但是，还必须自己动手做必要的微观研究，对前人的微观研究成果也不是简单拿来，须有自己的认真审定。对一个历史研究者来说，最好是既能进行微观研究，又能进行宏观研究，更能结合运用微观宏观这两种方法，具备微观研究和宏观研究两种能力。我国当代著名史学家胡如雷先生20世纪70年代末面世的《中国封建社会形态研究》一书[①]，便在宏观研究与微观研究上做了很好的示范。该书把中国封建社会形态作为宏观研究的目标和出发点，而对中国封建社会形态的诸要素，如土地所有制、地租与赋税、自耕农、超经济强制、商品经济（包括商品、商业、货币、手工业、城市）、农业经济等，分别做了深入细致的微观研究，作为社会形态宏观分析的基础和依据；在对诸要素做微观研究中，又不乏局部的宏观分析或宏观微观相结合的精彩论述。全书既有严密的比较分析逻辑论证，又有系统的历史叙述。最后，落足到对中国封建社会形态的经济规律的概括和表述，揭示中国封建社会形态的特点，完成其对中国封建社会形态的宏观研究。

① 胡如雷：《中国封建社会形态研究》，北京：生活、读书、新知三联书店，1979年。

第八章　历史价值的研究方法

一、历史价值及其研究意义

1　一般所谓价值，是一个关系范畴，指客体与主体之间一种特定的关系，即客体属性与主题需要之间的效应关系。历史价值，是作为价值客体的历史事物与作为价值主体的人类社会事物之间一种特定关系。这种关系是由作为价值客体的历史事物的某种属性作用于价值主体的人类社会事物，以满足其某种需要，其价值主体可以是当时的，也可以是后代以至现代的，作用的结果是促进人类社会的进步，或者相反。

从历史认识过程来看，历史价值是在弄清历史事物面貌、状态、过程的事实性认识和揭示历史事物特点本质规律的真理象性认识的基础上，对历史事物具有的价值所做的判断，或称之为历史价值认识。

由此可见，历史价值由三个要素构成。一是作为价值客体即具有客观属性的历史事物，是历史价值的担当者拥有者，价值由之发生的历史事物；二是历史事物客观属性作用的对象，即作为价值主体的人类社会事物，是历史价值的承受者、获得者或实现者；三是价值客体与价值主体之间的联系机制及其社会人文环境条件。历史价值是这三种要素的统一体。缺少任何一个要素，历史价值就不会构成；任何一个要素发生变化，历史价值就会随之变化。例如对秦始皇“焚书坑儒”的评价。秦始皇“焚书坑儒”（价值客体）是“师古”与“师今”两种政治思想斗争(属性1)激化的表现。在当时的历史情况(社会人文环境条件)下,秦始皇为了巩固政权(价值主体)的统一,禁止"以古非今"的反动活动,采取统一思想的措施(联系机制)是必要的(历史价值)。但是,用焚书坑儒的手段(属性2)对待不同政见的儒生(价值主体2)是愚蠢而又残暴的(价值2),特别是焚书毁灭了许多古代的文化典籍(属性3),造成文化上(价值主体3)的重大损失(价值3)。

2 历史研究的任务,不仅要弄清历史是什么,即认识历史的存在形态,和历史为什么如此,即认识历史存在、历史发生、发展、变化的原因,由此而揭示历史的本质和规律,并且,还要探索历史的价值,认识历史的作用、意义、影响。可见探讨历史价值是深层次的认识,是历史研究工作的深化。

为什么必须了解历史价值呢?历史研究是人类的一种有目的活动,其根本目的是为社会实践服务。弄清历史事实是起点,揭示历史本质和规律是关键,指导社会实践是终点。怎样才能使历史研究为社会实践服务呢?必须依靠历史价值认识这个环节,依靠历史价值为社会实践活动提供依据,提供经验教训,为实践者增长知识、智慧和才能。人们社会实践活动的自觉性、有效性,很大程度上来自历史价值认识的正确性。没有正确历史价值的导向,社会实践就会陷入盲目性和无效性,甚至会步入歧途。

在历史研究活动中,历史价值具有一定的导向作用。历史学家从事研究工作,总是面对无限丰富、无限多样的历史事实,但又不可能在一定条件下把所有的内容列入研究范围,因此,研究题材不能不有所选择。正如英国史学家卡尔(Edward Hallett Carr,1892—1982年)说:"历史学家有双重责任,一方面发现少数有意义的事实,使它们成为历史事实,另一方面把许多不重要的事实当作非历史事实而抛弃掉。"[①]既然有选择,就离不开此前积累的历史价值认识,就需要由一定的价值判断来帮助完成。

历史价值最重要的意义还在于发挥历史学的社会功能。历史与现实社会生活的联系,常常是通过历史学家对历史价值的研究来实现的。如历史学家把历史的经验教训发掘出来,现实社会中生活的人们以此作为行动的借鉴,作为行动的向导,这样,历史学的社会功能才能实现。科学的研究历史价值还可以化解某些否认历史价值、反对研究历史价值的成见,澄清歪曲历史价值的错误观点。西

① [英]爱德华·霍列特·卡尔:《历史是什么?》,吴柱存,译,北京:商务印书馆,1981年,第10页。

方标榜客观主义的历史学家,如19世纪德国的兰克,反对对历史进行评价,认为"史学家的领域是事实的实在性而不是它的价值",是众所周知的。德国社会学家马克斯·韦伯(Max Weber,1864—1920年)也反对在历史研究中加入价值判断,提出价值无涉原则,认为这是历史研究和其他一切社会科学研究的"人格"要求。在他看来,研究者如不能做到价值无涉,便没有"人格"[①]。西方相对主义史学家则通过否认历史价值的客观性,夸大价值认识的主观性来糟蹋历史价值认识,认为人们可以按照自己的主观好恶去记述、说明历史,可以任意评价历史,在他们眼里,历史成了任人打扮,任人涂抹的女孩子。

中外史学中出现过"以古说今""借古讽今"的现象。它是为了满足研究主体的需要,而不顾及历史事实。如西方启蒙运动时期的理性主义史学。法国伏尔泰(Voltaire,1694—1778年)把历史作为运用过去经验的哲学教材。他们常常歪曲史实,借古讽今。尽管他们的著作,在反对宗教神学,推翻专制主义政权的斗争中,起过巨大的进步作用。19世纪普鲁士学派也很典型。这个学派的成员德罗伊曾、聚贝尔、特赖齐克等,他们是德意志消沉时期的政治教员。他们不乏借古说今,唤起同胞努力奋斗,终于造成一个强大的统一德意志帝国。有人评论他们说:"如果说历史学的主要目的是鼓励一个民族采用行动……那末(他们)都应归入最伟大的历史家之列。如果说历史学的基本目的是揭示真实情况和解释人类的活动,那么就没有什么理由把他们算作第一流的历史学家"[②]。20世纪40年代中国史学界,为了配合国内革命斗争的需要,一些马克思主义史学家,撰写了一批论著,如《论儒家的发生》《汉奸刽子手曾国藩的一生》《袁世凯的再版》《桃花扇底看南朝》《南明史上的永历时代》等。这些文章,"借古说今",对当时人民革命起了教育作用,可是不尽符合实事求是的历史观点。至50年代,他们对以前自己"借古讽今"做了自我批评,承认那是违背了历史主义原则。

40年代马克思主义史学家的"借古说今","借古讽今"与"文革"中的"影射史学"是有本质区别的。区别不在于是否歪曲或违背历史事实,而在于价值判断所显示的主体需要是否具有进步性和合理性。"影射史学"所显示的主体需要是与

① 王容芬:《韦伯的比较史学研究及其史学方法》,《世界史研究动态》1989年第2期。

② [英]乔治·皮博迪·古奇:《十九世纪历史学和历史学家》,耿淡如,译,北京:商务印书馆,1989年,第287页。

历史发展的要求和方向相违背的，不具有进步性和合理性。四十年代的"借古说今"所显示的主体需要则具有进步性和合理性，与历史发展的要求和方向是一致的。不应把二者混为一谈。

二、历史价值的类型划分和表现形式

1 科学区分历史价值的不同形态，掌握各种类型历史价值的特点，有助于深入认识和准确把握历史价值。学术界对历史价值类型有过两种划分方法：

一种是从历史价值产生的环境和条件上考察，把历史价值区分为原生价值、延伸价值和抽象价值。所谓原生价值是指历史事物在最初发生的环境中产生的价值；历史事物在其后世历史发展长河中，改变了存在环境与条件而产生的价值，是为延伸价值；历史事物经过认识主体的抽象、升华而产生的价值，称作抽象价值[①]。一种是从主体所接受价值的形态，区分为功利价值、文化价值、人的价值和社会价值。其价值对生产力的变革和进步有作用的，对生产关系的变革和进步有作用的，对上层建筑的变革和进步有作用的，是为功利价值。文化价值，又分为能促进人类认知能力和知识水平提高的认知价值；对道德品质、道德行为、道德理想的提高有作用的道德伦理价值；对人类审美能力和水平提高有意义的艺术美学价值。所谓人的价值，是指其价值能促进人的自我意识、群体意识和人的社会实现，即人的价值在社会上的被承认、利用及其递增。所谓社会价值，是指对社会秩序、社会改良和社会变革有积极作用的价值[②]。

我认为，鉴于历史价值的主客体关系的复杂性和价值形态的多样性，所以对历史价值的分类，可以从不同角度进行考察。从历史价值客体着眼，即从发生价值的历史事物及其时空条件（社会人文环境）考察，可划分为原生价值和延伸价值。原生价值，是历史事物初现时，它的显著属性对当时社会历史产生的作用。这种价值，由于其历史事物的地位和社会环境比较确定，因而具有较稳定的特点，不会随时间推移而改变。如日本明治维新，使日本走上近代资本主义社会的道路，是其原生价值。辛亥革命，推翻帝制，中国开始实行民主政体，是其原生价

---

① 刘泽华、张国刚：《历史研究中的价值认识》，《世界历史》1980年第12期。

② 刘文瑞：《略论历史研究中的价值判断》，《西北大学学报》1990年第3期。

值。延伸价值或称衍生价值、后生价值,是历史事物出现后,在历史发展长河中,在改变了的社会人文环境中产生的作用、意义或影响。这种价值是随着时间的推移,历史条件的变化,社会需要的不同以及主体认知的变化而产生的。这种价值的产生,并不是客体自身形态的改变,只是它自身多种属性的隐显消长的变化。显然,延伸价值具有多变化的特点。如长城的防御外敌的原生价值,是在冷兵器时代条件下的价值,到热兵器时代,这种价值大大降低,以至接近消失。旅游经济发展起来后,作为延伸价值的旅游资源作用显现出来。

从历史价值主体着眼,即从价值获得者、价值作用对象、价值实现范畴来考察,按其属性不同,可分为经济价值,政治价值和社会意识价值。凡历史价值作用的对象属于社会经济范畴的,如生产工具和技术的改进创新、生产关系的变革和进步、进步的经济政策和措施等,其价值的实现能使社会经济获得发展,水平有所提高,人民生活得到改善的,都归之于经济价值。凡历史价值作用的对象属于社会政治范畴,如政治制度的改良、政治措施的改善、军事冲突的平息、社会矛盾的缓解、社会秩序的稳定等,其价值的实现能使政治清明、社会和谐安定、人民安居乐业的,都归之于政治价值。凡历史价值作用的对象属于社会意识形态范畴的,历史价值的实现,能使人类的个体和群体的自我意识提高,认知能力和知识水平的增进,道德品质、道德行为的改善,审美能力和水平的提高,都属于社会意识价值。学者所谓抽象价值,有些则可归之于这类价值。当然,还可以划分出一类文化价值。

2 在历史研究的实际工作中,历史价值的具体表现,常常被归结为作用、意义、影响三种形式。历史作用,是指作为客体的历史事物与作为主体的历史事物,在一定环境条件下发生关系后,客体的属性,使主体发生的变化、获得的效益,这便是客体所产生的功能、所做出的贡献、所起的作用。如某历史人物对当时社会所起的作用,某历史事件对当代时局所产生的作用,某种制度、政策、措施的历史作用,某次社会改革的历史作用,各种科学技术创造发明,各种工程兴建,各种文学艺术产品的历史作用,等等。历史作用,一般是与作为客体历史事物的动机、目的相联系的,如果缺乏这种联系的客观作用,则多归之于影响。历史作用这种历史价值,其产生者与获得者一般都是历史实体。其价值的产生者与获得者之间的联系是直接的,常常具有因果联系的特点,或者是为达到产生者的目的，或者是满足获得者需要而产生的。其价值形态主要是原生价值，很少延伸价值（延伸价值则归之于影响），主要是具体价值，很少抽象价值。其价值有质和量的规定性。常常用革命作用、进步作用、积极作用、促进作用、推动作用等概念来表述其正价值；用反动作用、破坏作用、阻碍作用、消极作用等概念来表述其负价值。有时还需要表述其作用量的大小强弱的区别。

历史意义，作为一种历史价值的表述形式，与作用相同，也是指作为客体的历史事物与作为主体的历史事物，在一定环境条件下发生的关系，即客体属性与主体变化的关系。与历史作用的区别在于，主体的变化与客体目的动机的关系不密切，多是一种客观效果的表现，并且客体与主体的联系，往往是有中介的间接联系，其价值形态属于延伸价值。如商鞅变法的历史价值，使原来比较落后的秦国一跃而成为战国时最先进的强国，为以后统一六国打下基础。前一句说的是作用，后一句则是意义。不过，平常往往不做这样细微区分，概称历史作用，或历史意义。

历史影响，作为一种历史价值的表述形式，与历史作用、历史意义相同之处在于，也是作为客体的历史事物与作为主体的历史事物，在一定环境条件下发生的联系，即客体属性与主体变化的关系。其区别是，历史影响与客体的主观动机和目的缺乏直接联系，这种价值的产生，完全是一种客观效果，其价值产生者与价值获得者之间存在中介，是间接联系，属于延伸价值，与作用意义的区别还在于该价值往往具有模糊性、抽象性的特点。如评价孔子思想时，说它影响了中国两千多年来国人的精神生活。其中既有正价值，也有负价值，有的甚至难分正负。又如评价唐末黄巢起义打出“均平”旗帜，说明农民斗争由反对封建暴政、徭役、赋税和人身隶属，进到明确反对豪强兼并，要求平均财富（这是指它的历史意义），对北宋王小波起义“等贵贱，均贫富”的提出有着重要影响，这种影响便是黄巢起义的延伸价值。

三、怎样进行历史评价

1 历史事物的价值需要通过历史评价工作而揭示和展现出来。历史评价，是历史认识主体（历史研究者）对历史认识客体（认识对象、被评价的历史事物)有无价值,有什么价值,有多大价值的判断。

历史事物的价值是客观存在的。但是,在历史研究工作中,作为主体对客体一种反映的历史评价,即史学家对历史价值的认识,可能符合历史本来的价值,也可能偏离历史本来的价值。对同一历史事物,不同的史学家往往得出不同的评价。也不排除,不同的史学家,对同一历史事物,得出相同或相近的评价。这就是说,历史价值的客观性,是人们认识历史价值的基础,是能够正确评价的依据。但是,人们认识历史价值的时候,由于主体意识参与其中和认知环境的差异,会带来变数,出现对同一历史事物的不同评价。这不是否定历史评价正当性的理由,而是给史学家留下的无限探讨的空间。因此,我们既要重视历史评价的客观性,也要重视其主观能动性,不能顾此而失彼。

历史评价是历史认识的临界点,同时又是新认识的起始点。在历史认识链条中,历史价值的确认,会影响下一个历史认识过程,会对历史事实的选择产生影响,选择什么内容,选择什么认识角度,选择什么认识方法,等等,都和先前的价值确认有一定关系。

历史评价是历史研究与现实相联系的纽带。历史事物在现实社会生活中的意义,常常是与历史评价所揭示的历史价值相联系,往往是历史事物延伸价值的体现。历史真理与历史价值高度结合的历史评价,完全可以在现实社会生活中发挥积极的有益的甚至是不可估量的作用。

2 进行历史评价最基本的要求,是要以可靠的历史事实为基础。历史认识,首先是事实认识,进一步是本质和规律认识,或称之为历史真理认识,最后才是历史价值认识。这就是说,历史价值认识是建立在历史事实认识的基础上,历史事实是历史评价的基础,是历史评价的依据,价值判断不能背离史实。历史事实搞错了,历史事实不真确,就不可能得出切合实际的历史评价。对于用来作为价值判断所依据的史料,不能只采纳对自己价值假定有利的,也要正视对自己价值假定不利的,被自己舍弃不用的史料,必须对它做出合理的解释。史家不能无视于对其价值判断不利的史料,如果存在这种情况,那就等于对你所做价值判断的证伪。如果你无视史料而妄加判断,那就等于宣告你的价值判断不能成立。这是一条公认的原则。

3 正确进行历史评价的关键，是要掌握一个科学的评价标准。历史评价标准是衡量历史事物所具价值的尺度。历史事物有无价值，有什么价值，有多大价值，都要用评价标准来衡量之后，才能作出判断。历史评价标准的重要性，在于它和评价结论直接相联系，是评价结论是否符合历史事物客观价值的关键因素。

历史评价标准是在历史观和价值观指导下形成的，是历史观和价值观的结合，或者说，是历史认识主体的历史观和价值观在对历史事物进行评价认识时的结合运用。历史观是人们对人类社会历史的根本看法。价值观产生于人们对待满足其需要的外界物的关系中，就是说，人们总是把能满足他们某种需要的客观事物认为是有价值的。人们在与是否满足其需要的客观事物相互作用的过程中，即有无价值的长期认识实践中，形成一种价值取向，什么是有价值的，什么是无价值的，什么是价值大的，什么是价值小的，这就是人们的价值观。由于历史价值认识是在历史事实认识和历史真理认识的基础上进行的，因此，历史价值观离不开历史观，人们在进行历史评价时，总是历史观和价值观结合运用的。不同的历史认识主体，如果历史观相同，对满足人们需要的看法一致，便有相同的历史评价标准。相反，不同历史观的历史认识主体，由于对满足人们需要的看法不同，因而有不同的历史评价标准。唯心史观认为满足需要的"人们"是指个人，或他们所在某个阶级或其他社会集团；"需要"是他们随心所欲的需求，因而总是以他们个人、阶级、集团、政党的利益作为价值取向，形成唯心主义的历史评价标准。唯物史观认为，满足需要的"人们"是指以劳动群众为主体的社会多数人，对社会起推动作用的人们，即人民群众；"需要"是社会需要，即是由社会产生的，是以社会的尺度去衡量的，也就是反映社会发展的要求，因而是以人民群众的利益，特别是代表社会发展要求的先进阶级的利益作为价值取向，形成唯物主义的历史评价标准，也就是马克思主义的历史评价标准。马克思主义的历史评价标准是科学的标准。

马克思主义历史评价标准的基本内容，可归结为：凡是符合人民利益，促进社会生产发展，反映社会进步要求，有利于科学文化事业繁荣的历史事物，就是有价值的，应予以肯定评价，反之，就没有价值或有负价值的，应予以否定评价。至于有什么价值，其价值大小，则具体问题具体分析。这里所谓基本内容，是说这是比较稳定的尺度,也就是基本标准。历史评价标准并不是一成不变的,它会随着社会的进步、历史科学的发展,充实其内容。有了科学的历史评价标准,还要善于运用,精心操作,才能达到正确评价的效果。

在历史评价的实践中,影响评价的因素,历史观和价值观所决定的评价标准固然是根本性的,但是还有其他因素,如认识主体的社会环境、知识水平、社会地位诸因素以及个人情感、气质等非理性因素,都会不同程度、或多或少的起作用。所以,马克思主义史学家们在运用基本相同的标准评价历史事物时,也会出现不同的看法。不过,这种不同的看法并非没有益处,具有不同主体特点的历史评价者,对历史事物所做各具特色的历史评价,是推进历史评价总体认识水平的积极因素,是历史学实可宝贵的东西。

4 进行历史评价要遵循历史主义原则。历史主义的基本要求都适用于历史评价,都是历史评价不能违背的原则。第一,要把历史事物放在一定历史范围内来考察其价值,不能按现代人们所处社会条件来判断古代历史事物的价值。例如运河,其原生价值要放在隋朝社会范围考察,其延伸价值要放在唐宋或元明清社会范围来考察,不能要求运河在古代具有如现代旅游经济那样的价值。第二,要把历史事物作为一个发展过程来考察其价值。历史事物都有一个发展过程,其价值在发展过程的不同阶段会发生变化,故有原生价值、延伸价值的区别。有的历史事物虽然消逝了,但凝固在逝去的历史之中,不像运河那样作为实体遗留下来,但它在历史资料中留下痕迹,对后代历史具有意义和影响,因此有特定的价值。第三,要把历史事物作为一个多种要素构成的有机体来考察其价值。多种要素构成的历史事物,具有多种属性。历史事物的多种属性是产生多种价值的根据。其不同属性在不同时期不同条件下,有隐有显,因而其价值有不同的变化。例如我国古代的长城,在冷兵器时代,防御敌人进攻的价值相当凸显,而到热兵器时代,其防御价值便逐渐消退。在现代经济条件下,旅游价值又凸显出来。第四,进行历史评价要对评价对象所处历史时期的社会发展规律和趋势有正确的把握。作为评价对象的历史事物,总是存在于一定历史时期。这个时期在历史发展过程中处于什么地位,在历史发展趋势中的状况如何,这和对该历史事物的评价有密切关系。例如对岳飞抗金的评价,要对中国历史上民族关系发展规律有一定了解,还必须对中国社会历史发展长河中宋辽金的历史发展趋势有清楚地把握,才可能对岳飞抗金得出正确的价值认识。当时,宋处于封建社会高度发展时期,金处于奴隶社会向封建社会过渡时期,从这种历史状况来看,岳飞抗金维护的是宋区先进的农业经济和高度发展的文化,所以,其正价值是毫无疑义的。

第九章　马克思恩格斯著作中的历史研究方法举要①

我国的历史科学，要建立史学方法体系，须在唯物史观指导下，总结我国马克思主义史学的研究方法，吸取国内外传统史学优良适用的研究方法，借鉴现代自然科学和现代人文社会科学的有关方法，还有一点值得重视的，就是吸取马克思恩格斯著作中的历史研究方法。马恩著作中，有许多历史研究方法的范例，这里，列举几个比较重要的方法。

一、把握历史研究的出发点

1　历史研究从哪里出发？恩格斯在《〈反杜林论〉旧序·论辩证法》中指出："不论在自然科学或历史科学的领域中，都必须从既有的事实出发。"②又在《卡尔·马克思〈政治经济学批判〉》中说：社会历史研究"必须从最顽强的事实出发。"③在历史研究中，认清研究的出发点，知道从哪里起步，准确把握研究的出发点，是至关重要的。这是历史研究是否能踏上正确研究之途的问题，也是解决历史研究第一步应该做什么的方法问题。

---

① 本章讲授内容，选自蒋大椿《马克思恩格斯著作中所见之历史研究方法》（载《历史研究方法论集》，郑州：河南人民出版社，1987年出版），特此申明致谢。

② 恩格斯：《反杜林论》，《马克思恩格斯选集》第3卷，北京：人民出版社，1972年，第469页。

③ 恩格斯：《卡尔·马克思〈政治经济学批判〉》，《马克思恩格斯选集》第2卷，北京：人民出版社，1972年，第120页。

作为历史研究出发点的“事实”是什么？马克思恩格斯说：“我们的出发点是从事实际活动的人”，“不是处在某种幻想的与世隔绝、离群索居状态的人，而是处在于一定条件下进行的现实的、可以通过经验观察到的发展过程中的人。”[①]“人创造环境，同样环境也创造人。”[②]这就是说，在一定条件下进行创造环境的人，其实践活动及其创造物所构成的连绵不断的发展过程，便是历史科学作为研究出发点的客观存在的历史事实。

为什么历史研究必须从事实出发呢？恩格斯在《致康·施米特》的信中说：“我们头脑中的辩证法只是自然界和人类社会中进行的、并服从于辩证形式的现实发展的反映。”[③]马克思指出：“感性必须是一切科学的基础”，“只有从自然界出发，它才是真正的科学”，“（人类）历史本身是自然史的一个现实的部分，是自然界生成为人这一过程的一个现实部分。”[④]既然感性是科学的基础，头脑中的辩证法即真理性的知识是现实发展的反映，真正的科学只有从包括人类历史的自然界出发，那么，历史研究也只能从客观事实出发，才能获得符合客观实际的真理性认识。

怎样从事实出发呢？恩格斯在《路德维希·费尔巴哈和德国古典哲学的终结》中说：“人们在理解现实世界（自然界和历史）时，决意按照它本身在每一个不以先入为主的唯心主义怪想来对待它的人面前所呈现那样来理解；他们决意毫不怜惜地牺牲一切和事实（从事实本身的联系而不是从幻想的联系来把握的事实）不相符合的唯心主义怪想”[⑤]。由此可见，从事实出发研究历史、理解历史，就是要按照历史本身在人们面前所呈现那样去进行，从历史事实本身的联系去把握。

2 历史上的人们及其创造物，除少量残留外，从总体上看，都已经消逝。这样，人们研究历史，便无法直接地从历史事实出发，而是首先以历史资料

---

① 马克思恩格斯：《费尔巴哈》（《德意志意识形态》第1卷第1章），《马克思恩格斯选集》第1卷，北京：人民出版社，1972年，第30-31页。

② 马克思恩格斯：《费尔巴哈》，（《德意志意识形态》第1卷第1章），《马克思恩格斯选集》第1卷，第43页。

③ 恩格斯：《致康·施米特》，《马克思恩格斯选集》第4卷，北京：人民出版社，1972年，第494页。

④ 马克思：《1844年经济学——哲学手稿》，北京：人民出版社，1979年，第81-82页。

⑤ 恩格斯：《路德维希·费尔巴哈和德国古典哲学的终结》，《马克思恩格斯选集》第4卷，第238页。

作为研究工作的实际出发点。恩格斯指出,以现实社会作为研究对象的科学,如科学社会主义,“虽然它的根源深藏在物质的经济的事实中”,但也“必须首先从已有的思想材料出发。”[①]再如哲学,“每一个时代的哲学……都具有由它的先驱者传给它而它便由以出发的特定的思想资料作为前提。”[②]历史科学的研究,更是离不开历史资料。马克思曾给魏德迈写信说:“民主派的‘头脑简单的人们’靠‘从天上’掉下来的灵感,当然不需要下这样的功夫。这些幸运儿为什么要钻研经济和历史资料来折磨自己呢?”[③]然而,“在这些空洞无物的脑瓜里”,是结不出科学果实来的。马克思十分强调:“研究必须充分地占有材料,分析它的各种发展形式,探寻这些形式的内在联系。”[④]

马克思恩格斯十分重视历史资料的搜集、鉴别、考订的整理工作。恩格斯认为:整理材料的工作是研究过程中“最困难的工作。”[⑤]并指出:从众多的历史资料中“选出可靠的材料,那是一个艰难的任务。”[⑥]因此对历史研究工作使用的资料提出一系列要求:第一,资料的原始性、可靠性。马克思写作《资本论》,在有关历史的篇章中,引用了大量载有英国和英格兰调查委员会和各工厂视察员报告的蓝皮书。拉法格回忆马克思说:“他从不满足于间接得来的材料,总要找原著寻根究底,不管这样做有多么麻烦……。参考原始资料的习惯,使他连最不知名的作家都读到了。”[⑦]恩格斯认为:即使“有用的材料,如不与原出处认真核对,也完全不能用。”[⑧]他为了研究俾斯麦的假社会主义,写信请人代为搜集俾斯麦法案,

① 恩格斯:《社会主义从想到科学的发展》,《马克思恩格斯全集》第19卷,北京:人民出版社,1963年,第205页。

② 恩格斯:《致康·施米特》,《马克思恩格斯选集》第4卷,第485页。

③ 马克思:《致约瑟夫·魏德迈》(1851年6月27日),《马克思恩格斯全集》第27卷,北京:人民出版社,1972年,第582页。

④ 马克思:《〈资本论〉第1卷第2版跋》,《马克思恩格斯全集》第23卷,北京:人民出版社,1972年,第23页。

⑤ 恩格斯:《致马克思》(1844年11月19日),《马克思恩格斯全集》第27卷,北京:人民出版社,1972年,第11页。

⑥ 恩格斯:《致约翰·林肯·马洪》(1887年6月23日),《马克思恩格斯全集》第36卷,北京:人民出版社,第659页。

⑦ [法]保尔·拉法格等:《回忆马克思恩格斯》,北京:人民出版社,1973年,第11页。

⑧ 恩格斯:《致考茨基》(1893年6月1日),《马克思恩格斯全集》第39卷,北京:人民出版社,1974年,第76页。

特别注明，要“提交帝国国会时的那个本子。”[①]第二，材料的全面性。马克思强调过充分占有材料对研究工作的重要性。恩格斯也指出：任何科学研究任务，“只有靠大量的、批判地审查过的、充分地掌握了的历史资料，才能解决这样(科学工作)的任务。”[②]列宁也说过：“在社会现象方面，没有比胡乱抽出一些个别事实和玩弄实例更普遍更站不住脚的方法了”。为了使研究工作取得真正可靠的基础，“就必须毫无例外地掌握与所研究的问题有关的事实的全部总和，而不是抽取个别的事实”。[③]这也是对资料全面性要求的精辟论断。第三，材料的准确性。恩格斯认为，材料“只有在完全证实以后才能无条件地加以利用。”[④]马克思对材料准确性的要求非常严格，他撰写《资本论》，“即令是为了证实一个不太重要的事实，他也要特意到大英博物馆去一趟”。所以，“反对马克思的人，从来也不能证明他有一点疏忽，不能指出他的论据是建立在受不住严格考核的事实上的。”[⑤]

3 从历史研究过程来看，弄清历史资料的真伪，从中清理出历史事实，这还只是一些历史现象。历史科学的任务是发现历史真理，揭示本质和规律。历史真理则是历史认识主体在观念上与历史客体本质的一致性。作为认识主体的历史学家，为使自己的认识逐渐接近客观历史实际，就必然要运用一定的方法，对被清理出来的历史事实做进一步的抽象和加工。

在对历史事实进行抽象和加工时，便有另一个出发点，便是逻辑方法出发点。如同木匠打造书桌，除了木料是他的出发点外，还要有工具和制造书桌的方法。当然科学研究工作远比木匠造书桌复杂，但需要逻辑方法出发点，则是相通的。马克思主义史学家研究历史的逻辑方法出发点，便是由一系列基本原理构成的历史唯物史观。恩格斯说：“马克思的整个世界观不是教义，而是方法。它提供的不是现成的教条，而是进一步研究的出发点和供这种研究使用的方法。”[⑥]

---

① 恩格斯：《致爱·伯恩施坦》(1882年9月13日)，《马克思恩格斯全集》第35卷，北京：人民出版社，1971年，第355页。

② 恩格斯：《卡尔·马克思〈政治经济学批判〉》，《马克思恩格斯选集》第2卷，第118页。

③ 列宁：《统计学和社会学》，《列宁全集》第23卷，北京：人民出版社，1958年，第279、280页。

④ 恩格斯：《论日尔曼人的古代历史》，《马克思恩格斯全集》第19卷，北京：人民出版社，1963年，第523页。

⑤ [法]保尔·拉法格等：《回记马克思恩格斯》，第11页。

⑥ 恩格斯：《致威·桑巴特》(1895年3月11日)，《马克思恩格斯全集》第39卷，北京：人民出版社，1974年，第406页。

马克思恩格斯把辩证法与唯物主义协调起来,为社会历史研究提供了一个科学的逻辑出发点。马克思本人以他创造的唯物史观,作为他从事社会历史研究的逻辑方法的起点。他说:“我所得到的,并且一经得到就用于指导我的研究工作的总的结果。”[①]指的就是唯物史观基本原理。恩格斯一直强调,要将唯物史观作为研究工作的指南或引线。史学工作者运用唯物史观基本原理作为逻辑方法的出发点,正是“按照事物的本来面目及其产生根源来理解事物。”[②]

史学工作者应该按照马克思恩格斯指示的准确把握历史事实和逻辑方法这两个出发点,才能把历史研究工作建立在科学的征途上。

二、说明社会意识的科学途径

1 恩格斯在论述马克思创立唯物史观对历史研究方法的根本变革时指出:“黑格尔把历史观从形而上学中解放出来,使它成为辩证法,可是他的历史观本质上是唯心主义的。现在,唯心主义从它的最后避难所中,从历史观中被驱逐出来,唯物主义历史观被提出来了,用人们的存在说明他们的意识,而不是像以往那样用人们的意识说明他们的存在,这样一条道路已找到了。”[③]这就是说,用社会存在说明社会意识,是区别于唯心史观的唯物主义历史观,是科学解释社会意识的一条正确道路,是研究社会历史的根本途径,是历史研究方法的根本变革。

2 社会存在说明社会意识,马克思在《〈政治经济学批判〉序言》中表述为“不是人们的意识决定人们的存在,相反,是人们的社会存在决定人们的意识”[④]。那么,社会存在怎样说明社会意识呢?社会意识怎样为社会存在所决定呢?马克思指出:“从物质生产的一定形式产生:第一,一定的社会结构;第二,人

① 马克思:《〈政治经济学批判〉序言》,《马克思恩格斯选集》第2卷,北京:人民出版社,1922年,第82页。

② 马克思恩格斯:《费尔巴哈》(《德意志意识形态》第1卷第1章),《马克思恩格斯选集》第1卷,北京:人民出版社,1972年,第49页。

③ 恩格斯:《社会主义从实想到科学的发展》,《马克思恩格斯全集》第19卷,北京:人民出版社,1963年,第225-226页。

④ 马克思:《〈政治经济学批判〉序言》,《马克思恩格斯选集》第2卷,北京:人民出版社,1972年,第82页。

对自然的一定关系。人们的国家制度和人们的精神方式由这两者决定。”[①]马克思又说:“工艺学会揭示出人对自然的能动关系,人的生活的直接生产过程,以及人的社会生活条件和由此产生出的精神观念的直接生产过程。”[②]马克思恩格斯在《新莱茵报》发表的一篇书评中指出:“非常明显,随着每一次社会制度的巨大历史变革,人们的观点和观念也会发生变革,这就是说,人们的宗教观念也要发生变革”[③]。恩格斯晚年,在总结马克思和自己的科学研究实践,以及回答论敌驳难时指出:“整个伟大的发展过程是在相互作用的形式中进行的(虽然相互作用的力量很不均衡:其中经济运动是更有力得多的,最原始的,最有决定性)”[④],“经济条件归根到底制约着历史的发展。”[⑤]何谓“归根到底”呢? 恩格斯解释说:“政治、法律、哲学、宗教、文学、艺术等的发展是以经济发展为基础的。但是,它们又都相互影响并对经济基础发生影响。并不是只有经济状况才是原因,才是积极的,而其余的一切都不过是消极的结果。这是归根到底不断为自己开辟道路的经济必然性的基础上的互相作用。……这并不像某些人为着简便起见而设想的那样是经济状况自动发生作用,而是人们自己创造着自己的历史,但他们是在制约着他们的一定环境中,是在既有的现实关系的基础上进行创造的,在这些现实关系中,尽管其他条件——政治的和思想的——对于经济条件有很大的影响,但经济条件归根到底还是具有决定意义的,它构成一条贯穿于全面发展进程并唯一能使我们理解这个发展进程的红线。”[⑥]离开这根红线,我们就无法从根本上理解人类社会历史的发展过程。

3 恩格斯强调的经济条件归根到底制约历史发展,还深刻地揭示了社会历史发展的辩证法,他指出:并非所有的社会现象都简单地直接由社会经济所决定,而其他社会因素也都起到过重大作用,“这是在归根结底不断为自己开辟道路的经济必然性的基础上的互相作用”。比如政治、法律、哲学、宗教、文

① 马克思:《剩余价值理论》,《马克思恩格斯全集》第26卷(1),北京:人民出版社,1972年,第296页。

② 马克思:《资本论》第1卷,《马克思恩格斯全集》第23卷,北京:人民出版社,1972年,第410页。

③ 马克思恩格斯:《评格·弗·道梅尔〈新时代的宗教·创立综合格言的尝试〉》,《马克思恩格斯全集》第7卷,北京:人民出版社,1959年,第240页。

④ 恩格斯:《致康·施米特》(1890年10月27日),《马克思恩格斯选集》第4卷,第487页。

⑤ 恩格斯:《致瓦·博尔吉乌斯》(1894年1月25日),《马克思恩格斯选集》第4卷,第506页。

⑥ 恩格斯:《致瓦·博尔吉乌斯》(1894年1月25日),《马克思恩格斯选集》第4卷,第506页。

学、艺术等上层建筑要素，虽然是以经济发展为基础，但是它们都相互影响，并且对经济基础发生影响。恩格斯还曾经列举哲学宗教并涉及社会历史领域诸因素之间存在的相互作用和这种相互作用归根到底受经济支配的关系进行深刻论述。他指出，社会由于种种需要“形成社会内部分工的一个新部门”，这个“新的独立部门”，具有相对独立性，“只要他们形成社会分工之内的独立集团，他们的产物，包括他们的错误在内，就要反过来影响全部社会发展，甚至影响经济发展。但是，尽管如此，他们本身又处于经济发展的起支配作用的影响之下。”那么经济如何最终支配哲学的发展？“每一个时代的哲学作为分工的一个特定的领域，都具有由它的先驱者传给它而它便由以出发的特定的思想资料作为前提。……经济发展对这些领域的最终的支配作用，在我看来是无疑的，但是这种支配作用是发生在各该领域本身所限定的那些条件的范围内：例如在哲学中，它是发生在这样一种作用所限定的条件的范围内，这种作用就是各种经济影响（这些经济影响多半又只是在它的政治等等的外衣下起作用），对先驱者所提供的现有哲学资料发生的作用。经济在这里并不重新创造出任何东西，但是它决定现有思想资料的改变和进一步发展的方式，而且这一作用多半也是间接发生的，而对哲发生最大的直接影响的，则是政治的、法律的和道德的反映。”[①]恩格斯还在《路德维希·费尔巴哈和德国古典哲学的终结》第四节中结合欧洲宗教历史论述过宗教这种意识形态同社会物质生活的关系。他指出：“宗教离开物质生活最远，而且好像是同物质生活最不相干。宗教是在最原始的时代从人们关于自己本身的自然和周围的外部自然的错误的、最原始的观念中产生的。但是，任何意识形态一经产生，就同现有的观念材料相结合而发展起来，并对这些材料做进一步的加工……头脑中发生这一思想过程的人们的物质生活条件，归根到底决定着这一思想过程的进行，这一事实，对这些人来说必然是没有意识到的。”“宗教一旦形成，总要包含某些传统的材料，因为在一切意识形态领域内传统都是一种巨大的保守力量，但是，这些材料所发生的变化是由造成这种变化的人们的阶级关系即经济关系引起的。”[②]这些论述把社会历史因素之间存在的相互关系、相互作用与归根结底用社会存在来揭示社会意识的科学途径，研究社会意识形态的科学方法，都很

---

① 恩格斯：《致康·施米特》（1890年10月27日），《马克思恩格斯选集》第4卷，第482-486页。

② 恩格斯：《路德维希·费尔巴哈和德国古典哲学的终结》，《马克思恩格斯选集》第4卷，第250、253页。

清楚地表述出来。

三、系统地研究问题

1 系统论是20世纪从自然科学，首先是从生物学中发展起来的。系统方法，作为一种适用范围很广的科学方法，不仅从自然研究中提炼出来，也早在社会历史研究中被总结出来。

19世纪中叶，马克思主义创始人已认识到："宇宙是一个体系，是各种物体相互联系的总体。"[①]恩格斯在《社会主义从空想到科学的发展》中说："当我们深思熟虑地考察自然界或人类历史或我们的精神活动的时候，首先呈现在我们眼前的，是一幅由种种联系和相互作用无穷无尽地交织起来的画面，其中没有任何东西是不动和不变的，而是一切都在运动、变化、产生和消失。所以我们首先看到的是总的画面，其中各个细节还或多或少地隐在背景中"。[②]马克思主义创始人提出了系统地研究事物变化。他们认为，科学研究方法，应当根据科学发展的新趋势，"向前迈出决定性的一步，即可以过渡到系统地研究这些事物在自然界本身中发生的变化"[③]。

2 怎样系统地研究事物变化问题呢？马克思恩格斯的基本看法是，把研究对象作为一个整体，从对象的整体及其构成要素和环境的各种相互作用中，使用综合和分析相结合的方法，以考察研究对象的性质与功能。

首先是立足于整体，从总体出发进行考察。马克思指出，旧唯物主义，如费尔巴哈，从个体出发研究人，因此，"他只能把人的本质理解为'类'，理解为一种内在的、无声的、把许多个人纯粹自然地联系起来的共同性。"[④]这种研究方法，使他不可能认识到，人的本质"在其现实性上，它是一切社会关系的总和。"[⑤]马克思说："新唯物主义的立足点则是人类社会或社会化了的人类。"[⑥]在与蒲鲁东的论

① 恩格斯：《自然辩证法·运动的基本形式》，《马克思恩格斯选集》第3卷，第492页。

② 恩格斯：《社会主义从空想到科学的发展》，《马克思恩格斯全集》第19卷，北京：人民出版社，1963年，第219页。

③ 恩格斯：《路德维希·费尔巴哈和德国古典哲学的终结》，《马克思恩格斯选集》第4卷，第241页。

④ 马克思：《关于费尔巴哈的提纲》，《马克思恩格斯选集》第1卷，第18页。

⑤ 马克思：《关于费尔巴哈的提纲》，《马克思恩格斯选集》第1卷，第18页。

⑥ 马克思：《关于费尔巴哈的提纲》，《马克思恩格斯选集》第1卷，第18－19页。

战中，马克思指出，把社会体系的各个环节割裂开来的认识方法是不妥的，“每一个社会中的生产关系都形成一个统一的整体”，这个整体是“一切关系同时存在而又相互依存的社会机体。”[①]马克思从经济角度具体考察资本主义社会时，就运用了从整体出发的研究方法。他说：“当我们讲到社会的考察方法，也就是考察既包括社会资本的再生产也包括个人消费的社会总产品的时候，绝不可陷入蒲鲁东从资产阶级经济学那里抄袭来的方法，而把问题看成是，好像一个具有资本主义生产方式的社会，只要作为一个整体来考察，便会失掉它这种独特的历史的经济的性质。正好相反，在这里，我们要研究总体资本家。总资本表现为所有单个资本家的股份资本的总和。”[②]马克思多次讲过，他的研究实践更证明了，他正是把“资本运动过程作为整体考察”的。作为《资本论》研究对象的“资本主义生产过程，就整体来看，是生产过程和流通过程的统一。”[③]恩格斯曾形象地描述过马克思考察资本主义社会，他说：“自地球上有资本家和工人以来，没有一本书像我们面前这本书那样，对工人具有如此重要的意义。资本和劳动的关系，是我们现代全部社会体系所依以旋转的轴心，这种关系在这里第一次做了科学的说明，而这种说明之透彻和精辟，只有一个德国人才能做到。欧文、圣西门、傅立叶的著作是有价值的，并且将来也是有价值的，可是要攀登最高点把现代社会关系的全部领域看得明白而且一览无遗，就像一个观察者站在最高的山巅观赏下面的山景那样，这只有待诸一个德国人。”[④]这个德国人，便是马克思。

系统地研究问题必须从整体出发的原因，是由于整体虽然由部分组成，可是它一旦形成整体，便具有和部分以及部分简单相加之和所不具有的新质。对此，马克思做过质白论述。他说：“一个骑兵连的进攻力量或一个步兵团的抵抗力量，与单个骑兵分散展开的进攻力量的总和或单个步兵分散展开的抵抗力量总和有本质的差别。同样，单个劳动者的力量的机械总和，与许多人手同时共同完成同一不可分割的操作……所发挥的社会力量有本质的差别。……不仅是通过协作提高了个人生产力，而且是创造了一种生产力，这种生产力必然是集体力。”

① 马克思：《哲学的贫困》，《马克思恩格斯全集》第4卷，北京：人民出版社，1958年，第144-145页。

② 马克思：《资本论》第2卷，《马克思恩格斯全集》第24卷，北京：人民出版社，1972年，第483-484页。

③ 马克思：《资本论》第3卷，《马克思恩格斯全集》第25卷，北京：人民出版社，1974年，第29页。

④ 恩格斯：《卡·马克思〈资本论〉第1卷书评——为民主周报作》，《马克思恩格斯选集》第2卷，第269页。

又说："和同样数量的单干的个人工作日的总和比较起来，结合工作日可以生产更多的使用价值。"①恩格斯对马克思的论述做这样的概括："许多人协作，许多力量融合为一个总的力量，用马克思的话来说，就造成'新的力量'，这种力量和它的一个个力量的总和有本质的差别。"②因此，马克思十分强调对资本运动过程必须进行整体考察。

其次，在系统内部，通过对整体与部分之间，以及构成整体的各要素之间的相互作用的考察来研究对象的结构和特征。恩格斯曾说："关于自然界的所有过程都处于一种系统联系中这一认识，推动科学到处从个别部分和整体去证明这种系统联系。"③在马克思恩格斯的理论和实践中，经常见到将部分与整体联系起来，从其相互作用中进行研究。例如马克思是"把货币资本作为社会总资本的一个组成部分来考察的。"④恩格斯研究法国工人阶级活动时指出：法国工人阶级活动"是同国家总的政治发展分不开的。因此，不考察法国整个的政治，我们便无法评述法国工人阶级的活动。"⑤在马克思恩格斯的著作中也经常见到，通过对构成整体各要素之间相互作用的考察以认识系统整体的特征与运动规律。马克思指出："不同要素之间存在着相互作用。每个有机整体都是这样。"⑥马克思恩格斯在《德意志意识形态》中说，在历史过程中，生产力、社会状况和意识这三个要素之间"可能而且一定会发生矛盾"，而某一个社会的基本特征，就存在于上述各种历史因素的具体的相互作用之中。马克思在《政治经济学批判》中，把生产、分配、交换、消费作为生产关系总体的各个环节看待，并从这些环节的相互作用中认识生产关系总体。

再次，从研究对象与其周围环境的相互作用来把握对象的特征和功能。马克思恩格斯留下许多研究人类社会历史必须重视社会发展与自然环境相互联系相互作用的观点和方法，他们认为，人本身是自然界的产物，是在他们的环境中

① 马克思：《资本论》第1卷，《马克思恩格斯全集》第23卷，北京：人民出版社，1972年，第362、365页。

② 恩格斯：《反杜林论》，《马克思恩格斯选集》第3卷，第166页。

③ 恩格斯：《反杜林论》，《马克思恩格斯选集》第3卷，第75-76页。

④ 马克思：《资本论》第2卷第3篇第18章《导言》，《马克思恩格斯全集》第24卷，北京：人民出版社，1972年，第392页。

⑤ 恩格斯：《1877年的欧洲工人》，《马克思恩格斯全集》第19卷，北京：人民出版社，1963年，第151页。

⑥ 马克思：《遗稿·导言》，《马克思恩格斯全集》第12卷，北京：人民出版社，1962年，第750页。

并且和这个环境一起发展起来的。自然界“是我们人类即自然界的产物本身赖以生长的基础。”[1]“人的思维最本质和最切近的基础，正是人所引起的自然界的变化，而不单独是自然界本身；人的智力是按照人如何学会改变自然界而发展的。”[2]还说：“在自然界中没有孤立发生的东西。事物是相互作用着的，并且在大多数情况下，正是忘记了这种多方面的运动和相互作用，阻碍我们自然科学家去看清最简单的事物。”[3]马克思严厉批判割裂人类历史与自然环境的旧历史观，马克思强调，人类历史与自然界发展，“两方面是密切联系的”，“彼此相互制约的。”[4]并指出：“任何历史记载都应当从这些自然基础以及它们在历史进程中由于人们的活动而发生的变更出发。”[5]

马克思主义创始人确实论述并且运用到系统论的重要方法，但是，并非后来的现代系统论的科学方法，在马克思那里都齐备了。由于数学科学的发展，现代系统方法在量化研究方面有很大的发展，而马克思主义创始人在系统地研究问题时，基本上是采用定性研究的方法。

四、用历史的观点考察问题

1 18世纪欧洲的人文主义思想家，用理性主义看待历史上的一切事物。他们“把理性当做一切现存事物的唯一的裁判者。”[6]“一切都必须在理性的法庭面前为自己的存在作辩护或者放弃存在的权利。”[7]这样一来，“以往的一切社会形式和国家形式、一切传统观念，都被当作不合理的东西扔到垃圾堆里去了。”[8]“这种非历史的观点也表现在历史领域中。在这里，反对中世纪残余的斗争限制了人们的视野。中世纪被看作是由千年来普遍野蛮状态所引起的历史的简单的中断；中世纪的巨大进步——欧洲文化领域的扩大，在那里一个挨着一个

① 恩格斯：《路德维希·费尔巴哈和德国古典哲学的终结》，《马克思恩格斯选集》第4卷，第218页。

② 恩格斯：《自然辩证法》，《马克思恩格斯选集》第3卷，第551页。

③ 恩格斯：《自然辩证法》，《马克思恩格斯选集》第3卷，第516页。

④ 马克思和恩格斯：《费尔巴哈》（《德意志意识形态》第1卷第1章），《马克思恩格斯选集》第1卷，第21页。

⑤ 马克思和恩格斯：《费尔巴哈》（《德意志意识形态》第1卷第1章），《马克思恩格斯选集》第1卷，第34页。

⑥ 恩格斯：《社会主义从空想到科学的发展》，《马克思恩格斯全集》第19卷，北京：人民出版社，1963年，第208页。

⑦ 恩格斯：《社会主义从空想到科学的发展》，《马克思恩格斯全集》第19卷，第205页。

⑧ 恩格斯：《社会主义从空想到科学的发展》，《马克思恩格斯全集》第19卷，第206页。

形成的富有生命力的大民族，以及十四和十五世纪的巨大的技术进步，这一切都没有被人看到。这样一来，对伟大的历史联系的合理看法就不可能产生，而历史至多不过是一部供哲学家使用的例证和插图的汇集罢了。”①

19世纪初，另一些学者用历史主义克服理性主义。这种历史主义在黑格尔的哲学中达到高峰。黑格尔把整个自然的、历史的和精神的世界想象为一个过程，即想象它是处在不断的运动、变化、改造和发展中，并企图揭示这种运动和发展的内在的联系。由于这种历史主义是建立在唯心主义的基础上，是从想象中推测客观世界的发展，“所以，不论黑格尔如何正确地和天才地把握了一些个别的联系，但由于上述原因，就是在细节上也有许多东西不能不是牵强的、造作的、虚伪的，一句话，被歪曲的。”②

马克思、恩格斯吸收了19世纪前期的历史主义观点，并在唯物主义基础上加以改造。“和那种以天真的革命精神笼统地抛弃以往的全部历史的做法相反，现代唯物主义把历史当做人类的发展过程，而它的任务就在于发现这个过程的运动规律。”③

2 马克思恩格斯改造过的历史主义，或说马克思主义的历史主义，其内涵，在马恩著作中，没有集中完整的表述，学术界的解读也莫衷一是，但是，用历史的观点考察问题，却是众口一词的，在马恩著作中有明确的表达。应该说，这个观点无疑是马克思主义历史主义的核心，是马恩研究历史问题的基本原则和方法。

用历史的观点考察历史，在马恩著作中，有以下几方面的论述：第一，一切历史现象都是历史的产物。恩格斯说：“平等的观念，无论以资产阶级的形式出现，还是以无产阶级形式出现，本身都是一种历史的产物。这一观念的形成，需要一定的历史关系，而这种历史关系本身又以长期以往的历史为前提。”④这里虽然只谈及一种观念，其实一切历史现象无疑都是历史的产物。第二，研究物质生产、精神生产以及它们之间的联系，应从一定的历史形式来考察。“要研究精神生产

① 恩格斯：《路德维希·费尔巴哈和德国古典哲学的终结》，《马克思恩格斯全集》第21卷，北京：人民出版社，1965年，第321页。

② 恩格斯：《社会主义从空想到科学的发展》，《马克思恩格斯全集》第19卷，第224页。

③ 恩格斯：《社会主义从空想到科学的发展》，《马克思恩格斯全集》第19卷，第224页。

④ 恩格斯：《反杜林论》第1编第10节《道德和法·平等》，《马克思恩格斯选集》第3卷，第147页。

和物质生产之间的联系，首先必须把这种物质生产本身不是当作一般范畴来考察，而是从一定的历史形式来考察。例如，与资本主义生产方式相适应的精神生产，就和中世纪生产方式相适应的精神生产不同。如果物质生产本身不从它的特殊的历史形式来看，那就不可能理解与它相适应的精神生产的特征以及两种生产的相互作用。"[①]第三，一切历史事实，都有其产生、演变、衰亡以至瓦解、消失的过程。其具体进程，呈现阶段性，应从阶段论角度去准确把握。无论是研究整个人类历史，或一次历史事件，还是一个历史人物，都应该这样。马克思在《路易·波拿巴的雾月十八日》中，把法国1848年二月革命的历史，划分成三个时期，每个时期又分若干阶段来论述。恩格斯考察歌德和席勒也是如此。18世纪中叶，歌德写《葛兹·冯·柏里坎根》，席勒写《强盗》。这些著作渗透了反抗当时法国社会的叛逆精神。"这些都是他们青年时代的作品。他们年纪一大，便丧失了一切希望。歌德只写些极其辛辣的讽刺作品，而席勒假如没有在科学中，特别是在古希腊和古罗马的伟大历史中找到慰藉，那他一定会陷入悲观失望的深渊。用这两个人作例子便可推断其他一切人。"[②]列宁研究国家问题就运用了分阶段考察的方法，他说："为了解决社会科学问题，为了真正获得正确处理这个问题的本领而不被一大堆细节或各种争执意见所迷惑，为了用科学眼光观察这个问题，最可靠、最必须、最重要的就是不要忘记历史的联系，考察每个问题都要看某种现象在历史上怎样产生，在发展中经过哪些主要阶段，并根据它的这种发展去考察这一事物现在是怎样的。"[③]第四，评价判断历史事物要从历史纵向联系的发展观点去进行。例如看待历史上的奴隶制度，如果用当代理性标准去判断，只能斥之为野蛮绝伦。马恩则是把历史当作一个有联系的发展过程，因而承认奴隶制度的"历史正当性，承认他们在一定限度的历史时期内是人类发展的杠杆。"[④]评价历史人物，判断历史人物的功绩，马克思主义经典作家们总是强调，不能根据历史活动家是否提供现代所需求的东西，而是根据他们比其前辈是否提供了新的东西。第五，研究任何历史事实，不能脱离其产生的环境，必须把问题提到一定

① 马克思：《剩余价值理论》，《马克思恩格斯全集》第26卷（1），北京：人民出版社，1972年，第296页。

② 恩格斯：《德国状况》，《马克思恩格斯全集》第2卷，北京：人民出版社，1957年，第634页。

③ 列宁：《论国家》，《列宁选集》第4卷，北京：人民出版社，1972年，第43页。

④ 恩格斯：《法学家的社会主义》，《马克思恩格斯全集》第21卷，北京：人民出版社，1965年，第557-558页。

的历史范围之内。马克思说过，“极为相似的事情，但在不同的历史环境中出现就引起了完全不同的结果。”[1]如古代的无产阶级和现代无产阶级，所处历史环境不同，其历史特质就完全不一样，“罗马的无产阶级依靠社会过活，现代社会则依靠无产阶级过活。”[2]又如空想社会主义，在科学社会主义出现以前是进步的，“可是现在，在这个时代以后它又出现，就只能是愚蠢的——愚蠢的、无聊的和根本反动的。”[3]这是因为“这些信徒无视无产阶级的历史进展，还是死守着老师们的旧观点。”[4]。列宁指出：“在分析任何一个社会问题时，马克思主义理论的绝对要求，就是要把问题提到一定的历史范围之内。”[5]“马克思主义要求我们一定要用历史的态度来考察斗争形式问题。脱离具体的历史环境来提这个问题，就等于不懂得辩证唯物主义的起码要求。”[6]

五、逆向考察法

1 马克思在《资本论》中，曾提出过一个著名的社会历史研究方法，他说：“对人类生活形式的思索，从而对它的科学分析，总是采取同实际发展相反的道路。这种思索是从事后开始的，就是说，是从发展过程完成的结果开始的。”[7]这种从发展过程的结果出发来回索其历史的研究方法，就是逆向考察法。这种研究方法，常常能够帮助我们更深刻更独到地认识历史，也能够帮助我们更准确地把握现实。

2 逆向考察历史的方法，并非马克思主义所独有。马克思说：“所谓历史发展总是建立在这样的基础上的：最后的形式总是把过去的形式看成是向着自己发展的各个阶段，并且因为它很少而且只是在特定的条件下才能够进行

① 马克思：《给〈祖国纪事〉杂志编辑部的信》，《马克思恩格斯全集》第19卷，北京：人民出版社，1963年，第131页。

② 马克思：《路易·波拿巴的雾月十八日》，《马克思恩格斯选集》第1卷，第600页。

③ 马克思：《致弗·阿·左尔格》(1877年10月19日)，《马克思恩格斯全集》第34卷，北京：人民出版社，1972年，第281页。

④ 马克思恩格斯：《共产党宣言》三《社会主义的和共产主义的文献》，《马克思恩格斯选集》第1卷，第283页。

⑤ 列宁：《论民族自决权》，《列宁选集》第2卷，北京：人民出版社，1960年，第512页。

⑥ 列宁：《游击战争》，《列宁选集》第1卷，北京：人民出版社，1960年，第673页。

⑦ 马克思：《资本论》第1卷，《马克思恩格斯全集》第23卷，北京：人民出版社，1972年，第92页。。

自我批判……所以总是对过去的形式作片面的理解。”[①]这是说资产阶级思想家他们也逆向考察历史，他们也从他们的现实出发回顾历史，回顾资本主义以前的历史，有所谓资本主义自古以来就存在，在中国也有所谓自战国以来就进入商业资本主义社会，等等。他们把以往的一切社会形式都看作资本主义的社会形式。他们不能客观地逆向考察历史，主观性片面性是不可避免的。

3 马克思、恩格斯的逆向考察法有以下基本的内容：第一，以当代最先进的唯物史观提供的逻辑方法出发去研究历史。在马克思恩格斯时代，唯物史观正是作为社会历史发展过程完成的一个结果。以唯物史观提供的逻辑方法去考察历史，才能把认识历史的起点建立在科学的基地上。这是马克思主义逆向考察法的首要意义。第二，“人体解剖”有助于“猴体解剖”，是马克思主义逆向考察法的另一个重要含义。这是说，从当代已经认识了的成熟的社会关系出发对历史进行分析，能更深刻地认识以往的社会形态及其发展。马克思指出：“资产阶级社会是历史上最发达的和最复杂的生产组织。因此，那些表现它的各种关系的范畴以及对于它的结构和理解，同时也能使我们透视一切已经灭亡的社会形式的结构和生产关系。资产阶级社会借这些社会形式的残片和因素建立起来，其中一部分是还未克服的遗物，继续在这里存留着，一部分原来只是征兆的东西，发展到具有充分意义，等等。人体解剖对于猴体解剖是一把钥匙。低等动物身上表露的高等动物的征兆，反而只有在高等动物本身已被认识之后才能理解。因此，资产阶级经济为古代经济等等提供了钥匙。”[②]对于个别问题认识，也能如此。如马克思指出：“不懂得资本便不能懂地租。”[③]“人们认识了地租，就能理解代役租、什一税等等。”[④]第三，是为了更深刻认识和解决现实问题而倒溯历史，必然采取逆向考察方法。这是应用史学研究问题常用的方法。马克思很重视历史知识的现实应用，因此常常使用逆向考察法。恩格斯也曾从现实需要出发来考察历史。他说明自己为什么要研究日耳曼土地制度史时指出：“在德国这样一个还有整整一半人口靠种地生活的国家里，有必要使社会主义工人，并且通

① 马克思：《〈政治经济学批判〉导言》，《马克思恩格斯选集》第2卷，第108页。

② 马克思：《〈政治经济学批判〉导言》，《马克思恩格斯选集》第2卷，第108页。

③ 马克思：《经济学手稿·导言》，《马克思恩格斯全集》第46(1)卷，北京：人民出版社，1979年，第45页。

④ 马克思：《〈政治经济学批判〉导言》，《马克思恩格斯选集》第2卷，第108页。

过他们使农民弄清楚，当前的大小土地所有制是怎样产生的；有必要拿古代一切自由人的公有制……同当前短工的贫困和小农受债务奴役的状况对比一下。所以，我打算对古老的日耳曼土地制度，做简短的历史叙述。”[1]

4

马恩从现实出发的历史逆向考察，有两个显著的特点。第一，在全面了解对象的基础上，以突出地考察与现实生活相关的历史对象为重点。这反映在马恩对整个文明历史的论断上。如在《共产党宣言》中，开篇说道：“到目前为止的一切社会历史（指文明史）都是阶级斗争的历史。”[2]这就是从当时推翻剥削阶级统治的阶级斗争是无产阶级的中心使命，是共产党工作的重心这样的现实出发来探索历史。第二，是与系统地考察历史的方法，尤其是与按照发展顺序考察历史的方法相结合。这样就可以避免如同剥削阶级思想家运用逆向考察法所带有的片面性。马恩从现实出发，逆向探索历史时，并不是按今天—昨天—前天这样严格机械地倒向次序来考察，而是从现实出发，飞跃到考察对象的历史上，再同系统方法和按历史发展顺序的历史主义方法结合起来进行考察。正如马克思所说：“资产阶级经济为古代经济等等提供了钥匙。但是，绝不是像那些抹煞一切历史差别，把一切社会形式都看成资产阶级社会形式的经济学家所理解的那样。人们认识了地租，就能理解代役租、什一税等等。但是也不应当把它们等同起来。”[3]这样就不会对历史仅仅做一种“肤浅的历史对比”。在《资本论》里，马克思做过许多逆向考察与纵向考察相结合的范例，是我们应当好好学习的。

---

① 恩格斯：《马尔克》，《马克思恩格斯全集》第19卷，北京：人民出版社，1963年，第353页。

② 马克思恩格斯：《共产党宣言》，《马克思恩格斯选集》第1卷，第250页。

③ 马克思：《〈政治经济学批判〉导言》，《马克思恩格斯选集》第2卷，第108页。

附　录

何汝泉论著全目

（按时序排列）

- 《孔子是怎样一个人?》

  《重庆日报》1962年7月24日第3版

- 《〈资治通鉴〉评述》

  《语文》(西南师范学院汉语言文学系主编)1964年第8期

- 《关于武则天的几个问题》

  《历史研究》1978年第8期

- 《试论陈亮的经济思想》

  《西南师范学院学报》(哲学社会科学版)1978年第2期

- 《谈谈让步政策的研究问题》

  《西南师范学院学报》(哲学社会科学版)1979年第1期

  中国人民大学书报资料社(中心)复印报刊资料(以下简称人大复印报刊资料)K2《中国古代史》1979年第4期全文转载。

- 《评价历史人物的禁区必须打破》

  《重庆日报》1979年5月26日第3版

- 《关于评价历史人物的几点意见》

  1979年一次学术报告会上发言稿

- 《略论唐太宗统治时期的法律思想》

  《西南师范学院学报》(哲学社会科学版)1980年第1期

人大复印报刊资料D41《法律》1980年第4期全文转载

《新华文摘》1980年第4期摘载

《历史研究》编辑部编:《唐太宗与贞观之治论集》(陕西人民出版社1982年出版)全文收载

1984年获四川省政府哲学社会科学科研成果三等奖

1984年获重庆市政府哲学社会科学优秀科研成果三等奖

- 《按照马克思主义基本观点认识"动力"问题》(合作)

  《西南师范学院学报》(哲学社会科学版)1980年第2期

  人大复印报刊资料B1《哲学研究》1980年第15期全文转载

  《新华文摘》1981年第2期摘载

- 《文翁治蜀考论》

  《西南师范学院学报》(哲学社会科学版)1980年第4期

  全文收入《南方民族史论集》西南师范大学出版社2005年2月出版

- 《唐代转运使成为固定职官考》

  《西南师范学院学报》(哲学社会科学版)1982年第1期

  人大复印报刊资料K2《中国古代史》1982第4期全文转载

  1982年《中国历史学年鉴》(中国史学会编辑出版)重点介绍

- 《唐代前期》《唐代后期》

  重庆人民广播电台1982年1月12日首播

- 《"贞观之治"述略》

  《史学通讯》1982年第1期

- 《戴胄刚正执法》

  《重庆日报》1982年3月27日第3版

- 《唐代成都的经济地位试探》

  《社会科学研究》(四川)1982年第6期

  人大复印报刊资料F7《经济史》1983年第2期全文转载

- 《关于唐代转运使的治所问题》

  《西南师范学院学报》(哲学社会科学版)1983年第4期

- 《陈亮的变通思想》
  《浙江学刊》1984年第1期
- 《学习毛泽东关于中国古代农民战争的论述》
  《重庆社会科学》1984年第1期
- 《"扬一益二"的由来》
  《成都文物》1984年第1期
- 《谈我国历史资源的开发》
  《西南师范学院学报》(哲学社会科学版)1985年第2期
  人大复印报刊资料K1《历史学》1985年第5期全文转载
  《新华文摘》1985年第6期摘载
  《学术文摘》1985年第6期摘载
  《中国史研究动态》1985年第7期摘载
  1986年获四川省史学会优秀科研成果奖
- 《唐代转运使的设置与裴耀卿》
  《西南师范学院学报》(哲学社会科学版)1986年第1期
  人大复印报刊资料K22《魏晋南北朝隋唐史》1986年第3期全文转载
- 《关于唐代"乡"的两点商榷》
  《中国史研究》1986年第4期
- 《唐代河南漕路述论》
  收入唐宋运河考察队编:《运河访古》上海人民出版社1986年10出版
- 《唐代使职的产生》
  《西南师范大学学报》(哲学社会科学版)1987年第1期
  人大复印报刊资料K22《魏晋南北朝隋唐史》1987年第4期全文转载
  1988年获重庆市政府社会科学优秀科研成果三等奖
- 《唐代转运使初探》
  西南师范大学出版社1987年11月出版
- 《唐代度支使出现时间的探讨》
  《西南师范大学学报》(哲学社会科学版)1988年第3期

- 《唐代前期的地方监察制度》

《中国史研究》1989年第2期

人大复印报刊资料K22《魏晋南北朝隋唐史》1989年第6期全文转载

1990年获西南师范大学1988—1989年度哲学社会科学优秀科研成果优秀论文奖

1991年获重庆市政府第三次社会科学优秀科研成果三等奖

- 《武则天时期的使职与唐代官制的变化》

收入《中国唐史学会论文集》三秦出版社1989年1月出版

- 《唐代岷江、沱江、嘉陵江流域的水利开发》

收入《古代长江上游的经济开发》西南师范大学出版社1989年9月出版

- 《〈古代长江上游的经济开发〉序》

载《古代长江上游的经济开发》西南师范大学出版社1989年9月出版

- 《〈四川古代交通路线史〉序》

载《四川古代交通路线史》西南师范大学出版社1989年12月出版

- 《韦庄与前蜀政权》(与钟大群合作)

《西南师范大学学报》(哲学社会科学版)1990年第2期

人大复印报刊资料K22《魏晋南北朝隋唐史》1990年第11期全文转载

- 《传统文化为什么受到重视?》

《重庆史学》1990年第2期

- 《传统文化的形成问题》

《重庆史学》1991年第1期

- 《传统文化与社会主义现代化的关系问题》

《重庆史学》1991年第2期

- 《从历史认识看论史关系》

《西南师范大学学报》(哲学社会科学版)1991年第3期

人大复印报刊资料K1《历史学》1991年第9期全文转载

- 《唐代度支职事由简变繁论略》

《魏晋南北朝隋唐史资料》(武汉大学魏晋南北朝隋唐史研究室编)第11期唐长孺教授八十大寿纪念专辑武汉大学出版社1991年7月出版

- 《怎样写毕业论文?》

  《重庆史学》1991年第2期
- 《怎样对待传统文化?》

  《重庆史学》1992年第2期
- 《〈资治通鉴〉中华书局标点本第15册正文识误》(合作)

  《西南师范大学学报》(哲学社会科学版)1992年专刊《古籍整理与研究》
- 《〈通典〉唐乡官耆老考释》

  《西南师范大学学报》(哲学社会科学版)1993年学术丛刊《古籍整理与研究》
- 《唐代度支、盐运二使关系试析》

  收入《中国唐史学会论文集》(1993)三秦出版社1993年4月出版
- 《郭沫若是我国最早用唯物史观研究历史人物的史学家》

  《重庆史学》1993年第1期
- 《中外文化俯瞰》(合作主编并参撰)

  西南师范大学出版社1993年6月出版

  1994年获重庆市政府社会科学优秀科研成果三等奖
- 《儒佛道并存与发展》

  收入《中外文化俯瞰》西南师范大学出版社1993年6月出版
- 《郭沫若与历史人物翻案》

  《社会科学研究》(四川)1993年第6期
- 《唐代的"宽乡"与"狭乡"》

  《西南师范大学学报》(哲学社会科学版)1994年第1期

  人大复印报刊资料K21《中国古代史》(一)先秦至隋唐1994年第3期全文转载
- 《从会昌元年的〈中书门下奏〉看唐后期户部的使职差遣》

  《中国社会经济史研究》1994年第2期
- 《略论郭沫若的历史人物评价标准》

  《史学理论研究》1994年第3期
- 《〈新唐书·食货志〉辨误二则》

  收入《传统文化与古籍整理研究》西南师范大学出版社1994年12月出版。

- 《贞元四年以前户部钱考》

  《西南师范大学学报》(哲学社会科学版)1995年第1期

  人大复印报刊资料K21《中国古代史》(一)秦至隋唐1995年第5期全文转载

- 《唐代户部使的产生》

  《历史研究》1995年第3期

  人大复印报刊资料K21《中国古代史》(一)先秦至隋唐1995年第9期全文转载

- 《略谈“以经决狱”》

  《重庆社会科学》1995年第3期

- 《中国历史大辞典·隋唐五代史卷》(参撰)

  上海辞书出版社1995年5月出版。

- 《汉唐财政职官体制的三次变革》

  《西南师范大学学报》(哲学社会科学版)1997年第1期

  人大复印报刊资料F7《经济史》1997年第2期全文转载

- 《唐户部司职事由繁变简述略》

  《唐史论丛》第7辑陕西师大出版社1998年2月出版

- 《再论唐代度支使的产生》

  《西南师范大学学报》(哲学社会科学版)1998年第4期

  人大复印报刊资料K22《魏晋南北朝隋唐史》1998年第5期全文转载

- 《精心之作 贡献诸多——评〈全唐文职官丛考〉》

  《西南师范大学学报》(哲学社会科学版)1998年第6期

- 《〈资治通鉴〉新注》(校注第214卷至225卷　合作)

  陕西人民出版社1998年10月出版

- 《中国近代史学方法述论》

  《西南师范大学学报》(哲学社会科学版)1999年第5期

- 《邓子琴史学成就述略》

  《西南师范大学学报》(人文社会科学版)2000年第5期

  全文收入《南方民族史论集》西南师范大学出版社2005年2月出版

- 《唐代户部别贮钱的设置》

  《西南师范大学学报》(人文社会科学版)2001年第2期

  人大复印报刊资料K22《魏晋南北朝隋唐史》2001年第4期全文转载

- 《千篇文章献盛世　首卷〈新论〉倡先河——纪念季平同志逝世10周年》(合作)

  《西南师范大学学报》(人文社会科学版)2001年第3期

- 《跋〈龙山公墓志〉》

  《西南师范大学学报》(人文社会科学版)2002年第2期

- 《唐地方运使述略》

  《西南师范大学学报》(人文社会科学版)2003年第6期

  人大复印报刊资料K22《魏晋南北朝隋唐史》2004年第1期全文转载

  全文收入李久昌主编《崤函古道研究》,陕西出版集团三秦出版社2009年出版

- 《唐代户部别贮钱的来源》

  《魏晋南北朝隋唐史资料》(武汉大学中国三至九世纪研究所编)第21辑唐长孺教授逝世10周年纪念专辑武汉大学文科学报编辑部编辑出版2004年12月

- 《唐代户部别贮钱的用途》

  《西南师范大学学报》(人文社会科学版)2005年第6期

- 《高校中国古代史课培养学生科研能力刍议》

  收入《高校中国古代史教学改革探研》重庆出版社2007年3月出版

- 《唐代河南漕路续论》

  《西南大学学报》(社会科学版)2010年第2期

  人大复印报刊资料K22《魏晋南北朝隋唐史》2010年第4期全文转载

  2011年12月十一届重庆市期刊好作品评选获一等奖

- 《东汉永平二年养老礼述评》

  收入《晚韵》,西南师范大学出版社2013年11月出版

- 《唐财政三司使研究》

  中华书局2013年10月出版

- 《读王十明两论〈马纲状〉书后》

  收入《晚晴牧歌》西南师范大学出版社2016年10月出版
- 《唐史论集》

  科学出版社2018年11月出版
- 《郭豫才教授与西南师范学院》

  《西南大学记忆》2018年(总第29期)
- 《史学理论方法躬耕录》

  西南大学出版社2021年11月出版

后　记

这个本子整理完的时候，还有一些心里隐痛的话，想在这里说一说。

老伴钟大群和我在退休之后，曾经多次商量过，一定要把这一生除了教书几十年之外的教学科研的积蓄，编成三个集子面世，为子孙后代留点精神遗产，为培养我们成长并接纳我们工作生活终生的西南大学历史文化学院在教学科研积累上增加一点资料，也是为祖国的社会主义文化建设添加小块砖瓦。这是我们最大的心愿。

第一本《唐财政三司使研究》2013年中华书局出版。老伴拿着中华书局寄来的赠书十分高兴的神情，至今还难以忘怀。

第二本《唐史论集》整理时，老伴的病已渐渐加重，不能帮我做事，但她自己尽量料理一些家务事，为我腾出时间进行书稿整理工作。现在，这本书稿已经交付科学出版社。

第三本《史学理论方法躬耕录》的整理遇到很大的困难。特别是"史学方法"这部分，要从90年代的几种讲稿进行整理，工作相当繁重，曾经两次开头，两次放下。先是担心自己精力已经难于胜任，恐怕完成不了，可是又有点不甘心让它尘封下去。后来，老伴的病情越来越重，家务事情增多，更加重了放弃的念头。一次和老伴谈到我的想法，她不赞成放弃，而且积极鼓励我，恳切嘱咐我，要我一定继续把它整理出来。我这才鼓起勇气，第三次动手工作，那是2014年6月。经过一年半的时间，完成了《史学方法讲授纲要》的初步整理。在这期间，受病痛严重折磨中的老伴也经常关心我的工作，尽量自己克服困难，让我多一些时间进行讲稿整理工作。她行走困难，但又不能不走动，为了减少让我扶助，就叫儿子从网上买了一个老人代步车，她自己推着车走动。她在金山医院度过的最后49天中，我常常七点多钟从北碚赶到病房，趁输液前的时间，把她抱到轮椅上，推着她在廊巷里来回活动一会儿。那时，她还问起过书稿整理的事。我努力控制着自己的情绪，把头低到她的耳边说：还要进一步做些工作，我一定会把它弄好的！

小草忘不了为自己解渴的雨露，青松铭记着滋养它的沃土。

我曾一个人瞑目遐想，将来，如果有学生读到这部书稿，如果还能从中多少获得一点启发，那么，应该会遥对冥冥苍穹，说出我们共同的心声：谢谢您，大群老师！

何汝泉

2017年6月10日